第十五卷

CUFE Law Review

Vol.15

中财法律评论

中央财经大学法学院 / 主办

苗　萍 / 主编

当代中国出版社

Contemporary China Publishing House

图书在版编目(CIP)数据

中财法律评论. 第十五卷 / 苗萍主编. -- 北京 :
当代中国出版社, 2023.9
ISBN 978-7-5154-1291-7

Ⅰ. ①中… Ⅱ. ①苗… Ⅲ. ①法律－文集 Ⅳ.
①D9-53

中国国家版本馆 CIP 数据核字(2023)第 191099 号

出 版 人 王 茵
责任编辑 邓颖君 刘 照
责任校对 贾云华 康 莹
印刷监制 刘艳平
封面设计 鲁 娟
出版发行 当代中国出版社
地 址 北京市地安门西大街旌勇里 8 号
网 址 http://www.ddzg.net
邮政编码 100009
编 辑 部 (010)66572744
市 场 部 (010)66572281 66572157
印 刷 中国电影出版社印刷厂
开 本 710 毫米×1000 毫米 1/16
印 张 25.75 印张 2 插页 404 千字
版 次 2023 年 9 月第 1 版
印 次 2023 年 9 月第 1 次印刷
定 价 98.00 元

《中财法律评论（第十五卷）》编辑委员会

目　录
contents

主题研讨：刑事理念之重识

国家治理视野下刑法谦抑理念的反思与重识
——一个法哲学的论说

蒋逸天*

摘　要：面对积极刑法观的现实挑战，传统的自由主义学说对谦抑理念的解读存在理论和实践的双重困境。客观而言，单向度的自由主义谦抑理念可能缺乏现实解释力，亦不易被非自由主义者或反自由主义者所接受。方法论国家主义为阐释谦抑刑法理念提供了崭新的理论视角。国家主义刑法观从国家治理的层面探讨刑法的适用及其社会影响，从传统的犯罪人视角走向立法者视角与司法者视角，具有更强的现实解释力。在刑事立法和刑事司法层面，国家主义谦抑理念均体现出有别于自由主义谦抑理念的独特优势。不过，国家主义的弊端使其无法取代自由主义谦抑刑法理念在价值论层面的基本认识，两者在功能上起到互补的作用。由此，可以形成一套针对刑法谦抑理念的更为系统的认识。

关键词：国家主义；谦抑理念；自由主义；重刑主义，人民主权

一、问题的提出

谦抑理念是刑法的底线，集中体现了刑法的人道主义关怀，是刑法学的信仰和根基。即便是处在“风险社会”的当代，刑法谦抑理念也已成为学界的基本共识。在依法治国的背景下，“风险社会”理论和“风险刑法”理论均不能

---

* 蒋逸天，东南大学法学院博士研究生。

动摇刑法谦抑主义。① 但是，刑法究竟为何要谦抑？传统的自由主义学说对此却并不能给出足以令人信服的回答，以至于无法为刑事立法和刑事司法提供相应的理论供给。近年来，积极刑法观在我国刑法学界日益兴起。《刑法修正案（十一）》的颁布标志着我国刑事立法正逐渐从消极立法走向积极立法，并进一步通过严密刑事法网打击犯罪行为。② 在法律实务工作者看来，打击犯罪具有天然且充分的道德正当性，刑法的谦抑理念与之相比则相形见绌。甚至在某些特定的公众舆论场合，面对着“惩治犯罪分子”的民意，理论界只能用“法律人思维方式”来解释刑法的谦抑理念，这在解释力上无疑是有限的。对此，我们亟须一套有效的理论以充分阐释谦抑刑法理念，从而强化谦抑刑法理念在理论上的正当性与在实践中的有效性。

在传统背景下，学界往往倾向于从自由主义的角度论述刑法谦抑性，强调对国家权力的约束及对公民权利和自由的保障。③ 但是，单向度的自由主义谦抑理念可能是缺乏现实解释力的。经由自由主义对谦抑理念的论证，亦可能无法得到非自由主义者或反自由主义者的认同。反之，从方法论国家主义视角对刑法谦抑理念进行功能主义维度的解读，却能在控权逻辑上显现出更强的亲和力与可接受性，因而在实践中也更容易得到贯彻落实。本文试图从方法论国家主义的角度对刑法谦抑理念进行新的解读，力图克服自由主义刑法观对谦抑理念解读的困境，并由此形成一套针对刑法谦抑理念的更为系统的认识。

---

① 参见刘艳红：《“风险刑法”理论不能动摇刑法谦抑主义》，载《法商研究》2011年第4期，第26页。

② 参见刘艳红：《2021年中国刑法学前沿观点回顾》，载《法治日报》2022年1月5日，第11版。

③ 参见何荣功：《社会治理“过度刑法化”的法哲学批判》，载《中外法学》2015年第2期，第523—547页；刘艳红：《刑法的根基与信仰》，载《法制与社会发展》2021年第2期，第150—170页；韩德明：《刑法谦抑性：新自由主义法学语境中的考察》，载《江苏警官学院学报》2004年第3期，第115—121页；傅建平：《刑法谦抑性的理论根基与价值》，《华东刑事司法评论》，2003年第3期，第67—87页。

二、自由主义谦抑理念的理论困境与实践难题

（一）自由主义刑法观如何阐述谦抑理念？

自由主义刑法观是指以自由主义法哲学思想为指引的刑法哲学理念。随着20世纪90年代以来刑法学知识的“去苏俄化”，自由主义刑法观逐步成为刑法学界的主流思想。① 虽然不少刑法学者仅以发展“法教义学”之名力图实现刑法学的科学化与体系化②，但是隐藏于背后的价值诉求却更为明显。自由主义刑法观以西方契约论传统为知识背景。无论是霍布斯的极权主义国家学说，还是洛克的分权主义国家学说，抑或是卢梭的人民主权国家学说，均以个人自由作为根本出发点。从历史的角度看，洛克的分权主义国家学说最终取得了胜利，其著作《政府论》也被誉为“资本主义社会的《圣经》”。③ 我国刑法学者继受的自由主义刑法观，基本都以洛克的分权理论作为基础。④ 自由主义刑法观以人权保障为根本立足点，高举“民主自由”的大旗，强调维护公民的自由和权利。由于公民与国家相比处于弱势地位，故应当优先保护公民的权益。在犯罪嫌疑人或被告人与国家公权力的关系中，应当优先保障犯罪嫌疑人或被告人的利益，确保其人身和财产权益不受国家公权力的非法侵害。⑤ 谦抑刑法理念便由此产生：在立法层面，立法机关应当实现立法谦抑，不具有法益侵害性的行为应当被排除在刑法文本的规制范围外；在司法层面，司法机关应当实现司法谦抑，对于不具有处罚必要性的行为应当作出非罪化处理。

① 参见邵六益：《法学知识“去苏俄化”的表达与实质——以刑法学为分析重点》，载《开放时代》2019年第3期，第100—125页。

② 参见徐万龙：《刑法教义学的去哲学化》，载江溯主编：《刑事法评论》2021年第1辑，北京大学出版社2021年版，第107—119页。

③ 参见聂敏里：《洛克“自然状态”概念的内在理论困难》，载《哲学动态》2019年第4期，第77页。

④ 参见刘艳红：《刑法的根基与信仰》，载《法制与社会发展》2021年第2期，第150—170页。

⑤ 参见韩德明：《刑法谦抑性：新自由主义法学语境中的考察》，载《江苏警官学院学报》2004年第3期，第115页。

我国学者对刑法谦抑理念的既有论述大多以自由主义为基本落脚点，强调对国家权力的约束与对公民权利和自由的保障。由于国家是“必要的恶”，故必须严格限制国家权力以保障公民的权利和自由。既然公权力的合法性在于保障公民的权利和自由，那么国家对公民的刑罚必须有充分、正当的依据且受到必要的严格限制。① “刑法的根基是保障公民自由权利，刑法的信仰是罪刑法定主义。”② 在新自由主义语境下，刑法的形成具有自生自发性，谦抑刑法理念是法治社会的基本要求。③ 刑法谦抑性的社会基础在于市民社会与政治国家的分立，在于通过市民社会形成对国家权力的制约。④ 客观而言，在价值论层面，自由主义刑法观所致力于实现的人权保障机能具备充分的正当性和可欲性，有助于有效约束国家本位的、恣意发动的刑罚权，体现刑法的控权逻辑。

（二）刑法“不谦抑”的归因逻辑反思

当下社会，中国在刑事治理层面面临刑法扩张的严峻现实问题。在立法层面，近年来我国刑事立法渐趋活跃。从 1997 年新刑法颁布以来，我国已出台 11 个刑法修正案，犯罪圈正逐步扩大。入罪思维和重刑化倾向严重悖离刑法谦抑性的基本理念，国家治理对刑法的依赖严重。⑤ 在司法层面，自从醉驾入刑以来，醉驾案件数量激增，造成司法资源分配失衡、前科负面效应扩大等一系列社会问题。⑥ 对此，专家学者不断发出预警，呼吁“停止犯罪化的刑事立法”⑦，

---

① 参见何荣功：《社会治理“过度刑法化”的法哲学批判》，载《中外法学》2015 年第 2 期，第 523—547 页。

② 刘艳红：《刑法的根基与信仰》，载《法制与社会发展》2021 年第 2 期，第 150 页。

③ 参见韩德明：《刑法谦抑性：新自由主义法学语境中的考察》，载《江苏警官学院学报》2004 年第 3 期，第 115 页。

④ 参见傅建平：《刑法谦抑性的理论根基与价值》，载《华东刑事司法评论》，2003 年第 3 期，第 70 页。

⑤ 参见李洁、孔祥参：《刑法的扩张对谦抑性的悖离》，载《社会科学辑刊》2020 年第 2 期，第 61 页。

⑥ 参见敦宁：《醉驾治理的司法困境及其破解之策》，载《法商研究》2021 年第 4 期，第 31 页。

⑦ 刘艳红：《我国应该停止犯罪化的刑事立法》，载《法学》2011 年第 11 期，第 108 页。

应当构建以“重民轻刑”为前提的“民刑共治”新模式。①

在理论界，已有部分学者注意到实践中刑法谦抑理念被架空的现状，并试图解释其中的原因进而提供相关对策。具体而言，有以下三种观点。第一种观点认为刑法谦抑理念具有“宏大叙事性”，难以通过具体的制度建设贯彻落实。对此，有学者提出用“刑法不得已原则”代替“刑法谦抑性原则”，并认为该原则具有民主性、标准明确性、宽严有度性的优势。② 第二种观点认为刑法谦抑理念具有“恣意性”。从解释论的角度看，任何一种学说一旦贴上“谦抑性”的标签，便占领了“政治正确”的高地，易使反对者无从反驳。对此，在具体的解释过程中，谦抑理念的介入程度应当与法益的重要性成反比，与法益自我保护可能性成正比。③ 第三种观点认为刑法谦抑理念之所以在刑法实践中被搁置，是因为国家缺乏法治“操守”：国家具有过度追求秩序管控的偏执而忽略了现代社会的价值多元性，以至于过度追求刑事立法的外在科学性、过度效仿西方发达国家刑事法律体系、忽视刑法规范与现实生活的交互性。④

上述三种解读虽均具备合理性，但都未能触及问题的核心——自由主义刑法观在阐述谦抑理念问题上的无力性与无效性。前两种观点是谦抑理念在具体适用层面上的方法论反思，但并未触及自由主义刑法观下谦抑理念本身解释力的有限性，仅仅是谦抑理念针对当下现实的“小修小补”。第三种观点带有强烈的批判性，立足于自由主义刑法观，重申了法治国家应当具备的基本操守。但是，一个基本的疑问是：与打击犯罪的正义性相比，刑法为何要谦抑？谦抑刑法理念在实践中难以贯彻落实，并不仅因众多学者所称的我国重刑主义传统，其中更重要的、更易被忽视的因素在于自由主义刑法观在解释力层面的局限性。事实上，自由主义刑法观在控权思维上的刚性需求在实践中往往是不易被接受的，因为法治生活可能本来就仅是生活，并非理想主义者们的战场。自由主义

① 参见刘艳红：《民刑共治：国家治理体系与治理能力现代化路径》，载《法学论坛》2021年第5期，第40页。

② 参见童春荣：《刑法不得已原则之提倡——与刑法谦抑性比较的抉择》，载《湖北社会科学》2015年第7期，第153页。

③ 参见简爱：《一个标签理论的现实化进路：刑法谦抑性的司法适用》，载《法制与社会发展》2017年第3期，第22—35页。

④ 参见石聚航：《刑法谦抑性是如何被搁浅的？——基于定罪实践的反思性观察》，载《法制与社会发展》2014年第1期，第181—192页。

刑法观的法治理想虽然美好，但其理论本身实际上却蕴含着过高的法治期待，其主观设计与实践青睐呈现出了明显的悖离状态。因而在解释力层面，上述理论阐述可能是存疑的。

（三）自由主义谦抑理念的具体问题

具体而言，自由主义刑法观在阐述谦抑理念问题上的无效性和无力性主要体现在以下四个方面：

第一，自由主义刑法观的谦抑理念并不能当然地得到契约论原理的支撑。被视为自由主义刑法观根基的“洛克式”契约论，推导出的谦抑理念是反常识和反逻辑的，并不能为现代人所接受。其实，早在18世纪，卢梭已在他的《社会契约论》中针对国家对犯罪者施以刑罚的道德正当性进行了精辟的论证。卢梭在“论生死权”一章中首先肯定了死刑的适用。他认为，“正是为了避免成为某一桩凶杀案的被害者，人们一致认同：谁成了凶手，谁就应该死。假如自己成了凶手，自己同样该死。在这一约定中，人们只是考虑如何保全自己的生命，而远非结束自己的生命。绝不能设想，当初有任何人订立这个约定时，就是为让自己被绞死”。① 接着，卢梭论证了犯罪者在道德上的可谴责性以及国家对犯罪者施以刑罚的道德正当性。卢梭认为，“作恶之人在触犯社会法律时，便已经通过这种行为变成与祖国对立的暴徒与叛徒”“在处死罪犯时，将他视作敌人而非视作公民”。② 无论是从主权者——人民的角度出发，还是从受人民委托而形成的公权力机关的角度出发，打击犯罪都具备充分的正当性。从人民的角度出发，怀揣着“己所不欲，勿施于人”的朴素价值观，善良的人民为了避免遭受犯罪行为侵害而主张对犯罪行为加以规制和对犯罪分子加以惩办。从公权力机关的角度出发，根据契约论原理，由于公权力机关受人民的委托而产生，故应当将服务人民群众、满足人民群众需要作为根本宗旨。由于人民群众对安全的需求是最根本的需求，也是其他一切需求的前提，故公权力机关打击犯罪的行为具备天然且充分的道德正当性。而自由主义刑法观的谦抑理念却以保护

---

① ［法］让-雅克·卢梭：《社会契约论》，陈阳译，浙江文艺出版社2016年版，第47—49页。

② ［法］让-雅克·卢梭：《社会契约论》，陈阳译，浙江文艺出版社2016年版，第47—49页。

犯罪分子的权利和自由为理论前提，这在道德上是可疑的。

第二，自由主义刑法观的谦抑理念忽视对被害人的保护和救济。自由主义刑法观过度强调对犯罪者人权保障，却忽视了对被害人的权益保护，具体表现为：一是将被害人客体化，二是将其作为追责对象。① 从逻辑上看，对犯罪者的宽容和姑息实际上是对被害人情感的“二次伤害”，也损害了共同体存在的道德基础。近年来，德国刑法学的被害人教义学在这条错误的道路上走得更远。所谓的“被害人教义学”虽然以“被害人”来命名，但实际上并不是为了保护被害人的权益，而是对被害人作“有罪推定”，用以降低和减轻犯罪嫌疑人的罪责。这种思想在刑事政策的导向上是否具备正当性，目前仍然具有较大的争议。②

第三，自由主义刑法观的谦抑理念忽视对集体利益和公共利益的保护，使谦抑理念成为“选择性适用”的谦抑理念。自由主义刑法哲学解构了刑法价值判断中的公共性，以国家、集体等公共利益为基石的思想和制度设计成为“政治化”的体现，而个体意义上的公民及其诉求成为一种“非政治化”的话语。进而，自由主义刑法观制造了公共利益与个人利益的对立，并将刑法学的研究重点投入到对个人利益的保护之中。③ 但是，公共利益与个人利益并非处于绝对的对立状态。保护公共利益在一般情况下基本上是对公民个人权利的保护；相反，保护个人利益却未必能促进对公共利益的保护，因为个人利益具有个案性、特殊性的特征而未必能得到普遍化适用。更加严重的是，刑法所保护的个人利益易演变为少数人的利益，很可能成为对“有产者”和“掌权者”的特殊保护，而弱者则会成为法律打击的“牺牲品”。同时，自由主义刑法观的谦抑理念是一种缺乏“格局”和“同理心”的观念。自由主义刑法观将个人自由和权利作为出发点和落脚点，无法从国家治理体系与治理能力现代化的维度进行整合性的宏大叙事。这种叙事逻辑与打击犯罪或公共利益保护的叙事逻辑相比，

---

① 参见徐岱、巴卓：《中国本土化下被害人权利保护及延展反思》，载《吉林大学社会科学学报》2019 年第 6 期，第 30—47 页。

② 参见徐岱、巴卓：《中国本土化下被害人权利保护及延展反思》，载《吉林大学社会科学学报》2019 年第 6 期，第 30—47 页；车浩：《被害人教义学在德国：源流、发展与局限》，载《政治与法律》2017 年第 10 期，第 2—16 页。

③ 参见邵六益：《法学知识“去苏俄化”的表达与实质——以刑法学为分析重点》，载《开放时代》2019 年第 3 期，第 100—125 页。

难以得到公民的认同。

第四，自由主义谦抑理念的最大弊病在于其控权逻辑的僵化性。自由主义刑法观以批判者的身份站在了公权力的对立面，一定程度上并未站在国家公权力的角度对打击犯罪和国家治理进行设身处地地思考。尽管多数有用的法治方案都是站在国家公权力的对立面对公权力进行制约和监督，但是在一般情况下，体现着绝对精神的理论逻辑推演往往是与实践相背离的。自由主义谦抑理念的刚性控权逻辑在价值理念上固然值得肯定，但在实践中却未必能得到公权力机关的认同。由于自由主义谦抑理念在控权逻辑上的僵化性，立法机关和司法机关极易顺理成章地否定和排斥其价值诉求，从而使谦抑刑法理念所强调的人权保障机能根本难以实现。片面地站在自由主义的立场强调谦抑理念，可能“无法实现谦抑主义的目标，而且可能导致谦抑主义走向极端进而获得相反的效果”。①

自由主义的谦抑刑法理念描绘出美好的驯服公权力的理想画面，看似极具吸引力与诱惑性，但社会现实却似乎并不能如其所愿。以美国为例，虽然美国自诩为“自由民主的灯塔”，其高度宣扬自由主义与人权保障，但自身却诡异地陷入了“重刑主义”的泥淖。美国自建国以来，就将自由主义作为立国理念。由于缺乏类似欧洲的传统宗教束缚，美国是一个“天生的自由主义国度”。但是，20 世纪 70 年代之后，美国却始终处于“监狱国”的阴影之中。美国的监狱人口迅速扩张并造成大规模的系统性监禁。② 美国人口仅占世界人口的约 5%，但却关押着全世界 20%的犯罪分子。③ 虽然美国将“自由民主”作为国家的最高价值指引并向全世界进行意识形态输出，但是在实践中，美国自由主义的刑事治理理念根本无法落实，取而代之的是刑罚发动的恣意性、普遍性和广泛性。这便形成了极具讽刺性的现实：在这个最强调“自由”的国家，公民却最缺乏“自由”。由此可见，美国自由主义的浪漫叙事与社会现实形成了强烈

① 参见孙国祥：《反思刑法谦抑主义》，载《法商研究》2022 年第 1 期，第 98—99 页。

② 参见赵希：《重刑主义的教训：美国大规模监禁的源流、反思与启示》，载江溯主编：《刑事法评论》第 43 卷第 2 辑，北京大学出版社 2018 年，第 387 页。

③ See Angela J. Davis, *The Prosecutor's Ethical Duty to End Mass Incarceration*, 44 Hofstra Law Review 1063, 1063 (2016).

的反差。究其原因，一方面在于美国的自由主义谦抑理念停留于宏大叙事而难以真实落地；另一方面在于自由主义谦抑理念的刚性控权逻辑难以被主权者所接受——国家治理需要刑法，而自由主义的谦抑理念却以一种决绝的姿态拒绝将刑法投入到国家治理中，这也就必然会导致谦抑刑法理念遭遇现实的冷落，而无法被刑事法治实践接纳。因此，即便我们认同自由主义刑法观关于保护公民权利和自由的价值诉求，也应当以更加有效的法治理论话语进行表达。换言之，从法律修辞的角度上看，即便是为了实现自由主义刑法观所追求的限制刑罚权等价值理念，国家主义法治话语也是一种较为可行的论证方式。

三、方法论国家主义视角下谦抑理念的话语重识

（一）论述立场：方法论国家主义

在西方学术话语中，国家主义作为学术分析工具被反复使用。① 国家主义，是指在国家的法治建设中“为了国家、倚靠国家、国家优位”。② 国家主义的思想脉络起源于柏拉图的“理想国”、亚里士多德的“政治共同体”，经过马基雅维利的“君主论”、霍布斯的“利维坦”、卢梭的“社会契约”，在黑格尔的“绝对理念”中达到巅峰。③ 具体而言，国家主义法律观可以分为“价值论国家主义”和“方法论国家主义”。价值论国家主义，是指在国家与个人的关系上，国家对于个人具有优先性，个人在服从于国家的整体意志时才能够实现真正的自由，国家在伦理上具备绝对善的可能性。④ 方法论国家主义，是指将国家看作一个存在物和行动者，从国家的视角研究问题，对某些社会现象进行合理描

① 参见于浩：《国家主义法律观研究：一个导论》，载《人大法律评论》2017 年第 2 辑，法律出版社 2017 年版，第 107 页。

② 参见张志铭：《中国法治进程中的国家主义立场》，载《国家检察官学院学报》2019 年第 5 期，第 34 页。

③ 于浩：《共和国法治建构中的国家主义立场》，载《法制与社会发展》2014 年第 5 期，第 173—174 页。

④ 魏治勋、刘一泽：《从先秦法家到近代新法家：国家主义及其当代价值》，载《吉首大学学报（社会科学版）》2018 年第 6 期，第 42—43 页。

述、分析与解释。①

在我国法学界，国家主义是一个长期以来被误读的概念。从改革开放以来，国家主义这一概念遭到大量的批判。这些批判主要集中在国家主义的价值论层面，认为“国家优先于个人”是一种错误的法律价值导向，公民个人的权利和自由应当优先于国家和社会的利益。在法哲学领域，有学者认为国家主义严重阻碍我国市场经济和法治发展，已处于式微的状态。② 在刑法学领域，学者与国家主义、政法法学等概念刻意保持着距离。有学者将“政治刑法”概念作为其批判的对象，提出了从“政治刑法”向“社会刑法”转变的学术主张。③ 有学者认为，“政治刑法”是一种“国权主义刑法观”，出发点在于维护政治国家利益，故应当被否定。④ 有学者认为，“国家主义”的刑事治理模式是一种“重刑轻民”的模式，是对公民权利和自由的全方位压制。⑤ 可见，众多学者将我国刑事治理中的问题归因于“国家主义”治理模式，并对“国家主义”的价值理念进行了激烈的批评。不过，近年来越来越多的学者认识到了国家主义立场对我国法治建设的作用，并对法学界的自由主义立场进行矫正。黄宗智认为新自由主义在中国的霸权比在美国更需要反思和批判。⑥ 郝书翠认为自由主义法律观是人文社会科学领域被西学浸淫的一种结果，国家主义有助于克服自由主义法律观的局限性。⑦ 张志铭认为我国传统文化中鲜有“利维坦”式的隐忧，

---

① 参见丁轶：《国家主义的两重维度》，载《政治与法律》2017 年第 1 期，第 81 页。

② 参见吕世伦、贺小荣：《国家主义的衰微与中国法制现代化》，载《法律科学》1999 年第 3 期，第 13 页。

③ 参见陈兴良：《当代中国刑法新视界》，中国人民大学出版社 2007 年版，第 489—534 页。

④ 参见姜涛：《中国刑法现代化的未来图景》，载《环球法律评论》2013 年第 3 期，第 45 页。

⑤ 参见刘艳红：《民刑共治：国家治理体系与治理能力现代化路径》，载《法学论坛》2021 年第 5 期，第 43 页。

⑥ 参见黄宗智：《我们要做什么样的学术？——国内十年教学回顾》，载《开放时代》2012 年第 1 期，第 64 页。

⑦ 参见郝书翠：《法治中国语境中国家主义的是与非》，载陈金钊、谢晖主编：《法律方法》第 19 卷第 1 辑，山东大学出版社 2016 年，第 21 页。

带有集体主义色彩的国家主义立场是我国法治建设的基本策略倾向。① 于浩对西方法律思想史的国家主义传统进行系统梳理，提出了“国家统治、社会自治、个人自主”三者协同的国家主义治理模式。② 在刑法学界，魏昌东对刑事立法的群体本位论和个体本位论进行考察，分别揭示两者的优势与弊端，提出刑事立法“复合本位论”的理论观点。③

由此可见，学术界当前对国家主义与自由主义的争论主要集中于国家主义在价值理念上的正当性与可欲性，聚焦于争论究竟应当秉持“国家优先”还是“个人优先”的价值立场，而并没有对价值论国家主义和方法论国家主义加以区分，也没有从方法论层面对国家主义法治观和刑法观进行细致考察。因此，不加区分地对国家主义刑法观进行完全的否定性评价实际上并不公允，也忽视了方法论国家主义在国家刑事治理中的价值和意义。

在我国语境下，所谓方法论国家主义，是指将国家看作具有独特组织、规则、资源、偏好或动机的“自主存在者”，进而通过“国家治理”视角，对国家在现实中的具体行动及相应的逻辑、机制和技术，加以细致的描述、解释与分析。④ 在终极意义上，引入能动型国家视角与实践性国家观，对当代中国的国家形态及其复杂的实践性特征展开分析。⑤ 从“国家的视角”出发来看问题，能够对转型中国的丰富多彩的法治实践进行深度分析与透视，继而在有效理解其中的过程、机制、逻辑和技术的基础上，认识到转型中国的法治实践在时间和空间维度上的复杂性。因而，此种意义上的国家主义具有更强的可辩护性与可接受性。⑥

在刑法学科的语境下，方法论国家主义视角的分析具有独特价值。正如张明楷教授指出：虽然近年来狭义刑法学发展迅速，但总体来看，刑法学科对国

---

① 参见张志铭：《中国法治进程中的国家主义立场》，载《国家检察官学院学报》2019 年第 5 期，第 37 页。

② 参见于浩：《国家主义源流考》，载《浙江社会科学》2014 年第 10 期，第 68—75 页。

③ 参见魏昌东：《刑法立法的群体本位性与个体本位性》，载赵秉志主编：《刑法论丛》第 16 卷第 4 辑，法律出版社 2008 年，第 103—145 页。

④ 参见丁轶：《国家主义的两重维度》，载《政治与法律》2017 年第 1 期，第 81 页。

⑤ 参见丁轶：《国家主义的两重维度》，载《政治与法律》2017 年第 1 期，第 81 页。

⑥ 参见丁轶：《国家主义的两重维度》，载《政治与法律》2017 年第 1 期，第 81 页。

家治理的服务功能不强。[①] 长期以来刑法学界在方法论国家主义维度的缺失是出现这一问题的重要原因。事实上，在价值论层面，“国家优先于个人”的价值理念在当代社会实际上是存疑的，甚至是值得否定的。众多学者对国家主义的批判焦点也正是在于：强调国家的优先性极易侵害公民的权利和自由。因此，本文在价值论层面并不关心国家主义和自由主义何者更具优越性，甚至在某种程度上假定自由主义的价值理念更具有正当性。本文的关注焦点则在于：在方法论层面，方法论国家主义能够深刻揭示自由主义难以涉足的国家治理领域，从实践的角度进一步贯彻谦抑刑法的价值理念，有效应对积极刑法观的现实挑战。通过方法论国家主义对刑法谦抑理念进行新的解读，能够以一种客观中立的方式论述相较于自由主义刑法观谦抑理念的刚性控权逻辑，国家主义刑法观在阐述谦抑理念方面实际上具有独特的优越性。

（二）国家主义谦抑理念的理论证成

与自由主义刑法观不同，国家主义刑法观从国家治理的层面探讨刑法的适用及其社会影响。自由主义刑法观从个人的视角研究刑法对公民个人权利和自由的影响，而国家主义刑法观从整体的视角研究刑法对整个社会的影响及作用。可以说，国家主义刑法观是一种“治理术”层面的思维方式，也即福柯笔下的“权力运作形式”。[②] “国家治理要想有效，就必须诉诸某些特定的治理技术。”[③] “通过刑法的社会控制”是每一个现代国家都不可回避的话题，是国家在治理层面所必须面对的现实。自由主义者们苦于刑法的谦抑性难以落实，以至于对公权力大加批评，但这样的批评却未必能够奏效。反之，国家主义刑法观却可以为刑法谦抑理念的落实提供崭新的理论视角。从方法论国家主义的角度看，刑法的谦抑理念可以从以下几个角度进行论证。

---

① 参见张明楷：《中国刑法学的发展方向》，载《中国社会科学报》2021 年 10 月 27 日，第 4 版。需要强调的是，张明楷教授指涉的“刑法学科”是指“作为学术研究对象的刑法学”，而非“作为社会治理工具的刑法”。

② 参见［法］米歇尔·福柯：《安全、领土与人口》，钱翰等译，上海人民出版社 2010 年版，第 91 页。

③ 丁轶：《国家主义的两重维度》，载《政治与法律》2017 年第 1 期，第 80 页。

1. 对“国家主义”的重新认识

国家主义刑法观并非意味着侧重于打击犯罪和延伸刑法干涉范围，而是同样蕴含着谦抑性的实践可行性。目前，理论界对国家主义概念的内涵和外延普遍存在较大的误解。例如，有学者认为国家本位观以义务设定为核心，将维护国家利益作为法律保护的最高价值，并认为国家主义与专制政治有必然的联系，强调国家对公共事物的垄断权，通过刑法对社会实现有效干预，与民主政治相悖离。在国家主义刑法观下，刑法将成为国家推行政策的暴力工具。① 但是，这样的指责实际上并不能站得住脚。第一，国家主义刑法观并非当然旨在片面扩大刑法的调整范围，而是站在国家的立场上以实现社会的有效治理，从而推动国家治理体系与治理能力的现代化。因此，扩大刑法调整范围和强调刑法的谦抑理念实际上都是国家主义刑法观的应有之义，属于国家主义的一体两面，两者并不矛盾，且不可偏废。片面强调国家主义对犯罪的打击力度实际上是对国家主义刑法观的一种误读——这种解读只看到了国家在打击犯罪方面的作用，却没有发现国家在人权保障领域的价值和功能。第二，自由主义刑法观对国家主义刑法观的批判预设了“国家是恶的”这一理论前提，强调国家刑罚权的恣意性，并以此为突破口强调对国家权力进行限制和约束的必要性。但是，自由主义刑法观之“国家是恶的”这一理论前提并非经得起推敲。这种极端的理论假定不仅消解了国家在打击犯罪层面的正当性，同时否定了国家在落实谦抑刑法理念层面的自发性与可能性。第三，退一步说，即使我们承认自由主义刑法观的诸多价值诉求，这些价值诉求在实践中可能也是难以实现的。自由主义政治哲学理论在我国并不具备充分的群众基础，打击犯罪的正当性在实践中得到了更大程度的认同。目前来看，在积极刑法观的背景下，刑法谦抑理念在实务部门的普及存在较大困难。为了实现人权保障等谦抑刑法理念，通过国家主义的法治话语对自由主义的价值诉求进行重新解读，从法律修辞的角度上看，实际上也意义重大。

2. 人民主权的理论支撑

人民主权理论为国家主义谦抑刑法理念提供了理论支撑，为之进行了民主

---

① 参见魏昌东：《刑法立法的群体本位性与个体本位性》，载赵秉志主编：《刑法论丛》第16卷第4辑，法律出版社2008年，第103—145页。

正当性的证成。人民主权是指人民享有不受限制的最高权力，君主、贵族、教会等身份角色无权行使主权。① 所谓“主权”，是指一国的最高权力，它意味着对内最高和对外独立，而“人民”的概念，却具有历史性和时代性的特征。自共和国成立以来，存在着主权意义上、治理意义上和责任意义上的三种人民身份。虽然对“人民”的概念界定或是想象具有流变性，但团结人民、把握和聚集民意的基本价值追求始终是不变的。② 自卢梭提出人民主权理论后，人民和敌人的二分法便由此产生。在卢梭之后，雅科布斯继承了卢梭对人民和敌人的划分，创造性地提出了“敌人刑法”的概念，认为应当将持续性或根本性破坏社会基本规范的人驱逐出人民共同体，划入敌人的范畴。③ 这种极具斗争色彩的学说在理论界遭受了大量批判，但也为国家治理提供了启示：应当减少“敌人”或者“类敌人”的存在，同时最大限度地扩大“人民”的范围。当今社会，中国已走出以阶级斗争为纲的时代，步入以经济建设为中心、以人民为中心的新时代。虽然我们在原则上否认“敌人”的存在，但是不可否认的是，犯罪者在很大程度上将被纳入社会的对立面，被社会“抛弃”。这不仅是存在于中国的现象，也是当今世界普遍存在的现象。④ 从自由主义的进路看，谦抑理念面临道德正当性的拷问，但从国家主义的进路来看，谦抑理念的正当性可以得到充分证明。如果刑法的谦抑理念无法落实，则将产生大量犯罪者，这些犯罪群体易成为社会对立面，将不利于社会团结、国家认同和政治认同。社会的和谐稳定需要公民对国家的高度政治认同，而刑罚的泛滥必将削弱公民的国家认同感，从而导致社会的分裂和混乱。当社会对立面增加、司法机关不堪重负、监狱超负荷运转，社会公共秩序将遭到破坏，善良公民个人的自由和幸福也将

---

① 参见刘练军：《人民主权理论的思想史叙事》，载《政法论坛》2020 年第 3 期，第 4 页。

② 参见欧树军：《必须发现人民：共和国六十年来对人民的想象、界定与分类》，载《学海》2012 年第 4 期，第 85—91 页。

③ 参见吴情树：《京特·雅科布斯的刑法思想介评》，载赵秉志主编：《刑法论丛》第 21 卷第 1 辑，法律出版社 2010 年版，第 479 页。

④ 参见邓丛、何勤华：《美国毒品规制中非裔人群再犯罪的闭合困境——从“毒品战争”到“非裔人群的监狱”》，载《世界经济与政治论坛》2020 年第 5 期，第 86—112 页；李本森：《破窗理论与美国的犯罪控制》，载《中国社会科学》2010 年第 5 期，第 154—164 页。

受到限制。正是基于此，有学者提出我国应当建立与微罪惩处相配套的前科消灭制度。① 但更为根本的举措，仍然是贯彻刑法的谦抑理念。

3. 国家治理效果层面的启示

国家治理效果层面的问题并不是自由主义者阐述谦抑理念时所关注的核心问题，但从方法论国家主义的视角看，该问题却显得至关重要。从历史的层面看，重刑主义的教训为国家主义谦抑刑法理念提供了实践参考。我国古代的基本历史经验表明：重刑主义可能导致朝代的覆灭，轻徭薄赋有助于实现长治久安。慎刑思想是我国古代法的主流思想，② 但不可否认的是，在奉行重刑主义的朝代，刑罚的适用可能难以实现良好的国家治理效果，反而加剧了社会的混乱与分化。从美国 20 世纪 70 年代以来“重刑主义”的教训来看，美国的重刑主义造成了监狱负荷严重超载、青壮年劳动力入狱、种族不平等加剧等严重问题，并使儿童抚养问题成为社会性的问题。“破窗效应”让犯罪分子一次次犯罪甚至靠犯罪为生，让越来越多的公民沦为犯罪分子。③ 从法律经济学层面看，重刑主义的危害在于国家劳动力的减少；当有生力量不能为社会发展创造价值时，社会的活力和创造性也将进一步遭到扼杀。可见，重刑主义可能无法实现国泰民安，却可能导致社会秩序陷入更深的混乱。以史为鉴，可以知兴替。我国古代的部分历史教训及西方国家的历史教训给我们提供了深刻的启示：在国家治理层面，重刑主义可能是一种错误的治理导向。奉行谦抑刑法理念是国际社会的时代潮流，也是实现“良法善治”的应然路径。

（三）国家主义谦抑理念的实践优势

虽然从结论上看，自由主义和国家主义都能推导出谦抑刑法的基本理念，但两者关注的侧重点实际上并不相同。自由主义谦抑理念强调限制国家刑罚权的应然逻辑，而国家主义谦抑理念强调限制国家刑罚权的实然效果。在理论上，

---

① 参见梁云宝：《积极刑法观视野下微罪扩张的后果及应对》，载《政治与法律》2021 年第 7 期，第 45 页。

② 参见冯卓慧：《中国古代慎刑思想研究——兼与 20 世纪西方慎刑思想比较》，载《法律科学》2006 年第 2 期，第 144 页。

③ 参见李本森：《破窗理论与美国的犯罪控制》，载《中国社会科学》2010 年第 5 期，第 154 页。

自由主义将谦抑刑法理念进行了更彻底的坚持，看似能够在更大程度上制约公权力和保障公民权利，但在实践逻辑上并不能发挥理想的法治作用。之所以要从国家主义的角度对谦抑刑法理念进行解读，是因为自由主义的谦抑理念在实践中面临着现实的困境；而通过方法论国家主义的视角，谦抑刑法理念能够真正在刑事立法和刑事司法中得以贯彻落实。

1. 国家主义与刑事立法

当下社会，不少学者认为当前刑事立法存在着想象化、情绪化和道德改善化等违反谦抑刑法理念的现实问题。① 如何对这些问题进行正确归因并有效解决，学术界却尚不能提供充分的理论回应和对策建议。自由主义者通常将这种现象归因于国家缺乏“法治操守”、政治家与民众达成“共谋”等问题，但无法从实践的角度揭示刑事立法谦抑理念缺失的真正成因和实践逻辑。换言之，自由主义谦抑理念并不能为当下刑事立法有效提供实质意义上的理论供给，而只能停留在形式意义上的宣传、呼吁和说教。在刑事立法层面，为了实现刑事立法的谦抑性，国家主义方法论契合民众和立法者的实际需求，能够从现实的层面为刑事立法提供谦抑性的有效理论供给。

从刑事立法的根本目的上看，狭义的立法者与广义的民众所追求的价值理念是一致的——为了社会的和谐稳定与国家的有效治理，同时保障公民的个人权利不会遭受非法侵害。但是，在实现上述刑事立法目的的手段上，当下刑事立法却出现了理念上的偏差。从广义民众的立场来看，民众所秉持的刑法哲学实际上是国家主义与自我主义②的结合体：其一，民众的国家主义观期望通过刑事立法以打击犯罪，从而维护社会公共利益；其二，民众的自我主义观期望通过刑事立法打击犯罪，以避免自身受到犯罪分子的非法侵害，而并不预设公权力之“恶”。民众秉持的刑法哲学在法学学者看来，主要存在两个问题：其一，从方法论国家主义看，民众的刑法哲学缺乏国家主义谦抑理念维度，盲目

---

① 参见王群：《当下中国刑事立法何以谦抑化》，载《北京理工大学学报（社会科学版）》2017 年第 1 期，第 150 页。具体而言，想象化是指刑事立法片面强调入罪而不考虑其实际的可操作性，情绪化是指立法者一味迎合民众感性而扩大入罪范围，道德改善化是指刑事立法被赋予太多改善社会道德水平的期待。

② 此处的“自我主义”并非西方式的“个人主义”，而是强调一种以“己”为中心的思维方式。参见费孝通：《乡土中国》，河南文艺出版社 2021 年第 1 版，第 30—40 页。

地相信通过重刑主义可以实现社会长治久安；其二，民众的刑法哲学观并没有预设“国家是恶的”这种自由主义意识形态前见，而是对公权力抱有充分的信任。从狭义立法者的角度看，立法者通常是国家专职立法工作者，在立法过程中也会听取法学专家、司法人员、行政人员等专业人士的立法建议。与广义的民众相比，狭义立法者的立法视角通常是方法论国家主义维度，力图通过法律实现社会的长治久安，而并不会过多地考虑个人主义因素。当下的刑事立法之所以出现对谦抑理念的背离，很大程度上是因为：其一，立法者为了回应民众的强烈呼吁，贯彻刑事立法的民主性原则；其二，立法者同样高度相信通过刑法的国家治理的有效性，从而通过刑法修正案增设大量罪名。

在刑事立法的整个流程中，自由主义谦抑刑法理念实际上难以进入立法者的视野中。无论是广义的民众、还是狭义的立法者，都不会倾向于从自由主义的角度去预设公权力的“恶性”，进而通过刑事立法以制约公权力，而是倾向于从方法论国家主义的角度力图实现社会的有效治理。因此，从自由主义的角度去论证谦抑刑法理念在实践中是无效的，因为这种理念根本不会进入立法者的考量范围，也就无法与立法者和民众实现有效沟通。反之，从方法论国家主义的角度论证谦抑刑法理念，顺应了立法者和民众的实践需求，更容易得到立法者和民众的接受与认同。正如张明楷教授所言：刑法理论如果单纯地在学理上论证重刑主义的危害性，不仅无济于事，甚至会引起民众的反感。相反，通过国家刑事治理的实证数据，可以有效消解民众的重刑主义倾向。① 虽然从价值论的角度看，国家主义所表达的谦抑理念与自由主义的谦抑理念实际上并没有特别明显的区别，都强调对公民权利和自由的保护，但是从方法论的角度看，国家主义的谦抑叙事却更具有实践意义上的可行性。因此，在方法论国家主义视角下对谦抑刑法理念进行解读实际上是不可或缺的。

2. 国家主义与刑事司法

在刑事司法层面，司法机关在落实谦抑刑法理念方面同样面临着较为严峻的形势。面对积极刑法观在立法领域的挑战，不少学者提出了“立法扩张—司法限缩”的新理念，强调立法谦抑与司法谦抑相均衡、立法扩张与司法限缩的

---

① 参见张明楷：《中国刑法学的发展方向》，载《中国社会科学报》2021年10月27日，第4版。

张弛有度。[①] 这样的解读对司法机关在落实谦抑刑法层面提出了更高的要求。而司法机关何以贯彻谦抑刑法理念？在对犯罪分子进行审判时，司法人员作为有情感的、具体的人，同样会出于对犯罪行为和犯罪分子的憎恶以及对被害人的保护，主张严格惩治犯罪分子。这正是人之情感的本能反应，并不意味着法官的“素质有待提高”。从实践的角度看，自由主义对谦抑刑法理念的解读在说服力上较为有限。从方法论国家主义的维度培育司法机关及其工作人员的谦抑信仰，能够发挥更好的法治作用。

近年来高发的危险驾驶罪能够有效阐释国家主义谦抑理念在刑事司法领域的实践优势。2019 年全国检察机关主要办案数据显示，起诉人数排在第一位的罪名是危险驾驶罪，共计 322,041 人，占比 17.3%。[②] 2020 年，从各省、直辖市和自治区公布的数据来看，危险驾驶罪均位列各省起诉人数的前两位。根据最高人民检察院发布的全国检察机关 2021 年上半年（1 月至 6 月）主要办案数据，起诉人数最多的罪名是危险驾驶罪，与 2020 年同期相比上升 71.8%，较 2019 年同期上升 18.5%，占全部刑事案件起诉人数的 21.9%。[③] 根据 2021 年前三季度（1 月至 9 月）全国检察机关主要办案数据，危险驾驶罪起诉人数为 263,281 人，同比上升 30.6%。[④] 可见，危险驾驶罪已经成为当今社会刑事治理中的最大罪名，起诉人数位居所有罪名之首。对司法机关而言，从自由主义的角度论证危险驾驶罪的出罪机制是较为困难的，其原因在于：一方面，醉驾的社会危害性较大，严重涉及不特定多数人的人身安全。如果从自由主义的角度出发强调保障醉驾者的人权，则可能难以自圆其说。另一方面，从司法民主的角度来看，司法机关及其工作人员也并不能承担“反多数”的风险而断然对醉驾者做出出罪化的判决。但是，从方法论国家主义的角度看，醉驾出罪机制能够获得一定程度的正当性。正如周光权教授指出：从国家和社会的角度看，醉

① 参见田宏杰：《立法扩张与司法限缩：刑法谦抑性的展开》，载《中国法学》2020 年第 1 期，第 166—183 页。

② 参见最高人民检察院：《2019 年全国检察机关主要办案数据》，载《检察日报》2020 年 6 月 2 日，第 2 版。

③ 参见最高人民检察院：《2021 年 1 至 6 月全国检察机关主要办案数据》，载《检察日报》2021 年 7 月 26 日，第 2 版。

④ 参见最高人民检察院：《2021 年 1 至 9 月全国检察机关主要办案数据》，载《检察日报》2021 年 10 月 19 日，第 2 版。

酒驾驶者一般会被判处拘役，基本不会宣告缓刑，更不会免予刑事处罚。罪犯越多，社会的对立面越多，国家治理难度越大，整个社会为此付出的代价也越大。① 从司法机关的一般认识上看，打击犯罪具备充分的道德正当性，司法工作者通常具备这样的内心确信：犯罪分子严重危害社会稳定、人身危险性较大，因此应当从严打击，且从严打击代表着一种道德上的“善”。国家主义谦抑理念能够有效抑制司法机关及其工作人员在打击犯罪层面的政治激情，使其认识到“打击犯罪”② 并非有利于国家的有效治理。从自由主义的角度说服司法机关及其工作人员以保护犯罪分子的自由和权利是相当困难的，因为犯罪分子的社会危害性具备显而易见的现实表征；而从国家主义的角度维度培育司法机关及其工作人员的谦抑信仰是一种更为可行的路径，因为这既尊重司法工作者的常识常情常理，又能保护犯罪分子的自由和权利，同时有助于有效贯彻刑事法治的控权逻辑。

四、结语：刑法谦抑理念的体系性认识

方法论国家主义与自由主义的谦抑理念实际上并不矛盾，两者强调的侧重点不同，在功能上能够起到互补的作用。其一，自由主义谦抑理念与国家主义谦抑理念呈现出“价值论”与“方法论”的紧密关联。自由主义谦抑理念侧重于从价值论层面为个人的权利和自由正名，以限制国家刑罚权，实现对国家公权力的有效制约。国家主义谦抑理念侧重于从方法论层面为“通过刑法的社会治理”提供理论支撑，通过慎用刑罚以实现社会的和谐稳定，避免由于公民国家认同的缺失而导致的社会分化和混乱。其二，自由主义谦抑理念与国家主义谦抑理念呈现出“应然”与“实然”的现实特征。自由主义谦抑理念蕴含着更高的法治理想，在控权逻辑上呈现出刚性的需求，对公民个人权利表达了更深的理论关切。国家主义谦抑理念重视控权逻辑的现实有效性，侧重于研究谦抑理念在刑事立法和刑事司法实践中何以有效贯彻落实。其三，自由主义谦抑理

① 参见周光权：《论刑事一体化视角的危险驾驶罪》，载《政治与法律》2022 年第 1 期，第 15 页。

② 此处的“打击犯罪”是指司法机关工作人员的一种“入罪思维”，即片面强调“保护”机能而忽视“保障”机能。

念与国家主义谦抑理念呈现出“主”与“次”的逻辑结构。自由主义谦抑理念占主导地位，国家主义谦抑理念是对自由主义谦抑理念的有效补充。面对积极刑法观的现实挑战，自由主义谦抑理念在解释力上面临着越来越多的问题，难以实现对风险社会的有效回应。从国家治理的角度出发，方法论国家主义的谦抑理念必须出场。不过，国家主义谦抑理念并不能挑战自由主义谦抑理念的主导地位，而是仅居次要位置。由于方法论国家主义与价值论国家主义存在着若隐若现的关联，两者的边界并不甚明晰，方法论国家主义的话语体系也就较易转入价值论国家主义的话语体系，从而对公民的权利和自由产生威胁。因此，在论证方法论国家主义谦抑理念的同时，应警惕“全能国家”“重刑治国”“打早打小”等错误理念的复归，必须高度重视公民个人的主体性和尊严。

证立方法论国家主义谦抑理念并非意味着对自由主义刑法观之价值诉求的否认，而是怀着开放包容的态度加以聆听与整合。自由主义刑法观在特定的历史阶段确实发挥了不可替代的作用，并且直到今天仍然起着主导性的影响。自由主义宣扬的“自由”“平等”“民主”“人权”等价值观念虽然是针对西方情境所做出的理论建构和话语表达，但是在某种程度上的确具有普遍性的意义。面对中世纪的封建统治，欧洲启蒙思想家立足于古典契约论传统，倡导“谦抑理念”以保障国民的自由，并通过“法益”的概念将纯粹的伦理行为除罪化。①如今，中国已走进权利话语的时代，自由主义所倡导的人权保障、责任主义等原理都已经成为刑法学界的基本共识且成为刑法学的一般原理。通过方法论国家主义对刑法谦抑理念进行新的解读，并非一种方法论或价值论层面的保守主义或复古主义，而是根据时代的需求进行有益的理论展开。这样的努力并非旨在否定自由主义刑法观的价值诉求，而是针对其方法论局限性进行有益的理论填充。

客观而言，自由主义语境下的法学面临着“国家”的缺位：在价值论层面，国家是必要的恶，必须对其加以限制和约束；在方法论层面，个人主义方法论成为研究的主流范式，权利话语获得不言自明的正当性。但是，在法治中国建设中发挥重要作用的“国家”，却长期以来被理论界所蒙蔽和忽视。其实，

---

① 参见王兵兵：《刑事立法谦抑理念的新解读——以预防刑法为视角》，载《政法学刊》2021年第2期，第22—29页。

“国家”并没有如部分学者所想象得那般可怕。将“国家”纳入法学研究的整体框架中，有助于实事求是地认识当下中国法治发展的现状，也有助于破除对西方某些国家不必要的迷信。事实上，针对“刑法为何要谦抑”的基础命题，单向度的自由主义视角并不能给出令人满意的答案，而国家治理的视角为之提供了必要的补充。与打击犯罪的正当性相比，自由主义谦抑刑法理念在中国语境下并不具备充分的道德正当性，因而在刑事立法与刑事司法过程中难以被法律工作者所接受与认同。从国家治理的层面认识刑法的谦抑性，通过宏大叙事阐述谦抑理念对国家治理的重大意义，有助于谦抑理念在法治实践中得到进一步普及，从而让刑法真正焕发出人性的光芒。

（初审：林沛玟；校对：张呈玥）

法益保护原则的双重功能及其展开*

童斯楠**

摘　要：法益保护原则具有双重功能：一方面，限制刑罚权、保障自由；另一方面，扩张刑罚权、克减自由。法益保护原则的消极功能旨在防止刑法保护不适格的法益，它具有刑法与宪法上的依据，要求立法者不得设置且必须废除没有保护法益的犯罪，司法者应通过实质解释限制或架空法益性质存疑的犯罪。法益保护原则的积极功能在于为保护法益扩张刑法的边界，它具有刑法规范、刑法目的、刑罚目的、刑法机能与宪法规范上的依据，要求立法者积极增设犯罪和扩展犯罪类型，司法者灵活运用解释方法打击犯罪。消极功能与积极功能之间既有区别又有联系，但二者均是法益保护原则的一体两面，前者系对后者的制约。

关键词：法益保护原则；批判立法的法益概念；出罪化；犯罪化

一、问题的缘起：法益保护原则的双面形象

20世纪后期，随着中国刑法学知识体系由效法苏俄转向继受德日，法益理论乘势而起，逐渐取代了源于苏俄的社会危害性理论，成为说明刑法目的、犯罪本质以及建构刑法分则教义学的主流学说及框架。在这一背景下，源于德日的法益保护原则受到国内越来越多学者的青睐与支持，并逐渐被视为刑法的基本原则之一。①

---

* 本文系国家留学基金委“国家建设高水平大学公派研究项目”（202206090222）、2021年江苏省研究生科研创新计划项目“法益的立法批判机能研究”（KYCX21_0071）的阶段性研究成果。

** 童斯楠，东南大学法学院博士研究生，日本早稻田大学联合培养博士生。

① 参见陈家林：《法益理论的问题与出路》，载《法学》2019年第11期，第3页。

关于法益保护原则的内涵，刑法学界主要是从限制刑罚权、保障公民自由的角度理解的。首先，法益论具有先天自由主义的基因。① 原初形态的法益理论雏形，是贝卡利亚受社会契约论影响提出的社会危害性理论，他认为对社会的损害是衡量行为是否构成犯罪的标尺。费尔巴哈的权利侵害说将犯罪定义为刑罚法规规定的与他人权利相矛盾的行为，具有明显的自由主义色彩。其次，法益保护原则在目的和手段两个层面对刑罚权加以约束。一方面，刑法的目的是保护法益，而非维持社会伦理规范。因为在多元价值观共存的现代社会，不可能确定一种绝对正确的伦理观，只要未给别人带来麻烦，行动的自由就必须得到保障。② 另一方面，犯罪的本质是法益侵害，而非规范违反。由于刑法的任务是保护法益，犯罪应限于对法益的加害行为，如果行为欠缺法益侵害或法益侵害危险，则不构成犯罪。③

法益保护原则呈现在我们面前的俨然是一幅重视人权保障的温情形象。然而，在这幅形象的背后，法益保护原则还隐藏着一副严肃冷峻的面孔，它强调刑罚的宣示与适用，注重刑法预防犯罪、堵截处罚漏洞的功能。“与法益保护要求的合逻辑实现对应的是，尽可能广泛和全面地制定刑罚构成要件，不仅包括法益损害，而且包括危险和属于此类危险的准备状态。”④ 甚至在雅各布斯（Jakobs）看来，在法益保护原则的逻辑下，犯罪人被定义为“法益的敌人”，要求用刑法来对抗潜在犯罪人的危险思想以及该危险思想的源头。⑤ 因为相较于将行为人的外部行为作为刑罚权发动的门槛，将刑罚的触角深入行为人的思想与

---

① 参见苏青：《法益理论的发展源流及其启示》，载《法律科学（西北政法大学学报）》2011 年第 3 期，第 76 页；杨萌：《德国刑法学中法益概念的内涵及其评价》，载《暨南学报（哲学社会科学版）》2012 年第 6 期，第 70 页。近来，我国有不少学者对此提出了质疑，参见冀洋：《法益保护原则：立法批判功能的证伪》，载《政治与法律》2019 年第 10 期，第 106—111 页；陈璇：《法益概念与刑事立法正当性检验》，载《比较法研究》2020 年第 3 期，第 56—58 页。

② 松原芳博『刑法総論（第 3 版）』（日本評論社，2022 年）15—16 頁を参照。

③ 参见张明楷：《法益保护与比例原则》，载《中国社会科学》2017 年第 3 期，第 92 页。

④ Claus Roxin/Luís Greco, Strafrecht Allgemeiner Teil. band I, 5. Aufl., 2020, § 2 Rn. 12a.

⑤ Vgl. Günther Jakobs, Kriminalisierung im Vorfeld einer Rechtsgutsverletzung, ZStW 97 (1985), S. 753.

危险性格中，可以预防性地保护行为人所意图侵犯的法益，同时抑制潜在犯罪人的犯罪意图以保护社会大众的法益。正因如此，“法益的保护必须服从‘谦抑主义的原理’”① “若不严格对‘法益保护’加以解释，则会陷入滥用的危险之中。”②

法益保护原则的双面形象统一于法益概念的内涵之中。法益由“法”和“益”两个要素组成，前者指向法的要保护性，指的是值得刑罚保护的评价；后者指向生活利益，是指法益是原本存在于社会现实生活中的实实在在的利益。③ 通过两者的结合，可将法益定义为：对社会成员的共同存续不可或缺、由刑罚加以保护的、经验上可能受到侵害的生活利益。据此，某一事物要具备刑法法益的资格，必须满足三个条件：（1）经验的实在性。法益必须是一种现实的存在，而不能是理念性的构造。因为只有现实世界的组成部分才受因果法则支配，唯有确保法益处于因果法则支配的范围内，才能对法益是否被侵害作出经验性的评价。④（2）对人的有用性。法益不同于法益客体，它是法益客体之于法益主体的效用，体现为客体与主体的某种关联。一方面，只有法益客体事实上存在才可能满足人的需要；另一方面，不是客体对主体的任何效用都有保护的正当性，它必须服务于公民的自由发展与自我实现。（3）价值的重要性。刑法主要是以刑罚这种和平时期国家所能动用的最为严厉的制裁手段来保护法益，因此只有重要法益、特别重要的法益、极端重要的法益才有必要由刑法保护，一般法益应由其他法律调整。⑤ 不具有法益资质的事物不能成为刑事立法与司法的规制对象，反过来说，国家机关也担负着通过刑法的制定与适用积极保护法益的诫命，前者对应法益保护原则的消极功能，后者对应法益保护原则的积极功能。

本文以法益保护原则的双重功能为研究对象，系统性地讨论它们的内涵、

---

① ［日］山中敬一：《刑法中犯罪论的现代意义》，陈家林译，载赵秉志主编：《刑法论丛》2012年第2卷，法律出版社2012年版，第5页。

② ［日］甲斐克则：《责任原理与过失犯论》，谢佳君译，中国政法大学出版社2016年版，第76页。

③ 関哲夫『講義刑法総論（第2版）』（成文堂，2018年）15—16頁を参照。

④ 参见陈金林：《现象立法的理论应对》，载《中外法学》2020年第2期，第478页。

⑤ 参见姜涛：《新罪之保护法益的证成规则——以侵犯公民个人信息罪的保护法益论证为例》，载《中国刑事法杂志》2021年第3期，第50页。

依据、实践诉求及相互关系。

二、法益保护原则的消极功能

（一）法益保护原则消极功能的内涵

法益保护原则的消极功能旨在将不适格的法益排除在刑法的保护范围之外。从法益的内涵可以推知，不适格的法益包括三种情形：（1）因欠缺经验的实在性自始不能成为法益；（2）因缺乏对人的有用性而丧失法益保护的根据；（3）因缺少价值的重要性而不值得刑法保护。根据上述标准，联系我国的现状，应当重点排除以下不具备法益资格的事物：

第一，单纯违反道德的行为所侵犯的不是法益。法益理论的支持者几乎一致认同法益与纯粹的道德之间存在泾渭分明的界限，法益论的首要功能便在于防止国家单纯为保护某种伦理道德而动用刑罚。① 例如，德国在二战后将成人之间自愿发生的性行为（如同性恋、色情虐待狂）排除在刑法规制之外，就是因为这些行为单纯违背了性风俗，而没有侵犯性的自主决定权或青少年的身心健康等适格的法益。道德被排除出法益范畴的原因之一，是道德的抽象性、模糊性使其不具有经验上可被把握的实体，将道德当作法益极易导致刑罚范围的不确定。原因之二，是它不满足价值重要性的要求。道德作为限制宪法基本权利的依据，仅限于对公民一般行为自由的限制，而刑罚是一种重大的痛苦，以限制公民的人身自由为主要内容，并非维持道德的适切手段。对社会禁忌的违反、有意识地自我损害（如吸食毒品）、对于有处分权的自我损害行为的参与（如向吸食毒品人提供注射工具）都是单纯的悖德行为，不应受到刑事惩罚。

第二，纯粹的制度或秩序不是适格的刑法法益。从语义上看，制度是“要求成员共同遵守的规章或准则”，秩序是“整齐而有条理的状况”，体现的是规则有序运转的状态。制度和秩序均是由行为规范构成，对它们的侵犯，本质上

---

① Vgl. Claus Roxin/Luís Greco，Strafrecht Allgemeiner Teil. band I，5. Aufl.，2020，§2 Rn. 17ff；小林憲太郎『刑法総論（第2版）』（新世社，2020年）12頁を参照；张明楷：刑法学（第6版上册），法律出版社2021年版，第84页。

是对服从义务或行为规范的违反。① 首先，法益是行为规范的保护客体，而非行为规范本身，② 将规范视作法益会让“法益侵害”与“规范违反”由对立走向融合，彻底使法益丧失边界。其次，行为规范只有遵守违反之别，而无侵害程度之分，属于一种理念性的构造，刑法无法对其进行有效保护。最后，给制度或秩序贴上法益标签的做法忽视了刑罚是最严厉的制裁手段，具有明显的副作用，对其正当性的证成需要特别的理由，而秩序无非是以行政管理权力来回答刑罚权正当性的追问，如果不继续探寻秩序背后的实质内容，刑法就可能变相沦为强化行政管理权力、维护国家机关权威的工具。

第三，若法益的事实基础不复存在，不应用刑法手段对它加以保护。为此，有必要充分展开实证调研，以确保作为刑罚权发动根据的法益侵害是真实而非主观臆测的。德国学者格劳尔（Graul）曾用一个形象的教学案例来展示在法益的事实基础已经变化的情况下仍动用法律的荒谬：为了保护一种珍稀鸟类 Z 的栖息，法律规定禁止于特定时间在湖泊 X 周边活动。然而时过境迁，Z 鸟类早已全部灭绝或迁徙，该禁令依旧可能被维持，但对于保护“Z 鸟类的生存”而言没有任何意义。③ 在我国刑法实践中，随着珍稀动物人工繁育技术的成熟、科学技术进步带来的治污能力的提升、“金税功能”的推行带来的发票管理水平的进步，危害珍贵、濒危野生动物罪、污染环境罪、虚开增值税专用发票等罪的处罚基础或许会在根本上发生动摇。④

（二）法益保护原则消极功能的依据

1. 刑法依据

其一，根据《刑法》第 2 条的规定，刑法的任务是保卫国家安全、社会主义制度，保护国有财产、公民私人所有财产、公民人身权利、民主权利和其他

---

① 参见马春晓：《经济刑法的法益研究》，中国社会科学出版社 2020 年版，第 127 页；陈金林：《法定犯与行政犯的源流、体系地位与行刑界分》，载《中国刑事法杂志》2018 年第 5 期，第 34 页。

② 参见［日］高桥则夫：《规范论与刑法解释论》，戴波、李世阳译，中国人民大学出版社 2011 年版，第 8 页。

③ 参见钟宏彬：《法益理论的宪法基础》，公益信托春风煦日学术基金 2012 年版，第 180—181 页。

④ 参见陈金林：《现象立法的理论应对》，载《中外法学》2020 年第 2 期，第 476 页。

权利，而非维持伦理道德。在解释《刑法》第 13 条“其他危害社会的行为”时，依照同类解释的规则，必须将单纯的道德违反排除在刑法的保护范围之外。①

其二，明确性是《刑法》第 3 条罪刑法定原则的核心内容，作为明确性原则的具体要求，对法益的界定也应尽可能明确。因为法益是解释罪刑规范的向导，决定着构成要件的解释方向，法益的内涵越模糊、外延越抽象，所包含的内容就越多，刑法规范的明确性程度就会越低。“国家对××的管理制度/秩序”是欠缺明确性的“假象法益”，其内涵不确定、外延不清晰，据此没有办法解释构成要件并合理划定处罚范围，不能处理相近犯罪的关系，也难以说明不同犯罪的法定刑差异。例如，我国刑法理论通说对《刑法》分则第六章第七节犯罪法益的表述大同小异，基本都是“国家对毒品的管理制度”。② 可是，这种泛泛的表述无法说明毒品犯罪的处罚范围，譬如吸食、注射、购买毒品的行为也侵犯了国家对毒品的管理制度，但该行为不成立犯罪；运输毒品的行为与非法种植毒品原植物的行为在违反国家毒品管理制度方面不存在任何差别，可两者的法益侵害程度与法定刑却有所不同。

2. 宪法依据

法益概念同样具有宪法根据，能对国家机关产生宪法性的规制作用。第一，缺乏经验的实在性或保护价值的东西无法通过比例原则目的正当性的审查。一般认为，比例原则在我国《宪法》中的依据是第 33 条第 3 款和第 51 条，负责审查公权力对公民基本权利的干预是否符合“目的正当性”“适当性”“必要性”“狭义比例原则”的要求。③ 刑罚权是国家公权力的重要组成部分，自然要接受比例原则的检验。就罪刑规范的目的正当性审查而言，其任务是判断刑法规范对公民一般行为自由、人身自由、财产自由等基本权利的限制是否出于保护法益的正当目的。这意味着，法益必须真实存在、可被毁损，如此才有保护的可能。如果无法证明法益存在真实的基础，那么设立刑法规范就会变为对不

① 参见张明楷：《论实质的法益概念——对法益概念的立法批判机能的肯定》，载《法学家》2021 年第 1 期，第 90 页。

② 参见高铭暄、马克昌主编：《刑法学》（第 10 版），北京大学出版社、高等教育出版社 2022 年版，第 604、608、610、611、612 页。

③ 参见陈征：《国家权力与公民权利的宪法界限》，清华大学出版社 2015 年版，第 10—18 页。

可能达成目的的追求。而且，对于本质上不可能受损的事物，刑法规范毫无意义，无论该事物对人的自我实现与共同生活有无价值，刑法都不可能通过“保护”该事物而对人有所贡献。[①] 另外，根据《宪法》第33条第3款“国家尊重与保障人权”的价值设定，可以将我国刑法的任务归结为保护人类共同生活的基本条件，共同生活又是为了个人人格的自由发展，因此法益是个人自我实现的基本条件。其中，个人法益保护个人的自由发展，集体法益则保护个人自由发展的社会条件。[②] 若罪刑规范既不保护个人的自由发展，也不保护实现个人自由发展的社会条件，该规定就欠缺正当性。

第二，欠缺价值重要性的事物无法通过比例原则手段正当性的检验。刑罚在本质上异于国家其他制裁手段，它是唯一能长期限制公民人身自由，甚至剥夺其生命的国家权力。因此，只有民法、行政法等前置法上的保护手段不足以保护法益时，才能动用刑法。制裁手段的特殊性要求目的认定上的严格性，刑法法益与前置法法益不可等同视之。例如，行政管理秩序只是行政法上的法益，而不能成为刑法法益。当行为仅侵害了诸如枪支管理秩序、林业资源管理秩序，即使在行政法上被认为侵害了公法益，但没有危及不特定或多数人的生命、身体安全或损害森林资源，就只是行政违法行为，而不可能成立非法持有枪支罪或滥伐林木罪。即使性质相同的法益，刑法与前置法也有量的不同。例如，就财产法益而言，刑法仅保护数额较大的财产法益，一般数额的财产法益由民法、行政法规制；就身体法益来讲，刑法只保护达到轻伤以上程度的身体法益，轻微程度的伤害由民法调整。

近来，有学者主张，法益与道德分离的命题无法从宪法上找到依据，法益排斥道德的命题根本不成立。理由在于：其一，我国《宪法》第24条与第53条明确将道德维护视作国家任务，第51条所列的公共利益实际上包含社会道德与善良风俗。在这种情况下，试图借助宪法去否定将道德纳入刑法保护对象的正当性，缺乏说服力。其二，法益理论旨在解决目的正当性，而非手段正当性的问题；法益概念所划定的是整体法秩序共同保护的对象，而非专由刑法保护

---

① 参见钟宏彬：《法益理论的宪法基础》，公益信托春风煦日学术基金2012年版，第177页。

② 参见马春晓：《现代刑法的法益观：法益二元论的提倡》，载《环球法律评论》2019年第6期，第139页。

的对象。只要在宪法的允许范围内，就没有绝对禁止刑法去保护的东西。由于《宪法》已经明文载有道德保护条款，即便认为处罚单纯道德违反的罪刑规范缺乏正当性，也只能从刑罚手段对于维护道德规范是否适当、必要的角度去寻找，而这已经超越了法益理论所能覆盖的射程范围。其三，《民法典》第8条规定的公序良俗条款可以佐证将道德规范排除出法益范畴的做法无法站住脚。[①]但是，上述观点值得商榷。

首先，《宪法》第24条和第53条虽然规定“……国家……提倡爱祖国、爱人民、爱劳动、爱科学、爱社会主义的公德……”“中华人民共和国公民必须……尊重社会公德”。但是，“提倡”是指通过指出事物的优点来引导、促使人们自愿遵守与服从，它是倡导性的而非强制性；“尊重”是对对方表示喜欢、肯定与敬重，“尊重”社会公德有别于“服从”“遵守”社会公德，前者指向的是公民的注意义务。“提倡”“尊重”等语词均不带有明确的规范品格，没有给国家公权力提出明确的行为指引。[②] 公权力自然不得单凭“社会公德”条款就制定对公民基本权利限制尤甚的刑罚。

其次，即便能将社会道德与善良风俗归入《宪法》第51条所列的“国家的、社会的、集体的利益”之中，[③] 以此证明宪法允许公权力基于道德规则限制基本权利。然而，这种允许只能理解为一种概括性授权，公权力必须具体甄别道德诉求的背后是否存在稳定的个体权益或制度利益。否则各种法外因素便能借助含义抽象、内涵模糊的道德法则充入宪法，从而具备宪法效力，并对公权力课予注意与保护义务。这无疑会破坏宪法确定的基本权利保护秩序及框架，动摇法的安定性原则。

再次，法益论并未严格区分目的正当性与手段正当性，而是一开始就考虑到了刑事制裁措施的严厉性，“由于伴随着刑罚这种最终手段，刑法的正当化基准就不能与其他的制裁手段等同对待。刑法学务必遵循自身的正当化基准，担

---

① 参见陈璇：《法益概念与刑事立法正当性检验》，载《比较法研究》2020年第3期，第64—67页。

② 参见陈斯彬：《宪法文本中的“社会公德”条款及其公私法应用》，载《江海学刊》2016年第4期，第143页。

③ 参见胡建森、邢益精：《公共利益概念透析》，载《法学》2004年第10期，第5页；杜强强：《宪法上的艺术自由及其限制——以“敏感地带”行为艺术案为切入点》，载《法商研究》2013年第6期，第31页。

任这个角色的正是法益论”。① 在思考将道德纳入刑法保护对象的正当性问题时，正确的提问方式不是“道德是否处于宪法的允许范围内”，而是“是否值得动用最为严厉的刑事制裁手段来保护道德”。而一旦将手段合理性的思维融入进目的正当性的审查之中，则道德法则作为宪法列举的限制基本权利的依据，仅限于对公民一般行为自由的限制。② 对于其他由法律以及宪法保留可限制性的基本权利而言，如果承认道德法则构成限制理由，就会掏空法律以及宪法特别保护的目的，弱化对这些基本权利的特别保护。犯罪与刑罚属于《立法法》第 11 条规定的专属于全国人大及其常委会的权力，单纯的道德法则不应成为增设犯罪、创设刑罚的理由。

最后，公序良俗条款的存在只能证明维护道德秩序是民法的规范目的，而不能证明它是刑法的规范目的。因为公序良俗条款仅对公民设立、变更及终止民事法律关系的自我决定权施加限制，没有超出公民一般行为自由的界限，而刑法则以限制人身自由为主；民事主体违背公序良俗的后果是民事法律行为无效，行为人触犯刑法则会被科处刑罚，并承担相应的附随后果。公民基本权利的类型及其限制程度的差异决定了，在目的正当性门槛的设置上，部门法之间无法完全保持一致。

（三）法益保护原则消极功能的实践诉求

1. 立法：不得设置且应当废除没有保护法益的犯罪

在立法层面，立法机关在审视刑法现有罪名设置的合理性或考虑增设新罪时，应重点围绕是否存在适格的法益展开，即追问特定的条文是否有清晰明确、具体现实的法益作为罪刑规范的处罚基础。

首先，立法者应以适格的法益作为增设新罪的重要判准。适格的法益是确保刑事立法的正当性基础之一，也即通常意义上的批判立法的法益，它能够指出那些不符合保护目的要求的罪刑规范的错误所在，并尽可能对其加以限制，

---

① 嘉門優『法益論—刑法における意義と役割』（成文堂，2019 年）116 頁。

② 参见段沁：《宪法上的动物保护：现状、期待与回应》，载《南大法学》2022 年第 2 期，第 146—147 页。

同时人们可以此为据，要求立法者进行改革。① 以适格的法益观之，有的增设新罪的立法建议难言合理。例如，有学者建议，应当在《刑法》中增设虐待动物罪，具体位于分则第六章第一节“扰乱公共秩序罪”中，其法益为良好的社会管理秩序。② 然而，一方面，如前所述，秩序并非适格的刑法法益。另一方面，观察域外学者对虐待动物罪保护法益的论述，其中，动物利益说偏离了人类中心主义，难以满足法益对人有用性的要求；生命、身体、财产法益说是将虐待动物这种离人身财产过于遥远的危险作为处罚根据，行为与法益之间欠缺最低限度的关联性；人的感情、爱护动物的善良风俗本质上是以维持道德秩序为目的，无法通过法益适格性的检验。③ 因此，该立法建议不应被采纳。

其次，立法者应以适格的法益作为废除犯罪的核心依据。如果刑法分则规定了不以保护适格法益为目的的犯罪，或者某个分则条文所保护的法益已经不值得保护，立法机关有义务尽快修改刑法，删去此类犯罪。例如，1997 年立法机关增设的《刑法》第 336 条第 2 款非法进行节育手术罪，原本是为了控制人口过快增长，但随着经济社会的发展，年轻人的生育意愿不断降低、人口老龄化问题愈发突出，国家根据形势变化适时调整了人口政策，在这种背景下，本罪已经丧失法益保护的基础，应当被废除。④

2. 司法：通过解释限制或架空法益性质存疑的犯罪

在司法层面，司法者应当以适格的法益为指导，通过实质解释的方法将法益性质存疑的犯罪与适格的法益建立起规范上的关联。即使这种关联在犯罪条文中表现不明显，司法者也应通过补充不成文的构成要件要素等方法尽可能将其补充进来。

首先，司法者应以适格的法益作为实质解释的指导理念。法律适用者在界定分则犯罪保护法益的内涵时，如果通常指导条文的解释观念不符合法益适格

---

① 参见［德］乌尔斯·金德霍伊泽尔：《法益保护与规范效力的保障——论刑法的目的》，载《中外法学》2015 年第 2 期，第 553 页。

② 参见杨源：《论虐待动物罪的犯罪构成》，载《中国政法大学学报》2011 年第 6 期，第 89 页。

③ 三上正隆「動物虐待関連犯罪の保護法益に関する立法論的考察」愛知学院大学宗教法制研究所紀要第 58 号（2018 年）74—83 頁を参照。

④ 参见张明楷：《论实质的法益概念——对法益概念的立法批判机能的肯定》，载《法学家》2021 年第 1 期，第 84 页。

性的要求，他们有义务以适格的法益取而代之。对此，可以举出两种情形：其一，社会风俗、国民感情的法益适格化改造。我国刑法中存在不少被通说解释为保护社会风俗、国民感情的犯罪，但这些不过是道德的另一种说法，不具有能称之为法益的实体。司法工作人员有责任为这些犯罪寻找到更为明确具体的法益。例如，通过“活人对自己死后尸体不被如此对待的意愿或期待”① 而不是“社会风俗习惯”② 来解释《刑法》第 302 条盗窃、侮辱、故意毁坏尸体、尸骨、骨灰罪的法益基础；通过“性的自主决定权、青少年性发育的健全”③ 而非“良好的社会道德风尚”④“众人不得在一起进行聚众淫乱的性风俗”⑤ 来解释聚众淫乱罪、引诱未成年人聚众淫乱罪、组织卖淫罪等与性相关犯罪的法益内容；以“不特定或多数人的意志形成与意志活动自由”而非抽象浮动的“公众安全感”来解释《刑法》第 291 条之一规定的 3 款社会恐慌类犯罪的处罚基础。⑥

其二，社会秩序、公共秩序的法益适格化改造。强调刑法对社会秩序、公共秩序的保护是我国立法与司法的重要特色。例如，《刑法》分则第六章第一节“扰乱公共秩序罪”明确使用了“秩序”的字眼，在解释论上，刑法通说大都以此为据，将本节犯罪的法益解释为社会公共秩序。⑦ 然而，前文已经详细论证，秩序不可能成为刑法规范的保护目的，解释者应对社会公共秩序的内涵

---

① 松原芳博『刑法各論（第 2 版）』（日本評論社，2021 年）532 頁；另相同观点可见于小林憲太郎「『法益』について」立教法学 85 号（2012 年）469—470 頁を参照；参见张明楷：侵犯人身罪与侵犯财产罪，北京大学出版社 2021 年版，第 5 页。从保护逝者的尊严、生者死后继续有效的人格权角度来理解本罪法益的观点也十分有力。内海朋子「感情の刑法的保護について—死者に関する罪における保護法益—」高橋則夫ほか編集『刑事法学の未来—長井圓先生古稀記念』（信山社，2017 年）358 頁以下参照。但法益仅指生者的利益，死者不是适格的法益主体。

② 胡云腾等主编：《刑法罪名精释》（第 5 版下册），人民法院出版社 2022 年版，第 1014 页。

③ 松原芳博『刑法各論（第 2 版）』（日本評論社，2021 年）512 頁。

④ 参见马克昌主编：《刑法》（第 4 版），北京大学出版社 2017 年版，第 546 页。

⑤ 黎宏：《刑法学各论》（第 2 版），法律出版社 2016 年版，第 477 页。

⑥ 参见张梓弦：《感情法益：谱系考察、方法论审视及本土化检验》，载《比较法研究》2022 年第 1 期，第 143 页。

⑦ 参见何荣功：《刑法适用方法论》，北京大学出版社 2022 年版，第 109 页。

进行重新界定。例如，通过“公民的人身安全”而不是“社会公共管理秩序”[①]来指导《刑法》第291条之二高空抛物罪构成要件的解释；以“个人的生命、身体健康”而非“医疗管理秩序”作为非法行医罪“情节严重”的实质解释标准。[②] 总之，社会法益唯有在“维持个体人格自由得以发展的秩序框架内”才能取得刑法保护的正当性，[③] 对于超出此范围、通常被解读为针对风俗、感情、社会公共秩序的犯罪，应统统将它们归入到侵犯个人法益或不特定多数个人法益的犯罪之中。

其次，司法人员应通过补充不成文构成要件要素等形式，将构成要件该当行为与适格的法益建立起联系。法益属性存疑犯罪的罪状描述通常十分简略，与适格的法益之间并无常态的关联，但刑法适用者可以通过添加不成文构成要件要素的方法在两者之间建立起关联。例如，既然聚众淫乱罪的可罚性基础在于它使那些不愿面对多人性行为的人被迫卷入其中，从而侵犯他们广义上的性自主决定权，那么，应为聚众淫乱罪添加“能够为他人感知且没有根据让他人回避”的要件。[④] 据此，三个以上的成年人秘密进行的合意性行为不成立犯罪自不待言，即使发生在不特定或多数人当场可能认识到的场合，若行为人有合理理由让他人回避，同样不成立犯罪。又如，可以通过侵犯公民人身安全的危险来解释刑法对高空抛物罪的处罚，为本罪补充“创设出针对公民人身安全类型性抽象危险”的要件。所以，只要不是在公民出入的区域、时段高空抛物或所抛掷的物品不具备致人伤亡的能力，就不应被认定为犯罪。

最后，刑法解释有其局限，在无论如何都难以通过增添不成构成要件要素的方式，在构成要件行为与适格的法益之间建立起最低限度关联的情况下，就应当通过不起诉制度、法定或酌定量刑情节等权宜之计对犯罪人进行救济。例如，从《刑法》第364条第4款可知，组织播放淫秽音像制品罪的前两款是以

---

① 参见高铭暄、马克昌主编：《刑法学》（第10版），北京大学出版社、高等教育出版社2022年版，第548页。

② 参见姚诗：《非法行医罪“情节严重”的解释立场与实质标准》，载《政治与法律》2012年第4期，第115—116页。

③ 参见贾健：《人类图像与刑法中的超个人法益——以自由主义和社群主义为视角》，载《法制与社会发展》2015年第6期，第138页。

④ 参见陈金林：《象征性刑事立法：概念、范围及其应对》，载《苏州大学学报》（法学版）2021年第4期，第120页。

成年人为对象，但是，这些成年人基本是在已经事先知道电影、录像等音像制品所属种类的前提下自愿观看，组织播放的行为并未迫使他们去观看淫秽的音像制品，难以认为侵犯了他们的性自主决定权。① 对此，可以通过适用相对不起诉、定罪免刑、特殊减轻处罚制度等方式架空本罪。在这一问题上，域外的司法实践可资借鉴。例如，在1995年《日本刑法》第200条杀害尊亲属罪正式被废除以前，该罪是将封建的忠孝伦理观念纳入刑法的典型适例，立法机关虽然没有通过法律修正删除本罪，但司法实务部门已经不再以本条提起追诉，该规定实际上处于被废止的状态。②

三、法益保护原则的积极功能

（一）法益保护原则积极功能的内涵

以自由主义思想为渊源的法益保护原则本身蕴含着不自由的基因，它要求通过对国家刑罚权的积极行使来保护刑法中的法益，侧重对刑罚权的确认而非限制。

与法益保护原则的消极功能相比，积极功能在刑法中的重要性越来越得到彰显。一方面，现代刑法大多废除了没有保护法益的犯罪，加上社会日新月异，新的利益不断涌现、新型犯罪持续增加，法益作为消极标准发挥作用的空间越来越小，而作为积极标准发挥作用的空间越来越大。另一方面，法益保护与刑罚目的具有本质属性的一致性，天然蕴含着推动刑罚权向社会生活各个角度渗透的倾向。因此，法益保护原则更多地致力于刑法体系的开放性，外部社会的发展变化正是借由法益保护目的进行符码上的转译，以实现刑法体系的自我更新与发展，进而促进刑法体系应变能力、回应能力的提升。

---

① 参见［德］克劳斯·罗克辛：《对批判立法之法益概念的检视》，陈璇译，载《法学评论》2015年第1期，第66页。

② 参见［日］西田典之著、桥爪隆补订：《日本刑法各论》，刘明祥、王昭武译，法律出版社2020年版，第15—16页。

（二）法益保护原则积极功能的依据

1. 刑法依据

首先，法益保护原则的积极功能具有刑法规范上的依据。《刑法》第2条既是法益保护原则消极功能的依据，也是积极功能的依据。第2条的规定表明，刑法的任务与目的是保护法益，为了保卫国家安全，保护国家财产、劳动群众集体所有的财产、公民私人财产、人身权利等法益，立法和司法机关必须积极运用刑罚手段同犯罪行为作斗争。

其次，法益保护原则的积极功能具有刑法目的上的依据。目的意味着利益与好处，法律目的关心的是如何动用法律手段来达到利益最大化，侧重从社会功能、需要出发判断法律规定与司法判断的正当性。当社会整体利益或其他结果上的收益被认为足以补偿对自由的限制时，个人权利的优先推定效果容易被集体化、最大化的功利权衡所代替。“整体而言，法律目的观察始终强调集体利益的优先性。”① 而法益问题首先就是刑法的目的问题，“法益所关涉的是动用刑法对潜在受害者或全体公民的好处。从这种视角出发，在发生导致灾难性后果的严重行为的场合，等待就显得轻率而不合理”。②

再次，法益保护原则的积极功能具有刑罚目的上的依据。既然刑法的目的是保护法益，那么，应当通过何种方式实现法益保护目的？从《刑法》第1条可以看出，保护法益与打击犯罪是目的与手段的关系，为了保护法益，必须惩罚犯罪，通过惩罚犯罪，以实现法益保护目的。惩罚犯罪完成之际便是法益保护目的达成之时，动用刑罚惩罚，使法益保护目的得以现实化。③ 在刑罚论上，惩罚犯罪的效果被称为犯罪预防，包括一般预防与特殊预防，它们均是作为刑罚目的来理解的。因此，法益保护目的与犯罪预防目的具有内在的一致性，它们是目的与手段或者说是最终目的与中间目的的关系，“只要承认刑法的目的是

---

① ［德］弗朗茨·维亚克尔：《近代私法史》（下册），陈爱娥等译，上海三联书店2006年版，第556页。

② Claus Roxin/Luís Greco, Strafrecht Allgemeiner Teil. band Ⅰ, 5. Aufl., 2020, §2 Rn. 12b.

③ 参见冀洋：《法益保护目的不能甄别不法论的立场》，载《政法论坛》2016年第5期，第148页。

保护法益，则预防本身必然内在于法益保护的结构之中”。① 既然犯罪预防目的内含于法益保护目的之中，后者自然带有犯罪预防的属性及特征。犯罪预防所思考的问题从来都是如何通过对国家刑罚权的积极行使来防止犯罪的发生，“预防刑论侧重对社会的防卫，而忽视对个人的保护”，这使得“所有的预防理论都有一个固有缺陷，即它们的理论方法中没有包含法治国所必要的对刑罚力的限制”。② 无怪乎刑罚论上一直强调只能在责任刑的限度内考虑一般预防与特殊预防目的，在对个案量刑时，对一般预防或特殊预防的考虑不能逾越法定刑内具体责任刑的程度。就此而言，与犯罪预防目的属性相同的法益保护目的无法对刑罚权进行有效的限制。

最后，法益保护原则的积极功能具有刑法机能上的依据。众所周知，刑法具有两大社会机能：人权保障机能与社会保护机能。所谓人权保障机能，是指事先明确地将一定的行为规定为犯罪，通过对该行为科处刑罚，以限制国家刑罚权的行使，使犯罪人和一般国民免受刑罚权的恣意发动而引起灾难的功能。③ 显然，刑法的人权保障机能主要由罪刑法定原则来担保。但是，刑法不仅仅是用来保障人权，它还肩负着保护社会的重要使命。刑法保护社会的方式，是通过对个人法益、集体法益的保护来实现其保护社会的功能，因此，刑法的社会保护机能也被称为法益保护机能。④ 法益保护机能主要依靠刑罚的宣示与适用来实现，犯罪处罚的范围越宽、处罚的时间越早，越有利于保护法益，越不利于保障人权。总体来说，刑罚的适用与法益保护成正比，与人权保障成反比。⑤ 如果说罪刑法定原则是人权保障机能的担纲者，则法益保护原则无疑是社会保护机能的承担者，原则上，刑罚的投入量越多，越有助于法益保护原则的贯彻。

---

① 劳东燕：《刑事政策与功能主义的刑法体系》，载《中国法学》2020 年第 1 期，第 132 页。

② Claus Roxin/Luís Greco，Strafrecht Allgemeiner Teil. band I，5. Aufl.，2020，§2 Rn. 51.

③ 参见［日］大谷实：《刑法讲义总论》，黎宏译，中国人民大学出版社 2008 年版，第 7 页。

④ 参见苏永生：《论我国刑法中的法益保护原则——1997 年〈中华人民共和国刑法〉第 3 条新解》，载《法商研究》2014 年第 1 期，第 98 页。

⑤ 参见张明楷：《刑法学》（第 6 版上册），法律出版社 2021 年版，第 25 页。

2. 宪法依据

法益保护原则的积极功能还有宪法上的依据。我国《宪法》第一章“总纲”、第二章“公民的基本权利和义务”关于保护法益的条款不胜枚举，罗列了众多值得刑法保护的利益。

根据法益的性质不同，可将这些条款分为两类：其一，保护国家与社会利益不受个人或组织侵犯。例如，《宪法》第1条禁止任何组织或者个人破坏社会主义制度，第4条第1款禁止对任何民族的歧视和压迫、禁止破坏民族团结和制造民族分裂，第9条第2款禁止任何组织或者个人用任何手段侵占或者破坏自然资源，第12条第2款禁止任何组织或者个人用任何手段侵占或者破坏国家的和集体的财产，第15条第3款禁止任何组织或者个人扰乱社会经济秩序。其二，保护公民的基本权利不受个人或组织侵犯。例如，《宪法》第36条将宗教信仰自由作为保护法益，要求任何国家机关、社会团体和个人都不得强制公民信仰宗教或者不信仰宗教，不得歧视信仰宗教的公民和不信仰宗教的公民；第37条将公民的人身自由、身体安全视作保护对象，禁止非法剥夺或限制公民的人身自由、禁止非法搜查公民的身体；第38条保护公民的人格尊严不受侵犯，禁止用任何方法对公民进行侮辱、诽谤和诬告陷害。另外，《宪法》第33条第3款、第51条还通过概括条款的方式，为未来出现的新型人权、国家、社会与集体利益留出了规范上的解释空间。

上述规定同时指向立法与司法机关，所以，将重大的法益侵害行为规定为犯罪、将具有处罚必要性同时没有逾越刑法文义范围的行为解释为犯罪，是我国宪法的基本要求。

总之，法益保护原则固然蕴含着保障自由、限制刑罚权的消极面向，但同样具有克减自由、扩张刑罚权的积极面向，而且在风险社会、网络社会的时代背景下，法益保护原则积极功能的重要性愈发得到彰显。

（三）法益保护原则积极功能的实践诉求

1. 立法：为保护法益增设犯罪与扩展犯罪类型

（1）积极增设犯罪。

我国已经进入了刑事立法频繁修改的活跃时期，入罪化与除罪化并行，以入罪化为主。在入罪的复杂成因背后，“日益增加的需要刑法保护的法益，是增设新罪最重要的理由”。[①] 社会的发展变化本质上是利益格局、利益关系的变化，新的利益呼唤刑法的出场，需要借助刑法来抑制不法侵害。例如，在大数据时代，信息处理能力突飞猛进，海量的个人信息不仅能够被部分不良机构无时无刻、无所不在地加以收集、储存、加工，也会以人们意想不到的方式被使用、传输及公开。围绕着个人信息的处理行为产生了种种侵害公民人身权益、人格尊严的新型风险。立法机关在《民法典》《个人信息保护法》等前置法出台之前就设置了侵犯公民个人信息罪，以此来保护公民的个人信息权。

此外，一些传统上具有重要价值的利益也需要刑法加以保护。例如，公民的意志自由属于刑法应当保护的重要利益，它不但是法律的基础，也是法益的基础，德国、日本等大陆法系国家均设有“强制罪”专条来保护公民的意志自由。我国现行刑法虽存在诸如强迫交易罪、强迫劳动罪、强迫卖血罪等直接保护公民自由的条款，但这种个别化的立法方式未能实现刑事立法的类型化，而且难以对公民意志自由予以充分的保护。[②] 为此，立法机关应当在《刑法》第四章增设强制罪，以完善对公民意志自由的法律保护。又如，文书的公共信用对社会交往的顺利进行至关重要，若没有文书制度，人与人之间的交往成本势必成倍增加，人们需要花费更多的时间、精力去建立信任基础；倘若成本过高，人们便可能会放弃交流。然而，我国刑法仅处罚伪造公文书的行为，私文书的公共信用未受到保护。未来亟须在《刑法》中增设伪造文书罪并使用伪造文书罪来对公文书与私文书的公共信用进行一体保护。[③]

（2）扩展犯罪类型。

在古典刑法中，刑法对法益的保护以实害犯的运用为原则，仅在极其例外的场合才会考虑设置抽象危险犯。因为在传统犯罪中，掌握真实的实害因果关系通常并无困难，这意味着实害犯的规定就能达到法益保护的效果，设置危险犯等前置构成要件反而会过度限缩个人的自由空间，得不偿失。但是随着风险

---

① 张明楷：《增设新罪的观念——对积极刑法观的支持》，载《现代法学》2020 第 5 期，第 155 页。

② 参见王钢：《论刑法对意志自由的保护——增设强制罪的立法建议》，载《政法论丛》2020 年第 6 期，第 17 页。

③ 参见姚诗：《增设伪造、使用伪造的文书罪：法理根据与条文设计》，载《现代法学》2020 年第 5 期，第 167 页。

社会的到来，环境领域、食品安全领域、经济等领域犯罪的因果关系逐渐变得复杂化和不易认定，即使某种规范所预设的实害发生，也可能会由于作用时间过长、作用过程中其他风险因素介入过多等，导致科学上难以具体回溯其原因。就这种新型风险的预防而言，实害犯无论如何都会面临法益保护不力、预防效果不佳的问题。唯有设置抽象危险犯这种犯罪类型，才是落实保护法益的适当手段。职是之故，“抽象危险犯这种极端的犯罪形式，对于保护法益的原则而言，不是淡化其意义，而是出于强化法益保护的考虑”。①

2. 司法：灵活运用解释方法积极打击犯罪

（1）客观目的解释的优先性。

刑法目的解释中的目的主要是指法益保护目的，它是一个开放性的范畴，对其内容的填充具有一定的灵活性、自主性及能动性。② 最能体现目的开放性特征的就是客观目的解释。客观目的解释强调解释不单是寻求立法者的原意，更重要的是寻找适应时代发展的法律含义，它允许解释者根据社会的变化适时调整法律规范的目的，并以此为指导更新对相关概念的理解，从而有效因应新类型案件的冲击与挑战。例如，在传统的农耕时代，“财物”表现为以实体形式存在的、具有一定经济价值的有体物。这种过于狭隘的解释，已经不能适应信息社会、网络时代的发展。为了因应社会现实的变化，理论与司法实践通过管理可能性、转移可能性以及经济上的使用、交换价值三特征对财物的内涵进行了重新界定。像游戏装备、游戏点卡、Q 币等虚拟财产由于对玩家、用户具有使用价值，可以转让，转让时具有相应的市场价格，所以顺理成章地被纳入刑法的财物之中。客观解释可以适应时代变化，在法律规范没有变更的情况下尤显必要。客观解释既可以是限缩解释，也可以是扩大解释，但在网络时代，面对层出不穷的新型网络犯罪行为，客观解释常常演变为扩大解释，而且多半是扩大化的入罪解释。③

---

① 黎宏：《法益论的研究现状和展望》，载《人民检察》2013 年第 7 期，第 14 页。

② 参见杜宇：《刑事政策与刑法的目的论解释》，载《法学论坛》2013 年第 6 期，第 76 页。

③ 参见刘艳红：《网络时代刑法客观解释新塑造：“主观的客观解释论”》，载《法律科学（西北政法大学学报）》2017 年第 3 期，第 96 页。

（2）抽象危险犯认定的形式化。

关于抽象危险犯中“危险”的性质，理论上主要有拟制危险说、推定危险说（又分为可反驳的推定危险说与不可反驳的推定危险说）及不成文的构成要件要素说之争。其中，支持拟制危险说或不可反驳的推定危险说的重要理由便是对法益做前置性的保护，通过将刑罚发动的时点置于法益实害或具体危险之前，来告诫人民，一旦实施特定行为便构成犯罪，无须法官就个案具体认定，以便更严密地保护法益。①

（3）未遂犯认定的主观化。

关于未遂犯的处罚根据，存在着客观的未遂论与主观的未遂论的对立。其中，客观未遂论为了防止裁判者仅凭行为人的主观意图便恣意入罪，力图将刑罚权的发动建立在客观可见的外在事态上，其基本观点是，未遂犯的处罚根据在于行为对法益的客观危险，即使存在犯罪的意思，如果没有发生法益侵害的客观危险，就不能作为未遂犯受到处罚。然而，若仅仅着眼于法益保护的效果，则客观未遂论显然欠缺与法益保护的合理关联。因为客观未遂论要求直到法益侵害或法益危险结果发生后才成立不法，但是，对于过去已经发生的法益侵害或危险而言，刑事制裁无论如何都为时已晚。例如，在故意杀人既遂的案件中，被害人的生命已被完全剥夺，对这个已被摧毁的生命而言，事后的刑事制裁并不能让其恢复如初。即使行为人的行为止于未遂，被害人侥幸逃过一劫，他的生命也不是因为刑法事后会对行为人施加制裁才没受到侵害，而是由于事实上的偶然因素。② 由此可见，客观未遂论不但不符合法益保护原则，反而背离了法益保护原则。

相反，如果让刑法针对行为人对法益保护义务的遵守/违反发挥作用，重视刑法规范作为义务规范的面向，更利于实现法益保护效果的最大化。主观未遂论以人的主观意思为作用对象，正好吻合法益保护的逻辑。在主观未遂论的视野下，法规范所能禁止或控制的，只有行为人的行为，行为后的事件进展，受到外界偶发因素的影响，已经超出了法规范的射程范围。所以，为不法奠定基

① 参见张丽卿：《酒测0.91毫克竟也无罪》，载赵秉志主编：《〈月旦法学〉刑事法判例研究汇编》，北京大学出版社2016年版，第123页。

② 参见蔡圣伟：《刑法问题研究（一）》，台北，元照出版有限公司2008年版，第78页。

础的不是行为所引起的法益侵害或侵害危险，而是行为人对刑法规范的服从与违反。① 当行为人按照其主观想法着手实施犯罪之时，无论结果发生与否，他都已经违反了行为规范、损害了规范的效用，初步具备了未遂的可罚性，有必要通过刑事制裁来稳固行为规范的效力。

四、消极功能与积极功能的相互关系

前文对于法益保护原则消极功能与积极功能的分析，是以相互区分、彼此独立的视角展开的。这种视角单刀直入，能够突出讨论的重点，但是进一步的研究需要我们把握法益保护原则双重功能之间关系的复杂性。一方面，法益保护原则的消极功能与积极功能可以通过多重视角予以区分；另一方面，两种功能是法益保护原则的一体两面，彼此存在密切的联系。要想厘清法益保护原则的功能属性，必须对法益保护原则的消极功能与积极功能之间的关系进行详细梳理。

（一）消极功能与积极功能之区分

我们可以通过以下三组范畴来区分法益保护原则的消极功能与积极功能。

1. 消极—积极

这是法益保护原则双重功能最为直观与表面的区别，消极与积极的区分标准在于是对刑罚权进行确认还是限制。法益保护原则的消极功能可谓是刑罚权的“刹车”，它强调刑法只能保护法益，而不能保护纯粹的伦理道德、单纯的秩序、规范效力等事物，刑事立法与司法适用务必以适格的法益为指导，将那些不具有法益资格的事物排斥在刑法保护范围之外。法益保护原则传统上一直被理解为刑罚限制原则，就是从这个意义上讲的。法益保护原则的积极侧面相当于刑罚权的“引擎”，它思考的是如何运用刑罚手段才能更为有效地保护刑法上的法益，为此，立法机关应尽可能广泛和无漏洞地设计刑事犯罪，司法机关应在罪刑法定原则允许的框架内最大程度上实现处罚的妥当性。

① 参见周漾沂：《未遂犯可罚性基础与着手实行概念：风险输出理论的建构与应用》，载《台大法学论丛》2018 年第 1 期，第 436 页。

2. 权利—功利

权利和功利是区分法益保护原则双重功能的第二种视角。其中，消极功能彰显的是法益保护原则的权利属性。刑法中的所有法益均是“（个）人的”法益，最终都服务于个体自由的发展可能性。但凡无益于个体自由发展和基本权利实现的，相应的行为就没有理由被纳入刑事制裁的范围。从这种立场出发，可以推导出一个捍卫自由的结论：若罪刑规范既不是保护个人的自由发展，也不是保护个人自由发展的社会条件，那么该规定就不具有合法性。积极功能则体现了法益保护原则的功利主义属性，功利主义强调社会整体的福利总量，而忽略了个体的特殊性以及福利在不同个体之间的分配，它是一种最大化与集体化的原则，一旦发现可以实现社会整体集体福利的最大化，功利主义往往允许强迫个人做出牺牲。如果法益保护原则的积极功能没有受到法益侵害、刑法谦抑性等刑法法治国原则的严格约束，则刑法可能会通过过度限制犯罪人的权利或国民一般行为自由的方式来保护法益。

3. 正当性—证成性

正当性与证成性是观察法益保护原则双重功能之区别的第三种视角。在政治哲学上，正当性与证成性在概念上存在严格的区分：正当性是一种回溯的概念，关注的是权力的来源和谱系，即从“发生的进路”去评价权力；证成性则是一种前瞻的概念，关注的是权力的效用与达成的目的，是从“目的的进路”去评价权力。① 法益保护原则的消极功能对应着刑罚权的正当性，它的着眼点在国家与个人的特殊关系，强调适格法益是刑罚权干预公民自由权利所必须具备的要件；而法益保护原则的积极功能则对应着刑罚权的证成性，它着眼于国家与作为整体主体的一般关系，重视的是法益保护对潜在受害者或全体公民的好处，侧重的是刑法的效用与社会整体的利益。

（二）消极功能与积极功能之联系

上文从三个不同层次探讨了法益保护原则消极功能与积极功能之间的区别，但从中我们也能体会到两者的关联。实际上，不论我们再怎么强调消极功能与

---

① 参见周濂：《现代政治的正当性基础》，生活·读书·新知三联书店2008年版，第41页。

积极功能之间的区分，它们始终是法益保护原则的一体两面。消极功能与积极功能之间的联系主要体现为前者对后者的制约。

详言之，在现代社会，面对不断涌现的新型风险与利益形态，基于法益保护的刑法任务，立法者在环境犯罪、经济犯罪、网络犯罪等现代刑法领域通过大量增设新的犯罪构成要件来创设集体法益。这些法益主要以环境、社会制度、国家制度的形态呈现。集体法益的勃兴改变了法益理论的格局与逻辑，一方面，制度、秩序等抽象的利益被纳入法益的范畴，成为与生命、身体、财产等与个人法益并驾齐驱的法益类型；另一方面，鉴于集体法益的价值重大性以及因果流程判断的困难性等因素，抽象危险犯成为保护集体法益的犯罪类型，一旦行为人实施特定行为而表现出抽象危险时，犯罪即告成立。集体法益的大量出现固然是刑法践行法益保护、因应时代变化的产物，但也引发了“法益抽象化、精神化”的危机，抽象的集体法益能否成为刑事制裁的正当性依据，成为法益理论进一步发展必须回答的问题。

对此，需要强化法益保护原则消极功能对集体法益的审查与制约，并不是任何冠以集体法益之名的利益均具备集体法益的资格，适格的集体法益需要满足一定的条件。首先，集体法益必须是一种现实的存在，具备因果变更的可能性。秩序或制度本身是行为规范的集合体，它们所保护的对象才受因果法则支配，属于真正的法益。如在非法经营罪中，国家的特许经营制度从本质上看仅是规制市场参与主体的规范集合，国家设置特许经营制度的最终目的是保护对国家经济生活具有重要价值的特定市场领域。① 其次，集体法益应当服务于保护个人的自由发展，当然它并非如个人法益一般直接保护人的自由发展，而是保护实现个人自由发展的各种社会条件。最后，鉴于刑罚是最严厉的制裁措施，集体法益应当具备价值上的重要性，只有那些对人类社会生活具有重要价值，且对社会整体高效运转不可或缺的社会制度及国家制度，以及为人类基本生活提供基础的生态环境，才有资格成为集体法益。②

① 参见马春晓：《经济刑法的法益研究》，中国社会科学出版社 2020 年版，第 138—139 页。

② 参见李志恒：《集体法益的刑法保护原理及其实践展开》，载《法制与社会发展》2021 年第 6 期，第 116 页。

五、结语

法益保护原则蕴藏着反自由的危机，“法益保护理论的无限贯彻，有可能损及法治国的自由保障功能”。① 对此，我们可以通过观察法益保护原则对行为原则、罪刑法定原则、责任原则的冲击与侵蚀来加以把握。上述原则是刑法的法治国家的限制原则，它们分别从行为、构成要件、违法性、有责性四个方面对刑罚权的发动进行限制。② 而法益保护原则与上述任何一个原则都可能产生冲突。首先，不受限制的法益保护原则可能为危险思想、危险性格的处罚张目，从而抵触行为原则的要求。其次，不受束缚的法益保护原则可能为类推解释大开方便之门，从而侵蚀罪刑法定原则的根基。最后，不受约束的法益保护原则可能为无责行为的处罚背书，从而违反责任原则的理念。因此，如何防范法益保护原则的积极功能对刑事法治的冲击也具有较大研究空间，这有赖于刑法与前置法、刑法与宪法的共同协力，但因篇幅所限，留待日后深入探讨。

（初审：尹鑫鹏；校对：张晓彤）

---

① 陈尔彦：《德国刑法理论的当代图景与变迁——以罗克辛〈刑法总论教科书〉第五版修订为线索的展开》，载《苏州大学学报（法学版）》2020 年第 4 期，第 115 页。

② 曽根威彦「違法論の系譜」浅田和茂ほか編『刑事法学の系譜』（信山社，2022 年）226 頁を参照。

主题研讨：程序正义之轨迹

论“条理”在大理院民事裁判中的适用*
——以婚约判解为例证

姚浩亮**

摘　要：由于时代特征和成文法的局限性，适用“条理”是大理院民事裁判的必要选择。然而，大理院对“条理”的适用面临两大难题：一是判决例虽确立了“条理”民事法源的地位，但“条理”的内容无法明定；二是落后于社会情势的“现行律民事有效部分”适用顺序尚在“条理”之前。婚约法制处于近代法律变革的前沿，在婚约判解中，大理院通过判决例和解释例，固定了“条理”的渊源，并运用假借、类推、调解等方法，巧妙避开了“现行律民事有效部分”优先适用的难题。通过上述努力，“条理”成为柔性输入西方民法思想、制度的桥梁，不仅为《中华民国民法》的制定提供了实践基础，而且促进了法律本位由义务向权利的转变，是中国民法近代化历程中新旧之法融合的关键。

关键词：条理；婚约；“现行律民事有效部分”；民事法源；大理院判解

“条理”是民国时期民事裁判的重要法源。学界一般认为，法学意义上的“条理”源于日本，是其法例及裁判事务心得的通称。① 清末变法修律，日本学者松冈义正起草民律草案前三编，其中“总则编”第1条开宗明义：“民事，

---

* 本文系国家社会科学基金重大委托项目“中华法系与中华法律文化问题研究”第四子课题的阶段性成果，项目编号：20@ZH038。

** 姚浩亮，华东政法大学法律学院硕士研究生。

① 参见夏勤：《论新民法之法源》，载《国立中央大学法学院季刊》1931年第1卷第3期，第153页。

本律所未规定者，依习惯法；无习惯法者，依条理。”① “条理”遂成为法源进入中国法律制度。但《大清民律草案》未及颁行，清廷即覆灭，直至 1913 年，大理院上字第 64 号判例采取该条法意，才将“条理”确认为民事裁判的“第三法源”。② 当无成文法与习惯法可资依循时，可以适用“条理”进行裁判。

大理院本意将“条理”作为成文法与习惯法的补充。从民国元年（1912 年）以迄民国十九年（1930 年）《中华民国民法》颁布，民事裁判依据的成文法规主要为“现行律民事有效部分”，③ 但因其基本保留了传统民法的精神与制度，④ 很难适应新的社会情势和解决新的民事法律问题；而习惯法则因各地风俗迥异，难以形成统一的裁判标准。因此，“条理”反而成为大理院民事裁判中不可或缺的依据，甚至有学者推测，大理院对于“条理”的适用可能超过了“依法律明文”或“依习惯法”。⑤

但是，“条理”的适用并非一帆风顺。《大清民律草案》未能在立法层面构建起“条理”的理论体系，大理院应如何在司法判解中“兼营立法”，将“条理”改造为可供援引的民事法源？在这一过程中，作为“第三法源”的“条理”应如何避开“现行律民事有效部分”与习惯法，成为事实上的“第一法源”？凡此，都是大理院适用“条理”所面临的难题，也是近代法律史研究中

---

① 《民国民律草案》和《中华民国民法》均继受了这一规定。《民国民律草案》与此规定大致相同，《中华民国民法》稍有区别，即，将“条理”改称为“法理”。

② 该判例载：“判断民事案件应先依法律所规定，无法律明文者，依习惯法；无习惯法者，则依条理，盖通例也。现在民国民法法典尚未颁行，前清现行律关于民事各规定继续有效，自应根据以为判断。”参见郭卫：《大理院判决例全书》，上海会文堂书局 1932 年版，第 29 页。

③ 民初民事裁判的成文法源为“现行律民事有效部分”和少数民事特别法令，如《著作权法》《管理寺庙条例》《国有荒地承垦条例》《矿产条例》《森林法》《清理不动产典当办法》等。由于民事特别法仅规制某一特定领域的法律关系，因此“现行律民事有效部分”仍是司法裁判中最主要的成文法源。

④ 以张生、朱勇等人为代表，认为“现行律民事有效部分”主要包括《大清现行刑律》不再科刑的民事条款与原《户部则例》的部分条款，其基本精神仍然是维护家族伦理、血缘亲情与身份等差。参见张生：《民国初期民法的近代化——以固有法与继受法的整合为中心》，中国政法大学出版社 2002 年版，第 38—39 页；张晋藩总主编，朱勇主编：《中国法制通史》（第 9 卷），法律出版社 1999 年版，第 510 页。

⑤ 参见黄源盛：《民初大理院与裁判》，台北，元照出版有限公司 2011 年版，第 157 页。

亟待厘清的重要课题。

而本文之所以选取婚约作为例证，是因为近代中国，东西方法律层面的冲突集中体现为新型社会关系对传统家族制度的猛烈冲击。家族制度的存在正是源于婚姻嫁娶，而嫁娶制度则以婚约为始。在新旧递嬗的民国初年，婚约既根植于本国传统法的核心领域（亲属、继承领域），又与近代西方法律文化中的平等、自由理念相关联，处于法律变革的前沿。因此，将婚约与“条理”相结合，能够更为直观地展现法律文化冲突之际，本国法律如何移植、改造外来法律，实现固有法与继受法的整合。通过上述研究，亦能为当今的中国法治建设提供借鉴与参考。

一、“条理”的适用缘由与适用难题

民国初年，共和肇造，法制未备，脱胎于刑律的“现行律民事有效部分”规定粗疏，漏洞频出，常常使司法裁判“无法可依”。而“法官不得拒绝裁判”的要求又迫使大理院寻找制定法以外的其他法源。在这一过程中，兼具灵活性与原则性的“条理”成为大理院推事（法官）们裁判时的“不二之选”。但与此同时，“条理”的适用存在两大难题：一是《大清民律草案》和大理院上字第64号判例都未能明确“条理”的内容范围；二是“条理”虽更能解决当时的社会问题，但其适用顺序却落后于成文法与习惯法。

（一）适用“条理”的缘由

民初政争迭起之际，立法机关无暇研究民事法律修订事宜，然新政权又不可无法，故临时参议院于民国元年（1912年）4月3日议决：《大清现行刑律》中民事律文可在裁判中援用，以解决当时民事法源短缺的问题。① 因此，从立法沿革来看，“现行律民事有效部分”脱胎于《大清现行刑律》，而《大清现行刑律》又是由《大清律例》删改而来。换言之，民初用以民事裁判的成文法，实际上是帝制时代的刑法典，二者仅在科刑方式上有所不同，

① 参见中国台湾地区“司法行政部”编：《中华民国民法制定史料汇编》（下册），台北，1976年自版发行，第2页。

并无内容上的差别。受重刑轻民观念的影响，我国传统法典中民事条款的规定相对粗疏，立法技术较为简单，一般采取穷尽列举的方式，对可能发生的民事违法情形一一作出规定。由于立法者认识能力有限，这种穷尽列举的方式往往造成法律漏洞。民国时期，已经有学者意识到，“今日的法律，无论怎样的发达整备，到底不能网罗现在及将来一切的生活需要，法律的自身也不能无缺憾”。①

就婚约法制而言，“现行律民事有效部分”由一则“男女婚姻”律与三个条例组成，其中亦存在法律漏洞，如“男女婚姻”条载：“凡男女定婚之初，若（或）有残（疾或）疾（病）、老幼、庶出、过房（同宗）、乞养（异姓）者，务要两家明白通知，各从所愿（不愿即止，愿者同媒妁）……若许嫁女，已报婚书，及有私约（谓先已知夫身残疾、老幼、庶养之类），而辄悔者，（女家主婚人），处五等罚。”② 质言之，在定婚前一方属于残疾等情状却未通知对方的，对方得藉此解除婚约。然而，从定婚到成婚往往需经过一段时间，少则旬日，多则数载，若一方当事人在定婚后发生残疾的，对造能否拒绝履行婚约？“现行律”对此未作回应。

并且，作为成文法的一种，“现行律民事有效部分”先天具有安定性的要求，这又产生了滞后性的弊端。法律通过稳定的预期来维系社会秩序安定，而这种稳定的预期正是来源于法的安定性，如果法律朝令夕改，那么人们将变得无所适从，社会也谈不上什么安定有序。③ 但问题是，社会变迁日新月异，以固定之法律，何以绳多变之现实？传统中国社会长期以礼义纲常作为法律的核心价值，这种价值在宗族家庭中表现为尊卑有序，男女有差。及至民初，国家政体虽有改换，但民事法律的内核未曾易辙，这种矛盾正是出于国家对法律安定性的考量。④ 然而，毋庸置疑的是，现实生活毕竟在缓慢变化，强调家族伦理、尊卑等差的“现行律民事有效部分”，无论如何也无法回应身份解放、男

① 童沂：《现代法学》，大公书店 1946 年版，第 139 页。

② 黄源盛纂辑：《晚清民国民法史料辑存》（一），台北，犁斋社 2014 年版，第 25 页。

③ 参见戴建华：《论法的安定性原则》，载《法学评论》2020 年第 5 期，第 41—42 页。

④ 民初立法者将“现行律民事有效部分”而非《大清民律草案》作为民事裁判的成文法规，正是有这一方面的考量。

女平等的时代要求。因此，既有律典与社会文化脱节，法律无法充分表达社会需求，法律漏洞便随之产生。

与此同时，法官不得以法律漏洞的存在而拒绝裁判。《法国民法典》第4条规定："法官借口没有法律或法律不明确不完备而拒绝受理者，得依拒绝审判罪追诉之。"① 清末变法修律继受了这一规则。② 民国初年，该规则虽未明确载于成文法，但已基本成为社会共识。③ 在此情形下，"条理"成为补充法律漏洞，救济裁判之穷的不二法门。学者王觐认为："条理之为物，极不明了，而各国多设适用条理之规定者，何哉？盖不如是审判官往往借口于法律之不备拒绝审判，不足以保障人权故也。"④《大清民律草案》对"条理"的立法说明也印证了这一点："条理者，乃推定社交上必应之处置。例如：事君以忠、事亲以孝，及一切当然应遵奉者皆是。法律中必规定其先后关系者，以凡属民事，审判官不得借口于律无明文，将法律关系之争拒绝不为判断，故设本条以为补充民律之助。"⑤ 就此而言，在判决依据欠缺与必须裁判的两难局面下，"条理"为法律续造提供了基本工具：法官无须等待立法者设置规范后再行处理纠纷，而是可以通过类推适用、目的性限缩、目的性扩张等方式寻绎立法本旨，创设民事裁判的"大前提"，在不违反制定法的情况下，将民法典与其他法律渊源相衔接，保持民法体系的开放性，以此适应社会的变化发展。

---

① 《拿破仑民法典》，李浩培译，商务印书馆1997年版，第1页。

② 《大清民律草案》的起草者就"法例"（即第1条）条说明载：审判官不得借口律无明文，将法律关系之争拒绝不为判断，故设本条以为补充民律之助。由此推知，《大清民律草案》继承了这一规定。

③ 民国初年，具有宪法性质的《中华民国临时约法》规定：人民有诉讼于法院受其审判之权。这一规定后被衍生出"法官不得拒绝裁判"的义务。如时人黄敬所述："法律适用不公平最甚者，为对于一部分之国民，拒却审判，此所谓'审判拒却'是也，此种情事于立宪法治之下，断难相容，吾国新版宪法第十五条，规定'中华民国人民依法律有诉讼于法院之权'亦即宣言拒却审判之违宪也。"参见黄敬：《现代司法制度之隐弊与改良之设施》，载《法律周刊》1924年，总第32—33期，第1页。

④ 王觐：《法学通论》，公慎书局1921年版，第55页。

⑤ 黄源盛纂辑：《晚清民国民法史料辑注》（一），台北，犁斋社2014年版，第43页。

（二）适用“条理”的难题

大理院适用“条理”裁判存在两个层面的难题：一是从概念构造来看，“条理”自身含义不明；二是从实际运作来看，较成文法而言，“条理”更能解决当时的法律困境，但其适用顺序却位于成文法之后。

1. 无明确统一的内容范围

“条理”是什么？从民国到当代，学界一直存在诸多争论，代表性观点有四种：一为情理说①，二为法理说②，三为性法说③，四为学理说④。但上述观点之间并不存在真正的冲突，学界之所以见仁见智、莫衷一是，实际上是因为“条理”本身并无明确统一的内容范围。

首先，“条理”的含义因各国法典规定不同而异。该词最初见于日本1875年《太政官布告》第103号“裁判事务心得”，其言曰：“于民事裁判，有成文法者，依成文法；无成文法者，依习惯；无习惯者，则推考条理而判断之。”⑤近世以降，诸国民法中都有类似含义的规定，如1811年《奥地利普通民法典》第7条：“无成文法亦无类推法时，法官应考察事实之真相，深思熟虑，依照自然法之原则，以为裁判。”1888年《德国民法典第一草案》第1条：“法律无规定之事项，准用关于类似事项之规定。无类似事项之规定时，适用由法规精神所生之原则。”1907年《瑞士民法典》第1条：“于文字上或解释上，本法已有

---

① 梁启超将条理的内涵解释成情理：“条理者，日本法律上专用之一名词。裁判官于法文所不具者则推条理以为判决。如我国所谓准情酌理也。”参见范忠信编：《梁启超法学文集》，中国政法大学出版社2000年版，第130页。

② 采条理为法理说者居多，如胡长清言：“关于法理，日本法律通称为条理，我国历次民律草案从之”，他认为“法理即法律通常之原理，例如历来办案之成例及法律一般之原理原则。”参见胡长清：《中国民法总论》，中国政法大学出版社1997年版，第32—33页。

③ 性法说将条理解释为自然法所蕴含的理性、正义等。如朱采真言：“所谓条理，在学说上本来没有确凿的定义，大概离不开真理、正谊（即正义）、或自然的理法等意思罢了。”参见朱采真：《民法总则新论》，世界书局1931年版，第20页。

④ 当代学者张生认为：“条理是输入西方民法的重要方式。它虽源于社会生活，却是法律家们思想加工的产物，很大程度上反映着法律家们的法律理想和职业工作方式，其主要表现形式为‘学说’。”参见张生：《民国初期民法的近代化——以固有法与继受法的整合为中心》，中国政法大学出版社2002年版，第49页。

⑤ 君希：《何谓条理》，载《法律评论》1925年第97期，第2页。

规定之法律问题，一切适用本法。本法无规定者，审判官应依习惯法。习惯法亦无规定者，应从己身为立法者所应设定之法则裁判之。前款情形，审判官应准据确定之学说及先例。”①

可见，各国对于“第三法源”内容的设定并不完全一致：日本民法中包括法例与裁判事务心得，奥、德两国民法将其定义为法律的基本原则，瑞士民法则更为宽泛，包括法官创制规则的权力——“为立法者所应设定之法则裁判之”、学界通说与司法先例。中国最早引入“条理”概念的是《大清民律草案》，其前三编以“注重世界最普遍之法则、原本后出最精确之法理、期于改进上最有利益之法则”为本旨，混合继受了前述德、日、瑞士等国民法典，但因诸国民法有关“第三法源”的含义各不相同，因此在构造“条理”概念之初，其内容便存在不确定性。

其次，“条理”的性质也决定了其无法确定内容范围。从适用法规之次序来讲，无论是《大清民律草案》，还是大理院判例，都将“条理”置于成文法与习惯法之后。就此意义而言，“条理”在创设之初，便是为了济法律之穷，对成文法和习惯法进行拾遗补阙，其功能类似于刑法上的兜底条款。而兜底条款的存在是人类在面对无限多样的犯罪现实之时认识能力有限性的反映，作为一项立法技术，兜底条款的存在具有一定的必然性，它是立法不可能穷尽现实的产物。② 因此，从本质上来讲，“条理”是一种拾遗补阙的集合。所以在构建“条理”概念时，立法者便试图将多种理据纳入“条理”以供裁判所需。并且，在司法裁判中，由于“条理”本身的包容性和灵活性，法官为了使裁判显得合法有据，往往借助“条理”类推解释法律或者扩大自由裁量权的界限，这也会导致“条理”外延不断扩张，难以形成明确统一的内容范围。

2. 适用顺序落后于“现行律民事有效部分”

民国初年，大理院民事裁判的主要成文法源为“现行律民事有效部

---

① 《瑞士民法典》颁行后，各国制定的民法多有类似规定，例如，《土耳其民法典》第 1 条，《暹罗民法典》第 13、14 条。参见胡长清主编：《各国民法条文比较》（总则编），会文堂新记书局 1937 年版，第 1—2 页。

② 参见刘艳红：《开放的犯罪构成要件理论研究》，中国政法大学出版社 2002 年版，第 300 页。

分”，尽管从内容来看，相较于《大清现行刑律》，其削减了户役门、田宅门、婚姻门和钱债门等民事法规中的刑罚制裁内容，① 并且“与民国国体相抵触者”也归于无效。② 但从精神内核来看，“现行律民事有效部分”仍然是中国传统法律的延续，“它集中体现了维护尊卑长幼、亲属嫡庶、男尊女卑等区分等级身份的宗法伦理秩序，多与现代制度相冲突”。③ 以婚约规定为例，“现行律民事有效部分”仍将“父母之命、媒妁之言”视为婚约成立的实体要件，不经尊长主婚而私定的婚约，既不为家族宗庙所认可，也不为法律制度所承认；对于许嫁女悔婚再许他人者，即使女子已经与后夫完婚，仍需强制离异并判归前夫；此外，订婚的男女双方必须具有同等的家庭身份，若一方属于庶出、乞养者，另一方可据此解除婚约。概言之，大理院裁判所依的成文法规——“现行律民事有效部分”仍然维持了传统律例的基本价值，即强调家族伦理、血缘亲情和身份等差，这与民国所宣扬的自由、平等的法律精神相背驰。

“‘条理’，有称之为‘法理’者，系指自法律根本精神演绎而得的法律一般原则。简单地说，即适应时代环境需要，合乎理性的公平规则，它是法律价值的渊源。”④ 由于民初未能以民法典的方式系统地继受西方民法，我国便在司法裁判中以“条理”作为整合固有法与继受法的桥梁：法官在具体案件中适用“条理”，将西方民法转化为可被国人接受的思想与学说，避免了直接适用西方

---

① 宣统元年（1909 年）12 月 24 日，宪政编查馆奏请《饬修订法律大臣另编重订现行律片》，提出“此项重订现行律未颁行以前，其现行刑律户役内承继分产以及男女婚姻、典买田宅、钱债违约各条，应属民事者，自应遵照奏定章程，毋庸再科罪刑”。参见曾尔恕等点校：《大清新法令（1901—1911）》（第 2 版，第 7 卷），商务印书馆 2010 年版，第 146 页。

② 临时大总统于民国元年 3 月 10 日颁令：“现在民国法律未经议定颁布，所有从前施行之法律及新刑律，除与民国国体抵触各条应失效力外，余均暂行援用，以资遵守。”参见中国台湾地区“司法行政部”编：《中华民国民法制定史料汇编》（下册），1976 年自版发行，第 1 页。

③ 张晋藩总主编，朱勇编：《中国法制通史》（第 9 卷），法律出版社 1999 年版，第 511 页。

④ 黄源盛：《民初大理院民事审判法源问题再探》，载《近代法研究》2007 年第 1 辑，第 9 页。

民法而产生的法理与社会问题。[1] 在这一过程中，“条理”的内容范围极为宽泛，既包括被传统法律奉为圭臬的情理，[2] 也包括西方民法思想，如身份平等、诚实信用、意思自治等。例如“条理”的重要载体——《大清民律草案》，在婚约成立上采用允诺婚主义。“允诺婚者，礼物固非所拘，必先须男女之合意，虽主婚仍由父母，而或男女一有不愿，父母无如之何。”[3] 即，将传统中国父母对子女的主婚权变为允诺权，一方面保留了父母干预子女订婚的权利，另一方面也开始注重子女本人的意思表示。但总体而言，传统的礼教束缚经“条理”解释后有所放松，反映出身份解放的时代思潮。

民国初年，政治环境和经济条件的剧变，冲击了尊卑有差的传统婚姻制度。此外，西方风起云涌的妇女解放运动蔓延至中国，男女平权、身份解放的呼声日益强烈。[4] 在这样的时代背景下，赓续传统的旧律——“现行律民事有效部分”因仍然固守传统亲属法的身份等差关系而难以适应社会发展需要。“条理”虽蕴含了西方民法自由、平等的价值理念，但其适用顺序却落后于“现行律民事有效部分”，效力最弱。如何解决现实需要和法源效力的矛盾，是大理院适用“条理”进行裁判的第二个难题。

二、大理院判解对“条理”适用内容的明确

《大清民律草案》的立法说明虽将“条理”解释为“推定社交上必应之处置”，但未能详细阐明“条理”的具体内容。因此，解读“条理”的内涵，应当置身于司法实践活动，通过观察“条理”在判解中所表现的意涵，来寻找、理解“条理”的知识脉络。

在大理院发布的判解中，关涉“条理”者，其法律理由部分往往会呈现

---

① 参见张生：《民国初期民法的近代化——以固有法与继受法的整合为中心》，中国政法大学出版社2002年版，第49—50页。

② 但此时的情理已不同于传统意义上的情理，而是更多地体现为人之常情或自然道理。

③ 黄源盛纂辑：《晚清民国民法史料辑存》（一），台北，犁斋社2014年版，第481页。

④ 参见刘盈皎：《从礼教束缚到自由平等——中国传统婚姻制度的近代化变革（1911—1930）》，载《政法论坛》2018年第4期，第160—161页。

两种样态：一是直接言明对“条理”的适用，如大理院民国九年上字第541号判决例：“现行律例，除原定有期约者，男家未至期强娶、女家故违期者，有禁止之规定外，其关于应履行婚约之时期，并未有明文规定。依条理解释，男女一造于彼此均达成年后，自可随时要求对造履行婚约。”二是不直接言明，但将具有法源性质的规范纳入“条理”范畴进行适用，[①] 如大理院民国七年上字第972号判决例：“婚姻之当事人本为男女两造，若有主婚权人之许婚已在男女本人成年之后得其同意者，此后该婚约自不得反于本人之意思，由主婚权人任意解除。”即判决理由不直接出现“依条理”或“依《大清民律草案》”等字样，但事实上却采用《大清民律草案》中“允诺婚”的婚姻模式作为裁判依据。[②]

根据黄源盛编纂的《大理院民事判例辑存》和郭卫主编的《民国大理院解释例全文》，除缺失全文的判解外，笔者共收集了129件婚约判解，其中适用“条理”作为裁判依据的有59件，[③] 几乎与援引成文法与习惯法的总和相当。在适用“条理”裁判的诸案中，仅有1件直接言明适用“条理”，其余58件判解均为对相关规范的吸纳，包括晚清时期的民事制定法《大清民律草案》、西方近代意义上的法学理论、大理院自身所为之判解，以及符合普通人观念的常情与事理。借助自身的法律权威，大理院进行了实际意义上的“法官造法”活动，将上述规范确认为“条理”的渊源，使其逐步融入进步性法律思想与法学概念，让固有法与继受法以“条理”的形式进行初步整合，以此形成固定的裁判先例，进而解决了适用“条理”的第一个难题。试以表1简示之：

---

① 此处所称的规范，并非单纯指称狭义上的法律规范，凡是具有相对明确的指引内容，通过社会共同信守等方式，体现有一定强制执行力的规范都属于这一范畴。

② 《大清民律草案》通过解释例的方式成为条理。大理院民国三年统字第144号解释例称：“《民法（草案）》虽未颁行，其中与国情及法理适合之条文，本可认为条理，斟酌采用。”郭卫编：《民国大理院解释例全文》，吴宏耀、郭恒点校，中国政法大学出版社2014年版，第346页。

③ 其中判决例34件，解释例25件。

表 1　大理院对“条理”渊源与内容的明确

规范名称	判解示例	主要内容	数量（件）	比例（%）
《大清民律草案》	四年上字第 1770 号；七年上字第 1365 号；八年上字第 284 号；九年统字第 1188 号	婚约订立须男女本人同意；婚约撤销者负损害赔偿之责	27	45.8
法学理论	四年上字第 2357 号；五年上字第 1048 号；九年上字第 615 号；九年统字第 1278 号	身份平等，淡化嫡庶之分；身份义务不可强制履行	19	32.2
判解例	六年统字第 723 号；六年统字第 735 号；九年统字第 1207 号；九年上字第 776 号	已被著为先例的判解	7	11.9
情理	四年上字第 247 号；七年上字第 1173 号；九年上字第 64 号；十五年上字第 962 号	婚约聘财必须依“礼”纳送；与尊亲属素有嫌隙，可不经其同意而自行成婚	6	10.2

（一）借鉴《大清民律草案》

《大清民律草案》是清末编修的民事法律，民初立法审议机关以其“并未宣布，无从援用”① 为由，拒绝将其作为民事基本法以供裁判。但因其在制定过程中吸收、借鉴了世界各国先进的民事法律原则，具有明显的进步性，故大理院将其作为“条理”有选择性地加以采用。在适用“条理”裁判的婚约案件中，关涉最多的便是《大清民律草案》，占总数的 45.8%。对《大清民律草案》的借鉴主要体现在以下两个方面：

① 民初临时参议院决议：“……惟民律草案，前清时并未宣布，无从援用，嗣后凡关民事案件，应仍照前清现行律中规定各条办理。惟一面仍须由政府饬下法制局，将各种法律中与民主国体抵触各条，签注或签改后，交由本院议决，公布施行。”参见中国台湾地区“司法行政部”编：《中华民国民法制定史料汇编》（下册），台北，1976 年版自版发行，第 2 页。

一是采纳“允诺婚”的婚姻模式，重视订立婚约中当事人的意思表示，将男女本人的同意视为婚约成立的实质要件。但值得注意的是，对于男女两造意思表示是否影响婚约成立，大理院的态度实际上经历过一次转变。民国三年，大理院尚且认为：“查现行律关于定婚之规定，只称嫁娶由祖父母、父母或其余亲主婚，并无须得本人同意之条。”① 这一判决完全遵循了“现行律民事有效部分”关于婚约订立的规定，当事人的意思表示并不影响婚约成立。然自民国四年起，大理院采择《大清民律草案》的规定，将“婚姻须得当事人之同意”著为解释例，② 并在此后的判解中将其发展为订婚的实体要件：“须定婚两造有一致之意思表示，否则虽具备形式要件，亦难认其婚约为已成立。”③ 并且，“对于已经订立且经成年男女同意之婚约，该婚约不得反于本人之意思，由主婚权人任意解除。”④ 这意味着，大理院运用司法判解，不断吸收、借鉴大清民律草案的条款，进而改造旧律，使婚约订立逐渐由传统的“父母之命”转变为近现代的“两情相悦”，以此回应身份解放的时代呼声。

二是采纳婚姻撤销之效力规定。传统社会将婚姻视为宗族延续的保障，所谓“昏礼者，合两姓之好，上以事宗庙，而下以继后世者也”，⑤ 订立婚约后，律典着重强调对婚姻秩序的维持，无故悔婚行为是对既有婚姻秩序的破坏，故“现行律民事有效部分”对这一行为科处罚金作为制裁。⑥ 但随着近代法律思潮的传播，婚约被视为两个平等个人之间的“契约”，一方未按约履行时，只须赔偿对造因此受到的财产损失，无须受到国家律典的处罚。因此，大理院有选择性地采择《大清民律草案》“亲属编”第 32 条规定：“当事人于成婚时，不

---

① 黄源盛纂辑：《大理院民事判例辑存：亲属编》（上册），台北，犁斋社 2012 年版，第 181 页。

② 郭卫编：《民国大理院解释例全文》，吴宏耀、郭恒点校，中国政法大学出版社 2014 年版，第 472 页。

③ 黄源盛纂辑：《大理院民事判例辑存：亲属编》（上册），台北，犁斋社 2012 年版，第 391—393 页。

④ 黄源盛纂辑：《大理院民事判例辑存：亲属编》（上册），台北，犁斋社 2012 年版，第 355—359 页。

⑤ 《礼记·昏义》。

⑥ “若许嫁女，已报婚书，及有私约（谓先已知夫身残疾、老幼、庶养之类），而辄悔者，（女家主婚人），处五等罚。”黄源盛纂辑：《晚清民国民法史料辑存》（一），台北，犁斋社 2014 年版，第 25 页。

知存在撤销之原因，其因婚姻而得之利益，惟以现存者为限，须归还相对人。若知存有撤销之原因，须归还所得利益之全部，如彼造善意者，并任损害赔偿之责。”① 该条虽系婚姻撤销之效力规定，但由于大理院认为“婚姻二字，应包括婚约在内”，② 故婚约撤销之效力得以解释例的方式确定下来，进而被适用到大理院的裁判中。如民国五年上字第380号判决例，大理院裁定：“订婚契约合法成立后，若当事人一造无故翻悔，致不能履行者，对于其相对人自应负赔偿之责。”③ 即，将婚约撤销的情形，扩大解释进《大清民律草案》关于婚姻撤销的规定，进而得出婚约撤销亦需支付损害赔偿的结论。

（二）引入西方法学理论

法学理论，是法律条文背后蕴含的价值追求及共通原理。民国初年，中央政府未能完成民法近代化与法典化的任务，为了改良旧律，满足社会发展需要，大理院通过在司法判解中引入西方法理的方式，实现法律的近代转型。在婚约判解中，大理院对于法学理论的适用，占适用“条理”总数的32.2%。举例言之：“现行律民事有效部分”关于许嫁女悔婚后再许他人的规定，以女归前夫，前夫不愿则倍还财礼为原则。这一规定看似符合“先来后到”的社会常理，实际上却赋予了婚约可以强制履行的效力，是将女子人身等同于债务、契约等法律关系中客体。当女子悔婚后，其只能被动接受前夫的选择，承担强制履行婚约的义务。④ 为改现状，大理院在司法实践中，通过大量判解，逐步确立了西方民法关于“身份义务不可强制履行”的原则。

民国三年，大理院尚且完全遵循“现行律民事有效部分”的规定，认为“凡女子已与人定婚，而再许他人者，无论已未成婚及后定娶者知情与否，其女

① 杨立新主编、点校：《大清民律草案：民国民律草案》，吉林人民出版社2002年版，第172—173页。

② 郭卫编：《民国大理院解释例全文》，吴宏耀、郭恒点校，中国政法大学出版社2014年版，第1334页。

③ 郭卫编：《民国大理院解释例全文》，吴宏耀、郭恒点校，中国政法大学出版社2014年版，第264—268页。

④ 参见徐静莉：《由客体到主体：民初女性婚姻权利的变化——以大理院婚约判解为例》，载《妇女研究丛刊》2011年第1期，第61页。

应归前夫”。[①] 而到了民国四年，大理院对此类案件的态度已然有了一定的转变：“（女子）因违约而已与后定娶人成婚者，仍准女从后夫（不过以前夫不愿领回为条件）。”[②] 大理院以设定条件的方式，开始限制强迫女子履行婚约的行为。民国五年时，大理院更进一步指出：“实行结婚之义务……系属于不可代替行为之性质，在外国法理，概认为不能强制履行。盖若交付人身，直接强制，事实上仍未必能达到判决之目的，即不致酿成变故，亦徒促其逃亡，曾无实益可言。”[③] 这一判决既从正面论证“身份义务不可强制履行”系外国法理。虽然我国国情不同，但事理一致；又诉诸判决目的，从反面劝告当事人强制履行婚约的后果，借此否定了先前“女归前夫”的判例，“以平和之方法，勤加劝谕”，以赔偿财物代替强制执行。在此后类似的案件中，大理院都作出了相同的裁判。由此可见，大理院对近代法理的继受，是一种缓慢的、渐变的过程，其并未在个案判决中直接否认“现行律民事有效部分”的效力，而是将平等、自由等法理转化为可被国人接受的话语体系，逐步引导传统观念的变革。

（三）参照已有判解

判解是判决例与解释例的统称。判决例即为大理院所作之判例。《法院编制法》第45条规定：“大理院及分院札付下级审判厅之案件，下级审判厅对于该案不得违背该法院令上之意见。”虽然该规定只赋予了大理院判例对于具体案件的效力，但下级审判厅为避免所为之判决被大理院撤销或改判，往往一概遵守大理院旧有之判决，使其判决例获得普遍之效力，以致“每遇讼争，则律师与审判官皆不约而同，而以‘查大理院某年某字某号判决如何’为讼争定谳之根据”。[④] 解释例则是国家机关（包括下级审判机关、平级或下级检察机关、行政机关）或人民团体就某一民事问题提出请求，大理院对此作出解释的范例。

---

① 黄源盛纂辑：《大理院民事判例辑存：亲属编》（上册），台北，犁斋社2012年版，第188页。

② 黄源盛纂辑：《大理院民事判例辑存：亲属编》（上册），台北，犁斋社2012年版，第216—219页。

③ 郭卫编：《民国大理院解释例全文》，吴宏耀、郭恒点校，中国政法大学出版社2014年版，第536页。

④ 胡长清：《中国民法总论》，中国政法大学出版社1997年版，第35页。

《法院编制法》第35条载明："大理院长有统一解释法令及必应处置之权。"有统一解释法令之权，若下级审判厅违反大理院所作的解释先例，大理院长便可以"破坏统一解释法令"为由予以撤销，利害关系人亦可以"违反大理院解释"为由，向上级审判厅提请上诉。因此，大理院判解实际上具有约束下级审判的效力。

关于大理院判解的性质，学界历来莫衷一是，有判例法说①、习惯法说②、司法解释说③等。观诸《大清民律草案》第1条关于民事法律适用的渊源，于法律、习惯法和"条理"外，并未列明"判解"一项。因此，从理论层面而言，判解并非一种独立的民事法源。但从实际司法运作来看，各级法院在裁判过程中，都或多或少地遵循了大理院的已有判解，甚至在"法律理由"部分直接出现"参照某年某号本院判例"等字样。④ 这表明判解实际上发挥了法源的作用。由于民初正式法源有且只有三种，大理院判解由推事（法官）生成，包含"判解要旨"和"案件事实"两部分，区别于由立法者制定的、高度凝练概括的成文法。将其归入习惯法也不恰当，因为大理院曾明确提出习惯法的成立要件：第一，要有内部要素，即人人有法之确信心；第二，要有外部要素，即于一定期间内，就同一事项，反复为同一之行为；第三，要系法令所未规定之

---

① 采判例法说者较为盛行，如民国著名学者戴修瓒，其认为"当新旧过渡时期，不能无所遵循，大理院乃酌采欧西法理，或参照习惯，权衡折衷以为判例。各法原创略具其中，一般国人亦视若法规，遵行已久。论其性质，实同判例法矣"。参见郭卫：《大理院判决例全书》，上海会文堂书局1932年版，"序言"。

② 采习惯法说者，如曾任大理院院长的余棨昌，其认为"判例法乃广义习惯法之一。其所以与一般之习惯法异者，盖一般之习惯法渊源于一般人民自己所为之惯行，而判决法乃渊源于法院之判决"。参见余棨昌：《民法要论总则》，朝阳学院出版部1931年版，第28页。

③ 采司法解释说者如当代学者张生，其认为由于民初遵行三权分立的宪法原则，立法、行政、司法三权相互独立、制衡，因此大理院创制的民事法律规则，即判决例，所依据的只能是司法解释权，故判决例性质为司法解释。参见张生：《中国近代民法法典化研究》，中国政法大学出版社2004年版，第134—137页。

④ 如大理院民国九年上字第776号判决例，其判决书载："……若祖父母代为主婚，父母事前不知者，非经其追认不能有效（参照七年上字第二九八号及八八八号本院判例）。"黄源盛纂辑：《大理院民事判例辑存：亲属编》（上册），台北，犁斋社2012年版，第441—445页。

事项；第四，要无悖于公共秩序利益。① 故笔者将其视为“条理”的一种形式，近年来，黄源盛、徐静莉等学者已有类似观点。②

已有判解的适用，占“条理”裁判总数的11.9%，其适用方式通常为直接适用，即在法律理由部分明确“参照本院某年某字某号判决例（解释例）”或“本院早有先例”，用以增强论证的说服力。如大理院民国九年统字第1207号解释例载：“查父母之主婚权，非可滥用。如父母对于成年子女之婚嫁，并无正当理由，不为主婚，审判衙门得审核事实，以裁判代之，本院早有前例。”③ 该解释例所称的“早有先例”，实则可以追溯至民国八年上字第236号判决例。该案中被上告人小彭杨氏将其亲女许配与沈义合，但其尊长老彭杨氏以沈义合身家不清、年貌不符为由欲撤销婚约。大理院经审判驳回了老彭杨氏的诉求，该判例要旨载：“父母为子女主婚，虽应经其直系尊亲属同意，但若该尊亲属无正当理由不同意，则审判衙门可以代之裁判。”④ 民国八年的裁判要旨被直接运用于民国九年的解释例当中，这是大理院适用已有判解的主要方式。

大理院适用判解的次要方式是间接适用，即不言明参照某一判解，而是直接采用同案同判、类案类判的方式。如大理院民国十年统字第1471号解释例，直隶高等审判厅函问大理院：子女从父母宦游他乡，家中祖父母亦未函商，即给孙男或孙女主婚。已写立婚书后，父母不同意，该婚约应否予以撤销？大理院称：“若祖父母在家所定之婚约，父母不同意者，自得撤销。”⑤ 与此相似的案件可以追溯至大理院民国七年上字第298号判决例，该案上告人孙女小奶先

① 大理院二年上字第3号判决例。参见郭卫：《大理院判决例全书》，上海会文堂书局1932年版，第29页。

② 如徐静莉提出：将大理院司法判解归入条理比较符合大理院在民初司法裁判中的地位。因为大理院是民初最高审判机关，在法制不备的情况下，面对层出不穷的新民事案件，条理本身的不确定性、内容的广泛性及适用的灵活性适应了大理院创设法律的客观需求。参见徐静莉：《民初女性权利变化研究——以大理院婚姻、继承司法判解为中心》，法律出版社2010年版，第36—39页。

③ 郭卫编：《民国大理院解释例全文》，吴宏耀、郭恒点校，中国政法大学出版社2014年版，第932—933页。

④ 黄源盛纂辑：《大理院民事判例辑存：亲属编》（上册），台北，犁斋社2012年版，第388—390页。

⑤ 郭卫编：《民国大理院解释例全文》，吴宏耀、郭恒点校，中国政法大学出版社2014年版，第1103页。

由其父开水许字被上告人，后上告人又将小奶许配与朱秋澄。上告人以开水许配时未经其同意为由，主张撤销该项婚约。[①] 两案相同点在于：父母对子女的主婚权与祖父母对孙子女的主婚权发生冲突时，究竟以何者为准？大理院对此做出裁断：祖父母、父母俱在而又系同居者，自应由父母主婚。但两案不同点在于：在民国十年的解释例中，子女、父母与祖父母并未同居。大理院此处比较二者异同，认为“同居者主婚权，即尚属父母，则随从父母寄居他乡之子女，尤应由父母主婚”，即对以往判例采取当然解释的方法，变通地将既有判解适用到类似案件中。

（四）改造传统情理

情理在传统司法裁判中意义重大，一般指儒家所宣扬的君臣之义、父子之义、夫妻之义等伦理纲常，具体表现为身份等差。清末民国历经法制剧变，在大理院判解中，虽然仍可看到裁判者对于“允协情法”“情法两尽”的强调与坚持，[②] 但是此处的情理，与传统司法已有所区别，更多地体现为“人之常情”或“自然道理”，举例言之：

在大理院民国四年上字第 247 号判决例中，上告人姜守富意旨以柴米贷价为财礼，聘被上告人李祥之女为室。由于成文法未规定聘财的形式，故双方争议焦点在于：贽物、巾帕等私折私合能否作为合法之聘财？大理院在裁判要旨中称：所谓依礼纳送者，必凭媒纳送礼仪，若贽物、巾帕与夫私债折合者，自不得谓之合法。[③] 即日常生产生活中所产生的债权，不能替代婚约关系中的聘财。大理院虽未明确提及裁判所依据的法源，但在得出结论时，曾反复强调“聘财必须依礼纳送”。而这种纳送聘财之礼，在古代社会又被称为“纳征”，所谓“昏有六礼，纳采、问名、纳吉、纳征、请期、亲迎”[④]，纳征构成婚礼中的重要一环。“降至近世，两家缔婚，纵各默许，亦必男家发媒，盖以男下女乃

① 黄源盛纂辑：《大理院民事判例辑存：亲属编》（上册），台北，犁斋社 2012 年版，第 323—325 页。

② 参见吴欢、朱小飞：《传统司法中的“情法两尽”》，载《人民法院报》2019 年 9 月 20 日，第 6 版。

③ 黄源盛纂辑：《大理院民事判例辑存：亲属编》（上册），台北，犁斋社 2012 年版，第 197—199 页。

④ 《礼记・仪礼》。

得其正也。”① 故笔者推测，大理院可能从情理角度出发，之所以认为债权人不能以放弃债权代替给付聘财，是因为在时人看来，男方向女方交付聘财，并非买和卖这样的商业交易，而是凝聚着双方的情感与意愿，“事实上，忽略礼仪上的细节并把整个过程降格为纯粹的经济交易，会被认为是粗俗的，并会导致整个婚姻的失败”。② 因此，大理院诉诸人之常情，将情理作为本案的裁判依据。

而在大理院民国十五年上字第 962 号判决例中，该案上诉人刘传经为刘张氏之孙，聘定刘华氏为妻，先得刘张氏同意而后定婚，业已同居四月。后刘张氏与刘传经交恶，故以未经其许可定婚为由，主张撤销刘传经与刘华氏之婚约关系。按照“现行律民事有效部分”的规定，婚约成立须得主婚权人同意。但考虑到人之常情，由于刘传经与刘张氏交恶，取得主婚权人同意已无可能，大理院裁判道：“子女定婚通常固应经有主婚权人同意，但子女苟与主婚权人素有嫌怨或其他情事，事实上难得其同意者，则该子女如已成年，亦应许其自行成婚，该有主婚权人不得以未经同意为理由，而就其已成之婚姻主张撤销。”③ 此处，大理院亦从一般人的理性出发，认为子女本人与尊长的关系已无法调和，订立婚约须由尊长主婚的条件事实上无法达成，为了保障当事人的定婚权利，允许其不经尊长同意而自行成婚。

通过上述判决例可以发现，传统指代儒家伦理纲常的“情理”，在民初被大理院赋予了新的意涵：“情”指的是基于人际关系而产生的“常情”，“理”则更接近于通俗意义上的一般人的是非对错意识，即“道理”，而非儒家理论中的抽象“天理”或“伦理”。从君臣父子的“天下定理”到平等主体的“自然道理”，在西方民法思想的影响下，情理的内涵发生了潜移默化的改变。在这一过程中，尊长权利受到制约，当事人的自由意志得以彰显和提升，婚约制度保障与关怀的主体，重新回归到当事人身上。

---

① 陈顾远：《中国婚姻史》，商务印书馆 2014 年版，第 14 页。

② 黄宗智：《清代的法律、社会与文化：民法的表达与实践》，上海书店出版社 2007 年版，第 48 页。

③ 黄源盛纂辑：《大理院民事判例辑存：亲属编》（上册），台北，犁斋社 2012 年版，第 601—604 页。

三、运用法学方法改变“条理”的适用顺序

“条理”虽然蕴含了近代意义的法学理念，但因其居于“第三顺位”，落后于成文法与习惯法。而社会情势与法律制度的新变化，又不得不需要“条理”为之调适。因此，大理院通过权变的方式，运用新的法学方法，将“条理”适用顺序调至“现行律民事有效部分”之前，克服了其适用过程中的第二个难题。

（一）假借律文，援引“条理”

假借律文①是指大理院在判例中，名义上援引“现行律民事有效部分”的规定，但实际适用西方民法的基本原则、制度进行裁判。

如大理院民国四年上字第1167号判决例，该案上告人李王氏诉称：“五岁时曾经父母凭财礼许与马俊为妻，虽无婚书，仍有过给钱财布匹并媒证可据。自定后，马俊父母相继物故，因马俊年幼，无所依靠，故远出他乡充当军人。十年来杳无音信。迨至宣统年间，上告人父王国恩称马俊病故，复将其嫁与李宝山，业已结婚三年。后马俊归家，遂向长春地方审判厅控告王国恩悔婚另聘等事。”

根据“现行律民事有效部分”的“出妻”条：“期约已至，五年无过不娶，及夫逃亡三年不还者，并听经官告给执照，别行改嫁。”② 即定婚后男方若下落不明三年以上，法律允许对造女子毁约另嫁，但需要取得官告给执照。然而，在上述案件中，该女子并未取得官告给执照，而是由其父径行改嫁。大理院并未直接裁判改嫁违法，其判例要旨载：“又例载‘夫逃亡三年不还者，并听经官告给执照，别行改嫁’等语。寻绎立法本旨，女子本以不许重复婚嫁为原则，

① “假借律文”的概念由段晓彦提出，她认为这是大理院适用“现行律民事有效部分”的一种方式。但实际上，“假借律文”只是一种手段，其真正目的，在于援引“条理”，因此笔者认为“假借律文”是优先适用“条理”的方式之一。参见段晓彦：《〈大清现行刑律〉与民初民事法源——大理院对“现行律民事有效部分”的适用》，载《法学研究》2013年第5期，第155页。

② 黄源盛纂辑：《晚清民国民法史料辑注》（一），台北，犁斋社2014年版，第30页。

但夫若逃亡多年不知下落，使女久待，亦非人情，故以许其改嫁为例外。其必经官告给执照者，无非令官署得以调查其逃亡不还之事实是否真实，及其年限是否合法，以凭准驳，而防后日之争议。故女子如实因夫逃亡三年以上不还而始改嫁，虽当时未经告官领有执照，而事后因此争执，经审判衙门认其逃亡属实，而年限又属合法者，其改嫁仍属有效，不容利害关系人更有异议。”①

依此判决，女子改订婚约，无需经官告给执照，只需夫逃亡三年以上属实即可，这一结论与例文的规定截然相反。由此可见，本案中大理院对“现行律民事有效部分”只是一种形式上的援引，实际上真正适用的是“条理”。因为女子改立婚约，需听官告给执照，男子却无这一条件的限制，这实际上是对于女性婚姻权利的歧视。大理院破除了这一规范，其中隐含了男女平等的考量。

再如大理院民国四年上字第2357号判决例：被上告人汪绳祖之次女曾凭媒许配与上告人朱寿祺为妻，双方已订立婚书。朱寿祺及冠后，却忽染重疾，唇鼻俱落，汪绳祖遂不愿其女与之成婚。双方对案件事实均无异议，本案的争议焦点在于：订婚后一方残疾的，对造能否据此解除婚约？大理院在判解中引用“现行律民事有效部分”的“男女婚姻”条原文：“其男女定婚之初，若有残疾者，务要两家明白通知，各从所愿。”但该条仅载有定婚前一方残疾的处理办法，对于新的案件事实，即定婚后一方残疾，对造能否据此解除婚约，并未在律文规定范围之内。大理院裁判道：“盖为婚约重要内容之当事人，其身体上嗣后既有重大变动，即与订约时当事人之意思不能符合，故亦更须明白通知，若为相对人所不愿，亦许解除婚约，不得以无故辄悔之例相绳。”② 即订立婚约是双方意思表示达成一致的结果，若订婚后一方不幸残疾，并不符合订婚时双方所了解的情状，故必须通知相对人为所甘愿，否则相对人有权解除婚约。

在本案中，若严格按照律文的规定，相对人本无权解除所订之婚约，但大理院名义上援引“现行律民事有效部分”，实际上却将“条理”所蕴含的意思自治理念作为裁判法源，最终判令解除婚约，实现了对当事人权益的保护。

以上两则判例，前者是案件事实已有法律条文可资援引，后者是案件事实

① 黄源盛纂辑：《大理院民事判例辑存：亲属编》（下册），台北，犁斋社2012年版，第644—648页。

② 黄源盛纂辑：《大理院民事判例辑存：亲属编》（上册），台北，犁斋社2012年版，第254—256页。

对应的法律依据在“现行律”上未作规定，但与律文有一定的关联。大理院采用假借的方式，虽然形式上援引了“现行律民事有效部分”，但实际上，是借旧有的律文规范来“包装”西方民法原则、制度，从而适用“条理”来作出判决。

（二）适用类推，关联西法

法学意义上的类推，即“将制定法针对某事实构成或者若干彼此类似的事实构成而设定的规则，转用于制定法未做调整，但与前述事实构成‘类似的’事实构成”。[①] 概言之，两类事物构成彼此类似，基于公正的要求，同类事物应当被同样对待，此时可以适用类推。“现行律民事有效部分”虽系赓续传统的旧律，但其中部分概念与西方民法有异曲同工之处，为了适应新的时代需求，大理院频繁采用类推的方式，从而达到适用“条理”的目的。

如大理院民国四年统字第371号解释例：“本院查民法原则，婚姻须得当事人之同意，现行律例，虽无明文规定，第孀妇改嫁，须由自愿，则室女亦可类推。以定律言，婚姻固宜听从亲命，然苟乖乎礼教，背乎人情，审判衙门，仍有裁夺之权。”[②] 本案中，大理院首先声明裁判依据的法源——西方民法原则，即婚姻必须由当事人同意。但大理院同时也意识到，“现行律民事有效部分”的“男女婚姻”条例2对此已有明文规定：订立婚约只须经尊长同意，并不考虑男女当事人的意愿。为了避开这一条款，大理院在裁判中另辟蹊径，从“现行律民事有效部分”中寻找到“孀妇改嫁须得本人自愿”的规定，进而将孀妇改嫁需得本人自愿，类推到在室女婚姻嫁娶的事实上，从而得出在室女嫁娶亦应自愿的结论。概言之，大理院将“现行律民事有效部分”中符合西方民法原则的情形，类推到待决事实上，最终达到适用“条理”的目的。

又如大理院民国九年统字第1248号解释例，河南省高等审判厅函问大理院：“定婚以后，夫男左臂折断，丧失机能，应否准女离异别许？”针对该问题，河南省高等审判厅提出两种观点：一是现行律定有明文：凡男女定婚之初，

---

① ［德］卡尔·拉伦茨：《法学方法论》（第6版），黄家镇译，商务印书馆2020年版，第479页。

② 郭卫编：《民国大理院解释例全文》，吴宏耀、郭恒点校，中国政法大学出版社2014年版，第472页。

不知残疾、老幼庶养，得听其离异。但定婚之后，婚约既已成立，婚姻关系亦从此确定，嗣后发生残疾，苟于生育上无碍，不准辄悔。二是揆诸西方法理，定婚之初，不知残疾、老幼庶养的尚听其离异，今定婚后，夫男发生残疾，尤非女家所预知，当然得听其离异别许。大理院同意了第二种观点，并进一步解释道：残疾、老幼庶养之类须特别告知双方合意。一经合意，并立婚书，或受聘财之后，自系不许反悔……至若定婚后成婚前，一造身体上，果确已发生重大之变故，令其再行通知，如有不愿，应准解除。① 实际上，在本案中，“现行律民事有效部分”已有明文规定，但若严格依照该规定，则重大变故发生之际，女方无权据此悔婚，这不符合“结婚须男女合意”的一般法理。故大理院采用类推解释，将定婚前须双方合意，类推到定婚之后的事实上，从而认为无论定婚前后，男方身体一旦发生重大变故，都应及时告知对造，否则对造有权据此解除婚约。从类推对象的选择过程来看，其采取的是以一种关联方法，即，将目前所遇到的难题，通过溯源于同类事物，以彼喻此，将其抽象出的原理原则应用于具体裁判之中。

（三）尽力调解，免于强制执行

如前文所述，“现行律民事有效部分”将女性作为法律关系中的客体，但依此裁判往往会导致人身的强制执行。为了避免上述结果的发生，大理院在部分案件采取调解结案的方式，将“条理”融入对两造利害关系的分析中，使当事人甘愿接受调解结果，从而取代对“现行律民事有效部分”的适用。

以民国九年上字第615号判决例为例：上告人张炳炎与被上告人高正谟、高大渊（高正谟之子）就张映香（张炳炎之女）订婚之事发生诉争，高大渊称此前已与张映香订立婚约，交纳聘财，但其父张炳炎却擅自将张映香嫁与左某（张映香现任丈夫），故请求大理院确认自己与张映香之订婚效力，并强制张映香与左某离异。因双方举证均有不足，大理院对案件事实并无认定，仅就其中的法律关系作出裁断：“许嫁女再许他人已成婚者，依律虽以仍归前夫为原则，然为维持家室之和平并妇女之节操计，尚希望其女得以从一而终，故现行律特

① 郭卫编：《民国大理院解释例全文》，吴宏耀、郭恒点校，中国政法大学出版社2014年版，第961页。

附以‘前夫不愿者，倍追财礼，女归后夫’之规定。又按结婚义务原有不可代替执行之性质，一般法理概认为不能强制履行，盖以交付人身直接强制，非酿成变故，即促其逃亡，事实上仍不能达到判决之目的。故订婚之女如果执意不从，其最后之结果仍不出于损害赔偿之一途。况法律上对于妻并不能加以强暴或监禁之行为，则一时强使结婚，而于既婚之后，其女如有逃亡，该女家除有串谋情事外，对于男家并无责任可言。是在男家反或因强制结婚而更受损失。故审判衙门遇有此项悔婚另嫁之件，应以和平方法尽力劝谕当事人，与其不能达强制执行之目的，孰若听其解除，而就其因他造毁约所生之损害依法要求赔偿，转为得计。”①

根据判例要旨所载：对于许嫁女悔婚再许的案件，“现行律”本以女归前夫为原则，前夫不愿者，才允许女归后夫、倍还财礼。但若按此律文裁判，相当于将女子作为法律关系中的客体，而西方民法却建立在人与物二分的基础上，人只能是法律关系中的主体与目的，而非法律关系中的客体与手段。为了彰显人的尊严与价值，顺应平等、自由的时代潮流，大理院从两个层面展开论证，希冀双方达成和解，以此破除旧律中的陋习。一是就法理而言，结婚义务具有身份性质，故不可代替执行，亦不可强制履行。二是就事理而言，若强使女方与之结婚，必促使其婚后逃亡，是时男方家庭人财两空，孰若接受违约之损害赔偿，另觅良配。最后，大理院总结道，此类案件今后都“应以和平方法尽力劝谕当事人”，即采用调解的方式，以双倍返还财礼作为损害赔偿，使双方就此息诉，以避免裁定强制女子结婚的诉讼结果。

四、从秩序控制到权利保护：大理院适用“条理”的影响

在民法典尚未颁行前，大理院以假借等方法，将“条理”应用于司法实践之中，这一做法为《中华民国民法》订立“婚约”专节提供了实践基础，也是沟通民国两部成文法的重要“桥梁”。现就“现行律民事有效部分”、大理院判解和《中华民国民法》之间的承袭关系，试列表2简示之：

---

① 黄源盛纂辑：《大理院民事判例辑存：亲属编》（上册），台北，犁斋社2012年版，第505—513页。

表 2　大理院判解与民国时期两部成文法的对照表

“现行律民事有效部分”①	适用“条理”的判解	《中华民国民法》②
“男女婚姻”条例二：“嫁娶皆有祖父母、父母主婚，祖父母、父母俱无者，从余亲主婚。”	大理院八年上字第 284 号判决例：“订立婚约……要须定婚两造有一致之意思表示，否则虽具备形式要件，亦难认其婚约已成立。”③	《中华民国民法》第 972 条：“婚约应由男女当事人自行订定。”
“男女婚姻”条：“（许嫁女）若再许他人未成婚者，……女归前夫，前夫不愿者，倍追财礼给还。其女仍从后夫。男家悔（而再聘）者，罪亦如之。（仍令娶前女，后聘听其别嫁）不追财礼。”	大理院五年统字第 510 号解释例：“实行结婚之义务，惟此种义务，系属于不可代替行为之性质，在外国法理，概认为不能强制履行。”④	《中华民国民法》第 975 条：“婚约不得请求强迫履行。”
	大理院九年上字第 615 号判决例：“审判衙门遇有此项悔婚另嫁之件，应以和平方法尽力劝谕当事人，与其不能达强制执行之目的，孰若听其解除。”⑤	《中华民国民法》第 976 条：“婚约当事人之一方，有左（下）列情形之一者，他方得解除婚约：一、婚约订定后，再与他人订定婚约或结婚者。”

① 黄源盛纂辑：《晚清民国民法史料辑存》（一），台北，犁斋社 2014 年版，第 25—26、30 页。

② 徐百齐：《中华民国法规大全》（第 1 册），商务印书馆 1936 年版，第 78—79 页。

③ 黄源盛纂辑：《大理院民事判例辑存：亲属编》（上册），台北，犁斋社 2012 年版，第 391—393 页。

④ 郭卫编：《民国大理院解释例全文》，吴宏耀、郭恒点校，中国政法大学出版社 2014 年版，第 536 页。

⑤ 黄源盛纂辑：《大理院民事判例辑存：亲属编》（上册），台北，犁斋社 2012 年版，第 505—513 页。

续表

“现行律民事有效部分”	适用“条理”的判解	《中华民国民法》
“出妻”条：“期约已至，五年无过不娶，及夫逃亡三年不还者，并听经官告给执照，别行改嫁。”	大理院四年上字第1167号判决例：“女子如实因夫逃亡三年以上不还而始改嫁，虽当时未经告官领有执照，而事后因此争执，经审判衙门认其逃亡属实，而年限又属合法者，其改嫁仍属有效。”①	《中华民国民法》第976条：“婚约当事人之一方，有左（下）列情形之一者，他方得解除婚约：……三、生死不明已满一年者。”
“男女婚姻”条：“凡男女定婚之初，若（或）有残（疾或）疾（病）……务要两家明白通知，各从所愿）不愿即止，愿者同媒妁），写立婚书，依礼聘嫁。若许嫁女，已报婚书，及有私约（谓先已知夫身残疾、老幼、庶养之类），而辄悔者，（女家主婚人），处五等罚。”	大理院四年上字第1223号判决例：“现行律男女婚姻条所谓“疾病”云者，当然别乎残废言之，凡依现在医术，在程度达于不易疗治，而于生活上有碍，或为恒情所厌恶之疾病，皆应包括在内。”②	《中华民国民法》第976条：“婚约当事人之一方，有左（下）列情形之一者，他方得解除婚约：……四、有重大不治之病者。五、有花柳病或其他恶疾者。六、婚约订立后成为残废者。”
“男女婚姻”条：“其未成婚男女，有犯奸盗者，（男子有犯听女别嫁，女子有犯听男别娶。如定婚未曾过门，私下奸通，男女各处十等罚，免其离异）。”	大理院十一年统字第1744号解释例：“是凡犯有破廉耻之罪，与奸盗罪相类似。或被处徒刑在三年以上而经开始执行者，依律文类推解释，均应许男女之一造请求解约。来函所述情形，如被处徒刑在三年以上已经开始执行，自应许其诉求解除婚约。”③	《中华民国民法》第976条：“婚约当事人之一方，有左（下）列情形之一者，他方得解除婚约：……七、婚约订定后与人通奸者。八、婚约订定后受徒刑之宣告者。”

① 黄源盛纂辑：《大理院民事判例辑存：亲属编》（下册），台北，犁斋社2012年版，第644—648页。

② 黄源盛纂辑：《大理院民事判例辑存：亲属编》（上册），台北，犁斋社2012年版，第233—235页。

③ 郭卫编：《民国大理院解释例全文》，吴宏耀、郭恒点校，中国政法大学出版社2014年版，第1242页。

续表

<table>
<tr><th>“现行律民事有效部分”</th><th>适用“条理”的判解</th><th>《中华民国民法》</th></tr>
<tr><td rowspan="2">“男女婚姻”条：“若许嫁女，已报婚书，及有私约（谓先已知夫身残疾、老幼、庶养之类），而辄悔者，（女家主婚人），处五等罚。（其女归本夫）。”</td><td>大理院四年上字第 1770 号判决例：“现行律凡女家悔婚者，如前夫不愿再要，应令女家赔还财礼。至于因悔婚发生其他之损失，虽无明文规定，自应适用通常损害赔偿之原则办理。”①</td><td>《中华民国民法》第 977 条：“依前条之规定，婚约解除时，无过失之一方，得向有过失之他方，请求赔偿其因此所受之损害。”</td></tr>
<tr><td>大理院五年上字第 380 号判决例：“订婚契约合法成立后，若当事人一造无故翻悔，致不能履行者，对于其相对人自应负赔偿之责。”②</td><td>《中华民国民法》第 978 条：“婚约当事人之一方无第九百七十六条之理由而违反婚约者，对于他方因此所受之损害，应负赔偿之责。”
第 979 条：“前项情形，虽非财产上之损害，受害人亦得请求赔偿相当之金额，但以受害人无过失者为限。”</td></tr>
</table>

由上可知，在婚约领域，“现行律民事有效部分”仍然带有深刻的传统烙印，是帝制时代法律规范与精神的延续。无论是对于“父母之命”的强调，还是婚约的强制履行，亦或对无故解约者的处罚，家族主义和伦理主义仍是其主要的灵魂与内核。大理院通过在裁判中引入“条理”的方式，以判解的形式制定出符合时代所需的新规则，这是大理院通过行使法律解释权在司法领域促进法律变革的主要方式。③ 而这种法律实践也深刻影响到《中华民国民法》的制定：《中华民国民法》有关婚约的规范，基本继受了大理院的裁判结果。其中，“婚约应由男女当事人自行订定”，以及“婚约不得请求强迫履行”，是大理院

① 黄源盛纂辑：《大理院民事判例辑存：亲属编》（上册），台北，犁斋社 2012 年版，第 245—248 页。

② 黄源盛纂辑：《大理院民事判例辑存：亲属编》（上册），台北，犁斋社 2012 年版，第 264—268 页。

③ 参见刘昕杰：《成文法背景下的判例实践——近代中国最高审判机构判例汇编与实效》，载《法学研究》2021 年第 5 期，第 195 页。

判解早已确立的两大原则。在解除婚约的九种情形中，除“现行律民事有效部分”已经规定的“故违期约”和新创设的“兜底条款”① 外，其他七种情形也都在判解中有所涉及，只是裁量的标准略有不同。至于婚约解除后的损害赔偿，大理院亦通过判解，对《大清民律草案》中的规定予以改造，最终以立法形式在《中华民国民法》中确立下来。

从表面来看，大理院适用“条理”的影响，体现出司法裁判对于立法规范的续造。但更深层次的意义是，民事法律的功能，逐渐由社会控制转变为权利保护。传统中国，婚姻家庭被视为社会秩序控制的基本单元，这种控制以“礼义”为标准。“礼义”的实质，不能简单理解为等级不公，而是规定不同身份和等级的人们皆要遵守各自等级相应的规范。② 因此，任何违背“礼义”的行为，都视为对社会秩序的破坏，都需要受到制裁，这种制裁在法律层面以“罚”和“禁”为表现形式。③ 及至民初，立法者虽然力图去除“现行律民事有效部分”的刑罚因素，但从律文规范来看，即使是“婚约”这样典型的民事规定，也并未实现所谓的“毋再科刑”，只是将《大清律例》中的笞、杖刑变为罚金，但这仅仅意味着刑罚方式的改变，并未完全实现去刑罚化。④ 就此而言，无论是对婚约的强制执行，还是对无故解约者的处罚，都是国家重塑社会秩序的手段，而非对个人合法权利的保护。

清末民初历史变革之际，大理院对“条理”的适用，不仅为《中华民国民法》的制定提供实践基础，更为重要的是，其借助竞技型诉讼的特殊场域，对当事人的主张，从权利与义务的角度进行判断：合法行使权利者胜诉，违法背弃义务者败诉，使当事人必须依照相同方式，围绕权利义务关系展开论争。这

① 《中华民国民法》第 976 条规定的解除婚约的 9 种情形，第 9 种为兜底条款，载：“（婚约当事人之一方）有其他重大事由者，他方得解除婚约。”

② 参见赵刘洋：《妇女、家庭与法律实践：清代以来的法律社会史》，广西师范大学出版社 2021 年版，第 75—85 页。

③ 此处采用黄宗智所提出的“解决纠纷的正式系统与非正式系统”概念。对于民间“细故”，国家一般交给社会进行自我调节与处理，但如果进入到官方审判层面，那么统治者将采用禁与罚的刑事制裁措施解决纠纷。参见黄宗智：《清代的法律、社会与文化：民法的表达与实践》，上海书店出版社 2007 年版，第 43—90 页。

④ 参见段晓彦：《从刑律到民法：“现行律民事有效部分”生成考论》，载《长安大学学报（社会科学版）》2016 年第 3 期，第 121 页。

一做法无疑加速了民众权利意识的觉醒。并且，从罚禁到损害赔偿，违反婚约的后果只被视为对个人权利的侵犯，无涉整个社会与国家的秩序。就此而言，民事法规的着眼点，从追求矛盾与纷争的平息，到保障人民的个体权利。因此，大理院对“条理”的适用，促使传统法律从义务本位向权利本位进行转变，这种转变最初从作为法官的精英阶层开始，一步步扩大到普通民众，最终推助民法近代化的进程。

五、结语

常言道：变法难，变法的观念更难。中国法律的近代化是移植外来法律、改造传统旧律的过程。然而，法律体系的改造不能一蹴而就，法律文化的改变也非一朝一夕之功。在共和肇造，新旧递嬗的历史背景下，如果直接进行立法移植，建立某种新式法律制度，民众对此产生的不适应性与不信任感，将极大影响法律变革的效果。大理院通过司法判解，将“条理”作为引入西方民法思想与制度的媒介。这种通过法官引入西方民法思想的方式，具有合理性、妥当不生硬、略具柔性的特征，更好地适应了当时社会的情况。① 在深受传统法文化影响的婚约领域，大理院以“条理”为“语言工具”，在具体案件中融入平等、自由的价值取向，使婚约制度实现了“从身份到契约”的转变。并且，随着案件的累积，婚约领域形成了规模可观的判解先例，不仅为《中华民国民法》的颁行奠定了实践的基础，更推动了以权利为中心的法律本位的建立。“鉴于往事，有资于治道”，大理院以“条理”沟通中外法制，以判解促进法律乃至社会变革的做法，在《民法典》已经颁布实施的当下，对于我国构建稳定且开放的民法体系，完善指导性案例制度，仍具有一定的历史参考意义。

（初审：颜韵；校对：于锦秋）

---

① 参见韩冰：《近代中国民法法源及其适用原则简论》，载《华东政法大学学报》2005年第5期，第86页。

法经济学视域中民事公益诉讼与惩罚性赔偿分立之证成*

万世花**

摘　要：民事公益诉讼是否适用惩罚性赔偿？这本质是民事公益诉讼与惩罚性赔偿的关系问题。对此存在融合说、分立说、限制融合说三种观点。观点之争鸣主要从消费、环境等具体领域进行附带性讨论，且论证未针对问题核心、缺乏底层性逻辑，最终难达成共识。为厘清二者关系，应当围绕民事公益诉讼与惩罚性赔偿融合是否会导致赔偿的重复计算这一核心争议，以履行差错利益归属为逻辑起点，进行体系性逻辑论证。由此发现，二者均为解决履行差错利益归属的方案，且存在功能重叠性、威慑重复性和适用顺位性的特性，遂宜分立运行。在此基础上，应当引入民事公益诉讼赔偿参数、摒弃惩罚性赔偿有数额限制模式、引入分立式赔偿制度并设立惩罚性赔偿公益金、禁止惩罚性赔偿的重复请求及修正现有规范，实现二者在分立运行背景下的协调发展。

关键词：民事公益诉讼；惩罚性赔偿；履行差错利益

一、问题的提出

2019年5月，《中共中央、国务院关于深化改革加强食品安全工作的意见》指出，探索建立食品安全民事公益诉讼惩罚性赔偿制度。2021年3月，最高人

---

* 本文是四川省哲学社会科学重点研究基地社会治理创新研究中心2022年度项目“市域社会治理背景下多元共治的法治保障研究”（项目编号：SHZLYB2218）的阶段性研究成果。

** 万世花，四川农业大学法学院硕士研究生。

民检察院、中国消费者协会等7个部门联合印发的《探索建立食品安全民事公益诉讼惩罚性赔偿制度座谈会会议纪要》（以下简称《纪要》）也指出，食品安全民事公益诉讼惩罚性赔偿制度的建立具有重大意义，宜积极推进该制度的实践探索。2022年1月，最高人民法院发布了《最高人民法院关于审理生态环境侵权纠纷案件适用惩罚性赔偿的解释》（以下简称《环境解释》），该解释第12条规定，在环境民事公益诉讼中可参照适用惩罚性赔偿。

由此可见，司法上逐渐认可某些领域民事公益诉讼中惩罚性赔偿的适用。但是，司法解释并未削弱理论上的争议，尤其在环境民事公益诉讼、消费者权益保护公益诉讼及个人信息公益诉讼领域中，究竟能否适用惩罚性赔偿？这本质上是民事公益诉讼与惩罚性赔偿的关系问题。对此可归纳出融合说、分立说、限制融合说三种观点。①

融合说认为，民事公益诉讼可以适用惩罚性赔偿以实现对行为人的最大威慑。分立说则持相反观点。限制融合说在支持融合说的基础上，针对融合说的负面后果提出了解决措施。详言之，限制融合说采纳了融合说的大部分观点，

---

① 支持融合说的相关文献如，孟穗、柯阳友：《论检察机关环境民事公益诉讼适用惩罚性赔偿的正当性》，载《河北法学》2022年第7期，第135—148页；李华琪、潘云志：《环境民事公益诉讼中惩罚性赔偿的适用问题研究》，载《法律适用》2020年第23期，第124—133页；梁勇、朱烨：《环境侵权惩罚性赔偿构成要件法律适用研究》，载《法律适用》2020年第23期，第114—115页；高丽：《惩罚性赔偿请求在消费公益诉讼中的困境与出路》，载《东南大学学报（哲学社会科学版）》2020年第22期增刊，第84—89页；章海珠：《检察机关提起惩罚性消费民事公益诉讼之探讨》，载《社会科学家》2019年第7期，第111—118页；周骁然：《论环境民事公益诉讼中惩罚性赔偿制度的构建》，载《中南大学学报（社会科学版）》2018年第2期，第52—62页。支持分立说的相关文献如，李智卓、刘卫先：《惩罚性赔偿不应适用于环境民事公益诉讼的法理辨析》，载《中州学刊》2022年第3期，第48—54页；吕英杰：《惩罚性赔偿与刑事责任的竞合、冲突与解决》，载《中外法学》2022年第5期，第1313—1314页；王利明：《〈民法典〉中环境污染和生态破坏责任的亮点》，载《广东社会科学》2021年第1期，第221页；张新宝、赖成宇：《个人信息保护公益诉讼制度的理解与适用》，载《国家检察官学院学报》2021年第5期，第69—71页；王树义、龚雄艳：《环境侵权惩罚性赔偿争议问题研究》，载《河北法学》2021年第10期，第71—85页；陈学敏：《环境侵权损害惩罚性赔偿制度的规制——基于〈民法典〉第1232条的省思》，载《中国政法大学学报》2020年第6期，第57—69页。支持限制融合说的相关文献如，秦天宝、袁野阳光：《论惩罚性赔偿在环境民事公益诉讼中的限制适用》，载《南京工业大学学报（社会科学版）》2022年第1期，第32—48页。

并针对融合说的最大问题——民事公益诉讼惩罚性赔偿与行政处罚重复——提出解决方案，即“一事不再罚”、民事公益诉讼惩罚性赔偿和行政罚款折抵等，从而对行为人的最终赔偿数额进行修正，避免融合说导致的行为人负担过重的问题。由此可见，限制融合说的成立前提是融合说具有合理性，可将其归到融合说阵营，因此本文着重讨论融合说和分立说。

导致融合说和分立说对立的原因在于二者主要以环境、消费或个人信息等具体领域为出发点，从“被侵权人”之文义、惩罚抑或补偿之目的、公益诉讼惩罚性赔偿与私益诉讼惩罚性赔偿之比较等诸多方面进行形式上的解释论研究。这样的解释研究仅是碎片式、截取式的推论，缺乏严密、底层且针对问题核心的逻辑论证，最终陷入了融合说和分立说对立的窘境。详言之，第一，碎片式论证是指融合说和分立说的部分论证理由具有一定的拼凑性质，缺乏体系逻辑。融合说从文义及目的解释、惩罚性赔偿的功能、惩罚性赔偿和民事公益诉讼价值的契合性等方面进行论证，但这更类似于并列式论证，理由之间欠缺逻辑性，极易被分立说反向驳斥。第二，截取式论证是指论证理由虽有一定逻辑，但并未从问题出发进行完整的体系论证，仅是截取了部分推理逻辑，导致得出的结论有失偏颇。碎片式、截取式论证均体现了对于民事公益诉讼是否适用惩罚性赔偿这一问题推论的不充分性、不完整性。

事实上，融合说和分立说争议的核心在于民事公益诉讼与惩罚性赔偿的融合是否会导致赔偿重复计算。融合说认为，行为人的赔偿成本未充分囊括被害人损失，应引入惩罚性赔偿进行填补；反之，分立说重点关注的问题为，在民事公益诉讼中对行为人施以惩罚性赔偿将导致被害人损失的重复计算，由此造成赔偿过度。①

为破除以上困境，厘清民事公益诉讼与惩罚性赔偿的关系，本文抛开具体适用领域，从民事公益诉讼和惩罚性赔偿本身出发，围绕争议核心——是否导致赔偿的重复计算，在分析惩罚性赔偿补偿功能的基础上，以“履行差错利益归属”为逻辑起点，进行体系性的逻辑论证，欲在融合说与分立说间寻得逻辑性最佳解。

① 参见秦天宝、袁野阳光：《论惩罚性赔偿在环境民事公益诉讼中的限制适用》，载《南京工业大学学报（社会科学版）》2022年第1期，第37—38页。

具体而言，首先，以法经济学视角对惩罚性赔偿的主要功能进行探讨，打破以惩罚功能为主的传统观点，提出以补偿功能为主，使惩罚性赔偿回归填平体系。其次，以“履行差错利益归属”为逻辑起点，探究履行差错利益归属的主体及落实方案。再次，基于前述推理，阐明惩罚性赔偿和民事公益诉讼均得落实履行差错利益归属，具有功能重叠性、威慑重复性和适用顺位性，同时适用将导致重复赔偿和过度威慑，遂二者宜分立运行。最后，在分立运行基础上，对民事公益诉讼与惩罚性赔偿的现行相关制度和规定进行修正，以实现二者在分立运行背景下的协调发展。

二、惩罚性赔偿主要功能的定位：补偿

惩罚性赔偿（punitive damages）是指在符合一定要件情况下，为“惩罚”加害人，而要求其向受害人支付的、在狭义的补偿性赔偿之外的一定金额。①惩罚性赔偿主要功能的定位是探求民事公益诉讼与惩罚性赔偿关系的前提性问题。

司法实践尤以惩罚性赔偿的惩罚功能为重，但这与理论上民事责任的目的相悖。最高人民法院在《环境解释》起草的背景和意义中指出，惩罚性赔偿“具有惩罚、震慑、预防等多重功能”②。《纪要》也强调惩罚性赔偿的功能定位是“惩罚、遏制和预防严重不法行为”。然而，若惩罚性赔偿立足于惩罚功能，则会陷入这样一个矛盾：惩罚性赔偿作为《民法典》第179条所规定的民事责任承担方式之一，其功能却与民事责任“填平损害”之目的背道而驰。

为化解实践与理论的冲突，宜去除惩罚性赔偿的惩罚功能，将其主要功能定位为补偿，从而使之回归填平体系。③ 惩罚作为私法的外来因素，④ 是惩罚性

---

① 参见王泽鉴：《损害赔偿》，北京大学出版社2017年版，第355页。

② 最高人民法院：《最高法发布〈最高人民法院关于审理生态环境侵权纠纷案件适用惩罚性赔偿的解释〉》，载中华人民共和国最高人民法院网。

③ 参见张保红：《论惩罚性赔偿制度与我国侵权法的融合》，载《法律科学（西北政法大学学报）》2015年第2期，第132—140页；叶延玺：《我国惩罚性赔偿制度的重构研究》，载《黑龙江省政法管理干部学院学报》2016年第3期，第74—76页。

④ 参见［奥］赫尔穆特·考茨欧、瓦内萨·威尔科克斯：《惩罚性赔偿金：普通法与大陆法的视角》，窦海阳译，中国法制出版社2012年版，第375—376页。

赔偿颇具争议的主要理由。并且无论以何种解释路径来论证惩罚功能的合理性，均无法使持补偿功能观点的学者信服，因为后者始终立足于填平损害这一民法基本理念，而此理念是无法撼动的。因此，与其以惩罚性赔偿的惩罚功能去挑战已经达成共识的、不可推翻的填平原则，不如反其道而行之。具体来说，一方面，不再执着于论证惩罚功能的合理性，转而承认惩罚性赔偿的主要功能为补偿，使之完全融入民事责任体系。而将惩罚功能寄托于行政执法甚至刑罚上，① 不再让作为民事责任的惩罚性赔偿发挥本应当是行政和刑事责任的惩罚作用，以避免法律体系的混乱。另一方面，在补偿功能的基础上，通过法经济学的论证路径，着重探究“某单一受害人能够基于惩罚性赔偿获得超出其损害范围的赔偿额”的合理性。如此一来，既使得惩罚性赔偿契合了填平原则，又保留了惩罚性赔偿使受害人超额获赔的特性。概言之，通过补偿为主的功能定位，能够使惩罚性赔偿回归民事责任体系；通过法经济学的论证路径，能够合理解释单个受害人基于惩罚性赔偿而超额获赔的现象，最终在实现民事责任体系自洽的基础上又不影响惩罚性赔偿的继续适用。

那么，如何以法经济学视角解释惩罚性赔偿的补偿功能和单个受害人的超额获赔？“补偿”和“超额获赔”看似矛盾，实则只是观察角度不同，前者是从受害人整体角度进行损害的宏观考察，后者则是从某一单个受害人角度进行的微观窥探。

具体而言，法经济学是在受害人整体意义上强调补偿性赔偿对损害填平的充分性，认为补偿性赔偿是一种强制性的“等价交换”，② 其数额应与全部受害人所遭受的损害“严格相称”（precisely commensurate），③ 从而使受损前的状态与得到损害赔偿后的状态“无差异”④。而这种“无差异”状态不仅是针对单个受害人受损前后，亦针对全部受害人受损前后。如何在现行规范之下阐明单

---

① 参见王树义、龚雄艳：《环境侵权惩罚性赔偿争议问题研究》，载《河北法学》2021 年第 10 期，第 84—85 页。

② 参见郑景元、王雪琴：《惩罚性赔偿的法经济学分析》，载《求索》2010 年第 4 期，第 134—136 页。

③ 参见 Howard L. Oleck, Cases on Damages, 37 (1962)。

④ “无差异”是标准经济学中的概念。事实上，补偿性赔偿的无差异标准是苛刻且不现实的，尤其在损害为无形损失或受损物无替代品的侵权案件中。此仅用来强调补偿性赔偿理论上应完全地、充分地填补损失。

个受害人和全部受害人的双重“无差异”状态？在法经济学视角下，完全填补损害的赔偿数额 T＝索赔人数 p×单个受害人索赔数额 m。① 在某一具体案件中，T 值一定，当实际索赔人数 p 等于受害人总人数时，单个受害人通过请求与自身损害相当的补偿性赔偿即可填平损害，此时索赔数额与所受损害“严格相称”。而当实际索赔人数 p 小于受害人总人数时，为了贯彻填平原则和防止行为人责任脱逃，则需要增大 m。此时，单个受害人所得的赔偿高于自身所受损害，高出部分便是惩罚性赔偿。从实际索赔的单个受害人角度看，其不仅获得了与自身损害相当的赔偿（狭义的补偿性赔偿），还获得了非基于自身损害（而是基于未索赔的受害人之损害）的惩罚性赔偿，最终单个受害人超额获赔。而这种超额获赔的合理性，也即惩罚性赔偿存在的合理性可从受害人整体角度予以阐释。从全部受害人角度观察，未实际索赔的受害人之损害通过实际索赔的受害人主张惩罚性赔偿而得以计算。最终，全部受害人之损害经由狭义的补偿性赔偿和惩罚性赔偿得以填平，从而使得单个受害人和全部受害人在受损前后均处于无差异状态。

可见，在法经济学视野下，补偿性赔偿（compensatory damages）采广义概念，其包括了狭义的补偿性赔偿（单个受害人损失的角度）和惩罚性赔偿（全部受害人损失的角度）。在此意义上，惩罚性赔偿也不过是补偿性赔偿的应然内容。惩罚性赔偿之“惩罚”看似与补偿对立，事实上其是借“惩罚”之名，行“补偿”之实，填补的是“社会性损害”②，是对狭义的补偿性赔偿无法落实填平原则的一种补救。③

应注意的是，惩罚性赔偿的补偿功能与狭义的补偿性赔偿之补偿功能并不重叠，狭义的补偿性赔偿是对实际索赔的受害人自身的损害进行填平，而惩罚性赔偿则是通过实际索赔的受害人对其他未索赔的受害人的损害进行填平。简言之，前者是对自身损害的填平，后者是对他人损害的填平。此外，在实际索

① 为简化分析思路，假设同一行为造成多数人损害，且每个受害人所应获得的赔偿额相当，由此得出该公式。

② 马新彦、邓冰宁：《论惩罚性赔偿的损害填补功能——以美国侵权法惩罚性赔偿制度为启示的研究》，载《吉林大学社会科学学报》2012 年第 3 期，第 118 页。

③ 参见郑景元、王雪琴：《惩罚性赔偿的法经济学分析》，载《求索》2010 年第 4 期，第 135—136 页；毕潇潇：《实体法请求权视域下的给付之诉》，载《学习与探索》2020 年第 8 期，第 85 页。

赔人数低于全部受害人人数时，惩罚性赔偿才有适用可能；在实际索赔人数等于全部受害人人数时，通过狭义的补偿性赔偿即可实现损害的填平，此时并无惩罚性赔偿的适用空间。由此可知，将惩罚性赔偿主要功能定位为补偿，并非对补偿性赔偿的替代。相反，二者共同致力于填平原则的贯彻落实。

三、惩罚性赔偿和民事公益诉讼的逻辑起点：履行差错利益归属

在将惩罚性赔偿的主要功能定位为补偿的基础上，讨论惩罚性赔偿和民事公益诉讼的逻辑起点——履行差错利益归属。履行差错利益归属以履行差错为前提，履行差错表明了理应获赔的全部受害人与实际获赔的受害人之间存在人数差额。基于此而产生的应然赔偿与实际赔偿之间的差额利益即为履行差错利益，而这部分利益的归属问题则引出惩罚性赔偿和民事公益诉讼等归属路径。以下对此进行详述。

（一）“履行差错”导致补偿性赔偿不足

履行差错（enforcement error or enforcement gap）指的是得到赔偿的受害人人数与全部受害人人数之间存在差额。① 其将系统性地削弱行为人本应承担的责任（systematically undermine liability）②，导致行为人责任脱逃、全部受害人的损失未被完全弥补。

履行差错是在客观承认损害赔偿法律体系运行并不完美导致利益分配偏差的背景下，根据理性选择理论观察行为人和受害人的行为，发现实践中存在补偿性赔偿不足的情形而提出的概念。详言之，法律制度实质上是一种利益分配制度。③ 在填平原则的指引下，完备的损害赔偿法律制度能够通过合理分配举

---

① Enforcement error means the ratio of compensated victims to total victims. 参见 Robert Cooter, Thomas Ulen, *Law and Economics*, Pearson Education, 2011, p. 260。其中，“enforcement error”被译为履行差错、实施误差、执法落差等。

② 参见 Robert Cooter, Thomas Ulen, *Law and Economics*, Pearson Education, 2011, p. 260。

③ 参见付子堂主编：《法理学进阶》（第5版），法律出版社2016年版，第41页。

证责任、确定赔偿范围等安排无差错地解决纠纷，使得全部受害人能够顺利索赔、行为人充分将其行为成本内部化，最终平衡受害人和行为人之间的利益；反之，不完备的法律制度则导致利益分配的偏差。又根据理性选择理论，利益的分配决定了理性人的行为选择。追求利益最大化的理性人在行为决策时会比较各行动方案的成本和收益，以实现自身利益最大化。① 从行为人角度看，其会通过比较为降低损害而投入的成本与赔偿受害人所需的成本，从而决定低成本的行为方式。而从受害人角度看，其会考虑索赔所需要的成本和索赔成功所获得的收益，从而决定是否索赔。由此，实践中便会出现这样的情况：在某些法律制度不完备的领域，外部成本无法内部化时，行为人就会选择低成本但高致损的行为方式。因为此时法律体系不完备，会出现受害人主张权利受挫、赔偿无法充分获得、维权成本②过高等情形，最终导致仅部分受害人成功索赔。此即履行差错。

由此可见，履行差错必然导致补偿性赔偿的不足。事实上，二者是从不同角度（前者是从人数角度，后者是从赔偿数额角度）对填平原则的观察。履行差错 e=获赔偿受害人/全部受害人=获赔偿受害人实际获得的赔偿金额/全部受害人应当获得的赔偿金额。

举例以说明，假设行为 A 若投入 9000 元风险成本，则不会对外产生损害；行为 B 若投入 0 元风险成本，则会造成 10 人受损，应当赔偿每个受害人 1000 元，共计 10000 元。依是否具有完备的损害赔偿法律体系不同，会出现履行差错存在和不存在的两种情形，且理性行为人在这两种情形中的行为选择不同，见表 1：

表 1　不同情形下行为人的选择表

情形	选择行为 A 的成本（元）	选择行为 B 的成本（元）	生产商的最终选择	补偿性赔偿是否充分
情形一：具有完备的损害赔偿法律体系时，全部受害人均得顺利索赔（此时不存在履行差错）	9000	10×1000=10000	A	是

① 参见汤自军：《法经济学基础理论研究》，西南交通大学出版社 2017 年版，第 26 页。
② 此处成本不仅仅指金钱成本，还包括时间、精力等成本。

续表

情形	选择行为 A 的成本（元）	选择行为 B 的成本（元）	生产商的最终选择	补偿性赔偿是否充分
情形二：不具有完备的损害赔偿法律体系时，设仅 5 个受害人顺利索赔，此时履行差错 e = 5/10 = 1/2	9000	5×1000 = 5000	B	否

根据理性选择理论，在情形一中，生产商最终会选择行为 A，而情形二中生产商会选择行为 B。以下重在讨论情形二中法律体系不完备情况下，如何解决履行差错的问题，也即探究使补偿性赔偿尽可能充分的方式，从而平衡行为人和多数受害人之间的利益。

（二）履行差错利益归属的落实方案

如上所述，履行差错导致补偿性赔偿背离民事赔偿的基本原则——填平原则。如何解决补偿性赔偿不足从而达到损害充分填平的最佳状态？履行差错属于一种客观事实，而法律作为利益调控机制，无法对之进行直接调整。欲对之进行调控，则需将履行差错经由履行差错利益而转化至法律调整范围之中，并通过法律制度对该部分利益归属及落实进行合理安排，从而实现对履行差错问题的合理解决。换言之，法律视角下，履行差错问题本质上是“履行差错利益”的归属和落实问题。“履行差错利益”是指，全部受害人所获得的完全赔偿与存在履行差错的情况下部分受害人获得的补偿性赔偿之差的这部分利益，此即损害未被填平的部分。在上述案例中的履行差错利益 = 10000 - 5000 = 5000 元。

针对履行差错利益归属的落实方案，现有规范中已然存在着较为完善的制度安排。接下来，本文将以履行差错利益归属主体为线索，对各方案进行明晰。在受害人为多数的侵权案件中，存在全部受害人和行为人两方主体。其中，受害人一方又可以依据是否顺利索赔分为顺利索赔的部分受害人和未顺利索赔的部分受害人。全部受害人、顺利索赔的部分受害人、行为人作为可以获得履行差错利益的主体又可以分别对应现行规范中 4 种履行差错利益归属的落实方案，具体见图 1。

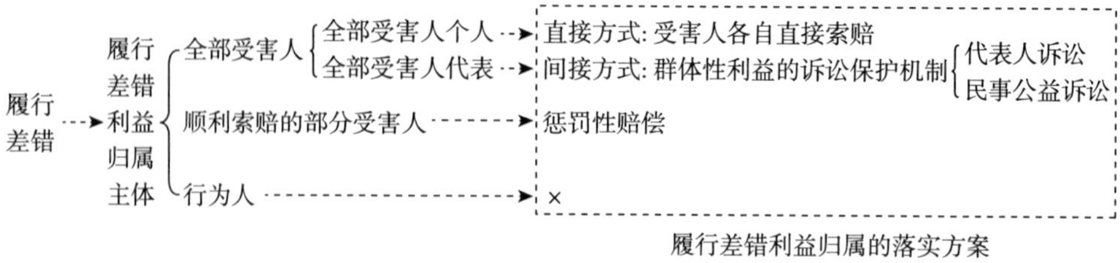

图 1　履行差错利益归属的四种落实方案图

1. 归属于全部受害人时的落实方案

让全部受害人获得索赔有直接、间接两种方式，分别对应受害人直接索赔、代表人诉讼以及民事公益诉讼三种方案。

第一，全部受害人各自行权直接获赔的方式对应“受害人直接索赔”方案。这种直接索赔方式是使每个受害人均独立且直接地向行为人索赔，以获得充分的补偿性赔偿，最终实现损害的填平。此方案使多数受害人各自得其应得，最为公平，遂为首选方式。

不过，顺利实现直接索赔是有一定前提的：损害赔偿法律体系足够完善且运行良好。但此前提并非十分容易满足，理由在于：其一，客观上社会生活的易变性必然导致法律的滞后性，此情形不可避免。正如法谚有言，法律一经制定，便已然落后。此外，法律制度的修改和完善是一个循序渐进的过程，无法一蹴而就。其二，主观上人的认识能力的有限性必将导致认识滞后和判断滞后，① 全部受害人不可能均得对其损害主张赔偿。因此，直接索赔方式虽为首选方式，但并非任何损失都可以通过该方式予以填平。尤其在公益损害、小额分散性损害②案件中，受害人通常为不特定多数人或遭受的利益损害潜在且轻微，部分受害人未意识到损害或法律规则不甚完善导致仅部分受害人顺利索赔，

---

① 参见顾爱平、王琪生：《法律手段的局限性及弥补途径》，载《法学杂志》1992 年第 4 期，第 14—15 页。

② 群体性救济方式的损害包括公益损害、小额分散性损害、大规模损害三种类型。公益损害指向的公益不属于一般财产权制度中的利益；小额分散性损害指一个违法行为导致大量的个人损害，但是单个受害人所遭受的损害轻微；大规模侵害则受害人数量众多，单个损害的数额较大。其中，因公益损害不归属于特定人以及小额分散性损害中基于个人诉讼成本的考虑，二者均不宜由个人直接提起诉讼主张损害赔偿。参见吴泽勇：《群体性纠纷解决机制的建构原理》，载《法学家》2010 年第 5 期，第 81—101 页；吴逸越：《德国示范确认之诉及其对我国消费民事公益诉讼的镜鉴》，载《德国研究》2020 年第 2 期，第 101 页。

最终都会造成履行差错尤为突出。而此时就需要另谋他路。

第二，通过群体性利益的诉讼保护机制间接索赔对应代表人诉讼、民事公益诉讼两种方案。这种间接索赔方式是将全部受害人作为一个利益整体，通过群体性利益保护的诉讼形态，使得全部受害人间接获得赔偿的方式，其适用应次于直接索赔方式。在我国民事领域，群体性利益保护机制包括代表人诉讼、民事公益诉讼。①

对于代表人诉讼，其以共同诉讼为基础，在吸收诉讼代理制度机能的基础上，② 将众多当事人的利益简单相加，维护特定人之“私益集合”③，从而为当事人提供了高效率、低成本的司法救济方式。根据《民事诉讼法》第56、57条，代表人诉讼可分为人数确定的代表人诉讼和人数不确定的代表人诉讼。应注意的是，此分类是根据起诉时原告人数是否确定进行的划分，而非受害人的人数是否特定。换言之，代表人诉讼无论起诉时人数是否确定，最终都是针对特定人权益受损的一种救济方式，只能对有限个人进行赔偿。④ 在受害人为不特定多数人或受损利益为公益时，此方案难以施行。

民事公益诉讼是在无法通过直接关系主体提起诉讼的情形下，允许法定的国家机关或组织聚合不特定多数受害人的赔偿请求并起诉，以实现不特定多数人之公共利益充分赔偿的救济方式。⑤ 应注意，通过民事公益诉讼填平损失并非任何领域均得适用。理由在于，民事公益诉讼是在“公益”无法排他性地归

---

① 从比较法视野看，群体性利益保护的诉讼形态还包括以美国为代表的的集团诉讼（class action）和公民诉讼（citizen suits）、以德国为代表的团体诉讼（verbandsklage）和示范性诉讼（model case）、以日本为代表的选定当事人制度、欧洲一些国家的示范诉讼等，但这些机制因短期无法引入我国或难以法律移植等原因，暂不讨论。参见郭雪慧：《群体纠纷解决机制的最新发展研究》，载《河北经贸大学学报》2015年第2期，第121—122页；廖斌、郭云忠：《群体诉讼模式研究》，载《西南民族大学学报（人文社科版）》2005年第2期，第43页。

② 参见张卫平：《民事诉讼法》（第5版），法律出版社2019年版，第156—157页。

③ 叶勇飞：《论环境民事公益诉讼》，载《中国法学》2004年第5期，第107—113页。

④ 参见郭雪慧：《群体纠纷解决机制的最新发展研究》，载《河北经贸大学学报》2015年第2期，第124页。

⑤ 参见白彦、杨兵：《我国民事公益诉讼的经济分析——基于理性的视角》，载《北京大学学报（哲学社会科学版）》2013年第6期，第108页。

属于特定主体导致启动诉讼的直接关系主体缺失的情况下，而产生的一种特殊的司法救济形式。[①] 换言之，民事公益诉讼主要在受害人为不特定多数人且受损的整体权益具有社会性的情况下适用。

目前，公益诉讼适用领域主要包括生态环境、消费者权益、食品安全、产品质量、个人信息、英烈人格利益、众多妇女权益以及未成年人保护等领域。[②] 其中，食品安全和产品质量属于消费者权益保护的范畴，未成年人保护则需要根据公益类型援引相关法律规定。因此，可将公益诉讼归纳为生态环境、消费者权益、个人信息、英烈人格利益以及众多妇女权益五类。

2. 归属于顺利索赔的部分受害人时的落实方案

将履行差错利益分配给顺利索赔的部分受害人的做法，对应惩罚性赔偿方案。通过前文对惩罚性赔偿的法经济学分析，便容易理解为何将履行差错利益归属于顺利索赔的部分受害人对应惩罚性赔偿方案。概言之，以法经济学视角洞悉惩罚性赔偿，其使得部分受害人获得全部受害人之损害赔偿。这虽然从微观上看似是某一受害人超额获赔，但在宏观上乃是填平了社会性损害。

惩罚性赔偿的适用前提是严格的：履行差错尤为突出导致补偿性赔偿严重不足。[③] 尤需注意，程度要求——“尤为突出、严重不足”。因为损害赔偿额总是与实际损失存在一定差异，尤其在受损权益无市场定价的情况下，损害赔偿的计算不可能完全精确。倘若不考虑履行差错的程度而认为一旦存在履行差错就可适用惩罚性赔偿，必将导致惩罚性赔偿适用的泛化。目前，惩罚性赔偿仅在环境污染、知识产权侵权、产品责任、食品安全、消费者权益保护、侵犯商业秘密等领域适用。[④]

---

① 参见张卫平：《民事公益诉讼原则的制度化及实施研究》，载《清华法学》2013 年第 4 期，第 8—10 页。

② 《民事诉讼法》第 58 条、《最高人民法院关于审理食品药品纠纷案件适用法律若干问题的规定》第 17 条和《最高人民法院关于审理食品安全民事纠纷案件适用法律若干问题的解释（一）》第 13 条、《最高人民法院关于审理消费民事公益诉讼案件适用法律若干问题的解释》（2020 年修正）第 2 条、《个人信息保护法》第 70 条、《英雄烈士保护法》第 25 条、《妇女权益保障法》（2022 年修正）第 77 条、《未成年人保护法》第 106 条。

③ 参见叶延玺：《惩罚性赔偿制度的缺陷与修复》，载《广西政法管理干部学院学报》2016 年第 6 期，第 52—53、55 页。

④ 参见《民法典》第 1185、1207、1232 条，《食品安全法》第 148 条，《消费者权益保护法》第 55 条，《反不正当竞争法》第 17 条。

3. 归属于行为人

这种情况无对应方案。理由在于，“任何人不得从其不法行为中获益”，行为人不应在侵权行为中还存有获益空间。让行为人享有履行差错利益严重背离公平原则，也与公民朴素法感情完全相悖，此方案应舍弃。

四、功能重叠性、威慑重复性和适用顺位性决定宜采分立说

（一）功能重叠性：二者均为履行差错利益归属的落实方案

由上述推论可知，民事公益诉讼和惩罚性赔偿的逻辑起点均为“履行差错利益归属”，二者是落实履行差错利益归属的两种方案，功能重叠，只是作用机理不同。

1. 民事公益诉讼的作用机理

民事公益诉讼借助“公益”对履行差错利益直接囊括，并通过民事公益诉讼原告之程序安排，分实体和程序两步走，得以落实履行差错利益的现实归属。第一步，民事公益诉讼通过引入“公益”并借之对不特定多数人共同利益的涵摄，从实体上囊括了因个体参与不足以及附加利益无人主张所造成的履行差错利益。详言之，在公共利益被侵害导致不特定多数人受损的情况下，若无“公益”这一抽象概念，此时的履行差错是极大的。一是因为不特定多数人只得基于自身私益受损而各自独立地请求赔偿，所以就可能存在甚至可以说必然存在个体参与不足的情况；① 二是因为不特定多数人之私益的有机结合会产生一个利益附加值，② 此附加利益无人主张。如何克服公共利益受损时产生的履行差错，就是要寻得一抽象概念或理论方法，要求其能够对全部的不特定多数人的利益以及由此产生的附加利益进行全面地整合性考量。民事公益诉讼之“公

① 参见钱玉文、骆福林：《消费者权如何救济——以“消费者协会+公益诉讼”为建构思路》，载《河北法学》2011 年第 11 期，第 92 页。

② 参见徐吉平、黄鹂：《诉讼效益实现新论——对现代型民事诉讼的法经济学观察》，载《内蒙古社会科学（汉文版）》2014 年第 6 期，第 92 页。

益”正具有此功能。一方面，公益以不特定多数人的私益为起点，① 统筹考虑全部的不特定多数人之利益；另一方面，公益在不特定多数人私益的基础上进行宏观层面的衡量，是不特定多数人利益有机整合而成的一种“超个体利益”，② 其抽象囊括了私益结合而生之附加利益。由此，“公益”实现了对履行差错利益的抽象囊括。

随之而来的问题是，“公益”需通过公益诉讼程序方能被现实主张，而公益诉讼要求原告特定，③ 但是公益因受益对象的不确定性而无法被归属于特定主体，④ 由此就产生了公益的不特定与公益诉讼原告的特定之间的矛盾。该矛盾的解决关系到落实履行差错利益归属的实体设计能否通过程序安排予以落实。

这就引出民事公益诉讼克服履行差错的第二步：民事公益诉讼基于法定的诉讼担当理论，⑤ 赋予民事公益诉讼原告特定和不特定的双重性质，并以之为中介，调和了上述矛盾。具体来说，民事公益诉讼原告在形式上是特定主体，可作为民事公益诉讼原告主张公益损害；在实质上又代表着不特定多数人的共同利益。也就是说，民事公益诉讼原告虽不是不特定多数人之共同利益的实质主体，但基于其特定性而被安排为形式主体。这种形式主体和实质主体相分离的程序设计，使得民事公益诉讼原告得以替代不特定多数人就公益损害而起诉赔偿。

统而言之，民事公益诉讼通过公益对不特定多数人之共同利益的涵摄，并借助民事公益诉讼原告的双重性质，完成了对履行差错利益归属的实体设计和程序安排，消解了公益受损时由私人单独提出赔偿请求而产生的履行差错。

---

① 参见杨寅：《公共利益的程序主义考量》，载《法学》2004 年第 10 期，第 8—9 页；肖建国：《利益交错中的环境公益诉讼原理》，载《中国人民大学学报》2016 年第 2 期，第 15 页。

② 参见周翠：《民事公益诉讼的功能承担与程序设计》，载《北方法学》2014 年第 5 期，第 92 页。

③ 参见解志勇：《论公益诉讼》，载《行政法学研究》2002 年第 2 期，第 40—41 页。

④ 参见陈新民：《德国公法学基础理论》（增订新版上卷），法律出版社 2010 年版，第 231 页。

⑤ 参见朱金高：《民事公益诉讼概念辨析》，载《法学论坛》2017 年第 3 期，第 129—130 页。

2. 惩罚性赔偿的作用机理

惩罚性赔偿落实履行差错利益归属机理在于：立足于充分填补全部受害人之损害，先通过履行差错计算出履行差错利益，该部分利益对应的赔偿即体现为惩罚性赔偿金，再将该赔偿金归属于顺利索赔的部分受害人，最终实现履行差错利益的数额确定和合理归属。这一过程的法经济学表达即为，通过惩罚性赔偿金，让顺利索赔的部分受害人享有履行差错利益，使行为人将其对不特定多数人造成的外部成本全部内部化,[①] 以实现社会性损害的填平。

依前文分析，在法经济学视角下，完全填补损害的赔偿数额 T = 索赔人数 p×单个受害人索赔数额 m。

在具体案件中，T 值理论上是一定的。

当实际索赔人数 p_1 小于全部受害人人数 p_2 时，可计算履行差错 e，$e=p_1/p_2$。

又因 $p_1<p_2$，为保持 p×m 达到定值 T，则 m 应增大相应倍数 p_2/p_1，这个倍数就是惩罚性赔偿倍数。又因 $p_2/p_1=1/e$，因此惩罚性赔偿倍数 = 履行差错的倒数。

此时，单个受害人获得的赔偿额为 m×1/e。从该单个受害人角度看，m×1/e 大于其自身损害对应的赔偿，超出部分即为惩罚性赔偿金。从整体受害人角度看，m×1/e 囊括了履行差错利益，使单个受害人获得了全部受害人的损害赔偿而让加害人无利可得。

综上可知，民事公益诉讼和惩罚性赔偿功能重叠，二者均得独立地、充分地补偿所有受害人之损害，落实履行差错利益的合理归属。民事公益诉讼本质上是从人数上着手，尽可能囊括全部受害人的数量从而充分计算外部成本，体现为通过程序优势聚合分散性、潜在性损害；惩罚性赔偿本质上是从数额上着手，增大实际赔偿额从而使行为人外部成本全部内部化，体现为通过惩罚性赔偿倍数将潜在损害的赔偿聚合于部分受害人。[②] 当惩罚性赔偿所服务的功能由

---

① 参见 Myriam Gilles，Gary B. Friedman，*Exploding the Class Action Agency Costs Myth*：*The Social Utility of Entrepreneurial Lawyers*，University of Pennsylvania Law Review，156 (2006)。

② 参见杜乐其：《消费公益诉讼惩罚性赔偿解释论》，载《南京大学学报（哲学·人文科学·社会科学）》2022 年第 1 期，第 129—130 页。

民事公益诉讼充分实现时，惩罚性损害赔偿便是一种不必要的、毫无根据的（unnecessary and unwarranted）措施。[①] 换言之，民事公益诉讼中不应当再评估惩罚性赔偿，否则将导致重复赔偿。因此，二者应保持独立，无融合之必要。而司法立足于惩罚性赔偿的惩罚功能，认可惩罚性赔偿在环境民事公益诉讼和食品安全民事公益诉讼中的适用，与理论相悖，做法不当。

此外应注意的是，针对“是否重复赔偿”问题，有些学者的论证值得商榷。第一，有学者在证成分立说或融合说时，常以公益诉讼惩罚性赔偿与私益诉讼惩罚性赔偿是否重复、惩罚性赔偿与行政罚款是否重复作为论据。[②] 如此，重复对象的选择是存在偏差的。因为对民事公益诉讼是否适用惩罚性赔偿这一问题的讨论，出发点应放在民事公益诉讼和惩罚性赔偿本身，并由此进行数额上是否重复的考虑。换言之，重复性的最根本的体现是民事公益诉讼和惩罚性赔偿之间的重复，而对于是否与私益诉讼惩罚性赔偿、行政罚款重复的论证，仅是对结论的合理性进行加成，而非重复性体现的重心所在。第二，忽视民事公益诉讼克服履行差错的功能。若仅考虑惩罚性赔偿能够解决履行差错问题，而未考虑民事公益诉讼也是解决该问题的手段，则会当然地认为两种制度可以融合，由此势必造成对受害人重复赔偿、增大行为人负担的消极后果。

（二）威慑重复性：二者融合导致威慑过度

威慑功能是由克服履行差错这一功能决定的，换言之，威慑功能实际上就是要求将履行差错利益归属于受害人一方[③]，而不是行为人。

威慑功能可分为威慑不足、最优威慑、威慑过度三种水平。显然，民事公益诉讼和惩罚性赔偿追求的是最优威慑。那么二者如何实现最优威慑？衡

---

① 参见 Mark Donald Peters, *Punitive Damages, the Common Question Class Action, and the Concept of Overkill*, 13 Pacific Law Journal 1280, 1298-1299 (1982)。集团诉讼和公益诉讼虽分属不同法系，存在一定区别，但二者在功能和作用机理上具有共通性，因此此处对集体诉讼的表述可以适用于公益诉讼中。

② 相关文献如王树义、龚雄艳：《环境侵权惩罚性赔偿争议问题研究》，载《河北法学》2021 年第 10 期，第 83—84 页；杨会新：《公益诉讼惩罚性赔偿问题研究》，载《比较法研究》2021 年第 4 期，第 115—127 页。

③ “受害人一方”不仅包括通过惩罚性赔偿而获得履行差错利益的部分受害人，还包括公益诉讼起诉人，因为此时公益诉讼起诉人实际上是强制代表了全部受害人的利益。

量威慑水平的最佳指数是赔偿额 C，即赔偿额越大，威慑力度相应越大。[①] 同时，威慑水平取决于制裁概率 F（fequency）、制裁严厉性 S（severity），且 F、S 呈负相关，由此得：C=F×S［（1）式］。[②] 此外，在民事领域中，最优威慑的实现需要满足：侵权行为社会成本完全内部化，即，需要在克服履行差错基础上，使得加害人完全赔偿全部受害人的损失，此时赔偿额 C=损害额 D［（2）式］。[③] 根据（1）（2）式，当 D=C=F×S 时，达到威慑最优。在某一具体侵权行为背景下，损害额一定，此时民事公益诉讼和惩罚性赔偿都能够独立地通过自身的制度设计来调整 F、S，从而使赔偿额达到损害额。具体而言，前者能够增大 F 使之接近 1，属于高制裁概率+低严厉性的组合；后者是在 F<1 的情况下能够增大 S，属于低制裁概率+高严厉性的组合，两种方式最终都能实现最优威慑。

有学者可能认为，从严惩行为人的角度看，民事公益诉讼和惩罚性赔偿融合适用所产生的最大威慑（威慑过度的一种）相较于最优威慑而言，将是更好的选择。该观点的疏漏在于仅站在受害人的立场进行单向度思考，认为最大威慑能够加大对受害人权益的保护，却忽略了对行为人正当利益的保护。正确的做法是，从行为人和受害人两个角度进行双向度思考从而找到平衡点，这个平衡点就是最优威慑。若不及这个点，就是对受害人权益的保护不力；超过这个点，就是对行为人的侵害，侵害的是行为人对其某一侵权行为应当承担的责任范围之外的财产权益。此外，从法经济学角度看，最大威慑会施以行为人过度的注意义务从而减损社会效益，这是不经济的。

综上可知，民事公益诉讼和惩罚性赔偿都能够独立地实现最优威慑，反之，二者融合适用会导致双重威慑、最大威慑，此时 C>D，属于威慑过度，所以二者宜分立运行。

---

① 参见 Kenneth W. Dam, *Class Actions: Efficiency, Compensation, Deterrence, and Conflict of Interest*, 4 The Journal of Legal Studies, 56（1975）。

② 参见［美］理查德·A. 斯纳：《法律的经济分析（上）》，蒋兆康译，中国大百科全书出版社 1997 年版，第 22、139 页。

③ 参见杜乐其：《消费公益诉讼惩罚性赔偿解释论》，载《南京大学学报（哲学·人文科学·社会科学）》2022 年第 1 期，第 130 页；陈屹立：《惩罚性赔偿的根据与适用：法经济学观点》，载《思想战线》2007 年第 2 期，第 68 页。

（三）适用顺位性：民事公益诉讼优先于惩罚性赔偿适用

解决履行差错利益归属的四个方案存在适用的顺位性，即在满足适用条件的前提下，原则上应当按照“直接索赔→间接索赔（代表人诉讼/公益诉讼）→惩罚性赔偿”的顺序适用。

首要理由在于，在同时符合多种方案适用条件的情况下，前顺位方案更加符合公平原则，遂应优先选择。具体而言，第一，直接索赔相比间接索赔方式以及惩罚性赔偿方式，更加符合“谁受损谁索赔”的一般赔偿逻辑，直接索赔是让受害人直接向行为人索赔，而间接索赔是通过一个中间节点（诉讼代表人、公益诉讼起诉人）进行的，惩罚性赔偿则是通过顺利索赔的部分受害人对全体受害人之替代进行的，后两种方式均非由全部受害人直接起诉而索赔。第二，惩罚性赔偿体现的公平程度不及间接索赔方式。间接索赔方式虽然以诉讼代表人、公益诉讼起诉人为中间节点，但其最终将履行差错利益归属给了全部受害人——诉讼代表人不仅维护自身利益，亦维护全体当事人利益，其行为效力及于全体当事人；公益诉讼起诉人胜诉获得的赔偿最终用于公益，以此反馈给全部受害人。而惩罚性赔偿公平程度不及于此，其虽然从整体意义上是填补损害，但对顺利索赔的单个受害人而言，其又突破了填平原则，使得单个受害人所得超越其应得，此构成不当得利。

此外，从间接索赔方式之民事公益诉讼与惩罚性赔偿局部来看，前者更具优势。首先，从社会效益角度，民事公益诉讼具有“正外部经济效益”①。而惩罚性赔偿却利弊参半，甚至出现“公平悖论”②，即，惩罚性赔偿使得部分受害人（而非行为人，也非全部受害人）获得履行差错利益，此方案具有两面性：从行为人和全部受害人角度看，此确能够使不法行为无利可图，实乃合理；但从获得惩罚性赔偿的部分受害人和未获得任何赔偿的另一部分受害人角度看，前者会不当得利，后者损失却未得实际弥补，此又不尽合理。当然，部分受害人不当得利的问题是惩罚性赔偿制度的必然结果，不能因此仅以单向度思维否

---

① 徐吉平、黄鹂：《诉讼效益实现新论——对现代型民事诉讼的法经济学观察》，载《内蒙古社会科学（汉文版）》2014 年第 6 期，第 91—92 页。

② 邓成明、阳建勋：《无形损失、履行差错与十倍赔偿——对〈食品安全法〉第 96 条第 2 款的法经济分析》，载《广州大学学报（社会科学版）》2009 年第 9 期，第 18 页。

认惩罚性赔偿存在的合理性，而不顾及其在填平损害中的积极意义，但仍可看出该制度损益兼具的特质。因此，相较于利弊参半的惩罚性赔偿，具有正外部经济效益的民事公益诉讼更具优势，宜优先于惩罚性赔偿适用。其次，从潜在风险角度来看，惩罚性赔偿还可能产生“过量击杀（overkill）”① 的副作用，即，当同一不法行为所对应的多个受害人均提出惩罚性赔偿请求，且均符合惩罚性赔偿条件时，惩罚性赔偿的多次适用必将导致赔偿过度。换言之，现行法并未对惩罚性赔偿的重复适用进行规制，这将对行为人产生潜在侵害。而对于重复提起民事公益诉讼的，现行法规定“法院依法不予受理”，② 这就避免了对侵权人的重复索赔。所以，以惩罚性赔偿的方式克服履行差错实属下策，其次之于民事公益诉讼适用。

综上所述，民事公益诉讼和惩罚性赔偿均可独立且合理地确定并落实履行差错利益归属；并且，二者均使得履行差错利益归属于受害人群体而非行为人，可实现对行为人的最佳威慑并防止过度威慑。同时，民事公益诉讼较之于惩罚性赔偿更具优势，宜优先适用。二者具有功能重叠性、威慑重复性和适用顺位性，宜分立运行。

五、分立运行视域下民事公益诉讼和惩罚性赔偿的修正

（一）民事公益诉讼赔偿额之确定的审视

1. 引入民事公益诉讼损害赔偿参数 n

在民事公益诉讼中引入损害赔偿参数 n，修正实践中以经营者违法所得等同于全部受害人的损害赔偿的做法，以下详述。

五类民事公益诉讼中，消费者权益、生态环境、个人信息是现今问题较为突出的领域。其中，对于生态环境民事公益诉讼损害赔偿的计算，《环境损害鉴

① 参见 Mark Donald Peters, *Punitive Damages, the Common Question Class Action, and the Concept of Overkill*, 13 Pacific Law Journal 1280, 1280-1281（1982）。

② 《最高人民法院关于适用〈中华人民共和国民事诉讼法〉的解释（2022 年修正）》第 247 条第 2 款；《最高人民法院关于审理消费民事公益诉讼案件适用法律若干问题的解释（2020 年修正）》第 15 条。

定评估推荐方法（第Ⅱ版）》《生态环境损害鉴定评估技术指南》已经进行了科学、细致的规定。① 此外，因个人信息保护存在“消费者化”倾向，② 所以对个人信息民事公益诉讼损害赔偿的计算也存在类似消费民事公益诉讼损害赔偿的计算的因素——通过“经营者违法所得”来计算损害赔偿。比如，有学者认为可以根据经营者违法所得和受侵害的信息主体人数等进行计算；也有学者认为可以参照私益诉讼的规定来计算，③ 即根据《民法典》第1182条、《个人信息保护法》第69条先通过“被侵权人因此受到的损失或者侵权人因此获得的利益（也即经营者违法所得）”进行计算。因此，这里着重讨论消费民事公益诉讼损害赔偿的计算。

在消费民事公益诉讼中，直接对每个受害人的损害进行单独衡量，之后将所有受害人之损害进行抽象整合，从而计算损害赔偿数额，这是对民事公益诉讼损害赔偿计算最准确的做法。④ 但这却十分困难，一方面，由于受害人人数众多且不特定、损害不具有个体敏感性、⑤ 各受害人受损程度具有差异等原因，将单个受害人之损害进行加和的做法缺乏效率，也不现实；另一方面，单个损害的简单相加并不就直接等同于公益损害，公益损害需将众多的单个损害进行整体抽象⑥，并考虑由此产生的附加利益。

因此，实践中转而采用代性计算方式，即通过计算经营者违法所得来确定

---

① 参见陈伟：《生态环境损害额的司法确定》，载《清华法学》2021年第2期，第52—70页；刘静：《生态环境损害赔偿诉讼中的损害认定及量化》，载《法学评论》2020年第4期，第156—157页；赵海兰：《生态系统服务分类与价值评估研究进展》，载《生态经济》2015年第8期，第30页；武立磊：《生态系统服务功能经济价值评价研究综述》，载《林业经济》2007年第3期，第45页。

② 参见张陈果：《个人信息保护民事公益诉讼的程序逻辑与规范解释——兼论个人信息保护的“消费者化”》，载《国家检察官学院学报》2021年第6期，第72—84页。

③ 参见张建文：《个人信息保护民事公益诉讼的规范解读与司法实践》，载《郑州大学学报（哲学社会科学版）》2022年第3期，第32、34页；王杏飞、陈娟：《个人信息检察公益诉讼重大理论与实务问题研究》，载《广西社会科学》2022年第2期，第31页。

④ 参见范愉：《集团诉讼问题研究》，北京大学出版社2005年版，第80—81、103页。

⑤ 不具有个体敏感性指当侵害行为发生时，其侵害事实不易被个体察觉。参见王双国：《公益损害鉴定三大难点亟待破除》，载《检察日报》2020年11月5日，第7版。

⑥ 参见沈冠伶：《诉讼权保障与裁判外纠纷处理》，台北，元照出版有限公司2006年版，第183页。

损害赔偿额。[①] 在中国裁判文书网以“全文：消费公益诉讼；案由：民事案由；案件类型：民事案件”三个条件进行检索，截至2023年3月12日，共出现9份判决。排除2份非民事公益诉讼案件后的7份判决中，[②] 均以经营者违法所得为损害赔偿额。然而，直接以经营者违法所得作为损害赔偿额的做法并未充分计算全部受害人之损害，所以法院均采取了惩罚性赔偿措施对此进行填补，这也与融合说赞同民事公益诉讼中适用惩罚性赔偿的部分理由一致。但这种措施并未对症下药。详言之，确保全部受害人之损害赔偿的正确计算本就是民事公益诉讼的任务之一，在其未完成该任务时，不应直接引入与其同功能的惩罚性赔偿从而机械地增加最终赔偿数额，而是应当去找寻民事公益诉讼自身的问题并对之完善——经营者违法所得无法囊括全部受害人之损害赔偿，需对该替代性计算方式进行修正。[③]

如何修正？应引入赔偿参数n，以明确经营者违法所得与全部受害人之损害赔偿的比例或其他数量关系，而不是直接将经营者违法所得等于全部受害人应得的损害赔偿。应注意的是，第一，经营者违法所得与全部受害人之损害赔偿的数量关系不一定是比例关系，也可能是幂指数等非线性或其他更为复杂的数量关系，这需要通过大量实证分析，并借助数学经济学等领域的知识进行建模计算。第二，即使经营者违法所得与全部受害人之损害赔偿的数量关系是比例关系，也应明确的是，二者之比例不应被固化为1。参数n的引入有助于推动提升民事公益诉讼损害赔偿的计算精度，修正实践中将经营者违法所得与全

---

① 参见姚敏：《消费民事公益诉讼请求的类型化分析》，载《国家检察官学院学报》2019年第3期，第156页；李友根：《论消费者协会公益诉讼的损害赔偿请求权——对最高人民法院司法解释立场的商榷》，载《政治与法律》2017年第9期，第10页。

② 参见浙江省丽水市中级人民法院民事判决书，(2019) 浙11民初字第55号；安徽省滁州市中级人民法院民事判决书，(2021) 皖11民终字第20号；浙江省丽水市中级人民法院民事判决书，(2020) 浙11民初字第71号；安徽省天长市人民法院民事判决书，(2020) 皖1181民初字第2666号；淮南市八公山区人民法院民事判决书，(2020) 皖0405民初字第1号；杭州互联网法院民事判决书，(2020) 浙0192民初字第1147号；杭州互联网法院民事判决书，(2019) 浙0192民初字第5464号。

③ 这就类似，在做数学计算题 $3+2\times2=?$ 时，若将原式等于 $5\times2=10$，这就是过程计算错误导致结果错误。那么修正方式应该是对计算过程进行检查并得出正确结果，即将原式转换成 $3+4=7$，而不是直接在错误结果上进行调整，即不是将错误结果 $10-3$ 从而得出7。

部受害人之损害赔偿之间的比例固定为 1 的惯常做法。

2. 严格区分赔偿参数 n 与惩罚性赔偿倍数

有人会有疑问，赔偿参数和惩罚性赔偿倍数有何区别呢？赔偿参数和惩罚性赔偿倍数虽然都是在一个初始赔偿数值上再乘以一定倍数从而确定最终赔偿，但二者内涵极其不同。

赔偿参数 n 是基于消费民事公益诉讼实践中难以直接计算损害赔偿，而以“经营者违法所得”代替全部受害人实际损失，由此导致的损害赔偿计算错误问题而引入的一个参数，用以表示全部受害人的损害赔偿与经营者违法所得之间的数量关系。换言之，赔偿参数 n 是在现阶段存在鉴定技术局限、认知局限而未采取损害赔偿的直接计算方式的背景下，基于“经营者违法所得”这种替代性计算方式的错误的产物，具有适用的阶段性。倘若在电子模拟技术达到更高层次、公益损害鉴定能力提升，或者找寻到“经营者违法所得”之外的其他更为准确的替代方式计算公益损害赔偿时，那么此时赔偿参数 n 将不再具有使用价值。

而惩罚性赔偿倍数是为解决履行差错利益归属的产物，即在特定领域的私益诉讼中，全部受害人中只有少数受害人提出损害赔偿时，基于公平原则，考虑到没有起诉那部分受害人的损害赔偿利益不能让行为人获得，从而通过惩罚性赔偿倍数让起诉的受害人获得。在这样的情况下，就该起诉的受害人而言，其自身之损害的赔偿计算是根据私益诉讼的法律规定进行了准确地计算。此外，惩罚性赔偿倍数具有适用的持久性，因为只有部分受害人提出损害赔偿的情况是客观存在的，甚至说无论社会怎样发展、损害鉴定技术多么高超、计算方法多么完善，都会出现履行差错的情况，那么惩罚性赔偿倍数就有适用空间。

简言之，赔偿参数 n 不同于惩罚性赔偿倍数，前者基于“经营者违法所得”替代性计算造成的错误而产生，由于这种错误会随着技术认知发展或另寻替代方法而解决，因此赔偿参数 n 具有适用的阶段性。① 后者则与履行差错利益的归属问题密切相关，由于损害赔偿的计算本身是准确的，且履行差错客观存在，因此惩罚性赔偿倍数具有适用的持久性。

---

① 虽然“经营者违法所得”的替代性计算方式会造成损害赔偿的计算错误，但是这也是目前最方便、可操作的方式。赔偿参数 n 正是在正视其积极意义，又直面其缺陷而提出的。

（二）惩罚性赔偿的修正

1. 摒弃惩罚性赔偿额的“有数额限制模式”

根据法律规范是否对惩罚性赔偿额设置上下限，可分为有数额限制模式、无数额限制模式。我国消费者权益保护法、食品安全法、商标法、劳动合同法、旅游法等法律及相关司法解释大多采用数额限制模式，对惩罚性赔偿倍数设上限或上下限。这是否合理？

设置惩罚性赔偿上限的最初目的是防止权力滥用，[①] 但是上限又阻碍了惩罚性赔偿功能的发挥——上限的设置可能会造成履行差错计算不足最终导致补偿性赔偿不足。这该如何抉择？设置上限是防止权力滥用的途径之一但并非唯一方式。在上限会造成受害人权益救济不足时，应取消上限，另寻解决方式——以履行差错利益为基础，精细化惩罚性赔偿的计算，对不同领域的惩罚性赔偿的基数、倍数的确定制定相应的计算指南。[②]

设置惩罚性赔偿下限能够为原告提供基本预期收益，[③] 但是可能导致受害人超出其损害而获利。基本预期收益应由履行差错决定，若履行差错较小，则对应收益也较少，这本身就符合预期，设置下限实为多此一举，因此不当。值得注意的是，有学者赞同取消上限，但是认为应保留下限以保证惩罚性赔偿的惩罚和威慑功能。该观点有待商榷之处在于：第一，针对惩罚功能，经上述论证，惩罚性赔偿的主要功能应定位为补偿；第二，针对威慑功能，惩罚性赔偿的威慑力度应当与行为的恶劣性相当，也就是说，惩罚性赔偿因根据履行差错进行计算，该是多少就是多少。若在惩罚性赔偿低于下限时却采用下限，则导致威慑过度。

综上，惩罚性赔偿应根据履行差错确定，不应设置最高、最低额限制，以实现对损害的充分填平并防止超额获利。这实际上也和《民法典》的规定

---

① 参见韦明安、梁田：《从〈民法典〉看惩罚性赔偿制度体系的完善》，载《西南民族大学学报（人文社会科学版）》2021年第3期，第100页。

② 比如《环境损害鉴定评估推荐方法（第Ⅱ版）》以及《生态环境损害鉴定评估技术指南》，对环境侵权惩罚性赔偿的计算基数和倍数作了十分细致的规定。

③ 参见周骁然：《论环境民事公益诉讼中惩罚性赔偿制度的构建》，载《中南大学学报（社会科学版）》2018年第2期，第59页。

吻合，民法典涉及惩罚性赔偿的三个条文（第 1185、1207、1232 条）均有“相应的惩罚性赔偿”的表述，根据文义解释可知《民法典》也采无数额限制模式。

2. 引入分立式赔偿制度并设立惩罚性赔偿公益金以弱化不当得利

这是针对顺利索赔的部分受害人而言所提出的修正方式。因为如前文所述，惩罚性赔偿归属于起诉的部分受害人会导致不当得利，这也是惩罚性赔偿备受争议的原因之一。如将惩罚性赔偿归属于潜在受害人之代表——惩罚性赔偿公益金组织，并用于相应公益领域的赔偿和治理，即可回应此争议。

此外应考虑的是，若惩罚性赔偿全部由惩罚性赔偿公益金组织获得，又会使得起诉的受害人并无提出惩罚性赔偿的积极性。因此折中的做法是，引入分立式赔偿制度（split recovery），[①] 让起诉的受害人获得一定比例的惩罚性赔偿，其余的惩罚性赔偿归属于惩罚性赔偿公益金组织。如此便可解决激励不足的问题，也可弱化不当得利。

3. 禁止惩罚性赔偿的重复请求以防止赔偿过度

这是站在行为人角度所提出的修正方式。此处禁止重复请求指的是，针对同一不法行为，不同受害人不可提两次及以上的惩罚性赔偿请求。理由在于，若多个受害人分别提起诉讼，并均请求行为人支付惩罚性赔偿。这样的情况下，若法院均认定请求成立，势必导致赔偿的重复计算，造成赔偿过度，也即对行为人的过量击杀。因此，多数受害人中首个提出惩罚性赔偿请求并获得法院支持后，之后的其他受害人针对同一行为再提出惩罚性赔偿时，即使满足惩罚性赔偿的适用条件，法院也不应支持。这实际上稍许类似诉讼中的重复起诉，只是这是在实体层面上的防止重复，并且这里的重复不限于同一主体。

此外，法院如何知晓针对某一行为的行为人已经施予过惩罚性赔偿呢？可以在惩罚性赔偿公益金组织与法院之间建立信息沟通机制，或者直接将公益金来源对象和缘由进行公开，这也有利于公众监督。

---

① 参见陈越鹏：《论惩罚性赔偿公益基金之构建——以法经济学为前提》，载《广东商学院学报》2011 年第 6 期，第 84—90 页；王泽鉴：《损害赔偿》，北京大学出版社 2017 年版，第 372 页。

（三）修正司法解释等规范对二者并用的规定

1. 并用规范强调问题导向但忽视法理

根据上文推论，民事公益诉讼和惩罚性赔偿宜分立运行，能够充分填补损害，贯彻损害赔偿法的填平原则，同时也能够实现对行为人的最佳威慑。但是，现行司法解释《环境解释》和司法指导性文件《纪要》，以问题为导向而承认民事公益诉讼和惩罚性赔偿的合并适用。最高人民法院在《环境解释》起草的背景和意义中指出，要实行最严格的生态环境保护制度、用最严格制度最严密法治保护生态环境、严惩突出环境违法行为；《纪要》也强调食品安全总体形势依然复杂严峻，惩罚性赔偿是贯彻食品安全“四个最严”要求的重要制度安排。可见，司法是基于侵犯环境公益和食品安全公益行为极为严重这一社会问题，从而认为公益诉讼可适用惩罚性赔偿，但这并不契合填平原则。此外，两个规范的共同点在于均采用“参照适用”的立法技术而并非直接适用，此也暗示了公益诉讼与私益诉讼适用惩罚性赔偿的理由的不同——私益诉讼惩罚性赔偿吻合法理，而公益诉讼惩罚性赔偿是基于现实问题的严峻性但突破法理。

这种对阶段性的紧迫现实问题所采取相应措施的规定可以称为“期间立法”，是针对特殊期间的特殊要求而为之，虽不合法理却可解决现实问题。但是，“事随势迁，而法必变”。随着环境保护力度愈发加大、食品安全监管逐渐严格，一段时间后相关不法行为必将减少，严峻情势将得以缓和，宜适时修正民事公益诉讼惩罚性赔偿的规定。

2. 并用规范有误解“被侵权人”之嫌

目前，仅《环境解释》第 12 条明确规定“国家规定的机关或者法律规定的组织”（即环境民事公益诉讼原告）可以参照适用本解释对惩罚性赔偿的有关规定。又根据该解释第 2 条，环境侵权惩罚性赔偿是以《民法典》第 1232 条为依据。也就是说，按照《环境解释》，环境民事公益诉讼原告可以参照《民法典》第 1232 条主张惩罚性赔偿。

但是，第 1232 条仅规定“被侵权人”有权基于侵权人生态环境侵权行为而主张惩罚性赔偿，这里的“被侵权人”并不包括《环境解释》第 12 条规定的“国家规定的机关或者法律规定的组织”。理由在于，《民法典》整个体系都是在“直接性”的语义下使用“被侵权人”这一术语的。具体来讲，《民法典》

总则部分对其后各分编具统率作用，各分编宜在遵从总则编规定的基础之上进行细化。[①] 该部分第120条总括性地规定了“被侵权人”有权请求侵权人承担侵权责任，该条对《民法典》包括第1232条在内的侵权责任编具有引领效力。而根据全国人大常委会法工委编写的《中华人民共和国民法典释义及适用指南（上）》，“被侵权人指的是侵权行为损害后果的直接承受者”。此外，根据最高人民法院编写的《中华人民共和国民法典总则编理解与适用（下）》，“被侵权人是指侵权行为所直接指向并造成损害的人”。可见，被侵权人宜理解为与侵权行为有直接利害关系的主体，其范围限于私益受害人，[②] 而不宜对之进行扩大解释。并且，基于《民法典》的体系性，该理解应涵摄至《民法典》第1232条。概而言之，第1232条“被侵权人”限于环境私益受害人，而不应扩大至环境民事公益诉讼起诉人，如此理解也与《民法典》体系相契合。因此，《环境解释》将环境民事公益诉讼原告囊括至“被侵权人”的范畴之中，有待商榷。

六、结语

民事公益诉讼是否适用惩罚性赔偿这一问题牵涉环境、食品等诸多领域，也关乎惩罚性赔偿适用范围的趋势变化。在从严打击公益侵权行为的大环境下，过分扩张惩罚性赔偿的适用，使之与民事公益诉讼结合，虽能加大对相关侵权行为的惩治力度，但是其合理性有待商榷。本文以法经济学为视角，首先对惩罚性赔偿的主要功能进行探究，阐明惩罚性赔偿具有“填补社会性损害”之功能。在补偿功能的定位的基础上，从履行差错出发，证成民事公益诉讼和惩罚性赔偿均为履行差错利益归属的落实方案，二者具有功能重叠性、威慑重复性和适用顺位性，遂宜分立运行。基于此，提出应对民事公益诉讼、惩罚性赔偿制度以及二者并用的有关规范进行修正。但是，文章提及的修正方案仅涉及民事公益诉讼和惩罚性赔偿本身，二者分立运行还会产生诸多涟漪效应，包括调

---

① 参见孙宪忠：《中国民法典总则与分则之间的统辖遵从关系》，载《法学研究》2020年第3期，第20—38页。

② 参见陈学敏：《环境侵权损害惩罚性赔偿制度的规制——基于〈民法典〉第1232条的省思》，载《中国政法大学学报》2020年第6期，第60页。

整相关行政处罚力度、厘清《民法典》环境污染和生态破坏责任一章各规范的内部关系等，这些问题还有待进一步论证和诠释，以期构建完善的损害填平体系和针对恶性侵权的威慑体系。

（初审：张喜彪；校对：王伟龙）

人格权侵害禁令程序的规范研析、范式选择与运行规则
——以《民法典》与《民事诉讼法》的协同实施为视角

张喜彪*

摘　要：当前围绕《民法典》第997条存在人格权侵害禁令、人格权侵害禁令请求权、人格权侵害禁令程序以及人格权侵害禁令制度等多个概念。学界对这些概念的混淆使用不仅导致各概念逐渐异化或趋同，也不利于独立人格权侵害禁令程序的构建。《民法典》第997条创设了人格权侵害禁令请求权，赋予了当事人向法院申请人格权侵害禁令的权利，而当事人行使人格权侵害禁令请求权的程序即为人格权侵害禁令程序。人格权侵害禁令程序区别于诉前行为保全，是对人身安全保护令程序的一般化。人格权侵害禁令的程序范式存在着诉讼程序、非讼程序以及新设程序等多种争议。相比之下，非讼程序中的特别程序更符合人格权侵害禁令的制度要求。人格权侵害禁令案件虽具有争讼性与对审性，但法院应当保障人格权侵害禁令作出的时效性。特别程序并非绝对无争讼、无辩论，当事人仍然可以有实质的主张和举证机会，其有限的程序保障足以满足绝大部分人格权侵害禁令案件的争讼性。而针对某些争讼性较强的案件，也完全可以通过法官裁量适用一般民事诉讼原则予以保障。在以特别程序为模板设计人格权侵害禁令的申请、审查和救济程序规则时，应当兼顾效率与最低程序保障。

关键词：人格权侵害禁令程序；禁令请求权；人身安全保护令；特别程序

* 张喜彪，中央财经大学法学院硕士研究生。

一、问题的提出

《民法典》第997条规定了人格权侵害禁令制度。作为人格权编的重要制度创新，该制度横跨民事实体法与程序法两大领域，引发了学者的极大关注。① 不过，从既有研究来看，学界对于人格权侵害禁令这一制度尚未达成共识。究其原因，是各方对于人格权侵害禁令制度的两个基本问题存在分歧：一是人格权侵害禁令的性质定位；二是人格权侵害禁令的程序实现。在人格权侵害禁令的性质定位问题上，一部分学者认为《民法典》第997条创设了一种新型人格权请求权，由此主张人格权侵害禁令的性质应当主要指向人格权侵害禁令请求权（即认为人格权侵害禁令等于人格权侵害禁令请求权）；② 另一部分学者认为《民法典》第997条所创设的并非一种新型人格权请求权，而仅是一种人格权请求权实现程序。由此主张人格权侵害禁令的性质应当主要指向人格权请求权的实现程序，而非人格权请求权本身（即认为人格权侵害禁令等于人格权侵害禁令程序）。③ 在人格权侵害禁令的程序实现问题上，有的学者主张人格权侵害禁令应当适用非讼程序；④ 有的学者则主张人格权侵害禁令应当适用行为保全程

---

① 参见王利明：《论侵害人格权的诉前禁令制度》，载《财经法学》2019年第4期，第3页；程啸：《论我国民法典中的人格权禁令制度》，载《比较法研究》2021年第3期，第138页；郭小冬：《人格权禁令的基本原理与程序法落实》，载《法律科学》2021年第2期，第145页；吴英姿：《人格权禁令程序研究》，载《法律科学》2021年第2期，第133页。

② 参见毕潇潇：《人格权侵害禁令研究——实体与程序的双重视角》，载《东方法学》2022年第3期，第173页；张素华：《论人格权禁令的性质及司法适用》，载《比较法研究》2021年第6期，第77页；张红：《论〈民法典〉之人格权请求权体系》，载《广东社会科学》2021年第3期，第235页。

③ 参见朱晓峰：《〈民法典〉人格权禁令规范适用论》，载《中国政法大学学报》2022年第3期，第145页；程啸：《论我国民法典中的人格权禁令制度》，载《比较法研究》2021年第3期，第138页；徐伟：《〈民法典〉人格权侵害禁令的法律适用》，载《法制与社会发展》2021年第6期，第200页。

④ 参见朱晓峰：《〈民法典〉人格权禁令规范适用论》，载《中国政法大学学报》2022年第3期，第145页；程啸：《论我国民法典中的人格权禁令制度》，载《比较法研究》2021年第3期，第138页；朱虎：《人格权侵害禁令的程序实现》，载《现代法学》2022年第1期，第173页。

序；[1]有的学者主张人格权侵害禁令应当交错适用诉讼程序与非讼程序；[2] 有的学者则主张应当为人格权侵害禁令设置一种准诉讼程序；[3] 还有的学者主张应当为人格权侵害禁令专门设置一种速裁性特别救济程序或速裁程序；[4] 更有学者主张应当在民事诉讼法体系中设置一种独立禁令程序来专门处理人格权侵害禁令案件。[5]

上述两个基本问题的逻辑联系是紧密的，对人格权侵害禁令性质的厘清是人格权侵害禁令程序范式与程序规则建构的逻辑前提。人格权侵害禁令究竟仅是一种由法院发出的客观存在的“令牌”还是一种实体请求权？抑或是一种实体请求权的实现程序？如果是一种由法院发出的客观存在的“令牌”，那么当事人基于何种实体权利向法院申请这种“令牌”？如果是一种实体请求权，那么应当如何在民事程序法中保障和实现？如果是一种实体请求权的实现程序，又应归属为民事程序法中的何种程序？在学界既有的讨论中，人格权侵害禁令、人格权侵害禁令请求权、人格权侵害禁令程序以及人格权侵害禁令制度等不同称谓之间究竟存在何种区别？它们与《民法典》第 997 条存在着何种关联？只有厘清这些问题，方可更好地构建人格权侵害禁令的具体程序规则。

本文主张，人格权侵害禁令是当事人向法院申请的以责令行为人停止有关

---

① 参见严仁群：《人格权禁令之程序法路径》，载《法学评论》2021 年第 6 期，第 119 页；邵明、康健：《论行为保全法理在人格权侵害禁令中的适用——基于解释论的视角》，载《齐鲁学刊》2021 年第 6 期，第 90 页。

② 参见张素华：《论人格权禁令的性质及司法适用》，载《比较法研究》2021 年第 6 期，第 72 页；王琦、易永豪：《人格权禁令适用程序研究》，载《中国政法大学学报》2022 年第 4 期，第 67 页。

③ 参见张卫平：《民法典的实施与民事诉讼法的协调和对接》，载《中外法学》2020 年第 4 期，第 944 页；郭小冬：《人格权禁令的基本原理与程序法落实》，载《法律科学》2021 年第 2 期，第 146 页；郭小冬：《禁令程序在民事诉讼法典中的体系定位》，载《河北法学》2022 年第 8 期，第 15 页；吴英姿：《人格权禁令程序研究》，载《法律科学》2021 年第 2 期，第 133 页。

④ 参见毕潇潇：《人格权侵害禁令研究——实体与程序的双重视角》，载《东方法学》2022 年第 3 期，第 173 页；刘学在、赵贝贝：《人格权侵害禁令：立法背景、定位及程序构建》，载《广西社会科学》2022 年第 3 期，第 105 页。

⑤ 参见吴英姿：《民事禁令程序构建原理》，载《中国法学》2022 年第 2 期，第 82 页；李蔚、吴英姿：《民事独立禁令程序建构论》，载《财经法学》2022 年第 4 期，第 148 页。

行为的官方凭证，其本质上就是一块由法院发出的客观存在的“令牌”。当事人欲向法院申请这种“令牌”，所基于的实体权利即为人格权侵害禁令请求权。当事人向法院行使人格权侵害禁令请求权的整体过程即为人格权侵害禁令程序。《民法典》第997条所创设的仅是人格权侵害禁令的部分制度。人格权侵害禁令制度应当指向实体与程序两个方面。实体方面主要表现为人格权侵害禁令请求权；程序方面则表现为包括民事实体法以及民事程序法在内的助益于人格权侵害禁令实现的所有程序性规范。鉴于人格权侵害禁令较为典型地涉及实体法与程序法的交叉问题，[①] 因此，本文将从《民法典》第997条入手，明确人格权侵害禁令程序的独立地位，以诉前行为保全和人身安全保护令程序为参照系进行比较研究，辨明人格权侵害禁令程序的性质，在此基础上明确人格权侵害禁令程序的程序法定位，继而以民事程序法中的既有程序为模板，建构人格权侵害禁令程序的具体规则。

二、人格权侵害禁令程序的规范研析：以《民法典》第997条为中心

本文的主要研究对象是人格权侵害禁令程序，本部分主要研究意旨也确系厘清人格权侵害禁令程序的内在机理。然而，正如上文所述，人格权侵害禁令制度是一个横跨民事实体法与程序法两大法域的制度。欲厘清人格侵害禁令程序本身，不能只顾人格权侵害禁令程序而不言其他。由于《民事诉讼法》（2021年修正）尚未出台人格权侵害禁令程序的相关规则，《民法典》第997条是目前唯一与人格权侵害禁令程序相关联的规范。因此，欲明确人格权侵害禁令程序的性质，厘清其与近似概念的区别，研析《民法典》第997条无疑是最直接的选择。《民法典》第997条作为一个为实体法所规定的规范，并不意味着其只能是实体性制度规定。当前围绕《民法典》第997条存在人格权侵害禁令、人格权侵害禁令请求权、人格权侵害禁令程序以及人格权侵害禁令制度等多个概念。只有在厘清了这些概念的各自指向及关联后，才能进一步为人格权侵害

① 参见吴英姿：《人格权禁令程序研究》，载《法律科学》2021年第2期，第134页。

禁令程序进行范式选择和规则建构。因此，本部分将重点解构《民法典》第997条，以厘清人格权侵害禁令程序的内在机理。

（一）《民法典》第997条的规范定位：兼具实体与程序双重性质的规范

实体法与程序法的二分仅仅是建立在理想主义下的对称性划分。实体法与程序法并非泾渭分明，世界范围内并没有任何一个国家存在“程序制度只能由程序法规定”的立法规则和先例，中国亦是如此。在此前提下，《民法典》第997条很可能兼具实体与程序双重性质。具言之，《民法典》第997条创设了人格权侵害禁令请求权，其与《民法典》第995条中的停止侵害请求权、排除妨碍请求权以及消除危险请求权共同构成了人格权请求权的主要内容。以上四种具体的请求权皆为人格权请求权在《民法典》中的具体体现。权利人单独依据《民法典》第997条向法院申请人格权侵害禁令，正是权利人行使人格权侵害禁令请求权的表现。而自权利人向法院申请人格权侵害禁令时起，至法院作出是否发布人格权侵害禁令裁定时止的整个过程即为人格权侵害禁令程序。简言之，人格权侵害禁令程序就是人格权侵害禁令请求权的行使程序。

首先，关于人格权侵害禁令请求权是否存在的问题，本文认为《民法典》第997条创设了人格权侵害禁令请求权，其是补偿我国过往人格权请求权内容缺失的重要一环。所谓人格权请求权，是指“民事主体在其人格权的圆满状态受到妨害或者有妨害之虞时，得向加害人或者人民法院请求加害人为一定行为或者不为一定行为，以回复人格权的圆满状态或者防止妨害的权利”。① 人格权请求权作为一项绝对权与防御请求权，其趣旨中本就蕴含着对人格权的预防性保护，具体表现为妨害去除请求权和妨害防止请求权。德日学界更是生动地将其称之为“不作为”请求权。② 由此看来，事先预防的自我防御功能本就是人格权请求权的主要甚至唯一功能。在《民法典》颁布之前，我国人格权请求权

① 杨立新、袁雪石：《论人格权请求权》，载《法学研究》2003年第6期，第64页。

② 日本学者一般将之翻译为不作为（=停止，日语写为“差し止め”）请求权，上村明広「不作為請求制度に関する一考察」『実体法と手続法の交錯（山木戸克己教授還暦記念）』（有斐閣，1978年）40頁を参照。德国法上的 actio negatoria 被扩展为两种法律形象：一种是继续存在对所有权的侵害时，可以要求消除侵害的排除妨碍请求权，而另一种就是要求不作为侵害的不作为请求权。转引自戴书成：《〈民法典〉第997条（人格权侵害禁令）诉讼评注》，载《云南社会科学》2023年第1期，第131页。

的请求权基础似乎只能在《侵权责任法》（已废止）中找寻。然而，在《侵权责任法》第15条的“大侵权模式”① 下，多种侵权责任形式纷繁复杂，人格权请求权俨然已经被人格权侵权请求权所吸收。正因如此，学界才充斥着关于我国是否存在独立的人格权请求权的争议。②

鉴于《民法典》将人格权独立成编，我国客观存在独立的人格权请求权已然毋庸置疑。③ 但另一个问题就在于，《民法典》第995条和第1167条果真是人格权请求权的全部内容吗？根据通说，我国人格权请求权的请求权基础规范仅有两个，分别为《民法典》第995条和第1167条。④ 由此可将人格权请求权分为停止侵害、排除妨碍、消除危险、消除影响、恢复名誉、赔礼道歉请求权六类。⑤ 虽然目前学界对于恢复名誉、消除影响以及赔礼道歉是否属于人格权请求权的范畴尚存争议，⑥ 但均认可停止侵害、排除妨碍和消除危险属于人格权请求权的范畴。⑦ 但问题就在于，停止侵害、排除妨碍和消除危险既不足以构成我国人格权请求权的全部内容，亦不足以囊括人格权侵害禁令请求权。在

---

① 王利明：《论人格权请求权与侵权损害赔偿请求权的分离》，载《中国法学》2019年第1期，第224页。

② 参见王利明：《论人格权请求权与侵权损害赔偿请求权的分离》，载《中国法学》2019年第1期，第224页。

③ 《民法典》第995条第2句已明文规定：“受害人的停止侵害、排除妨碍、消除危险、消除影响、恢复名誉、赔礼道歉请求权，不适用诉讼时效的规定。”

④ 参见戴书成：《〈民法典〉第997条（人格权侵害禁令）诉讼评注》，载《云南社会科学》2023年第1期，第133页；当然，对于第995条能否成为人格权请求权的请求权基础规范，个别学者仍有不同看法。参见吴香香：《请求权基础视角下〈民法典〉人格权的规范体系》，载《中国高校社会科学》2021年第4期，第129页。

⑤ 参见王利明、程啸、朱虎：《中华人民共和国民法典人格权编释义》，中国法制出版社2020年版，第48页。

⑥ 例如，杨立新教授就反对将恢复名誉、消除影响、赔礼道歉纳入人格权请求权的范围，因为恢复名誉、消除影响、赔礼道歉在本质上也属于是恢复原状的措施，针对的是损害结果而非妨害行为是事后的救济措施而非事前的预防措施。参见杨立新、袁雪石：《论人格权请求权》，载《法学研究》2003年第6期，第66页；吴香香教授也将恢复名誉、消除影响、赔礼道歉视为法律效果类辅助规范而非消极防御请求权。参见吴香香：《请求权基础视角下〈民法典〉人格权的规范体系》，载《中国高校社会科学》2021年第4期，第129页。

⑦ 参见程啸：《论我国民法典中的人格权禁令制度》，载《比较法研究》2021年第3期，第140页。

人格权侵害禁令请求权与三种传统人格权请求权的关系问题上，有学者认为，既然停止侵害、排除妨碍、消除危险这三类请求权属于人格权请求权，那么向法院申请人格权侵害禁令正是权利人行使停止侵害请求权的题中之义。因此，若将人格权侵害禁令请求权视作一个全新的人格权请求权并将其独立开来，将会与传统的人格权请求权体系产生抵牾。[①] 这种观点其实仍系对第 997 条的规范趣旨存在基本误识。人格权侵害禁令请求权与传统人格权请求权分工明确。按照传统观点，人格权请求权主要表现为《民法典》第 995 条中所规定的停止侵害请求权、排除妨碍请求权与消除危险请求权，但根据《民法典》第 179 条第 1 款，这三种传统人格权请求权也是人格权侵权责任的三种承担方式。[②] 通常而言，侵权民事责任需要以提起侵权诉讼作为前提。然而，从《民法典》第 997 条的立法意旨来看，人格权侵害禁令的申请显然不以发生实际侵权为前提，更不必然与侵权诉讼挂钩。一言以蔽之，《民法典》分别用第 995 条和第 997 条规定人格权侵权请求权与人格权禁令请求权，正说明两种请求权基础是不同的；后者不以实际发生侵权纠纷为前提，不依附于侵权请求权。[③]

当然，也有学者认为《民法典》第 995 条并无行为人过错和损害后果之要求，[④] 不应将其与人格权侵权请求权混淆。因此，当行为人的行为对人格权人的人格权造成危险或使其处于被侵害状态时，即使尚未构成对人格权人的侵权，人格权人也完全可以在不提起人格权侵权诉讼的前提下根据《民法典》第 995 条要求行为人消除危险或停止侵害。这种观点实际上是将停止侵害、排除妨碍和消除危险三种责任承担方式进行了类型化区分，即这三种责任承担方式既可以根据第 995 条适用于侵害人格权的情形（通过私下直接请求行为人为或不为一定行为的方式行使停止侵害、排除妨碍以及消除危险请求权），又可以根据第 1167 条适用于人格权侵权的情形（通过提起人格权侵权诉讼的方式行使人格权

---

① 参见徐伟：《〈民法典〉人格权侵害禁令的法律适用》，载《法制与社会发展》2021 年第 6 期，第 202 页。

② 参见程啸：《论我国民法典中的人格权禁令制度》，载《比较法研究》2021 年第 3 期，第 140 页。

③ 参见吴英姿：《人格权禁令程序研究》，载《法律科学》2021 年第 2 期，第 135 页。

④ 参见张红：《论〈民法典〉之人格权请求权体系》，载《广东社会科学》2021 年第 3 期，第 239 页。

侵权请求权），以阻止损害后果扩大。[①] 这种观点虽然具有一定合理性，但仍不能成为否认人格权侵害禁令请求权独立性的理由。因为当人格权人发现行为人有正在实施或者即将实施侵害其人格权的违法行为时，其固然可以依据《民法典》第995条要求行为人停止侵害、排除妨碍或消除危险。然而，权利的行使和权利行使后的结果是两个问题。人格权人向行为人行使人格权请求权后，行为人究竟是否会停止侵害、排除妨碍或消除危险尚未可知。一旦人格权人向行为人行使三种传统的人格权请求权不奏效，其仍可向法院行使人格权侵害禁令请求权，请求法院发布人格权侵害禁令来强迫行为人为或不为一定行为，以保自身人格权之圆满。此即《民法典》第997条人格权侵害禁令的请求权作用机理。因此，《民法典》第995条和第997条并非包含与被包含的关系，而是一种并列关系。在预防的内容上，人格权侵害禁令请求权与三种传统的人格权请求权并无差别，均是请求加害人为一定行为或者不为一定行为。但在预防的效果上，人格权侵害禁令请求权却有着不受制于传统诉讼程序的高效性。总而言之，人格权人无论是通过直接向行为人行使的方式还是向法院提起人格权侵权诉讼的方式行使停止侵害、排除妨碍以及消除危险请求权，都无法达到直接向法院行使人格权侵害禁令请求权的高效效果。人格权侵害禁令请求权之功能并非以上三种传统人格权请求权所能实现。

此外，《民法典》第997条规定了人格权侵害禁令程序的部分内容。权利与权利的实现程序是两个问题，[②] 在证立了人格权侵害禁令请求权存在之后，人格权侵害禁令程序的性质也得以厘清，即人格权侵害禁令请求权的行使程序。然而，人格权侵害禁令程序与《民法典》第997条又存在着何种关联？从《民

---

① 参见张红：《论〈民法典〉之人格权请求权体系》，载《广东社会科学》2021年第3期，第239页。此处需要注意，停止侵害请求权并非只有在未构成侵权时才有行使的必要，在已经构成侵权的前提下，行使停止侵害请求权虽然已不能再使人格权回复至圆满状态，但仍有阻止损害后果进一步扩大之功效。例如，甲散播有损乙名誉权的谣言，虽然已对乙构成名誉权侵权，但乙为了防止有更多的人听信谣言，仍有权要求甲停止侵害。

② 参见张素华：《论人格权禁令的性质及司法适用》，载《比较法研究》2021年第6期，第77页。

法典》第997条①的法条原义出发，其除了规定当事人享有“依法向人民法院申请采取责令行为人停止有关行为的措施”的实体性权利之外，实际上以更多的篇幅规定了“民事主体有证据证明”“行为人正在实施或者即将实施侵害其人格权的违法行为”“不及时制止将使其合法权益受到难以弥补的损害”等若干程序要件。具言之，这些要件均属于人格权侵害禁令程序中的申请条件，目前学界多将其归纳为以下五点②：（1）申请主体是有权申请人格权侵害禁令的主体；（2）请求具体且明确；（3）人格权正在被侵害或有被侵害之风险；（4）有证据证明相应的违法行为所致人格权损害已经发生或将要发生，且不及时采取补救措施将导致难以弥补的人格权损害；（5）法院享有本案管辖权。但是，以上这些并非人格权侵害禁令程序的全部内容。从程序法的视角来看，民事主体欲成功向法院申请人格权侵害禁令，至少要经过以下步骤：（1）当事人申请禁令；（2）法院形式审查以决定是否受理本案；（3）当事人提出攻击防御方法以实现充分辩论；（4）法院实质审查与判断以决定是否作出禁令；（5）当事人不服裁决的救济；（6）禁令生效后的执行。亦即，整个人格权侵害禁令程序至少包括了本文第四部分所归纳的“申请规则”“审理程序与判断规则”“保障与救济规则”以及“效力与执行规则”。由此可见，《民法典》第997条最多只能与“申请规则”以及“审理与判断规则”相关联，而并未涉及其他人格权侵害禁令程序规则。而且严格来说，第997条也难以算作完整意义上的法官据以审理和判断是否作出人格权侵害禁令的“审理程序与判断规则”。例如，本条所规定的“民事主体有证据证明”需要达到何种证明程度？“即将实施”的

---

① 《民法典》第997条规定：“民事主体有证据证明行为人正在实施或者即将实施侵害其人格权的违法行为，不及时制止将使其合法权益受到难以弥补的损害的，有权依法向人民法院申请采取责令行为人停止有关行为的措施。”

② 参见朱晓峰：《〈民法典〉人格权禁令规范适用论》，载《中国政法大学学报》2022年第3期，第148页；陈甦、谢鸿飞主编：《民法典评注：人格权编》，中国法制出版社2020年版，第58—59页；黄薇主编：《中华人民共和国民法典人格权编解读》，中国法制出版社2020年版，第42—43页；吴英姿：《人格权禁令程序研究》，载《法律科学》2021年第2期，第141页；王利明、程啸、朱虎：《中华人民共和国民法典人格权编释义》，中国法制出版社2020年版，第123—125页；杨立新：《人格权法》，法律出版社2020年版，第125页；杨立新、郭明瑞主编，曹相见、杜生一、侯圣贺编著：《〈中华人民共和国民法典·人格权编〉释义》，人民出版社2020年版，第29页。

时间点该如何判断？又如，“违法行为”是否必须要求行为人有“过错”？“难以弥补”又应当如何认定和把握？这些都是法官在决定是否作出人格权侵害禁令过程中所直面的问题，但第997条并未给出答案。由此可见，《民法典》第997条只是在一般意义上为法官审理人格权侵害禁令案件和人格权侵害禁令程序的启动指明了方向。当然，从应然意义上讲，我们也并不能奢求仅以《民法典》第997条这一个法条来涵盖人格权侵害禁令程序的全部内容。日后，欲对人格权侵害禁令程序作出更为全面的规定，还是应当诉诸《民事诉讼法》。因此，《民法典》第997条所囊括的仅仅是人格权侵害禁令程序的部分内容。

（二）人格权侵害禁令程序与《民法典》第997条衍生出的近似概念辨析

当前围绕《民法典》第997条存在人格权侵害禁令、人格权侵害禁令请求权、人格权侵害禁令程序以及人格权侵害禁令制度等多个概念。为厘清本文所讨论的“人格侵害禁令程序”所指为何，有必要以《民法典》第997条为中心，逐一厘清上述概念的具体指向及其与人格权侵害禁令程序的差别。由于上文已详述了人格权侵害禁令请求权及人格权侵害禁令程序之间的关系，便不再赘述。

首先，关于人格权侵害禁令与人格权侵害禁令程序。对于“人格权侵害禁令”所指为何，目前学界存在多种不同主张。其中，一部分学者主张人格权侵害禁令正是人格权请求权的一种，① 而一部分学者则主张，人格权侵害禁令在内容上虽然属于实体请求，但并非请求权，而是一种实体法上的禁令。② 此外，还有学者主张人格权侵害禁令仅是由实体法所创设的一种新型程序救济方法，

---

① 参见吴英姿：《人格权禁令程序研究》，载《法律科学》2021年第2期，第135页；张红：《论〈民法典〉之人格权请求权体系》，载《广东社会科学》2021年第3期，第235页。

② 持这种观点的学者主要有王利明教授、张卫平教授和杨立新教授，但三者的部分理由并不统一。具体可参见张卫平：《民法典的实施与民事诉讼法的协调和对接》，载《中外法学》2020年第4期，第944页；杨立新：《我国民法典人格权立法的创新发展》，载《法商研究》2020年第4期，第24页；王利明：《论侵害人格权的诉前禁令制度》，载《财经法学》2019年第4期，第4页；王利明：《论侵害人格权禁令的适用》，载《人民司法》2020年第28期，第56页。

而非实体救济手段。[1] 在本文的语境下，以上三种主张大致可简化为以下三种观点：第一，人格权侵害禁令就是人格权侵害禁令请求权；第二，人格权侵害禁令是实体禁令；第三，人格权侵害禁令就是人格权侵害禁令程序。显然，在本文已经证成人格权侵害禁令请求权存在的前提下，以上三种观点均存在不妥之处。抛开所谓实体法抑或程序法的界分而仅从文义解释的角度考察“人格权侵害禁令”，其本质就是一个为法律所创设的新型“禁令”。通俗地讲，人格权侵害禁令实则就是一个由当事人向法院申请的“令牌”，它仅是一个被立法者创造出来的客观存在，而无关所谓的实体抑或程序规范。从这个角度来看，人格权侵害禁令与支付令[2]倒是颇为类似。反观上述第一个观点，其实际上混淆了“禁令”和“禁令请求权”。民事主体只有首先享有“人格权侵害禁令请求权”，然后才可向法院申请“人格权侵害禁令”。因此，“人格权侵害禁令”显然不同于拥有向法院申请“人格权侵害禁令”的“权利”。第二个观点虽然认识到了人格权侵害禁令的“禁令”本质，但其并未认识到“禁令请求权”的存在。即使认为“人格权侵害禁令”是一种实体禁令，也要明确当事人基于何种“实体权利”向法院申请这种“实体禁令”，而这种权利无疑正是“人格权侵害禁令请求权”。该观点显然是将“禁令”和“禁令请求权”统一在“实体禁令”的称谓之下了，也存在不妥之处。而第三个观点误识了“结果”和“过程”的关系。如果说人格权侵害禁令是“结果”，那么当事人申请人格权侵害禁令的整个“过程”才是人格权侵害禁令程序。详言之，自权利人向法院申请“人格权侵害禁令”时起，至法院作出是否发布“人格权侵害禁令”裁定时止的整个过程才是“人格权侵害禁令程序”。

其次，关于人格权侵害禁令制度与人格权侵害禁令程序。《辞海》第七版关于“制度”一词共有三个释义，其中与本文研究对象最为相关的为第一个释义：“在一定历史条件下形成的政治、经济、文化等方面的体系。如：经济制

---

① 参见郭小冬：《禁令程序在民事诉讼法典中的体系定位》，载《河北法学》2022 年第 8 期，第 15 页。

② 支付令的作用就在于催促债务人在法定期间内向债权人履行给付金钱和有价证券义务，如果债务人在法定期间内未履行义务又不提出书面异议，债权人便可以根据支付令向人民法院申请强制执行的程序。在这个意义上讲，支付令其实就是一个债权人可以据以向法院申请强制执行的客观存在的“凭证”。

度；剥削制度。”[①] 而“体系”又指“若干有关事物互相联系、互相制约而构成的一个整体”。[②] 因此，根据文义解释，本文所指人格权侵害禁令制度也应理解为“法律体系”下的“人格权侵害禁令体系”，即围绕“人格权侵害禁令”而构成的一个整体。作为“体系”的“人格权侵害禁令制度”则必然包含了与人格权侵害禁令相关的全部内容。亦即，人格权侵害禁令制度一定包含了与人格权侵害禁令相关的“实体”与“程序”两个维度。因此，从这个意义上讲，人格权侵害禁令制度不仅包含了人格权侵害禁令以及人格权侵害禁令请求权，亦包括了整个人格权侵害禁令程序。以前述《民法典》第997条的规范定位为例，其虽也囊括了“人格权侵害禁令请求权”与“人格权侵害禁令程序”之“实体”与“程序”两个维度的内容，但其所囊括的内容并不完整。一方面，“人格权侵害禁令请求权”并非与“人格权侵害禁令”相关的全部实体内容；另一方面，就本文所探讨的整个人格权侵害禁令程序而言，《民法典》第997条并未就人格权侵害禁令的受理与审查程序、审理程序以及执行与撤销程序等作出任何规定。所以，《民法典》第997条虽然是目前人格权侵害禁令的唯一可循规范，但其仅属于人格权侵害禁令制度的一部分而非全部。如此看来，人格权侵害禁令制度应当是一个围绕人格权侵害禁令而形成的巨大整体，它不仅可以涵盖当下既已存在的“人格权侵害禁令”“人格权侵害禁令请求权”“人格权侵害禁令程序”等内容，还可以涵盖将来可能产生的与人格权侵害禁令相关的任何内容。

至此，不仅人格权侵害禁令程序的独立性价值得以证成，《民法典》第997条与人格权侵害禁令、人格权侵害禁令请求权、人格权侵害禁令程序以及人格权侵害禁令制度之间的复杂关系也得以厘清。人格权侵害禁令好似一块“令牌”，是当事人向法院申请的以责令行为人停止有关行为的官方凭证。《民法典》第997条创设了人格权侵害禁令请求权，赋予了当事人向法院申请人格权侵害禁令的权利，同时也规定了人格权侵害禁令程序的少量内容，属于人格权侵害禁令制度的一部分。人格权侵害禁令程序是人格权侵害禁令请求权的独立实现程序，二者同属人格权侵害禁令制度的一部分。

---

① 参见陈至立主编：《辞海》，载辞海网。

② 参见陈至立主编：《辞海》，载辞海网。

三、人格权侵害禁令程序的范式选择：特别程序范式

在明确了人格权侵害禁令程序的独立性之后，便需要进一步考量该程序的民事程序法定位问题。从功能的相似性来看，人格权侵害禁令程序与行为保全程序似乎有异曲同工之妙，因为二者都旨在通过法院强制力来高效且迅速地要求行为人为或不为一定行为。不过，两个程序的底层逻辑设计却截然不同。一方面，人格权侵害禁令程序的请求权基础是人格权侵害禁令请求权，它是一种实体法请求权。而行为保全的请求权基础为诉权，诉权本质上是一种程序法请求权。另一方面，人格权侵害禁令程序设定的直接目的在于为权利人提供一种及时预防或者及时止损的手段。而诉前行为保全的直接目的却在于保障裁判结果的实现。因为无论是诉前行为保全还是诉中行为保全均以本诉为前提。亦即，行为保全必然与后续诉讼挂钩，它仅属于后续诉讼的一种程序保障手段，而非独立的程序。然而，人格权侵害禁令程序却是人格权侵害禁令请求权的独立实现程序，权利人向法院申请人格权侵害禁令并不需要以提起后续人格权诉讼为前提。人格权侵害禁令请求权作为人格权请求权的一种，其重点在于“预防”而非“制裁”。尤其在“行为人即将实施侵害人格权的违法行为”这种情境下，行为人仅对权利人造成了人格权侵害的风险，尚且不构成人格权侵权，此时权利人向法院提起人格权诉讼显然于法无据。由此看来，人格权侵害禁令程序与行为保全程序的确是截然不同的。

从程序的独立性来看，在我国现行《民事诉讼法》体系之下，可供人格权侵害禁令程序选择的无非只有诉讼程序、非讼程序（我国法语境下称为“特别程序”）以及执行程序三种范式。一方面，由于人格权侵害禁令程序显然不属于执行程序，因此在实然层面上，便只需讨论究竟是诉讼程序范式更加契合人格权侵害禁令程序还是非讼程序范式更加契合人格权侵害禁令程序的问题；另一方面，在应然层面上，若我国当前的民事程序法体系不足以容纳这一程序，则需进一步讨论是否有必要为其另立新程序的问题。

（一）人格权侵害禁令程序与普通诉讼程序范式不适配

典型的诉讼程序具有以下特征：[①] 第一，解决实体争议；第二，程序结果以判决的形式作出而非裁定；第三，全程贯彻直接原则、言词原则以及辩论原则；第四，法官据以裁判的依据必须是经法定程序认定后的当事人的主张、陈述及证明；第五，公开审判。张卫平教授将以上特性统称为“三性”：争讼性、对审性及公开性。[②] 其中，争讼性又被视为诉讼程序最根本的特征。毫无疑问，人格权侵害禁令程序中也总是存在着利益与立场直接对立的双方当事人——申请人格权侵害禁令的一方与被要求停止某种（可能）侵害行为的一方。而无论法院驳回申请还是采取责令行为人停止有关行为的措施均必然涉及对立双方当事人的重大利益。若驳回申请请求，申请人将无法有效阻止行为人实施或者即将实施侵害其人格权的违法行为，人格权也很难回复至圆满状态，权利人权利后续实现成本也会大大增加。若承认申请请求，行为人将被责令停止或不能开始某种行为，行为人的行为自由乃至社会公众的知情权将面临极大限制。因此，人格权侵害禁令程序具有基本的诉讼特性。[③]

但这并不意味着人格权侵害禁令程序应当采普通诉讼程序模式。从《民法典》第 997 条的立法意旨出发，该条之所以成为一个独立的请求权基础，是因为创设了人格权侵害禁令请求权。人格权侵害禁令请求权之所以不同于《民法典》第 995 条所规定的人格权侵权请求权，是因为其既不要求行为人的行为构成了侵权，也不要求申请人必须提起侵权诉讼。在此背景下，若仍执意通过诉讼程序实现人格权侵害禁令，则必然会造成人格权侵权诉讼与人格权侵害禁令程序的冲突与混淆，与《民法典》第 997 条的立法意旨相悖。此外，人格权侵害禁令程序之所以是一个独立的程序，是因为其以为民事权利提供及时有效的

---

① 参见姜世明：《非讼事件法新论》，台北，新学林出版股份有限公司 2011 年版，第 1—4 页。

② 参见张卫平：《仲裁裁决撤销程序的法理分析》，载《比较法研究》2018 年第 6 期，第 14 页。

③ 参见郭小冬：《人格权禁令的基本原理与程序法落实》，载《法律科学》2021 年第 2 期，第 149 页。

应急保护措施为目标。[①] 因此，设定人格权侵害禁令程序应力求迅速、简单且高效。而普通诉讼程序动辄数月甚至累年的审理期限显然不符合人格权人预防和及时制止自身人格权减损的迫切需求。再加之人格权的特殊性，即使胜诉也很难使人格权回复至圆满状态。

（二）人格权侵害禁令程序不具有适用新程序范式必要性与可行性

除了主张人格权侵害禁令应当在现行《民事诉讼法》体系之下进行程序范式之外，还有不少学者主张构建新程序以实现人格权侵害禁令（以下简称新设程序说）。例如，张卫平教授认为比较稳妥的思路是将人格权侵害禁令程序设置为准诉讼程序。[②] 在具体审理过程中，是否充分贯彻普通诉讼程序下的直接言辞原则、庭审证据调查原则以及辩论原则等可由法官视案件具体情况自由裁量，从而在保障程序正义的同时也兼顾了诉讼效率，可谓一举两得。又如，郭小冬教授也在准诉讼程序观点的基础之上更进一步提出了增设独立的禁令程序的观点。[③] 此外，吴英姿教授在其早期的文章中也曾提到人格权侵害禁令程序是一种介于诉讼与非诉讼程序之间的独立程序，应当交错运用诉讼程序与非讼程序法理设计人格权侵害禁令程序的具体规则。[④] 不过，吴英姿教授在其随后文章中改变了原有立场，认为准诉讼程序存在诸多缺陷，并不能完美适配人格权侵害禁令程序，转而主张略式程序与人格权侵害禁令程序相契合。[⑤] 遗憾的是，吴英姿教授并未对略式程序应属何种程序法理予以言明。关于新设程序在整个审判体系中的定位，吴英姿教授认为，后续应当以略式诉讼程序实现人格权侵

---

① 参见吴英姿：《民事禁令程序构建原理》，载《中国法学》2022 年第 2 期，第 90 页。

② 参见张卫平：《民法典的实施与民事诉讼法的协调和对接》，载《中外法学》2020 年第 4 期，第 944 页。

③ 参见郭小冬：《人格权禁令的基本原理与程序法落实》，载《法律科学》2021 年第 2 期，第 152 页；郭小冬：《禁令程序在民事诉讼法典中的体系定位》，载《河北法学》2022 年第 8 期，第 31 页。

④ 参见吴英姿：《人格权禁令程序研究》，载《法律科学》2021 年第 2 期，第 133 页。

⑤ 参见吴英姿：《民事禁令程序构建原理》，载《中国法学》2022 年第 2 期，第 82 页。

害禁令，略式诉讼程序本质上仍然属于诉讼程序。[①] 郭小冬教授则认为，后续应当设置独立的禁令程序实现人格权侵害禁令，禁令程序本质上属于准诉讼程序。[②] 由此可见，在新设何种程序实现人格权侵害禁令程序时，学界目前并未形成较为一致的意见。

讨论至此，我们需要反思这样一个问题：是否所有的新制度均需要完美的程序契合？诚然，面对一项全新制度，尤其是在原有程序不能与之完美匹配之时，所创设的新程序自然与新制度契合度更高。但是，如此倒果为因的“循着制度找程序”又能在多大程度上根本上解决制度与程序不相匹配的问题？修法应当秉持慎重、必要且科学的原则。若每每创设新制度便需要更改相应的程序规则，势必会减损法律的安定性。此外，法律的修改还需考量成本与收益的问题，修改一个法律需要付出大量的立法、司法乃至普法成本，那么其收益又是多少？当然，本文无意讨论法律修改的条件和边界问题，这也绝非本文所能。但反观本文内容，至少人格权侵害禁令程序并未触及修法边界，不然与人格权侵害禁令“同根同源”的人身安全保护令也不会良好运行已久。[③] 当然，在有的学者看来，正是由于没有为人身安全保护令设置专门的程序，才导致人身安全保护令的司法实践陷入混乱。这种混乱直接表现为实践中的“人身安全保护令既有在离婚诉讼中提起的，也有在非讼程序或特别程序中提起的”。[④] 但这似乎并非乱象。一方面，《反家庭暴力法》既然没有规定当事人申请人身安全保护令的时机，那么当事人在离婚诉讼中提出自是无可厚非；另一方面，我国的非讼程序与特别程序本就关系密切，[⑤] 法院适用不同程序其实仅是称谓上的不同。当然，本文更无意否认法律的改革和进步，法律总有滞后性，也必然面临

---

① 参见吴英姿：《民事略式诉讼程序初论》，载《中外法学》2022 年第 6 期，第 1502 页。

② 参见郭小冬：《禁令程序在民事诉讼法典中的体系定位》，载《河北法学》2022 年第 8 期，第 31 页；郭小冬：《人格权禁令的基本原理与程序法落实》，载《法律科学》2021 年第 2 期，第 152 页。

③ 人格权侵害禁令本质上就是人身安全保护令的一般化，这已是学界共识，下文将会详述。

④ 郭小冬：《人格权禁令的基本原理与程序法落实》，载《法律科学》2021 年第 2 期，第 153 页。

⑤ 我国法语境下的特别程序其实就是非讼程序，下文将会详述。

修改，只是我们应当准确把握修法的最佳时机。在当下各新设程序法理尚未被厘清且新设程序说内部尚未形成统一观点的情况下，更不能贸然创设新程序。

此外，新设程序说的这种“一种制度对应一种程序”的完美主义构想明显忽视了解释论立场。案件并非只有诉讼案件与非讼案件之分，仍有许多案件处于中间地带。① 一方面，“有无争讼性”早已不再是区分诉讼程序与非讼程序的圭臬；另一方面，诉讼与非讼本来就是建立在“对称”假设和相对主义学说之上的理想化区分。② 近代以降，已经有越来越多的学者通过法解释学的方法使得真正的争讼案件也得以通过非讼程序审理，③ 从而在世界范围内发展出了一种“诉讼事件非讼化”趋势。例如，以“二战”后德国《契约补助法》的制定为契机，德国学者便展开了对诉讼事件非讼化的研究。受此影响，日本学界以三月章、小岛武司为代表的学者也开始了对诉讼事件非讼化的探讨。④ 而我国的江伟教授和邱联恭先生也早已于20世纪90年代提出了“依据非讼程序解决某些诉讼案件”的观点。⑤ 反观新设程序说的诸多观点，尤其是“准诉讼程序”的设置无疑正是“诉讼事件非讼化”的理论复刻。简言之，仅通过法解释学便可以达成之效果，实属无必要通过大动干戈另立新程序予以实现。至于非讼程序如何具体实现人格权侵害禁令案件的审理，将于下文详述。

（三）人格权侵害禁令程序与特别程序范式相契合

对人格权侵害禁令的程序范式分析后不难发现，非讼程序似乎是人格权侵害禁令程序的最优解。虽然非讼程序本身就是一个颇具漂移性的概念，但在我国法语境下，非讼程序其实就是指《民事诉讼法》第15章、第17章以及第18

---

① 参见张卫平：《民事诉讼法》（第5版），法律出版社2019年版，第465页。

② 参见赵蕾：《诉讼与非讼的再区分——以诉讼与非讼基本模式的差异为研究进路》，载《比较法研究》2012年第4期，第102页。

③ 参见朱虎：《人格权侵害禁令的程序实现》，载《现代法学》2022年第1期，第179页。

④ 参见孙永军：《诉讼事件非讼化新探》，载《现代法学》2014年第1期，第84页。

⑤ 参见江伟：《市场经济与民事诉讼法学的使命》，载《现代法学》1996年第3期，第4—13页；参见邱联恭：《诉讼法理与非讼法理之交错适用——从民事事件之非讼化审理及诉讼化审理论程序保障之机能》，载台湾民事诉讼法研究会编：《“民事诉讼法”之研讨（二）》，台北，三民书局1990年版，第445页。

章所规定的程序，特别程序所发挥的其实正是非讼程序功能。特别程序与非讼程序是基本等同的，这已是我国通说。[①] 因此，本文将着重从人身安全保护令的程序范式与特别程序本身的功能出发，证成特别程序与人格权侵害禁令程序的适配性。

首先，人身安全保护令程序为人格权侵害禁令程序提供了选择范例。在2011年《民事诉讼法》修改的过程中，最高人民法院曾明确提出将人身安全保护令制度纳入《民事诉讼法》体系之下，并建议在原《民事诉讼法》第15章特别程序中新增“民事保护令”（即本文所称人身安全保护令）一节。[②] 并且，这一提议随即在最高人民法院公布的《民事诉讼法》修改建议稿中得到了体现。[③] 然而，2012年《民事诉讼法》的正式修改并未明确将人身安全保护令制度入法。虽然如此，但个中缘由却是不言自明的。第一，当时立法者已有制定专门《反家庭暴力法》之考量，若贸然将人身安全保护令制度纳入民事诉讼法恐有重复立法之嫌；第二，当时的立法者似乎并未明确人身安全保护令与诉前行为保全的界限，如果直接将人身安全保护令制度纳入特别程序之下，无疑会导致诉讼程序与非讼程序体系的混乱。以上两点在2008年最高人民法院公布的

① 这一点，虽然没有在立法上予以确认，但最高人民法院已不止一次提到我国的特别程序其实就是非讼程序。例如，《民事案件案由规定》（法〔2020〕346号）第十部分；又如，最高人民法院《人民法院民事裁判文书制作规范》第三部分“正文”第（四）项之第9点和第10点规定：“非讼程序包括特别程序、督促程序、公示催告程序等。”此外，在学理上，以“非讼程序”为“主题”在“中国知网”检索，可检索到学术期刊论文102篇。其中，凡是谈到我国“非讼程序”的相关论文，基本均肯定“我国的特别程序属于非讼程序”这一观点。（检索日期截至2023年2月27日）其中，代表性论文如下，章武生：《非讼程序的反思与重构》，载《中国法学》2011年第3期，第82—90页；郝振江：《论我国非讼程序的完善——聚焦于民诉法特别程序的“一般规定”》，载《华东政法大学学报》2012年第4期，第128—134页。另外，其他著作中也多有描述，参见张卫平：《民事诉讼法》（第5版），法律出版社2019年版，第471页；王强义：《民事诉讼特别程序研究》，中国政法大学出版社1993年版，第103—106页。

② 参见肖建国：《民事保护令入法的必要性和可行性》，载《公民与法（法学版）》2012年第3期，第9页。

③ 参见《最高人民法院关于〈中华人民共和国民事诉讼法〉修改立法建议稿》第176条。

有关婚姻案件的审理指南中即可得到印证。[①] 随后，根据2016年《最高人民法院关于人身安全保护令案件相关程序问题的批复》，人民法院可以比照特别程序审理人身安全保护令案件。[②] 在这一批复中，虽然最高人民法院并没有直接说明人身安全保护令程序就是特别程序，但是这实际已经指出了人身安全保护令程序适用特别程序的可行性。按文义解释，“比照”与“参照”并不存在明显差别，而且随着法律的逐步规范，“比照”出现在正式法律中的频次越来越低，而“参照”却并不罕见。但总体而言，二者大同小异，均是对法律效果的参引。另外，还有学者从人身安全保护裁定的角度论述了将人身安全保护令纳入特别程序的可行性。按此观点，上述审理指南中所指人身安全保护裁定就并非人身安全保护令的“前身”，而是与人身安全保护令（民事保护令）别无二致。立法者之所以将其冠之以“裁定”，而非“命令”，是由于当时对人身保护裁定的性质定位为一种临时性救济形式，这与当时的保全、先予执行等临时性救济措施有着同属“裁定”的统一性。况且，限于当时冠之以“命令”的措施有限，直接冠以“民事保护令”恐有难以接纳之忧。[③] 由此可见，我国的人身安全保护令案件就是以特别程序审理的，而人身安全保护令本质上就是一种人格权侵害禁令，那么以特别程序审理人格权侵害禁令案件自然也是妥当的。[④]

其次，虽然人格权侵害禁令案件具有争讼性，但其效率性决定了其并非典型的诉讼案件，而仅是一种真正争讼案件。[⑤] 按照石川明教授的观点，真正争讼案件是一种裁判是司法性、诉讼性但程序却为非讼性的案件。[⑥] 既然人格权

---

① 参见2008年最高人民法院发布的《涉及家庭暴力婚姻案件审理指南》第26条第1款。

② 参见《最高人民法院关于人身安全保护令案件相关程序问题的批复》（法释〔2016〕15号）第3条。

③ 参见肖建国：《民事保护令入法的必要性和可行性》，载《公民与法（法学版）》2012年第3期，第5页。

④ 因为从本质上看，人身安全保护令正是人格权侵害禁令的特殊化。既然作为特殊的人格权侵害禁令的人身安全保护令一类案件可以适用特别程序审理，那么举重以明轻，人格权侵害禁令案件自然也可以适用特别程序审理。关于如何推导出人身安全保护令是特殊化的人格权侵害禁令，下文将会详述。

⑤ 参见郝振江：《非讼程序研究》，法律出版社2017年版，第100—102页。

⑥ 石川明「非訟事件理論の限界」法学研究30巻3号（1957年）69頁を参照；石川明「非訟事件の定型分類」法学研究31巻4号（1958年）14頁を参照。

侵害禁令案件是真正争讼案件，那么自然需要适用非讼程序法理。而非讼程序正是以牺牲程序保障为前提的追求效率性的程序。因此，特别程序能否与人格权侵害禁令程序适配的关键就在于特别程序能否满足人格权侵害禁令案件的争讼性（或称程序保障性）。

一方面，特别程序中的程序保障虽然极为有限，但足以满足人格权侵害禁令案件之需要。虽然传统观点认为非讼程序本质上是一种民事行政程序，① 并具有争讼性上不解决实体争议、结构上不采“两造”式对抗结构、节奏上追求“案结事了”、证明标准上不强求高度盖然性以及奉行职权探知、职权进行、非对审以及非直接言辞主义等特点，但程序保障的基本价值理念并非在特别程序中荡然无存。相反，即使在特别程序中并不存在辩论主义那样非常严格的形式，当事人仍然可以有实质的主张和举证机会。② 简言之，特别程序并非绝对无争讼、无辩论。人格权侵害禁令案件虽然是真正争讼案件，但并非典型诉讼案件，其所具有的争讼性必然弱于诉讼案件。在人格权侵害禁令案件中，双方当事人的立场虽然存在着根本对立，但他们并不需要充分的程序保障。就申请人而言，其可能正面临着被申请人正在实施或者即将实施侵害其人格权的违法行为，若法院不及时作出禁令并加以阻止，申请人的人格权极有可能遭到永久性减损而无法回复至圆满状态。因此，这种紧迫性便要求法院只能通过降低程序保障来简化程序流程。然而，就被申请人而言，其也极有可能面临着因法院错误作出禁令致使自身言论自由乃至行为自由受限的风险。此时，就需要在程序设置上为被申请人提供最低限度的程序保障。例如，给予被申请人对足以影响裁判结果的重大事项的陈述权，获悉法院案件审理进度的知情权，申请查验相关证据的调查权以及对裁定结果的异议权等。③

另一方面，即使传统非讼程序法理下的程序保障极为有限，也可以发挥我国法语境下特别程序的独有功能来弥补这种程序保障之不足。前文虽然提到我国法语境下的特别程序与非讼程序基本等同，但二者的确是有细微差别的。我

① 兼子一『民事訴訟法体系』（酒井書店，1965 年）40 頁を参照。

② 参见［日］伊藤真：《民事诉讼法》（第 4 版补订版），曹云吉译，北京大学出版社 2019 年版，第 7 页。

③ 参见郝振江：《论非讼事件审判的程序保障》，载《法学评论》2014 年第 1 期，第 27—33 页。

国的特别程序基本沿袭前苏联立法而来，唯一的区别就在于前苏联的特别程序就是非讼程序，而我国还另外纳入了选民资格案件，由此，形成了一套中国式的特别程序体系。[①] 毫无疑问，选民资格案件是典型的行政诉讼案件，[②] 既然特别程序可以处理典型的诉讼案件，举重以明轻，特别程序自然也可以实现真正争讼案件的程序保障。亦即，今后完全可以在人格权侵害禁令特别程序中设置例外规定来实现人格权侵害禁令案件所需的程序保障，毕竟适用特别程序审理的案件的程序本就具有非统一性[③]。例如，若仅赋予当事人陈述、申辩的权利仍不足以满足个案所需的对抗性时，便可由法官可根据个案的复杂程度为人格权侵害禁令程序设置相应的法庭证据调查、法庭辩论等环节，也可由法官视个案的紧急程度在审理中裁量适用一般民事诉讼中的直接言词原则、处分原则以及辩论原则等。当然，并非每个人格权侵害禁令案件都必须经过一般民事诉讼的全部环节，更非全部人格权侵害禁令案件均需经过一般民事诉讼的某个环节。是否需要引入一般民事诉讼的原则、规则，是否需要设置简易的法庭调查、法庭辩论环节，都由法官根据个案的复杂程度和紧急程度而定，由此，便可灵活且有针对性地平衡人格权侵害禁令案件所需效率与程序保障之间的冲突，从而使特别程序最大程度上适配人格权侵害禁令程序。

四、特别程序范式下人格权侵害禁令程序的运行规则

在明确人格权侵害禁令的应然程序范式后，便可以特别程序为模板建构人格权侵害禁令程序的具体运行规则。在开始讨论之前，还应回应一下关于人格权侵害禁令与人身安全保护令的关系问题。通说认为，人格权侵害禁令与人身安全保护令是一般与特殊的关系，而且人身安全保护令是我国首个关于人格权

---

① 参见章武生：《非讼程序的反思与重构》，载《中国法学》2011 年第 3 期，第 84 页。

② 参见郭小冬：《禁令程序在民事诉讼法典中的体系定位》，载《河北法学》2022 年第 8 期，第 29 页。

③ 参见张卫平：《民事诉讼法》（第 5 版），法律出版社 2019 年版，第 465 页。

侵害禁令的法律规定。① 从权利的底层逻辑来看，虽然人身安全保护令由《反家庭暴力法》规定且仅适用于婚内及家庭成员之间，但是其所要保护的客体仍然属于人格权的范畴，主要表现为生命权、身体权、健康权等物质性人格权及少数人格尊严、人身自由等一般人格权。同理，作为两种禁令实现程序的人格权侵害禁令程序与人身安全保护令程序也应当是这种一般与特殊的关系。② 人身安全保护令程序与诉讼并不存在捆绑关系，权利人既可以不经诉讼单独申请该程序，也可以在提起诉讼程序之后同时申请该程序。显然，人身安全保护令的这种程序设计与人格权侵害禁令相契合。因此，对于《民法典》第997条未明确规定的相关规则，完全可以类推适用人身安全保护令程序的既有规则。但需要注意的是，受制于特别法优于一般法的法律适用顺位，当事人并不具有同时抑或择一申请人身安全保护令与人格权侵害禁令的选择权。因遭受家庭暴力或面临家庭暴力危险时，当事人应当首先基于《反家庭暴力法》申请启动人身安全保护令程序，若启动不能方可另行启动人格权侵害禁令程序。

（一）人格权侵害禁令的申请规则

人格权侵害禁令程序只能依申请人申请启动，法院不能依职权启动。如前所述，人格权侵害禁令案件是一种真正争讼案件。人格权侵害禁令案件适用特别程序审理并不能抹杀其争讼性。故此类案件的申请仍应当坚守裁判的司法性和“不告不理”的传统，避免使人格权侵害禁令程序衍化为司法行政程序。与其他传统人格权请求权的多元化行使方式有所不同，《民法典》第997条将人格

---

① 目前有关人格权侵害禁令研究的文章都持这一观点，笔者暂未找到持相反意见的文章。部分文献可参见郭小冬：《人格权禁令的基本原理与程序法落实》，载《法律科学》2021年第2期，第145—156页；吴英姿：《人格权禁令程序研究》，载《法律科学》2021年第2期，第133—144页；徐伟：《〈民法典〉人格权侵害禁令的法律适用》，载《法制与社会发展》2021年第6期，第200—220页；程啸：《论我国民法典中的人格权禁令制度》，载《比较法研究》2021年第3期，第138—151页；张素华：《论人格权禁令的性质及司法适用》，载《比较法研究》2021年第6期，第72—85页；朱晓峰：《〈民法典〉人格权禁令规范适用论》，载《中国政法大学学报》2022年第3期，第145—157页；朱虎：《人格权侵害禁令的程序实现》，载《现代法学》2022年第1期，第173—190页，等等。

② 程啸教授在文中明确表示人格权禁令程序应当定位为一般化后的人身安全保护令程序。参见程啸：《论我国民法典中的人格权禁令制度》，载《比较法研究》2021年第3期，第138—151页。

权侵害禁令请求权的行使途径单一限定为“法院”。因此，此类案件的申请人一般应是人格权人本人。当然，若人格权人为无民事行为能力人或限制民事行为能力人的也可由人格权人的近亲属、有关行政机关、社区委员会以及其他社会组织代为申请。具体范围可参考《反家庭暴力法》第23条第2款之规定。此外，若人格权人本人已故，亦可由其配偶、子女、父母或其他近亲属按法定顺位向法院申请死者人格权侵害禁令。死者人格利益以及近亲属具体范围的界定应当参照《民法典》第997条与第1045条的相关规定。

承上所述，虽然《民法典》第997条所规定的人格权侵害禁令的若干程序要件多与人格权侵害禁令的申请条件相关，但这些申请条件仍不够全面。因此，除了《民法典》第997条所规定的要件外，还应当参照《反家庭暴力法》第27条为人格权侵害禁令的申请设定更为具体的程序要件，总结如下：（1）有明确的被申请人；（2）有具体的请求；（3）所申请法院具有管辖权。其中，具体的请求应当包含申请人的具体诉求（如请求法院禁止何人于何时何地为或者不为何种行为）以及对事实的描述和理由。有管辖权的法院可以参照《反家庭暴力法》第25条之规定，设定为申请人、被申请人住所地以及侵害人格权行为发生地的基层人民法院管辖。此外，考虑到当下互联网交互方式的普及，对信息网络侵权行为地的界定也应当更为宽松，以最大程度便利双方当事人。

关于申请方式，参照《反家庭暴力法》第24条之规定，申请人格权侵害禁令应当以书面方式提出。若书面申请确有困难的，可以口头申请，由人民法院记入笔录。此外，参照《最高人民法院关于人身安全保护令案件相关程序问题的批复》第1条、第2条之规定，申请人向法院申请人格权侵害禁令无需缴纳诉讼费用，亦无需提供担保。

（二）人格权侵害禁令的审理程序与判断规则

根据《最高人民法院关于人身安全保护令案件相关程序问题的批复》第3条之规定，人民法院审理人身安全保护令案件可以比照特别程序进行审理。同样地，法院审理人格权侵害禁令案件也可以比照特别程序审理。另外，参照《民事诉讼法》第185条关于特别程序的规定，人民法院在依照特别程序审理人格权侵害禁令案件时，一般由审判员一人独任审理。若涉及重大、疑难的申请（如涉及社会公共利益、公众知情权的申请）时，应当由审判员组成合议庭审理。无论一般申请还是重大、疑难申请均实行一审终审。不过，人格权侵害禁令案件虽然适用特别程序审理，但仍然具有普通诉讼案件的争讼性。而且案件的争讼性与对审性有着一定的对应关系。① 因此，原则上人民法院仍应当依法组成合议庭审理此类案件。对此，可类比同属真正争讼案件的仲裁裁决撤销案件。② 虽然目前我国并未对仲裁裁决撤销案件适用何种程序作出明文规定，但却明确规定了仲裁裁决撤销案件应当由人民法院依法组成合议庭审理。③

关于审查流程，一方面，法院应首先进行形式审查。审查主要依据《民法典》第 997 条围绕申请规则中的若干程序事项展开。例如，申请主体是否为人格权人本人或者适格近亲属、有关行政部门、社区委员会以及其他社会组织等。若涉及死者人格利益的人格权侵害禁令申请，还应当依照《民法典》第 1045 条审查近亲属的顺位等。此外，是否有具体的被申请人及可操作请求、法院是否有管辖权等事项均属于形式审查之列。

另一方面，在形式审查通过之后，法院还应进行实质审查。审查主要围绕《民法典》第 997 条规定的人格权侵害禁令的要件展开。

第一，审查行为人是否有正在实施或将要实施的侵害申请人人格权的行为。正在实施侵害人格权的行为虽然并不等同于侵权行为，但既已实施便易于判断。因此，审查的重点在于将要实施的侵害人格权的行为。把握“将要实施”的重点在于把握该实行行为的时间节点。比如，在日本著名的“北方杂志案”④ 中，乙欲通过出版发行杂志的方式对甲进行负面报道，而乙为此印刷、制作杂志之时便是乙将要实施侵害甲人格权行为的关键时间点。

第二，审查行为人行为是否具有违法性。人格权为绝对权，人格权侵害禁

① 参见张卫平：《民法典的实施与民事诉讼法的协调和对接》，载《中外法学》2020 年第 4 期，第 944 页；张卫平：《仲裁裁决撤销程序的法理分析》，载《比较法研究》2018 年第 6 期，第 10—25 页。

② 虽然目前我国并未明确仲裁裁决撤销案件的性质，但大陆法系国家（如日本）通说均认为仲裁裁决撤销案件属于真正争讼案件，具有争讼性但适用非讼程序审理。参见［日］新堂幸司：《新民事诉讼法》，林剑锋译，法律出版社 2008 年版，第 17 页。

③ 参见《最高人民法院关于适用〈中华人民共和国仲裁法〉若干问题的解释》（2008 年调整）第 24 条。

④ 参见［日］五十岚清：《人格权法》，［日］铃木贤、葛敏译，北京大学出版社 2009 年版，第 208—210 页。

令请求权的行使也不以行为人存在过错为前提。因此，对行为人行为违法性的判断实际上转化为对违法阻却事由的判断。[①] 例如，《民法典》第1020条规定了自然人肖像的合理使用制度，若行为人基于该条主张行为合法，法院应当予以支持。

第三，审查若不及时制止行为人行为是否会给人格权人造成难以弥补的损害。此项审查应主要围绕“及时制止”与“难以弥补”两方面展开。其中，“及时制止”主要指审理程序本身的时效性与效率性，因为人格权人的人格权侵害禁令请求权需经由法院帮助行使实现。而“难以弥补”则主要考察一旦侵害行为发生，人格权人的人格权是否能够通过嗣后传统的停止侵害、排除妨碍、消除危险、消除影响、恢复名誉以及赔礼道歉等手段恢复至圆满状态。因此，对于精神性人格权的侵害一般应当认定为“难以弥补”；而对于物质性人格权的侵害，尤其是可以物质化补偿的侵害，一般不予以认定“难以弥补”。[②]

第四，审查以上三项条件是否均有证据证明。这涉及相关事项的证明标准问题。具体而言，申请人对人格权侵害禁令实体要件的证明标准达到较高盖然性即可，无需达到高度盖然性。一方面，这是由人格权侵害禁令案件的特殊性所决定的。人格权侵害禁令的作出应当及时、高效，否则对申请人而言毫无意义；另一方面，这是由特别程序的局限性所决定的。承上所述，特别程序的确并非绝对无争讼、无辩论，再加之在诉讼事件非讼化的潮流下，法官完全可以在特别程序中裁量适用普通诉讼程序中的一般原则和规则。但问题就在于，即使法官再怎样于特别程序中裁量适用普通诉讼程序的原则和规则，特别程序也不可能成为普通诉讼程序，因为诉讼事件非讼化趋势所提倡的仅是非讼程序功能的扩张而非完全取代诉讼程序。因此，即使特别程序可以保障部分对审性，法官对案件事实的审查也会不自觉受限，[③] 从而无法充分探明案件事实，故有必要为人格权侵害禁令案件设置低于典型诉讼案件的证明标准。

---

① 参见王泽鉴：《人格权法：法释义学、比较法、案例研究》，北京大学出版社2013年版，第387页。

② 参见程啸：《论我国民法典中的人格权禁令制度》，载《比较法研究》2021年第3期，第138页。

③ 参见徐伟：《〈民法典〉人格权侵害禁令的法律适用》，载《法制与社会发展》2021年第6期，第213页。

此外，参照《反家庭暴力法》第26条，人格权侵害禁令由人民法院以裁定形式作出。关于作出时间，应当根据案件的复杂程度、案涉人格权种类进行分别规定。对于非复杂、重大案件中的涉物质性人格权的禁令申请，人民法院一般应当参照《反家庭暴力法》第28条，在72小时内作出人格权侵害禁令或者驳回申请；情况紧急的，应当在24小时内作出。若同时为案涉重大、疑难的涉物质性人格权禁令申请，人民法院则应当参照《民事诉讼法》第103条关于行为保全的规定，必须在48小时内作出裁定。① 考虑到非物质性人格权保护的紧迫性，所有涉非物质性人格权的禁令申请案件，无论重大、疑难与否，人民法院均必须在48小时内作出裁定。

（三）人格权侵害禁令的程序保障与救济规则

关于程序保障，在具体的审查审理过程中，法院应当充分认识到人格权侵害禁令程序的基本诉讼特性，为当事人尤其是被申请人提供最低程序保障。承上所述，将人格权侵害禁令案件纳入特别程序审理，一个主要且直接的原因就在于人格权侵害禁令案件所具有的紧迫性。如此的程序设计显然是站在申请人一方的立场上考虑的。然而，人格权侵害禁令案件本质上又是真正争讼案件，具有较强的争讼性。那么在程序设计的底层逻辑上便应当注意双方当事人的对抗均衡、利益衡量以及最低程序保障。因此，在需要快速作出人格权侵害禁令决定时，尤其是在遇有紧急情况或者有证据证明无法传唤或将涉案通知送达被申请人的情况下，法院可以仅凭借申请人所提供的证明材料而无需被申请人答辩便作出裁决，此为人格权侵害禁令案件紧迫性的应有之义。然而，并非所有的申请人都是“好人”，亦并非所有的行为人当时或最终都是“加害人”。因此，裁决之后法院仍应适时补足被申请人所缺失的答辩或者陈述机会。

此外，法官可以根据案件的复杂程序裁量适用普通诉讼程序下的庭审证据调查原则、辩论原则、直接原则以及言词原则，并设置相应的法庭调查、法庭辩论环节。例如，在某一关乎公众知情权的人格权侵害禁令案件之中，甲申请法院责令禁止乙向公众出版与甲自身任何名誉信息有关或可能有关的报纸，并提供了相

---

① 参见朱晓峰：《〈民法典〉人格权禁令规范适用论》，载《中国政法大学学报》2022年第3期，第154页。

应的证据证明。相应地，乙也对甲的申请进行了抗辩，并也提供了相应的证据证明。然而，单纯地审查双方所提交的证据，法官无法形成心证。此时，法官便可裁量设置相应的法庭辩论环节，归纳双方的争议焦点，使双方围绕各自提交的证据展开辩论，以对一方主张形成内心确信。当法官自由裁量的结果是不适用上述原则时，具体环节的设置仍应给予双方当事人，尤其是被申请人最低的程序保障，[①] 确保被申请人能够通过正式或非正式环节陈述个人意见、表达个人观点。续借上例，若法官在审查双方所提交的证据后形成了心证，并决定支持申请人的申请。此时，法官仍应询问被申请人或者要求其作最后陈述，而不是直接宣判。

关于事后救济，根据《民事诉讼法》第15章关于特别程序的一般规定，所有适用特别程序审理的案件，均实行一审终审。亦即，一旦适用特别程序审理人格权侵害禁令案件终结，双方当事人均不得提起上诉，也不得申请再审。《反家庭暴力法》第31条对人身安全保护令也做出了类似规定：申请人对驳回申请不服或被申请人对人身安全保护令不服的，均可以自裁定生效之日起5日内向作出裁定的人民法院申请复议一次，但复议期间并不停止禁令执行。由此可见，人身安全保护令中的救济制度为复议。同样，人格权侵害禁令作为人身安全保护令的一般化，也应当类推适用这一规定。申请人或被申请人对人格权侵害禁令作出裁定不服的，任一方可自裁定生效之日起5日内向作出裁定的人民法院申请复议一次。在一审终审问题上，并不会因人格权侵害禁令案件的诉讼特性而有所区分。这一点，即使是同样作为真正争讼案件的仲裁裁决撤销案件也是一样的。根据《最高人民法院关于审理仲裁司法审查案件若干问题的规定》第20条的规定，在仲裁司法审查案件中，除不予受理、驳回申请、管辖权异议的裁定可上诉外，其他裁定一律不得上诉和申请再审。

值得注意的是，人格权侵害禁令案件适用特别程序并实行一审终审，并不意味着当事人双方不得就本案另行起诉。在我国，无论是理论界还是司法实务界均认为我国的民事诉讼标的理论采"旧实体法"说，[②] 即一个实体请求权对应一个诉讼标的。而只要当事人的前后请求不构成同一诉讼标的，便不会涉及

---

① 参见郭小冬：《人格权禁令的基本原理与程序法落实》，载《法律科学》2021年第2期，第149页。

② 参见任重：《论中国民事诉讼的理论共识》，载《当代法学》2016年第3期，第43页。

重复起诉或违背前诉判决既判力的问题，当事人当然有权再行起诉。具体到人格权侵害禁令案件中，申请人向法院申请人格权侵害禁令的请求权基础是人格权侵害禁令请求权，而申请人不服裁定之后向法院另行提起人格权侵权纠纷诉讼的请求权基础是人格权侵权请求权。因此，申请人分别基于人格权侵害禁令请求权与人格权侵权请求权启动审理程序并不构成民事程序法中的重复诉讼，亦不会与既定判决的既判力相违背。同样，若被申请人经复议后仍认为法院认定人格权侵害禁令申请错误的，其完全可以另行向法院提起人格权侵权纠纷诉讼。一旦人民法院认定原人格权侵害禁令申请错误，被申请人可以向申请人主张损害赔偿。

（四）人格权侵害禁令的效力与执行规则

《反家庭暴力法》第30条规定，人身安全保护令的有效期为6个月以内，保护令自裁定作出之日起生效。在保护令失效前，人民法院可以根据申请人的申请撤销、变更或者延长。由此可见，人身安全保护令为有期限但期限并不固定的禁令，并且该禁令期限可在一定条件下变动。如此设计，一方面考虑到了人身安全保护令所责令的行为并非一次性的行为；另一方面也考虑到了案件的复杂程度以及便宜当事人等因素。关于人格权侵害禁令的生效时间自然可以参照上述人身安全保护令的相关规定，设定为自人格权侵害禁令作出之日起生效。但是，对于人格权侵害禁令的失效却并不宜直接参照适用人身安全保护令的相关规定。

与人身安全保护令有所不同，人格权侵害禁令所责令之行为既有可能是一次性的行为，也有可能是持续性的行为。例如，责令某人删除某篇报道即是一次性的行为，行为人删除之后，禁令也就失去了效力意义。又如，责令A不得再发表关于B的任何报道，便要求B至少在一段时间内不得发表。此时，若不设置相应期限，人格权侵害禁令将对B产生长久效力。如此一来，是否又有侵犯B的发表权、言论自由权之嫌？因此，为了避免矫枉过正，对于持续型禁令应当设置相应期限，以最大程度避免不当限制和影响被申请人的权利和正常工作、生活。[①] 因此，对于人格权侵害禁令期限的设定应由法院根据具体案件裁

① 参见朱虎：《人格权侵害禁令的程序实现》，载《现代法学》2022年第1期，第185页。

量。对于一次性责令的人格权侵害禁令可不设置期限，而对于持续性责令的人格权侵害禁令应当设定为6个月以内，并且人民法院可以根据申请人的申请撤销、变更或者延长。

此外，从人格权侵害禁令设置的初衷来看，立法者更倾向于将禁令定位为一种不同于判决的法院裁决形式。这一点，从释义书中所述便不难看出。① 在法院作出人格权侵害禁令后，即使双方当事人后续又提出了人格权侵权诉讼，该禁令不会对后续侵权诉讼判决产生既判力，而依该禁令所认定之事实也无法产生预决效或证明效。传统民事诉讼法理论认为一般只有判决才具有既判力，而裁定一般不具有既判力（除不予受理、驳回起诉以及管辖权异议三种诉讼判决之外）。这是因为，原则上只有对实体问题的裁决才具有既判力，而对于程序问题的裁决，只有可能会导致后诉法院对该诉讼要件矛盾裁判时，才例外地具有既判力。② 若循着这种原理，人格权侵害禁令裁定反而应当具有既判力，因为人格权侵害禁令的作出必然是对双方当事人实体权利义务的裁决而非程序问题的裁决。然而，我们却不能忽视人格权侵害禁令案件的紧迫性特征。申言之，法院从事前受理、事中审查再到事后裁判是否作出人格权侵害禁令的整个过程，是一个十分紧急且迅速的过程。在这个过程中，法官可能并没有充分的时间和机会全面审查双方当事人的诉讼资料，而双方当事人也可能无法形成充分且有效的对抗。因此，在这种情况下所作出的裁决，只能是一种“权宜之计”，而不可能对后续诉讼产生既判力。

此外，若赋予禁令以既判力，还会面临当事人在较短时间内无法就相同事实和理由再次或多次申请禁令（尤其是一次性责令的人格权侵害禁令）的问题。这既不符合人格权侵害禁令设置的初衷，也与我国人权保障的理念相悖。同理，在这种双方当事人对抗不充分、法官审查事实不全面且证明标准较低的情况下所作出的裁定并不宜对后续侵权诉讼产生预决效或免证效。③

---

① 参见黄薇主编：《中华人民共和国民法典释义》（下），法律出版社2020年版，第1827页。

② 由于不予受理、驳回起诉以及管辖权异议是诉讼要件，因此关于此类要件的裁判被成为“诉讼判决”。参见张卫平：《仲裁裁决撤销程序的法理分析》，载《比较法研究》2018年第6期，第21页。

③ 参见《最高人民法院关于适用〈中华人民共和国民事诉讼法〉的解释》（2022年修正）第93条第1款第5项。

关于人格权侵害禁令的执行，人格权侵害禁令是法院以裁定形式发布的生效裁决，具有强制执行力。被申请人拒不执行的，人民法院可依据《民事诉讼法》第259条强制执行或代履行，产生费用由被执行人承担。

五、余论

构建一个完整的人格权侵害禁令程序应当分三步走：第一步，明确人格权侵害禁令程序是人格权侵害禁令请求权的独立实现程序；第二步，选择特别程序作为人格权侵害禁令程序规则建构的模板；第三步，以特别程序为模板并参照人身安全保护令设定人格权侵害禁令程序的具体规则。其中，第一步、第二步是基础和关键，它决定了人格权侵害禁令程序的发展方向。但是，真正的难点却在于第三步。本文虽讨论了有关人格权侵害禁令程序的诸多具体规则，但穷尽其全部规则绝非本文所能。时下，学界对于个中细节仍存在着较大分歧。例如，"情况紧急"是否构成申请禁令程序之要件、对"难以弥补"的界定、对"违法行为"的判断、"有证据证明"的程度以及是否提供担保等一系列申请审查阶段的分歧。又如，禁令的存续期限以及申请人错误申请的责任承担等禁令发布后的分歧。对此，一个应有的态度是：存在相似制度作为参照的规则不应过度创新，如人身安全保护令的有效期为6个月以内，将来便不宜将人格权侵害禁令的有效期规定为永久；而针对难以找寻相似制度的规则便可适度创新，比如网络侵权中的"通知规则"一般不会与人身安全保护令产生适用争议，因为网络侵权一般不涉及物质性人格权侵权，但其却可能与人格权侵害禁令产生适用争议，因为人格权侵害禁令的保护范围包含了非物质性人格权。

总之，人格权侵害禁令程序的建构既要走好性质定位、程序范式的关键第一步、第二步，更要兼顾程序细节设计的第三步。可以预见，未来《民事诉讼法》将配套《民法典》第997条，把人格权侵害禁令纳入其特别程序一章，并结合人身安全保护令、行为保全等程序法理进行细节设计，从而为《民法典》的实施保驾护航。

（初审：包少卿；校对：苗萍）

学理新解

错误法的新范式
——义务违反论

江 辉*

摘 要：有关错误构成的传统理论不仅与时代潮流背道而驰，更是在民法体系上引起了大量规范矛盾与评价矛盾。为消解体系间的冲突与矛盾，须以一种更为宏大的理论去开辟错误法之新范式。笔者以“义务违反论”为根基，从私人自治与公平正义之双方面着手，将错误划分为诱发型错误与自发型错误之二分结构。这一结构系以义务违反为首要前提，以可归责性与给付失衡为择一实质要件，以合同目的不能实现为结果要件。自制度之间的体系联动观察，义务违反、可归责性/给付失衡以及合同目的不能实现三种障碍性事实，共同塑造了一个以“义务违反”为中心连接错误与解除、交易基础障碍以及给付不能等各项制度的合同消灭体系。以新范式置换原有范式后，以错误为模型的意思瑕疵法与给付障碍法两大核心体系，在履行责任、返还风险、赔偿范围等各方面所存在的规范矛盾得以消弭，法律规定前后融贯一体，民法典由此实现其最大化之体系效益。

关键词：诱发型错误；自发型错误；可归责性；给付失衡；义务违反论

一、引言

目前，错误（《民法典》第147条）①之基本构成在我国理论界与实务界争

---

* 江辉，湘潭大学法学院硕士研究生。

① 我国《民法典》并未采用“错误”这一通说术语，而是以“重大误解”这一同义语来代替。然鉴于在学理上“错误”是比“重大误解”更常用的术语，且“重大误解”在语义上易滋生分歧，故本文在表述上谨以“错误”取代“重大误解”一词。另外，在错误形式主义与错误实质主义二分的语境下，笔者分别使用“形式性错误”与“实质性错误”两个概念。

议极大，对个案正义与法安定性均构成了严重威胁。试举三则典型案例作为论题之引入：

［例1］甲打算将自己的A书与B书出售于乙，不料疏忽之下先将自己的C书错交于乙（事实①），又将属于丙的D书错交于乙（事实②）。

［例2］在“双十一”促销中，某超市X对优惠选项操作失误，导致报价计算出现错误，原价100元一箱的啤酒实际报价仅有5元。

［例3］K在V欺诈或过失诱导下，将一副价值500元的古画仿作当做真迹以500万元之价格买下，其间产生缔结费用1元。其后K以600万元转售于M，不料事后得知古画为仿作。

在例1中，若按德国传统错误理论，首先，针对事实②，甲构成表示错误，乙满足善意取得，依“特别法优于一般法”① 规则，乙取得书之所有权。此种场合，针对同一事实产生两种互斥的法律效果，学理上称为规范矛盾（Normwiderspruch）。其次，针对事实①，甲构成表示错误，乙能否取得书之所有权，端视甲是否主张错误撤销。此时，若回头对比事实①与事实②即可发现，两种完全等同的信赖强度下，乙却受到两种截然相反的待遇。此种情形，针对同类事项产生不同评价结果，学理上称为评价矛盾（Wertungswiderspruch）。事实上，人们需要的是在逻辑上与评价上均无矛盾的法律体系，②故针对同一事项或

---

① “特别法优于一般法”的思想源自一种功利思想。在这一思想看来，特别法（个别法）是立法者出于某些功利目的而引入的违背法的一般规则的法。据此，能够给某种群体带来特殊功利为特别法（个别法）违反一般法（共同法）的逻辑原则提供了正当性基础。然而，这种具有“照顾”（benelicia legis）性质的特别法条款的泛滥，会引发由公正向特权倾斜的危险。参见［意］彼得罗·彭梵得：《罗马法教科书》，黄风译，中国政法大学出版社1992年版，第11—12页。可见，“特别法优于一般法”规则有其自身的历史局限性，在注重公平正义的当今法制背景下，不能以特殊规范的法律效果修正或取代一般规范的法律效果。

② 不过，德国通说认为评价矛盾并不必然被排除，法院在价值评价方面做出相矛盾的决定是可能的。因为评价矛盾与规范矛盾不同，后一种情况下存在着逻辑矛盾，而前一种情况下只存在着价值论（Axiologie）或目的论（Teleologie）的矛盾。前者在任何情况下都不能被接受，因为逻辑法则是清晰的、统一的，法律规范必须受制于它；而后者则通常能够被容忍，因为伦理价值是模糊的、随意的，可由法律秩序自己决定。Vgl. Karl Engisch, *Die Einheit der Rechtsordnung*, 1935, S. 161 ff; Claus-Wilhelm Canaris, *Systemdenken und Systembegriff in der Jurisprudenz*, 1983, S. 113 ff. 此种观点不应被遵循，因为无论是规范涵摄还是价值评价，均在追求“平等的正义”，而规范矛盾与评价矛盾皆意味着对平等原则的违反，故均应被避免。Vgl. Karl Larenz, *Methodenlehre der Rechtswissenschaft*, 1991, S. 453.

同类事项，依据特殊规范或平行规范所得出的结论应当保持协调一致，此为民法的体系效应使然；反之，若二者在评价结果上出现冲突与矛盾，则表明其间必然存有某种规范缺陷。

在例2中，按照德国传统错误理论，该错误属于价格形成过程中个别计算项的错误，未被纳入表示内容之中，因而属于不受斟酌的动机错误，只有在极端情况下才可以根据诚实信用原则来处理。①按照我国新近错误理论，由于报价的计算项与算法并非公开，这属于表意人的内部领域，相对人并无查明或纠正义务。而且在网络促销方式多元与“双十一”的特殊背景下，超低价销售也并不违反常识，相对人对错误不具有可归责性。但如果由于社交网络的宣传效应，该店遭受巨额损失，应例外承认表意人的撤销权。②事实上，对于涉及给付失衡的大量案例，如和解错误、赠与错误、清偿错误等，学界皆例外地承认表意人之撤销权。③ 然而，如果在具体适用根据某种理论所确定的标准时出现了大规模的例外情况，则表明人们所创设的此种理论并不成功。

在例3中，按照传统与新近错误理论，错误撤销权与瑕疵担保请求权产生选择性竞合（区别于例1中的排斥性竞合），K得择一主张。④ 然而，若其主张错误撤销权，则其仅可获得1元的针对信赖利益的损害赔偿；若其主张瑕疵担保请求权，则其可获得100万元的针对履行利益的损害赔偿。对于K而言，他能够获得多少赔偿，取决于其对法律条文的熟悉程度，此种结局显然令人难以接受！体系之形成，不仅涉及理论本身之建构，也关乎理论正确性之检验。检验标准在于，结论性陈述在逻辑层面是否与其他规范协调一致（逻辑衡量），

① Vgl. Werner Flume, *Das Rechtsgeshäft*, 1992, S. 493; Helmut Köhler, *BCB Allgemeiner Teil*, 46. Aufl. 2022, § 7 Rn. 25.

② 参见李潇洋：《重大误解的范式之变：从错误论到归责论》，载《中外法学》2022年第5期，第1361页。

③ 参见韩世远：《重大误解解释论纲》，载《中外法学》2017年第3期，第673页；翟远见：《重大误解的制度体系与规范适用》，载《比较法研究》2022年第4期，第168页。

④ 参见金晶：《〈合同法〉第111条（质量不符合约定之违约责任）评注》，载《法学家》2018年第3期，第174页；陈自强：《台湾民法契约错误法则之现代化》，载《月旦法学杂志》2015年第4期，第117—119页；王泽鉴：《民法总则》，北京大学出版社2022年重排版，第384页。

或者在法目的论层面是否合乎事物之本质（目的衡量）。①我国学者在解释错误规则（《民法典》第147条）时，通常只注重构成要件层面的初步设计，却忽视了在法律效果层面进行深入规划，②以致所提出的错误理论在某种程度上无法保障正确性，难以在终局意义上起到平衡双方当事人权益之作用。

上文显示，面对错误法领域存在的“违反体系”与“违背事理”之种种情况，学术界提出无数竞合理论与例外情形，欲在细节处开启绵绵无尽的修复工作，然而结果表明这一策略收效甚微。可见，只有从问题根源处入手，才能将千万种谬误从理论陷阱中连根拔起。依笔者之见，为确定错误法之基本构成，首须回答的一个根本性问题是：表意人之自我决定与相对人之信赖保护在价值位阶上何者优先？按照当代民法科学提供的以因果性、规律性为目的的方法论，“自身”在本质上处在一种社会结构之中，③ 人们不能过度专注于自身之意志自由而忽略他人之意志自由。试观比较法中错误理论的当代发展，人们对实质性契约自由（契约正义）的状况更加敏感，④因而可撤销性问题的决定性标准越来越趋向于实质性标准，这体现了现代思想开始从立足于自我主体的论证理性向立足于交互主体的理解理性的过渡。可见，错误理论不能仅建立在传统的意思教义思想之上，必须兼顾以社会理论为根基的信赖保护观念。为此，在错误之基本构成的探索中，应当突破传统意思瑕疵法封闭式、单维度的思维模式，寻求一种开放式、多维度的综合性判断。据此，判断是否构成错误，须立于双方当事人之视角判别究竟哪一方利益更应受保护，哪一方利益可不得已被牺牲，从而形成合理的利益分配格局。另外，在错误救济上还应注重利益保护的终局性，一旦确定具体责任人，则该责任人应对自己的可归责行为负责到底，从而填补权利人之全部损失。

本文通过反思传统错误理论的成功与不足，借助法学中的体系思维与体系

---

① Vgl. Dreier, *Zur Theoriehildung in der Jurisprudenz*, in: Recht-Moral-Ideologie, 1981, S. 82 ff; Karl Larenz, *Methodenlehre der Rechtswissenschaft*, 1991, S. 450 ff.

② 对此，参见韩世远：《重大误解解释论纲》，载《中外法学》2017年第3期，第682—684页；冉克平：《意思表示瑕疵：学说与规范》，法律出版社2018年版，第373—378页。

③ 参见 Mead G. Herbert, *Mind, Self, and Society: From the Standpoint of a Social Behaviorist*, Chicago University Press 1934, p. 140。

④ Vgl. Reinhard Singer, in: *Staudinger Kommentar BGB*, 2021, § 119 Rn. 5.

概念重构当代错误法之基本范式，确立错误构成的新实质标准，以探索表意人与相对人利益的衡平之道，并在学理层面通过考察体系间评价结果的一致性来完成对这一基本范式的正确性检验。

二、错误法的范式转变

围绕错误的基本构成所产生的理论争议，大致经历了从形式主义到实质主义的范式转变。笔者试从民法基本原理入手，阐明错误形式主义与错误实质主义在体系脉络与价值判断等方面存在的本质缺陷，并运用法律原则重新创设错误的基本类型，形成错误法的体系化建构。

（一）错误形式主义及其质疑

错误形式主义擎起私人自治的大旗，捍卫表意人之自我决定权，在奉行自由主义与形式理性的19世纪德意志法律科学时代可谓风靡一时。然经过百年发展，时代主题更改，这一理论范式遂呈没落之势，声讨之音不绝于耳。

1. 错误形式主义

借助视角理论与利益衡量理论，错误形式主义可以概括为“意思论”与“二元论”两方面。具体而言，意思论自表意人之单一视角出发考察意思与表示是否一致，若不一致则即可在不考察相对人因素的情况下主张撤销（意思论）；不过，主张撤销原则上仅限于表示错误这一情形，动机错误只在涉及具有交易上重要性的性质错误场合方受斟酌（二元论）。[①]逻辑上，形式主义二元论是形式主义意思论继续发展的自然结果，因为意思论如要侧重保护表意人自我决定权，则必然自表意人视角出发建构错误类型。事实上，在实质性契约自由之法律背景下，错误形式主义在“大方向”上既已跑偏，因此无论在分类上如何攻于机巧，都是南辕北辙之举。因此，若对错误形式主义进行质疑与辩难，重点不在于一元论与二元论之争，而在于意思论与表示论之辩。

---

① Vgl. Reinhard Singer, in: *Staudinger Kommentar BGB*, 2021, § 119 Rn. 79 ff；参见杨代雄：《〈民法典〉第147条（重大误解）评注》，载张志铭主编：《师大法学》2019年第2辑，法律出版社2020年版，第155页。

2. 错误形式主义之质疑

（1）学界观点

一如前述，如今错误形式主义在价值判断层面已站不住脚，不过仅立足于价值论上的空泛说理尚不能说明一切，保证教义学的技术分析不输于生活中的价值判断，才是历代学者的神圣使命。这方面，学者们欲透过体系解释摆脱错误形式主义之束缚。放眼于浩瀚的解释资料，目前较为有力的观点有二：

观点一，类推意思表示解释规则。有学者认为，如今在讨论意思表示的解释问题时，通常是根据规范解释确定该表示的客观含义，而非探求表意人内心的真实意思。可见，在表示论占主导的今天，人们早已不再把当事人的意思作为法律行为效力的唯一根据了；同样，既然整个意思表示理论已经发生了从意思论向表示论的变迁，那么何必在错误领域继续固守作为意思论残留的“二元论”呢？①

笔者认为，此种推理存在逻辑缺陷。在意思表示解释领域采纳表示论（规范解释），无法推导出整个意思表示理论都在贯彻表示论。原因在于，相较于错误场合的表示论，意思表示解释领域的表示论对信赖保护的强度远不及于前者，二者分属不同层次：后者指向一种暂时性效力，属于生效性（Wirksamkeit）判断；前者导向一种终局性效力，属于有效性（Gültigkeit）判断。质言之，规范解释只是对表意人与相对人利益关系的初次分配而非终局性安排，因而并不能在根本意义上决定双方利益分配格局，这意味着错误场合法律行为效力的最终决定权可能操于表意人之手。可见，上述结论显有过度推理之嫌。

观点二，类推第三人欺诈规则。有学者认为，根据《民法典》第 149 条，第三人实施欺诈，使一方在违背真实意思的情况下实施法律行为，对方知道或者应当知道该欺诈行为的，受欺诈方有权请求撤销。由此可见，在欺诈场合立法者尚且如此要求相对人的“参与”（知道或者应当知道该欺诈行为），而在错误场合对于表意人真实意思的保护却可以根本不顾及相对方之因素，显然在法律评价上有所失衡。类比《民法典》第 149 条呈现出的立法者的价值判断，要

① 参见龙俊：《论意思表示错误的理论构造》，载《清华法学》2016 年第 5 期，第 121 页。

求相对人具有参与因素，在我国解释论上具有合法性及正当性。①

笔者认为，此种推论亦不准确。与错误撤销不同，欺诈撤销不要求内容上的重要性，因为欺诈恶意的存在降低了法律对这一要件的要求。②经合理化解释后，《民法典》第149条之规范射程仅及于因第三人欺诈导致的非重要性错误，而对于重要性错误，仍受《民法典》第147条规制。故德国学者认为，如第三方在相对人不知情的情况下进行欺诈，错误撤销权对受骗方来说可能具有实际意义。③

可见，错误形式主义的桎梏在解释论上依旧未被突破，必须另辟蹊径。

（2）笔者见解

上述两种观点自体系解释角度寻求解决之道，无疑打开了一条思维进路，遗憾的是，由于其未能有效鉴别规范之间的脉络关系，以致不能准确找出应被类推的具体规范。不过，问题是应如何理清规范间的脉络关系呢？笔者认为，依据规范间关联性之紧密程度，从高到低可将规范关系划分为三种类型：竞合关系、平行关系以及并列关系。首先，竞合关系与平行关系的建立分别以“同一事物同等对待”以及“同类事物同等处理”为基础，④由于形成竞合或平行关系的规范在逻辑与价值上具有同一性或相近性，因此彼此间可以相互类推适用。其次，并列关系的形成则以各个规范在总体直观上具有相同特征为前提，尽管这些规范被统合到同一外部体系之中，但由于彼此间具有不同构成要件以致针对同一事物在评价结果上所体现的是差异性而非一致性（见表1），因而通常不能相互类推适用。综上可知，只有处于竞合关系与平行关系中的规范彼此之间才能够相互类推适用。因此，对《民法典》第147条进行体系解释时，不能类推与其相并列的规范（如《民法典》第149条），只能类推与之相竞合或相平行的规范。

① 参见韩世远：《重大误解解释论纲》，载《中外法学》2017年第3期，第679—680页。

② 参见许德风：《欺诈的民法规制》，载《政法论坛》2020年第2期，第9页。

③ Vgl. Kramer, in: *Münchener Kommentar BGB*, 5. Aufl. 2006, § 123, Rn. 31; Reinhard Singer, in: *Staudinger Kommentar BGB*, 2011, § 123 Rn. 97.

④ Vgl. Karl Larenz, *Methodenlehre der Rechtswissenschaft*, 1991, S. 334 f.

表 1 《民法典》第 147 条（错误）的并列规范表

瑕疵类型	形式要件		实质要件	
	意思真实受破坏	决定自由受侵害	相对人可归责性（私人自治）	给付失衡（公平正义）
诱发型错误（《民法典》第 147 条）	+++	+	+	-
自发型错误（《民法典》第 147 条）	+++	-	-	+++
虚伪表示（《民法典》第 146 条）	+++	-	+++	-
欺诈（《民法典》第 148 条）	+	++	+++	-
胁迫（《民法典》第 150 条）	-	+++	+++	-
显失公平（《民法典》第 151 条）	-	++	++	+++

注："-" 与 "+" 为程序符号，"-" 为无，"+" 为低，"++" 为中，"+++" 为高。

错误规则（《民法典》第 147 条）的平行规范遍布于民法之全局，如无权代理（《民法典》第 171 条）、无权处分（《民法典》第 597 条）以及善意取得（《民法典》第 311 条）等，这些规范皆为有关信赖保护的制度，它们有机地结合成系统性关联体，在价值衡量上呈现出高度一致性，故结合成一组平行关系，为类推适用奠定了坚实的体系基础。然而，我国学者在解释《民法典》第 147 条时，常常舍近求远地参酌德国法之规定，以致陷入了错误形式主义之泥潭，其主要体现为：在构成要件方面，只要表意人产生错误则原则上可在不斟酌相对人事由的情况下主张撤销；在法律效果层面，将错误撤销后的"赔偿损失"严格限制在信赖利益之范围。① 然而，这种比较法解释并未注意到不同法律背景之间的差异，且忽视了法律秩序内部的统一性原则。德国法上的信赖保护体系遵循双轨制原则（Grundsatz der Zweispurigkeit des Vertrauensschutzes），② 即区分积极信赖保护与消极信赖保护两种情形（参见《德国民法典》第 122 条、

① 对此，参见朱庆育：《民法总论》（第 2 版），北京大学出版社 2016 年版，第 266—278 页；杨代雄：《法律行为论》，北京大学出版社 2021 年版，第 279—314、440 页。

② Vgl. Claus-Wilhelm Canaris, *Die Vertrauenshaftung im deutschen Privatrecht*, 1971, S. 5.

第179条等)，并分别赋予不同的保护强度;① 而我国法上，无论在何种信赖场合皆统一采履行利益之标准（参见《民法典》第171条第3款，第597条等)，故而遵循的是单轨制原则，与德国法上的双轨制原则大相径庭。在不同法律背景下贸然参酌他国之规定解释本国法，势必因规范上的不兼容性而引起评价矛盾。可见，我国现行法的体系决定着我国错误法之理论范式只能贯彻实质主义表示论，而不能采纳形式主义意思论。

意思论被抛弃后，二元论因其价值基础的丧失而分崩离析，在我国实证法上失去存在根基。如今人们通常以“意思与现实不一致”这一形式定义来统合二元论语境下的“意思与表示不一致”以及“意思与事实不一致”② 两种情况，客观来看，这一定义既与我国司法解释之规定相契合，也符合国际上权威性文献对错误之理解。例如，根据《最高人民法院关于适用〈中华人民共和国民法典〉总则编若干问题的解释》(以下简称《总则编司法解释》)第19条第1款规定，重大误解（错误）是“行为人对行为的性质、对方当事人或者标的物的品种、质量、规格、价格、数量等……”产生的错误认识。再如，美国《合同法重述》(第2版）第151条规定，错误是指“内心观念与客观事实的不一致”(a belief that is not in accord with the facts)。又如，德国《施陶丁格民法评注》(第119条）认为，错误是“对现实的任何误解（jede Fehlvorstellung von der Wirklichkeit)，这种误解可以与表示本身有关，也可以与交易标的有关，或者与对缔结合同有重要意义的其他情况有关”。③

① 德国信赖保护的双轨制原则（Grundsatz der Zweispurigkeit des Vertrauensschutzes）具体体现为：在致害人对信赖事实的形成为不可归责（无过失或者善意）的场合，采消极信赖保护方案，比如表意人对其相对人的责任（《德国民法典》第122条)，善意无权代理人对其相对人的责任（《德国民法典》第179条第2款)，原则上均以信赖利益为标准；在致害人对信赖事实的形成出于可归责（有过失或者恶意）的场合，采积极信赖保护原则，比如，有过失无权处分人对买受人的责任（《德国民法典》第433条第1款第1句，结合第311a条第2款，第276条)，非善意无权代理人对其相对人的责任（《德国民法典》第179条第1款)，原则上均以履行利益为标准。

② Vgl. Friedrich Karl von Savigny, *System des heutigen römischen Rechts*, Band Ⅲ, 1840, S. 99 ff; Werner Flume, *Das Rechtsgeshäft*, 1992, S. 440 ff.

③ Vgl. Reinhard Singer, in: *Staudinger Kommentar BGB*, 2021, § 119 Rn. 6.

（二）错误实质主义及其局限

1. 错误实质主义

与错误形式主义相对应，错误实质主义可以概括为“表示论”与“一元论”两方面。具体言之，错误实质主义所关注之重点越过表意人之单一视角，开始考察相对人方面因素，从而在错误的形式要件之外创立了实质要件（表示论）；另外，在可撤销性方面不再关注表示错误与动机错误之区分，适用同一的可撤销标准（一元论）。目前，我国多数学者都接受了实质主义的立法例,① 并在此基础上对错误的实质要件提出某种普适于所有错误类型的一般标准，这种标准可称之为“单一标准”。贯彻单一标准的典型理论有两种：其一，参与论。参与论在错误的实质要件上贯彻的是纯粹“单一标准”模式，其通过参考国际法上的相关规定，提出通过增设相对人参与这一要件，明定只有在对方参与了错误的形成时，表意人始享有错误撤销权。② 其二，归责论。归责论在错误的实质要件上贯彻的是“单一标准”+“例外情形”模式，其通过借鉴德国判例法上的合同废止（Aufhebungsvertrag）制度，以归责论作为解释思路，原则上仅当相对人对表意人之意思形成可归责（具有过失）时，错误制度的适用才有正当性;③ 不过，在某些极端情形，尽管相对人对错误欠缺可归责性，但若不撤销合同将导致给付失衡之后果，此时应例外允许表意人撤销合同。④ 归责论所创设的以可归责性为原则、以给付失衡为例外的实质标准，代表了当今错误

---

① 参见叶金强：《私法效果的弹性化机制——以不合意、错误与合同解释为例》，载《法学研究》2006 年第 1 期，第 108 页；韩世远：《重大误解解释论纲》，载《中外法学》2017 年第 3 期，第 667—684 页；朱广新：《合同法总则研究》，中国人民大学出版社 2018 年版，第 284—293 页；李潇洋：《重大误解的范式之变：从错误论到归责论》，载《中外法学》2022 年第 5 期，第 1342—1362 页。

② 参见韩世远：《重大误解解释论纲》，载《中外法学》2017 年第 3 期，第 679—681 页。

③ 参见李潇洋：《重大误解的范式之变：从错误论到归责论》，载《中外法学》2022 年第 5 期，第 1356—1359 页。

④ 参见李潇洋：《重大误解的范式之变：从错误论到归责论》，载《中外法学》2022 年第 5 期，第 1360—1361 页。

理论之最前沿发展态势。[①]

2. 错误实质主义之局限

错误实质主义已试图摆脱传统意思教义之束缚，在错误法学说史上取得实质性进展。然而在错误的实质要件上，这一阵营所提出的相对人之参与性或归责性因素这种单一化实质标准并不能有效涵盖错误之全部类型，从而因调整范围过窄，制度因此“功能性减损”。依笔者之见，判断是否构成实质性错误，应将公平正义原则框架下的给付失衡作为另一种原则性标准，而非例外性标准，综合裁判学视角、法史学渊源、民法学原理、比较法视野以及实证法基础五个维度，分析如下：

其一，单凭私人自治原则判断是否构成错误容易陷入个案裁判失灵的困境。例如，拟定赔偿协议书时工作人员将赔偿金额写成了 14 万元，与其应当支付的合理费用 7 万元形成巨大误差，此时履行合同显然有违公平。[②] 然而，在举证环节一方面难以探测表意人之内心真实意思，另一方面也无法得知相对人对书写错误是否知情，此时判断表意人是否存在错误的确存有较大障碍，如此一来则表意人之损害将诉求无门。鉴于举证困难会导致因真伪不明而无法裁判，必须对传统错误理论模式下的单一化、封闭式规范结构加以改造，[③] 将公平正义原则深植其中，架构起构成要件的多元化与开放式格局。

其二，立足于给付的等价性考量是否赋予错误撤销权，符合古老的自然法理念。自交换正义与矫正正义二分的古典理论出发，交换正义意味着用于交换的标的物应当具有“一对一”的等值关系，即“一分价格一分货”。[④] 据此，给付与对待给付间的等值性构成履行合同的前提条件，给付失衡的合同因其拘束

① 参见叶金强：《私法效果的弹性化机制——以不合意、错误与合同解释为例》，载《法学研究》2006 年第 1 期，第 109 页。

② 参见北京市第三中级人民法院民事判决书，(2022) 京 03 民终 7980 号。在该案中法院最终以举证不足为由驳回原告之请求。类案异判，参见山东省烟台市中级人民法院民事判决书，(2022) 鲁 06 民终 2555 号。

③ 有关举证困难因素对民法规范结构之影响的论述，参见［日］伊藤滋夫：《要件事实的基础——民事司法裁判结构》，许可、［日］小林正弘译，法律出版社 2022 年版，第 216—265 页。

④ 参见 Thomas Hobbes, *Leviathan*, London 1997, p. 92; James Gordley, *The Philosophical Origins of Modern Contract Doctrine*, Oxford 2011, p. 7。

力无法维持而罹于无效，受益人所取得之利益类似于一种不当得利，[①] 应予返还，此时取而代之的是另一种正义——矫正正义。可见，在给付失衡情形的错误场合之所以普遍承认当事人的撤销权，[②] 正是因为其符合人们最朴素的法感情。

其三，私人自治与公平正义在民法上是一组紧密的关联体，二者共同构成了错误救济的价值基础。自近代社会以来，私人自治原则一跃成为当今私法之主旋律，而公平正义等朴素的价值理念在自治法中仅起到补强作用，交易中的主观等价观念遂取代了客观等价观念。倘受限于此种时空背景，则以公平正义为基础的客观等价理论这一经济视角作为判断错误的实质标准，断然不可取。因为错误撤销旨在为行为人错误的意志表达提供更正机会而非弥补错误行为的损失，将经济后果作为判断错误重大与否之标准，这一思考进路自始偏离正确轨道。[③] 然而事实上，行为人意志的正确表达通常都是建立在正确评估经济上等价性的基础上，若给付与对待给付间等价性落差极大，则表意人实现私人自治何堪设想！因此，在标的物有瑕疵等错误场合，表意人主张错误救济的正当性理由，不仅在于更正意志决定之瑕疵，更在于矫正给付与对待给付间等价性的重大失衡。

其四，将客观等价性作为判断错误之实质标准在理论界虽有反对之声，[④] 但在立法上已暗合国际动向。例如，美国《合同法重述》（第2版）第153条、

---

① 在王某与某铝型材厂有奖储蓄存单纠纷再审案中，法院认为，银行发放的003192号有奖储蓄存单，在1993年7月10日公开摇奖时中奖，使该存单从票面值100元升值为10,100元。此时，某铝型材厂是已升值存单的合法持有人，奖金1万元是持有人的合法收益。由于某铝型材厂主管人员的疏忽大意，未了解存单中奖情况，而将已升值为10,100元的存单仍以票面值100元发放给王某。依照《民法通则》第59条第1款第1项规定，某铝型材厂的行为构成重大误解，是可撤销的法律行为；另外，依照《民法通则》第92条规定，王某在对方对自己的行为有重大误解的情况下领到存单，进而取得1万元奖金，是没有合法根据的不当得利，应当返还。

② Vgl. Kramer, *Der Irrtum beim Vertragsschluss*, 1998, Rn. 87; Birke Häcker, *Consequences of Impaired Consent Transfers: A Structural Comparison of English and German Law*, Oxford & Portland Oregon 2013, pp. 113–119; Gibbon *v.* Mitchell [1990] 1 Washington Law Review, 1304 (ChD).

③ 参见朱庆育：《民法总论》，北京大学出版社2016年版，第276页。

④ Vgl. Sonja Meier, *Irrtum und Zweckverfehlung: Die Rolle der unjust-Gründe bei rechtsgrundlosen Leistungen im englischen Recht*, Mohr Siebeck, Tübingen 1999, SS. 86–91, 103–108. See Thomas Krebs, *Restitution at the Crossroads: A Comparative Study*, Cavendish, London 2001, pp. 76–81.

《意大利民法典》第787条、《奥地利民法典》第572条、《匈牙利民法典》第210（5）条、《波兰民法典》第84（1）条、《南斯拉夫义务法》第62条等，皆不乏同时从等价性角度出发判断是否允许主张错误。在价值多元化的法律社会应尊重多元价值的法律方法，纯粹私人自治的传统已非坚不可摧的磐石，废除私人自治的单行道，改采私人自治与公平正义之双向道，乃是社会本位背景下的一般立法趋势。①

其五，在错误构成上融入给付失衡这一实质性标准在我国具有稳固的实证法根基。我国《民法典》明定公平原则（第6条），作为一种主导思想它可以为进一步的具体化作业与裁判活动指明方向；② 在给付失衡的情况下，如将该原则作为法官用于斟酌是否允许表意人撤销合同的指导方针，不失为明智之举。如今，公平正义原则已被贯穿于裁判之中，形成了蔚为壮观的经验类型（empirische Typus），例如，和解错误③、赠与错误④以及非债清偿⑤等。

---

① 参见陈自强：《契约法讲义Ⅰ：契约之成立与生效》，元照出版公司2018年版，第149页。

② Vgl. Karl Larenz, *Methodenlehre der Rechtswissenschaft*, 1991, S. 474; Thomas M. J. Möllers, *Juristische Methodenlehre*, 4. Aufl. 2021, § 9, Rn. 11.

③ 在一起较为典型的案件中，V的丈夫M在为K送驾照途中罹于交通事故，K误以为自己对M之死负有赔偿责任，于是与V签订了金额为20万元的补偿协议。K履行了部分给付后，经咨询得知自己对相关法律存有误解，其实自己对于M之死不负任何法律责任，故拒绝履行给付义务。二审法院认为，K对法律的理解错误不属于重大误解，遂判决驳回了K的上诉请求。参见北京市高级人民法院民一庭编：《北京民事审判疑难案例与问题解析》（第1卷），法律出版社2007年版，第425页。不难发现，这一裁判结果从法感情上就难以被人接受。对该案裁判结果的质疑，参见龙俊：《论意思表示错误的理论构造》，载《清华法学》2016年第5期，第125页；韩世远：《重大误解解释论纲》，载《中外法学》2017年第3期，第677页。

④ 参见上海市第二中级人民法院民事判决书，（2010）沪二中民二（民）终字第2054号。

⑤ 在A公司诉B公司钢材切割厂重大误解返还预付款案中，A公司误将切割厂出具的收条上所示用途为KB951110—7合同认为是A公司与切割厂间的合同，实际上是C公司与切割厂间的合同，法院认为该付款行为系重大误解，应予撤销，切割厂理应将100万元返还给A公司。参见上海市第二中级人民法院民事判决书，（1997）沪二中经终字第452号。不过，非债清偿情形，受领方无法律上原因取得利益，构成给付型不当得利（《民法典》第985条），即使给付方不基于错误撤销给付行为，也可基于不当得利这一衡平规范请求返还。无论如何，非债清偿场合的返还请求权系在给付失衡的法理之内获得证成。参见William A. Keener, *Recovery of Money Paid under Mistake of Fact*, Harvard Law Review, Vol. 1, No. 5 (Dec. 15, 1887), p. 211; Birke Häcker, *Consequences of Impaired Consent Transfers: A Structural Comparison of English and German Law*, Oxford & Portland Oregon, 2013, p. 113。

综上，不宜将给付失衡作为一种例外性标准来对待，而应将其作为一种与可归责性相并列的原则性标准。行文至此，反观错误形式主义与错误实质主义两种传统理论，其弊病均在于存在某种价值缺位：前者缺失信赖保护，后者疏于公平正义。欲建构错误法之新范式，首要任务便在于填补其间的价值缺位。

（三）错误实质主义之新发展——义务违反论

据前文所述，错误法之基本范式应是一种贯彻“私人自治”+“公平正义”之双重考量标准的理论格局。价值基础显性化后，其为进一步的具体化工作指明了根本方向，错误法之新范式呼之欲出。

1. 法律原则对错误类型的塑造

私人自治与公平正义作为法律原则具有塑造力量与生殖能力，可以发展出具有相似构成要件的法律制度，[①] 但二者各有其适用边界，因而可以分别“演绎”出相互独立的制度类型与子类型。

首先，民法以私人自治（《民法典》第5条）为立法根基，不过在平等观念（《民法典》第4条）的预设下，私人自治并非专属于表意人之一方，它同时属于表意人之相对方，故而法规范应在最大限度内保证自己的私人自治与他人的私人自治（即信赖保护）同时并存（Privatautonomie als Selbstbestimmung beider Parteien）。[②] 当两种自由发生冲突时，不能以某一方当事人的私人自治先验性地优于他方当事人的私人自治而想当然地牺牲后者的私人自治，因为在“自我决定”+“自我负责”的私人自治框架下，若要牺牲某一方当事人的私人自治，必须以该方当事人具备可归责性为前提。由此推知，在错误场合，只有当相对人对错误之形成可被归责时，其信赖保护始让位于表意人之自我决定，允许表意人主张错误救济。此种建基于私人自治原则之上，缘起于外部因素并以相对人之可归责性为实质性标准的错误类型，可称为“诱发型错误”。

然而，当相对人对错误之形成不具有可归责性时，私人自治原则应将其主导性地位让与给公平正义原则。合同是否符合公平正义，最简单之判断基

① Vgl. Thomas M. J. Möllers, *Juristische Methodenlehre*, 4. Aufl. 2021, § 9, Rn. 24.

② Vgl. Reinhold Zippelius, *Rechtsphilosophie*, 2007, S. 138; Thomas M. J. Möllers, *Juristische Methodenlehre*, 4. Aufl. 2021, § 9, Rn. 43.

准在于交换的客体，即给付与对待给付之间是否具有等价性；① 一旦合同因陷于错误而丧失等价性，其法律拘束力常常罹于“正义缺席”而难以维持，此时合同的可撤销性由此具备。等价理论找到了当事人对于其自我决定之事不必负责的正当性基础——给付失衡，于各方当事人之间创设了一种有适度弹性的衡平机制，大大拓宽了错误法之规制范围。此种建基于公平正义原则之上，缘起于内部因素并以给付失衡为实质性标准的错误类型，可称为“自发型错误”。

至此，一种以诱发型错误与自发型错误为基本错误类型的新二元格局得以形成，② 错误法的内部体系得以落实。

2. 义务违反论的诞生

值得思考的是，为彰显教义学的逻辑归纳能力，应如何以一个上位标准统合诱发型错误与自发型错误两种基本类型，并贯彻私人自治与公平正义两种价值理念？一个可能的思路是，从给付障碍法中有关合同消灭的一般理论中获得启发。错误法与给付障碍法存在着复杂的交互作用，交易基础障碍（《民法典》第533条）、解除（《民法典》第563条）以及给付不能（《民法典》第580条）等有关合同消灭的各种制度，皆与错误法密切相关，甚至它们本身就是“扩张的错误法”（ausgelagerte Irrtumsrecht），可为错误法的建构工作提供颇为可观的理论启示。另一个可能的思路是，摆脱封闭式概念、转而诉诸体系化概念来建构错误法，“将相关法律制度和法律规则连接成一个伟大的统一体”，③ 也无疑

① 参见陈自强：《契约法讲义Ⅰ：契约之成立与生效》，台北，元照出版公司2018年版，第148页。

② 对于错误之类型，在英国法中虽亦有诱发型错误（induced mistakes）与自发型错误（spontaneous mistakes）之分，但其适用标准极为严格。对于诱发型错误，在普通法中欺诈和胁迫是撤销合同的理由，而非欺诈性的（过失的和无辜的）不实陈述和不正当影响只在衡平法中得到承认。另外，根据英国1967年《不实陈述法》第2（2）条，法院可以拒绝因非欺诈性不实陈述而撤销合同，宣布合同继续存在并判决以损害赔偿取代撤销合同。对于自发型错误，由于没有被融入实质性考量标准（给付失衡等因素），故通常属于错误人自身的风险领域，原则上不允许其撤销合同。参见Birke Häcker, *Consequences of Impaired Consent Transfers: A Structural Comparison of English and German Law*, Oxford & Portland Oregon 2013, pp. 106, 109。

③ Vgl. Friedrich Karl von Savigny, *System des heutigen römischen Rechts*, Band Ⅰ, 1840, S. 214.

更利于促进法教义学的实质进步。

在给付障碍领域，作为合同消灭前提的各种障碍性事实，如给付不能、瑕疵给付以及迟延给付等，均被涵盖于义务违反这一标准之中。① 鉴于“义务违反”这一概念具有强大的统合力，若同样将其贯彻于错误场合，作为救济的必要前提，在逻辑上应无障碍：试想，若双方在缔结合同中均未违反义务，例如，在诱发型错误情形相对人为避免表意人产生错误认识而尽了交易上必要的注意义务，在自发型错误情形表意人虽然面临着显著的给付失衡局面依然在最终意义上履行了给付义务，则双方自无必要诉诸错误法寻求救济。可见，一如给付障碍场合，诱发型错误与自发型错误之判断，同样应以义务违反为前提要件。鉴于此，笔者尝试沿用“义务违反”这一系统性概念统合诱发型错误与自发型错误两种错误形态，并拟将此种以义务违反作为不同错误类型统一构成要件的理论范式称为“义务违反论”。

三、义务违反论范式下的错误构成

在义务违反论范式下建构实质性错误的具体构成，目光须流转于民法的内、外体系之间，使二者协力发挥作用：一方面应关注诱发型错误与自发型错误在事理结构上的差异，发掘生活关系本身之秩序；另一方面应注重错误法与给付障碍法的衔接，实现法律规定的前后呼应、首尾一贯。

（一）诱发型错误——基于私人自治原则之展开

在私人自治与公平正义这组“微妙的合作”关系中，以法安定性与经济效率为功能目标的私人自治原则占据了绝对优先地位。②因而，本文首先探讨的是

① 国外有观点认为，自始给付不能、交易基础障碍等给付障碍类型不能被纳入到义务违反概念中来。Vgl. Dirk Looschelders, *Schuldrecht Allgemeiner Teil*, 19. Aufl. 2021, § 22, Rn. 22; a. a. O., vor § 36, Rn. 1. 笔者认为，这一界定太过狭隘，更为合理的理解是，只要未依债之本旨进行给付，即可被认定为构成义务违反。

② 关于效率与公正的关系，德国学者 Schäfer 果断指出，一个具有高效制度与高效法律体系的社会未必符合公正，但一个普遍欠缺配置效率的社会一定是不公正的。Vgl. Hans-Bernd Schäfer, Claus Ott, *Lehrbuch der ökonomischen Analyse des Zivilrechts*, 5. Aufl. 2012, Einleitung XL.

建基于私人自治原则之上、以可归责性为实质标准的诱发型错误。

在一般债务法中，合同消灭在可归责场合的基本构成要件是：合同义务违反，义务违反具有可归责性，以及合同目的不达。① 试将此种要件模型在诱发型错误场合加以展开。

1. 前合同信息义务违反

一般认为，在诱发型错误情形，表意人产生错误认识实则是由相对人未履行前合同信息义务所致。② 为释明“前合同信息义务违反”这一要件，须在定性与定量两方面作分析：在定性方面，须抽象界定出相对人产生信息披露义务之基本场景；在定量方面，须精确界定出相对人履行信息披露义务之具体内容。

首先，信息义务的产生场景。英美学者将信息区分为“刻意所得信息”（deliberately acquired information）与“偶然所得信息”（casually acquired information），以此作为判断掌握信息之一方是否负有披露义务之标准。③所谓刻意所得信息，即信息的获取通常意味着需要支出较高的成本。高成本意味着高收益，故法律允许掌握信息之一方订立一个以其信息表明是有利可图的合同，并无须将该信息披露给相对人。反之，若获取信息的费用是无论如何都会支出的，则构成所谓偶然所得信息。此种情况下信息成本可以忽略不计，掌握信息之一方既然以较少的支出取得了对于交易相对方而言十分重要的信息，那么他有义务将该信息分享给相对人。

可见，只有对于偶然所得信息，相对人始负有披露义务。偶然所得的信息通常被推定为当事人所掌握，一旦相对人未履行信息披露义务，即构成信息义务违反。不过，问题是具体于何种场景下可产生偶然所得信息？对此，可借助

① 通说把因果关系与可归责性当作两个相互独立的要件，但事实上这两个要件并非泾渭分明。比如，在作为通说的“条件性+相当性”双重因果关系（Doppelkausalität）公式中，人们实际上很难说清楚“相当性”这一阶层到底是属于因果关系的范畴还是属于可归责性的范畴。Vgl. Dirk Looschelders, *Schuldrecht Allgemeiner Teil*, 19. Aufl. 2021, §45, Rn. 13. 因此，笔者在本文中姑且废除此种无谓的区分。

② 参见尚连杰：《缔约过失与欺诈的关系再造——以错误理论的功能介入为辅线》，载《法学家》2017年第4期，第139—140页；李潇洋：《重大误解的范式之变：从错误论到归责论》，载《中外法学》2022年第5期，第1356—1357页。

③ 参见 Anthony T. Kronman, *Mistake, Disclosure, Information, and the Law of Contracts*, The Journal of Legal Studies, Vol. 7, No. 1 (Jan., 1978), pp. 9-32; Steven Shavell, *Foundations of Economic Analysis of Law*, Cambridge, Massachusetts, London, England 2004, p. 332。

“风险领域”与“信息落差”原理将其概括为如下两方面：①

一是单纯属于当事人一方所掌控的“内部领域”。例如，出卖人对于其标的物的性质状况②、求职者对其自身客观情况③等纯粹内部的情况，显然属于其应当掌握的偶然所得信息。体系上，根据《民法典》第610条第1句之规定，“因标的物不符合质量要求，致使不能实现合同目的的，买受人可以拒绝接受标的物或者解除合同”，可知法律并未区分因可归责因素抑或不可归责因素导致的质量瑕疵，一概将有关情况纳入出卖人之“内部领域”。依据风险领域来判断是否属于偶然所得的信息，其正当性在于：每个人最容易控制自己领域的情况，而难以掌握他人领域的情况，由当事人对自己领域的事务负责，最能有效避免支出额外的预防成本。

二是处在两端之间非属双方独立控制的“中间领域”。对于税务、融资、补贴以及行政管制等情况，虽然双方均有获得信息的可能，但如果在获取能力与成本上存在显著落差，或者一方受限于特定交易领域的经验，具有信息优势特别是以特定交易为常业的当事人负有告知义务。显然，对信息落差的适当考

---

① Vgl. Detlef Leenen, Martin Häublein, *BGB Allgemeiner Teil*, 3. Aufl. 2021, §14, Rn. 90 ff；参见李潇洋：《重大误解的范式之变：从错误论到归责论》，载《中外法学》2022年第5期，第1359页。

② 例如，作为非原始所有人的V出售一辆具有收藏价值的“古董车”，该车登记信息显示为A款，然而K在交易后发现该车实际为B款，两款的市场价值相差约40%。有学者认为，这一情形若构成无过失误导，则属于双方共同错误且错误是一种不可归属于双方的风险。参见李潇洋：《重大误解的范式之变：从错误论到归责论》，载《中外法学》2022年第5期，第1357页。事实上，有关标的物自身的状况是出卖人“内部领域”的情况，属于其应当掌握的偶然所得的信息，只要其未披露相关信息即构成义务违反，故将其视为一种不可归属于双方的风险并不准确。

③ 在朱某诉广州某电子公司劳动合同案中，法院认为，朱某在合同解除后发现怀孕属于对自身客观情况判断有误，广州某公司更无法预知这一情况，因此朱某主张重大误解不能成立。参见广东省广州市中级人民法院民事判决书，(2017)粤01民终第22911号。

虑是建立在法律伦理而非经济效率的基础上。①

其次，信息义务的具体内容。确立信息义务的具体内容旨在避免表意人在作出意思表示时对相关内容产生重要性错误（重大误解）。据此，为确定信息义务人应披露哪些信息，须界定何为“重要性”错误。对此，《总则编司法解释》第19条第1款在因果关系层面确立了双重重要性标准：一是主观重要性，即表意人若知悉实情就不会作出相应意思表示；二是客观重要性，即表意人经理智评价即不会作出此等意思表示。②主观重要性场合所涉及的信息内容，通常因人而异且难以识别，只有当表意人对此主动作出表示（例如，买受人认为牛的生育功能对其具有重要性，则他应开口说明），相对人始负有披露义务。对于客观重要性场合所涉及的信息内容，司法解释已明文列举的“行为的性质、对方当事人或者标的物的品种、质量、规格、价格、数量”等若干事项通常属于“交易上重要的”性质，此性质为双方当事人所公认，即使表意人就此等情况未作任何说明，相对人也负有披露义务。事实上，学说与立法对物的瑕疵重要性的认定也采用“客观+主观”的双重标准（《民法典》第615、616、621条等对

① 各个社会都普遍存在着一种“信息富人”（information rich）与“信息穷人”（information poor）相互对立的信息分层现象。“信息穷人”对自己专业技术之外的理论知识一无所知，甚至穷极一生也无法依靠自己的力量取得所需信息。在此情形，法律应作出回应，使具有信息优势一方负有信息披露义务。例如，在方某诉刘某等合同纠纷案中，法院认为，被上诉人方某在购买博物轩出售的斐济及索契纪念钞时已年届八十，对纪念币等收藏品无基本鉴别认知能力，对卢布、斐济元与人民币的汇率等亦不明确知晓，且在购买时基本无能力通过其他途径获取相关信息。博物轩利用其销售纪念币、邮票等经营优势，使被上诉人方某按照纪念钞面值的人民币价格先后两次购买涉案纪念钞并支付19.6万元，数额较大，综合考虑被上诉人方某在与博物轩形成涉案纪念钞买卖合同关系中的年龄、对涉案收藏品的鉴别判断能力、信息获取能力、市值评估能力、博物轩在销售涉案纪念币方面的经营优势及其向被上诉人销售涉案纪念钞的风险提示义务等事实，能够认定构成重大误解和显失公平。参见陕西省西安市中级人民法院民事判决书，（2018）陕01民终第11409号。

② 比较法上，对于错误的重要性共有两种规范模式，即具体列举式（《法国民法典》第1110条，《瑞士债务法》第24条第1款与《意大利民法典》第1429条）与抽象概括式（《德国民法典》第119条，国际合同法统一文件），而我国《总则编司法解释》第19条第1款之规定融合了这两种模式，既具备了逻辑上的周延性，亦兼顾了实践上的可操作性，应予肯定。

当事人之“约定”、标的物“质量”与“数量”等事项均有提及），[①] 从而在错误法上用于确定物之性质的主观重要性和客观重要性的标准，在很大程度上与根据瑕疵担保法的特别规则所确定的标准相吻合，这决定了表示相对人与出卖人信息义务的具体内容能够大范围地维持协调一致，借此，买受人在出卖人违反信息义务的情况下能够以物的实际特征（Ist-Beschaffenheit）偏离约定或通常的应然特征为由，自由选择撤销或者解除合同。这种重合并非偶然，而是错误救济与瑕疵责任构成要件重叠的当然结果，是规范一致性的要求。[②]

最后，对于信息义务的内容所关系的错误的重要性这一特征，除区分主观重要性与客观重要性之形态标准，还应重视其程度标准，例如，标的物些微瑕疵、尺寸上极小的误差等情形不构成“重要性”错误。义务违反的“重要性”这一程度要求至关重要，它决定了在法律效果层面判断合同是否可撤销时可能会出现过渡地带，这为补正履行留下了必要空间［详见本文第四部分之（一）］。

2. 可归责性

将错误之形成归属于特定当事人，必须确立归责的标准。这方面，人们常常以行为人是否存在恶意、故意、过失，或以某种形式的风险归责甚至诱因归责等为依据来确立。其中，除风险归责与诱因归责（又称因果关系归责）为客观意义上的归责标准外，其余皆为主观意义上的归责标准。目前错误实质主义阵营主要有两种归责标准，即“过失归责+诱因归责”标准[③]与“单一的过失归

① 参见金晶：《〈合同法〉第 111 条（质量不符合约定之违约责任）评注》，载《法学家》2018 年第 3 期，第 176—177 页；Vgl. Westermann，in：*Münchener Kommentar BGB*，8. Aufl. 2019，§ 434 Rn. 18 ff。

② Vgl. Reinhard Singer，in：*Staudinger Kommentar BGB*，2021，§ 119 Rn. 83；Claus-Wilhelm Canaris，*Systemdenken und Systembegriff in der Jurisprudenz*，1983，S. 16.

③ 国际法上，《国际商事合同通则》（PICC）第 3.2.2 条、《欧洲合同法原则》（PECL）第 4：103 条以及《欧洲示范民法典草案》（DCFR）第 2-7：201 条对相对人参与性作出示例性规定，抽取其共通因素，共有对方知道或者应当知道错误而悖于诚信地未告知表意人、错误是由相对人的不实信息所引起以及共同错误（a common mistake；mutual mistake）三种情形。一般认为，第一种情形所采纳的是过失归责，后两种情形所采纳的是诱因归责。据此，国际法上所采纳的归责原则为过失归责与诱因归责两种类型。

责标准”①。此两种标准，要么因欠缺价值判断的灵活性，容易导致评价机制的僵化；要么因欠缺简洁化与清晰化的准则，不利于维持价值判断上的连贯性。因而，值得反思的是，如何对上述两种归责标准扬长避短，既能从各类情景中抽象出统一的归责标准以实现理论上的简洁化与清晰化，又能确保该标准保持足够的弹性以适应层出不穷的个案变化？

笔者认为，若要以统一的归责标准统辖所有的个案类型，就必须在归责标准中纳入一种动态性力量。②这可以通过借鉴给付障碍领域有关合同消灭的一般理论来获得启示。在解除场合，《德国民法典》第323条第6款及第326条第2款规定，若债权人对给付障碍事由负有主要责任，其解除权即被排除或者其对待给付义务不消灭。我国《民法典》在合同解除的一般规定中对此虽无直接体现，但透过违约责任中的与有过失之规定（《民法典》第592条第2款）亦能彰显这一思想。③ 若将这一思想贯彻于诱发型错误场合，则体现为：在充分衡量双方当事人对错误的可归责性程度的前提下，一旦认定一方当事人的可归责性程度大于另一方，则该方当事人应对错误负责到底。据此，只有相对人对错误负有主要责任时，表意人方可基于诱发型错误寻求救济；反之，若相对人对错误并非负主要责任，此时为诱发型错误的适用边界，应进入下述自发型错误的判断流程。

另须指出的是，在诱发型错误场合相对人之可归责性通常可以根据信息义务违反这一要件事实被推定出来（所谓“法律上的评价推定”），因而原则上两项要件可作一体式判断。④

---

① 李潇洋立足于相对人视角考察其对于错误之形成有无可归责性，提出单一的过失归责标准，一举统合了上述国际立法例上“相对人参与”的三种情形。参见李潇洋：《重大误解的范式之变：从错误论到归责论》，载《中外法学》2022年第5期，第1356—1360页。

② 动态系统论相关原理，参见 Walter Wilburg, *Entwicklung eines Beweglichen Systems im Bürgerlichen Recht*, 1950, S. 5；叶金强：《私法效果的弹性化机制——以不合意、错误与合同解释为例》，载《法学研究》2006年第1期，第105页。

③ 以动态系统论的思路来重构过失相抵制度的论述，参见周晓晨：《过失相抵制度的重构——动态系统论的研究路径》，载《清华法学》2016年第4期，第110—128页。

④ 在德国，联邦最高法院未曾作出过确定违反信息义务后，由于缺乏过失要件而拒绝承担信息责任的判决。Vgl. Hans Christoph Grigoleit, *Vorvertragliche Informationshaftung*, 1997, S. 8.

3. 合同目的不能实现

在给付障碍领域，合同解除系以合同目的不能实现为后果要件（《民法典》第563条）。学理上，合同内容是意思表示的“效果意思”（Geschäftswille）①这一内部要素的外显化，因而所谓合同目的不能实现实指效果意思不能实现。此时对比错误的形式定义——意思（即效果意思）与现实不一致——即可发现，意思表示错误与合同目的不能实现已具有高度的同质性：无论是意思与现实不一致，还是合同目的不能实现，均意味着当事人主观意愿最终落空，二者在时间流之中获得了统一。立法上，已有相关规定将错误与合同目的不能实现联系起来。例如，最高人民法院《关于人民法院网络司法拍卖若干问题的规定》（法释〔2016〕18号）第31条第1项规定，由于拍卖财产的文字说明、视频或者照片展示以及瑕疵说明严重失实，致使买受人产生重大误解，购买目的无法实现的，当事人、利害关系人可以提出异议请求撤销网络司法拍卖。

在理解作为诱发型错误后果要件的“合同目的不能实现”时，宜参酌合同解除的相关理论所确定的标准。对于合同解除场合（《民法典》第563条第1款）所称“合同目的”，学理上通常采取主客观相结合的标准来理解，亦即将其区分为客观目的（直接目的）和主观目的（间接目的）：客观目的是指外观化的效果意思，亦即合同之具体内容；主观目的是指当事人的动机，这种动机以一方当事人明确地将其签订合同之意图告知对方当事人为前提。② 但笔者认为，既然动机以一方明确地将其签订合同的意图告知对方为必要前提，那么一旦一方当事人完成告知行为，该动机旋即上升为外观化之效果意思，主观目的由此转化成客观目的。因此，在合同解除场合，所谓“合同目的”实指合同客

① 意思表示的效果意思（Geschäftswille）这一内部要素对应法律行为或合同的法律效果（Rechtsfolge）这一外部构成。效果意思可分为意思内容（Willensinhalt，或目的意思Zweckswille）与效力意思（Geltungswille）两项，前者指涉法律行为或合同的具体内容（Geschäftsinhalt），后者指涉法律行为或合同的法律效力（Rechtsgeltung），二者一并决定了法律行为或合同的法律效果。这种理论构成可溯及至德国学者Leonhard提出的的意思表示构成理论，他强调，不能将“针对表示内容的意思”（Wollen des Erklärungsinhalls）与“针对表示内容效力的意思”（Wollen der Geltung eines Erklärungsinhalts）相混淆，对于表意人不知道意思内容，于无意中接受法律效果的这种情况，也是有可能的。Vgl. Rudolf Leonhard, *Der Allgemeine Theil des Bürgerlichen Gesetzbuchs*, 1900, S. 456.

② 参见陆青：《合同解除论》，法律出版社2022年版，第121—125页。

观目的；同理，在诱发型错误情形，所谓“合同目的”亦指合同客观目的。

（二）自发型错误——基于公平正义原则之展开

在自发型错误情形，违反义务的主体由相对人转换为表意人，并且错误之形成亦非主要可归责于相对人，因而于此情形，表意人对其义务违反行为不必负责的正当性基础不在于私人自治，而在于公平正义。

在一般债务法中，合同消灭在不可归责场合的基本构成要件是：合同义务违反，给付与对待给付严重失衡，以及合同目的不达。兹将此种要件模型在自发型错误场合予以展开。

1. 义务违反

在自发型错误场合，表意人产生错误认识并非基于相对人未履行前合同信息义务，而是出于表意人自己的疏忽大意所致。于此情形，如陷于错误的表意人未履行合同，则即可认定其存在义务违反行为。

2. 给付显著失衡

若使具有拘束力的合同被正当瓦解，给付与对待给付间的对价失衡必须给表意人造成严重的利益减损或者其他不堪忍受的后果，亦即合同之履行必须出现显著失衡（auffälliges Missverhältnis）的情况。对此，笔者分为两方面来探讨：一是给付失衡的观察面向——给付本身抑或给付结果；二是给付失衡的程度标准——显著性。

首先，给付失衡的观察面向。界定给付失衡，须首先明确所谓给付失衡究竟是指给付与对待给付本身的失衡，还是指给付与对待给付在各自所造成后果上的失衡。欲寻得启发，裁判与学说无疑是终南捷径。

（1）裁判：北京市第二中级人民法院（2020）京02民终3456号民事判决书。在“A酒店物业管理有限公司与B门业技术有限公司维修合同纠纷上诉案”中，法院认为，尽管A公司对损失数额的认识明显存在缺陷，构成重大误解，但表意人撤销法律行为，所涉及的不仅是其自身利益，还直接影响到双方当事人间的法律关系。尤其是若合同已履行完毕，表意人行使变更或撤销权无疑会使相对人之利益遭受损害。故此，法院在表意人真实意思保护与交易稳定之间进行衡量，酌情调整维修合同价款，由B公司退还A公司部分维修费用。

（2）学说：财富最大化理论。按照 Richard Posner 的观点，正义需要财富总量的最大化，法律只应激励人们去做能够最大化财富总量（总经济价值）的事情。① 因而，在一项交易中，一方为履行合同所支出的费用不应高于相对方基于合同履行所获取的利益。依据该理论，错误救济应建立在配置效率的基础之上。②

上述裁判与学说鲜明地体现了利益平衡思想。第一，就上述民事裁判而言，法院并未单方面地考察表意人一方之利害，而是综合考量给付与对待给付间的等价性，以此斟酌是否允许表意人行使撤销权，这值得赞同。第二，上述民法学说更进一步，它不考虑给付本身是否均衡，而是考虑给付结果是否均衡，或者说，它不考虑给付的主要目的或直接目的能否实现，而是考虑其使用目的（Verwendungszweck）或进一步目的（weitere Zweck）能否实现，③ 此种“经济的观察方式”更深入、精确地考量了生活实际，具有不言而喻的说服力。不过，笔者认为界定给付失衡更为理想的方案显然是将给付本身与给付结果结合起来加以考察。质言之，给付失衡不仅涉及给付与对待给付本身在对价上的显失比例，还涉及给付与对待给付在各自所造成损失或所带来收益（甚至剩余价值）上的显失比例。

上述给付失衡的两种面向在我国《民法典》中均有体现，其分别对应交易基础障碍（《民法典》第 533 条）以及给付不能（《民法典》第 580 条第 1 款）两种情况。其一，在嗣后的交易基础障碍情形，由于境况发生重大改变使得给

---

① 参见 Richard A. Posner, *The Economics of Justice vii*, Harvard University 1981, pp. 75, 115。

② 例如，一头有生育能力的奶牛与一头无生育能力的奶牛有很大的不同。如果双方都错误地认为奶牛是不育的，那么当奶牛变成可育的时候，交易的收益很可能是负值，因为卖方有条件同时出售可育和不育的奶牛，但买方可能会产生更高的转售成本，因此他不可以保留奶牛。再如，A 以 1 美元的价格将一颗质地不明的未切割石头卖给了珠宝商 B，然而他俩都不知道这颗石头是一颗钻石，价值 1000 美元。法院裁定，虽然双方都存在误解，但由于不涉及欺诈，珠宝商可以保留该钻石。上述两则极其相似的案例在结论上为何截然不同？差别在于，从错误的交易中获利的可能性：珠宝商对未切割的钻石享有更大的使用价值。在这里，效率是唯一的关注点。参见 Eric Rasmusen, Ian Ayres, *Mutual and Unilateral Mistake in Contract Law*, The Journal of Legal Studies, Vol. 22, No. 2, p. 325 (1993)。

③ Vgl. Helmut Köhler, *Unmöglichkeit und Geschäftsgroundlage bei Zweckstörungen im Schuldverhältnis*, 1971, S. 8.

付的客观等价性遭受严重破坏（等值障碍）或者债权人对给付不再具有利益（目的障碍），并且当调整合同成为不可能时，当事人依法享有合同解除权；其二，在给付不能情形下，面对一个事实上或经济上难以克服的障碍，如果债务人尽了所有可以想象的努力，① 或者尽了可以期待的合理努力仍然无法提供给付，则其给付义务与对待给付义务依法被排除。② 出于体系协调考虑，在自始交易基础障碍以及自始给付不能场合，当出现给付显著失衡，原则上应允许表意人（债务人）主张错误。

其次，给付失衡的程度标准。如同诱发型错误情形，对义务违反要件须作出程度界定，在自发型错误场合，给付失衡要件亦有作程度判别之必要。

在考察失衡的“显著性”这一程度标准时，通常而言法官的自由裁量空间

---

① 德国的给付不能体系中，在学者的诠释下仅于不合理性（Unzumutbarkeit，§ 275 Abs. 2，BGB）这一情形涉及给付失衡问题，Vgl. Caspers，in：*Staudinger Kommentar BGB*，2019，vor § 275 Rn. 96 ff。事实上，举轻明重，真正的给付不能（echte Unmöglichkeit，§ 275 Abs. 1，BGB）亦当然隐含了给付失衡因素。

② 不过，在给付不能场合对待给付义务是否当然被排除，颇有争议。德国法原则上对此持肯定态度（《德国民法典》第 326 条第 1 款），在我国不少学者则对此持反对态度。例如，有学者认为，在互易合同中，在不可归责于双方当事人的给付不能场合，若一方不愿意继续保有对待给付义务的标的物（如因维护费用持续增加，极可能超过物本身的价值，同时该物因特殊性质不许任意抛弃），径以风险负担规则自动消灭债权人的对待给付义务并不一定符合其利益。参见赵文杰：《〈合同法〉第 94 条（法定解除）评注》，载《法学家》2019 年第 4 期，第 182 页；韩富鹏：《违约方申请司法终止权：质疑回应、规范解释与漏洞填补》，载《政治与法律》2020 年第 12 期，第 37 页。进而，如果债权人选择提供对待给付，债务人应支付与其原给付义务等值的金钱，而此金钱支付并非损害赔偿，而是其原给付义务的变形。参见张金海：《论双务合同中给付义务的牵连性》，载《法律科学》2013 年第 2 期，第 119 页。依此推之，作为错误方的债务人并无行使撤销权之可能。这显然不妥，因为使债务人支付与其原给付义务等值的金钱同样未必符合债务人之利益。“替代给付的损害赔偿”（Schadensersatz statt der Leistung）这一术语之原意即为“以损害赔偿代替原给付义务”（Vgl. Hansjörg Otto，Roland Schwarze，in：*Staudinger Kommentar BGB*，2019，§ 281 Rn. A8），依此出发，作为原给付义务之变形的金钱支付本质上即属于损害赔偿。这意味着，一旦允许债权人选择提供对待给付，即相当于使债务人在不可被归责的情况下承担了替代给付的损害赔偿义务，显然有违损害赔偿法之基本原理。因此，在给付不能不可归责于双方当事人的情况下，双方应在各自的风险领域自担风险，任何一方都不应为对方增加义务，故此时双方之给付义务与其对待给付请求权应被一并排除。

较为充分。① 具体考量时，可以参考给付不能与交易基础障碍对给付失衡的判断标准，即给付失衡必须具备“显著性”这一特征，以致给一方造成严重的利益减损或者其他不堪忍受的后果，进而使得合同约束“彻底”失去合理性。②具体言之，在交易基础障碍情形，等值障碍须使双方处于极不平等或极不相称的关系中，或者目的障碍须使表意人不再具有给付利益，③ 以致调整合同成为不可能；在给付不能情形，障碍事实须达到实际上不能克服的地步，或者履行费用须达到“显失比例”的程度，④ 以致履行合同显得极不公平或极不合理。⑤

失衡的“显著性”这一程度要求决定了在判断合同是否满足可撤销的前提时，可能会出现中间地带，这为补正或变更合同留下了一定空间［详见本文第四部分之（一）］。我国学者常常忽视这一程度要求，以致在漏洞填补工作中不分场合地将双方动机错误纳入到错误撤销之范畴，难以摆脱矫枉过正之嫌。⑥

3. 合同目的不能实现

合同目的不能实现乃给付失衡之事实所引起的自然结果。在诱发型错误场合，所谓合同目的不能实现通常仅指合同客观目的不能实现；而在自发型错误场合，却并非仅指客观目的不能实现，还应包括主观目的不能实现。这是由于，两种错误形态背后的法律原则在功能上有所差别：私人自治原则旨在贯彻形式正义，其调整范围仅限于合同内容；而公平正义原则重在追求实质正义，它不

---

① 参见 Spry, I. C. F. , *The Principles of Equitable Remedies*, 9th Edition, Sweet & Maxwell 2014, p. 163。

② Vgl. Roland Schwarze, *Das Recht der Leistungsstörungen*, 2022, S. 99.

③ Vgl. Dirk Looschelders, *Schuldrecht Allgemeiner Teil*, 19. Aufl. 2021, § 37, Rn. 22, 25.

④ Vgl. Caspers, in: *Staudinger Kommentar BGB*, 2019, vor § 275 Rn. 100; BGH 13. 1. 2011 - III ZR 87/10 Rn 10, BGHZ 188, 71 = NJW 2011, 756; BGH 8. 5. 2014 - VII ZR 203/11 Rn 23, BGHZ 201, 148 = NJW 2014, 3365.

⑤ 唯应注意，在自始给付不能场合，只有当表意人在终局意义上陷于不能，方可主张错误撤销权。例如，表意人虽陷于给付不能，但却取得补偿或补偿请求权，且债权人就该补偿或补偿请求权向债务人请求返还或让与，此时债务人仍有义务履行对待给付，因为债务人原本负担的给付标的物与代偿利益具有同质性。参见韩世远：《合同法总论》（第4版），法律出版社 2018 年版，第 533 页；Vgl. Emmerich, in: *Münchener Kommentar BGB*, 9. Aufl. 2022, § 285 Rn. 1 ff。

⑥ 对此，参见冉克平：《民法典总则视野下意思表示错误制度的构建》，载《法学》2016 年第 2 期，第 127 页；杨代雄：《〈民法典〉第 147 条（重大误解）评注》，载张志铭主编：《师大法学》2019 年第 2 辑，法律出版社 2020 年版，第 162 页。

仅调整合同内容，即客观目的，还调整作为合同内容的基础，即主观目的（动机）。应予注意，充当合同主观目的的动机，无须以表意人将其表示于外为必要，亦无须是双方当事人的“共同设想”（Gemeinsamkeit der Vorstellungen），构成表意人单方面的假设即为已足。这是因为在给付失衡的环境下，相较于相对人的合理期待，表意人具有更值得保护的利益，因而考量合同目的不能实现这一要件时，利益天平应向表意人适度倾斜，采用更为宽松的认定标准。①

4. 消极要件

在自发型错误场合允许表意人主张错误，在一定程度上会给相对人之信赖保护与交易安全造成不利后果，因而应对表意人之权利进行适当限制。不过，此时应如何设定限制标准？笔者认为，应以双方当事人所欲订立合同之类型为准：在有偿合同场合，双方均应尽交易上之必要注意，表意人负主要责任时即不允许其主张错误；在无偿合同场合或者根据客观价值或市场价格（客观等价）存在给付失衡的有偿合同场合，应结合衡平理念贯彻对其责任减轻之思想（例如，《民法典》第 662 条，第 985 条第 3 项），阻止表意人主张错误应以明知为准。②

（三）适用关系

综上，透过错误与解除、交易基础障碍以及给付不能各种制度之间的体系关联，本文初步建构了一个以义务违反为首要前提，以可归责性与给付失衡择一为实质要件、合同目的不能实现为结果要件，并以诱发型错误与自发型错误为基本类型的当代错误法之基本范式。唯应注意，在具体判断构成何种错误类

---

① 例如，A 将一幅早期的 Andy Warhol 的画和一大笔钱赠予其侄子 B（流行艺术的爱好者）以作为生日礼物，当时 A 认为 B 是一个孤独而贫穷的单身汉，而事实上，B 刚刚娶了一位 A 所鄙视的富婆。当真相出现后，A 是否可以要求 B 归还画作（或其价值）？如果采用较为宽松的标准，那么一旦足以表明假设知道某种特定的事实就不会进行赠予，则 A 能够同时索回画作和金钱；但如果采用较为严格的标准，则以“相关的数据必须在赠予人的头脑中活跃起来”为必要，此时就画作而言，A 的要求是失败的（应假设 A 在决定 Andy Warhol 的画作是否适合 B 时从未考虑过 B 的婚姻状况或经济状况）。参见 Thomas Krebs, *Restitution at the Crossroads: A Comparative Study*, Cavendish, London 2001, p. 79; Contrast eg Birks, *Unjust Enrichment*, 2nd edn OUP, Oxford 2005, pp. 149-150。

② 相似观点参见陈自强：《契约错误法则之基本理论》，台北，新学林出版股份有限公司 2015 年版，第 328 页。

型时，应紧密围绕私人自治与公平正义两种原则加以认定，必要时应结合实际情况灵活处理。这主要体现为，当某一行为构成误导行为的同时，也存在给付失衡问题，此时应优先适用何种标准，则须根据案情分别处理。

其一，诱发型错误优先适用场合。若表意人因相对人误导遭受重大损失，此时应优先使用诱发型错误。例如，K 经 V 欺诈或过失诱导，将一价值 50 万元的真迹画作当做仿作以 500 元之价格贱售于 V，事后 K 得知画作为真迹，此时，应按诱发型错误处理，不再考虑自发型错误问题。① 理由在于，此种场合表意人损失较大，只有使相对人承担更重的责任，才能填补表意人之全部损害，而此时唯有诉诸诱发型错误，才能使相对人负有更重的责任，比如在撤销合同后若发生标的物返还不能之情事，原则上应使相对人承受一切毁损灭失之风险［详见本文第四部分之（二）］。

其二，自发型错误优先适用场合。若表意人虽经相对人误导但并未遭受重大损失，此时则优先使用自发型错误。例如，在广州互联网法院判决谢某诉 A 公司网络购物合同纠纷案中，谢某在 A 公司经营的淘宝企业店铺下单购买了三件男款 T 恤，商品单价 68 元，订单总价 204 元，叠加使用优惠券后实付 6 元。次日，A 公司以活动商品价格低于成本价为由请求谢某申请退款，但谢某拒绝退款，并认为 A 公司虚假宣传引诱其购买并故意不发货，遂起诉请求依照《消费者权益保护法》第 48 条，判令 A 公司赔偿 500 元。但法院并未支持谢某之诉求，其裁判要旨为：消费者在网购过程中提交订单成功后，电子商务经营者以

① 有观点认为，过失的不实陈述案也可以被主观行为基础障碍理论所涵盖。例如，甲、乙订立一份设备买卖合同。甲对乙称，根据权威人士提供的消息，政府将采取措施鼓励以这种设备加工的产品出口，将来定能给乙带来不菲利润。乙信以为真，但其实政府并没有这方面的计划。甲并非故意欺骗乙，既不构成欺诈，也不属千可产生撤销权的表示错误或者性质错误。对此，可以借助主观行为基础障碍理论来解决：甲、乙双方订约时以“政府将采取措施鼓励以这种设备加工的产品的出口，将来肯定能给乙带来不菲的利润”这一共同设想为基础，后来证明是错误的，法律行为基础自始欠缺。参见杨代雄：《法律行为论》，北京大学出版社 2021 年版，第 303 页。事实上，交易基础障碍属于不可归责于双方当事人的给付障碍（自发型错误），通常仅涉及给付与对待给付命运问题，而不涉及损害赔偿问题；而过失的不实陈述属于可归责于误导方之给付障碍（诱发型错误），自应由该方对其可归责行为负责到底，承担损害赔偿责任。该案中，如果乙的过失陈述强化了甲的购买动机，从而实质性地影响了其缔结合同，那么若甲一旦构成错误，则其可获得完全意义上的救济，即，他不仅可以撤销或解除合同，还可以主张损害赔偿。

标价错误为由拒绝发货的，不宜简单认定为误导行为，需要根据具体情况（如历史销售价格、页面补正行为、与消费者沟通记录等），并结合公平正义原则对经营者之意思表示进行综合认定。① 事实上，该案本属于诱发型错误，但表意人所遭受实际损失较小，意味着相对人之损害填补责任相应较轻，此时理应贯彻对于相对人责任减轻之思想，仅认定构成自发型错误，以合理限制相对人之赔偿范围。

四、正确性检验——基于法律效果的分析

在传统错误理论的诠释下，错误法与其他法律制度尤其是给付障碍法之间，在法律效果层面存在着极为明显的规范矛盾，这主要体现为，错误撤销权的行使不仅排斥对双方当事人较为有利的有关补正履行之规定（《民法典》第617条、第577条、第582条以及第563条第1款第3项），也架空了对债权人较为有利的有关“风险跳回”（Rückspringens der Gefahr）之规定（《民法典》第610条），甚至摒弃了有关针对履行利益的损害赔偿请求权之规定（《民法典》第617条结合第582条）。② 这意味着，至少在法教义学的检视下传统错误理论并非正确的理论。义务违反论这一错误法之新范式是否正确，应视其能否在法律效果层面消解体系间的规范矛盾，以实现民法体系的协调一致。

（一）原给付义务之命运

在给付障碍场合，原给付义务或经由补正、变更得以维持，或通过解除合同归于消灭。这一模式于错误场合能否借助义务违反论加以贯彻，有待考察。

1. 补正履行

在给付障碍法中，补正履行旨在通过消除原定给付之瑕疵，使给付符合债之本旨。在合同解除场合，依《民法典》第563条第1款第3项，非根本违约情形债务人之补正权优先于债权人之解除权，系明定“补正履行优先于合同解除”规则。在错误场合，也可能存有补正履行之余地，例如，相对人在表意人

① 参见广州互联网法院民事判决书，（2021）粤0192民初第22756号。

② Vgl. Hans-Joachim Musielak, Wolfgang Hau, *Grundkurs BGB*, 13. Aufl. 2013, Rn. 943.

行使撤销权之前，表示其愿意以表意人真实意愿为内容订立合同，此时，表意人是否有权撤销合同？显然应当作否定回答。如前所述，在诱发型错误场合，义务违反要件具有“重要性”这一程度要求，在自发型错误场合，给付失衡要件亦有“显著性”这一程度限制，这决定了在法律效果层面判断合同是否可撤销时，可能会出现中间过渡地带，为补正履行留下余地。因此，对于非重要性义务违反以及非显著性给付失衡，只有将补正履行前置于合同撤销，方能在最大程度上平衡双方之权益。① 国际法上，补正履行先于错误撤销这一规则备受重视［参见《国际商事合同通则》（PICC）第 3.13 条；《欧洲合同法原则》（PECL）第 4：105 条］，为我国实证法解释提供了深远的镜鉴意义。

2. 重新解释与变更合同

在诱发型错误场合，当表意人真实意思与表示含义出现不一致，若相对人已经识别出表意人之真实意思，或相对人虽不知表意人之真实意思但尽到合理注意后即可知道，此时因相对人违背了相互顾及义务（Pflicht zur gegenseitigen Rücksichtnahme），其对表示之信赖不值得保护，故意思表示应以表意人之真实

① 试以二则案例加以说明：其一，诱发型错误案例。在徐某与某公司产品销售者责任纠纷案中，徐某于 2020 年 7 月在某公司购买一辆奥迪牌轿车。签订合同时，某公司告知徐某车辆离合器存在问题，但并未告知其他事宜。徐某在办理车辆牌照时发现，该车辆曾购买过保险且办理过临时牌照。徐某与某公司交涉后，公司才告知徐某该车辆曾出售给蔡某，蔡某使用后发现离合器存在问题，遂将车辆退回。法院认为，某公司在销售过程中故意隐瞒事实，使徐某陷入错误认识进而以新车价格购买案涉车辆，该行为构成欺诈，遂判决撤销徐某与某公司的汽车销售合同，某公司支付三倍赔偿款 1134000 元。参见江苏省淮安市清江浦区人民法院民事判决书，（2020）苏 0812 民初第 6228 号。本案的实际情况是，原买受人在提车第二天因发现车辆有问题而提出更换，前后只行驶了 10 公里，显然该车没有被他人实质性使用过。案涉车辆在交于原告时其行驶里程为 60 公里，按照惯例行驶里程在 100 公里以下仍为新车。显然，该案并不构成重要性错误，若使某公司原给付义务“复活”（特定物之债逆变为种类物之债），即重新交付一辆符合约定或应有品质的奥迪牌轿车，即可在完全意义上维护原定给付，远比直接撤销合同更符合合同之本旨。其二，自发型错误案例。表意人 A 将其价值 5 万元的纯金首饰当做镀金首饰以 1 万元之价格出售给 B，若 B 愿意填补差价，此时再允许 A 撤销合同，则明显有违诚实信用原则。因而于此情形，学界普遍承认表意人之补正权。Vgl. Rüthers, Stadler, *Allgemeiner Teil des BGB*, 16. Aufl. 2009, § 25 Rn. 13; Palandt, Ellenberger, *Bürgerliches Gesetzbuch: BGB*, 80. Aufl. 2021, § 119 Rn. 2; Hans Brox, Wolf - Dietrich Walker, *Allgemeiner Teil des BGB*, 45. Aufl. 2021, § 18 Rn. 35; Helmut Köhler, *BGB Allgemeiner Teil*, 46. Aufl. 2022, § 7 Rn. 31。

意思生效。[①] 传统理论将这一情形称为“解释先于撤销”规则，其属于意思表示解释之范畴。然而，在义务违反论范式下，重新解释旨在再次确定相对人之履行义务，此履行义务性质上属于因违反前合同信息义务所引起的履行责任，与因违反合同义务所引起的继续履行之违约责任本质上并无二致。

在自发型错误场合，一如前述，若合同对价关系受到影响但并未达到消灭合同所要求的“显著性”标准，则不应允许任何一方通过撤销合同转嫁全部风险，而应赋予当事人自由协商与变更的机会；若协商不成，法院也可以根据实际情况以裁判方式自行变更合同，此与因客观情况重大变化所引起的交易基础障碍之处理模式亦无二致，前述“A酒店物业管理有限公司与B门业技术有限公司维修合同纠纷上诉案”即为例证。

3. 撤销合同

在错误场合，若穷尽一切补救措施后仍不能使给付符合债之本旨，则一如合同解除情形，只能通过撤销合同达到恢复原状之目的。

（二）给付返还

错误撤销后的给付返还乃民法的核心问题之一。目前多元的给付返还关系在风险负担、返还范围等各方面各行其道，其间产生的评价矛盾多如牛毛。[②] 能否运用义务违反论消解错误撤销后给付返还关系中产生的各种矛盾，统一给付返还法，乃验证这一理论范式有效性之试金石。于此，笔者不惜笔墨，对此进行系统性反思与检验。

1. 学界诸说与笔者之回应

错误撤销后的给付返还问题适用《民法典》第157条第1句之规定。关于第157条第1句之规范性质，或界定为对不当得利返还请求权与原物返还请求

---

① Vgl. Hans Brox, Wolf-Dietrich Walker, *Allgemeiner Teil des BGB*, 45. Aufl., 2021, § 6 Rn. 12.

② 参见陈自强：《契约给付之返还关系》，台北，元照出版公司2021年版，“序言”。

权的参引性规范（参引说），[①] 或界定为独立的请求权基础规范（直接适用说），[②]亦或主张类推适用合同解除规则（类推适用说），[③] 甚至主张将合同无效和解除进行统合（统合说）。[④] 依笔者之见，对于第157条第1句之法律适用，无论是直接适用，还是参引或类推其他规定，均易引起评价矛盾，具体言之：

首先，直接适用第157条第1句易引起不公平的评价结果。直接适用说立足于第157条之文义，完全否认得利丧失抗辩，即，一旦标的物毁损灭失，必须折价补偿。在该说看来，得利丧失抗辩之适用必然导致对他种给付之受领方的差别待遇。亦即，它忽视了双务合同中两方之间受领的区别：一方所受领之给付为金钱，不发生得利丧失问题；而另一方所受领之给付为有体物或其他财产权，可能发生得利丧失问题，从而，势必产生对受领价金一方的系统性歧视。[⑤] 事实上，这一观点并不成立，理由为：其一，在诱发型错误场合，当表意人之一方所受领之给付为有体物，而相对人所受领之给付为金钱，由于相对人的可归责行为给表意人附加了占有标的物期间所承受的返还风险，出于公平考虑应使该项风险回溯至相对人，从而在标的物灭失时得享有得利丧失之抗辩。其二，在自发型错误场合，当表意人所受领之给付为有体物，而另一方所受领之给付为金钱，若双方皆不具有缔约上的可归责性，在标的物因不可抗力因素毁损灭失时，表意人之给付义务因给付不能事由被排除，故而享有权利消灭之抗辩权（得利丧失抗辩权）；同时，相对人之对待给付义务在对待给付范围内相应被排除，从而享有对待给付抗辩权。与其使一方负有折价补偿义务，而另

① 参见许德风：《论合同违法无效后的获益返还——兼议背信行为的法律规制》，载《清华法学》2016年第2期，第77页；李宇：《民法总则要义：规范释论与判解集注》，法律出版社2017年版，第740页；吴香香：《民法典请求权基础检索手册》，中国法制出版社2021年版，第25页。

② 参见陆青：《合同解除效果与违约责任——以请求权基础为视角之检讨》，载《北方法学》2012年第6期，第81页；陈自强：《不当得利法体系之再构成——围绕〈民法典〉展开》，载《北方法学》2020年第5期，第17页；叶名怡：《〈民法典〉第157条（法律行为无效之法律后果）评注》，载《法学家》2022年第1期，第176页。

③ Vgl. Martin Schwab, in: *Münchener Kommentar BGB*, 8. Aufl. 2020, § 818 Rn. 283 ff.

④ 参见汤文平：《法律行为解消清算规则之体系统合》，载《中国法学》2016年第5期，第144页；陈自强：《不当得利法体系之再构成——围绕〈民法典〉展开》，载《北方法学》2020年第5期，第17页。

⑤ 参见叶名怡：《折价补偿与不当得利》，载《清华法学》2022年第3期，第46页。

一方负有金钱返还义务，远不如使双方给付义务一并消减来得方便，况且这一举措还能有效避免将给付与对待给付间的差额强加给相对人承受。[①]

其次，参引或类推适用其他规定，易导致局部与整体发生体系性断裂。以类推适用不当得利说为例试做分析。关于不当得利场合的清算规则，大致有差额说、财产决定说、对待给付返还说、缔约过错视为恶意说、标的物毁损灭失可归责说等代表性学说，分别检讨如下：其一，根据差额说与财产决定说，受领人在对待给付数额之外，应无条件地负有折价补偿义务。[②] 这并不妥当，因为折价补偿与替代给付的损害赔偿具有同质性，上述处理结果相当于使受领人在不可归责的情况下承担了替代给付的损害赔偿义务，[③] 这与给付障碍法之一般原理冲突。其二，根据对待给付返还说，因可归责于己之事由致标的物毁损灭失时，在对待给付数额的范围内受领人不得主张所受利益不存在，即，善意受领人仅以丧失自己之对待给付为其牺牲界限。[④] 然而，这意味着受领人若因不可归责于自己之事由致标的物毁损灭失，此时受领物之毁损灭失与受领人之信赖无关，毁损灭失之风险不归其承担，因而仍得请求对待给付（价金）之返还，显然有违公平。其三，根据缔约过错视为恶意说与标的物毁损灭失可归责说，在考察可归责性时分别仅以受领人缔约时与标的物毁损灭失时为准据时点，仅当受领人在该特定时点具有可归责性时才负有折价补偿义务。[⑤] 事实上，这两种学说未将前后两个时点一体化观察，均欠缺一种全局观念与统合意识，同

---

① 例如，H误将其藏品当做废品贱售给不知情的I，等H撤销合同时，该藏品早已被I销毁，此时如使I负有折价补偿义务，无异于使其承担替代给付的损害赔偿义务，这一后果对I来说显然不可忍受。

② Vgl. Hans Josef Wieling, Thomas Finkenauer, *Bereicherungsrecht*, 5. Aufl. 2020, §5 Rn. 8 ff; Martin Schwab, in: *Münchener Kommentar BGB*, 8. Aufl. 2020, §818 Rn. 268.

③ 例如，灭失的机车市价为10万元，售价亦为10万元时，其差额为零，所受利益不存在，双方当事人均免负返还责任。若该车市价为9万元时，此为出卖人得请求偿还的价额，与买受人的对待给付10万元计算之，其差额为1万元，故买受人对出卖人有返还1万元的不当得利请求权。参见王泽鉴：《不当得利》（第2版），北京大学出版社2015年版，第265页。在该案中，实际上是在未考察买受人可归责性的前提下，使其承担了1万元的替代给付的损害赔偿义务，这显然不妥。

④ Vgl. Martin Schwab, in: *Münchener Kommentar BGB*, 8. Aufl. 2020, §818 Rn. 272 f.

⑤ 参见CESL（Common European Sales Law）Art. 173.5；参见陈自强：《契约给付之返还关系》，台北，元照出版公司2021年版，第160—164页。

样会引起不合理的评价结果。

综上所述，对于无效返还清算，无论是直接适用第 157 条第 1 句，还是根据第 157 条第 1 句参引或类推适用其他规定，均欠缺妥当性。

2. 基于义务违反论之展开

由于篇幅所限，本文所探讨范围仅限于标的物返还不能情形的折价补偿这一话题。在探讨时，须将诱发型错误与自发型错误两种情形分别处理。

首先，诱发型错误属于主要可归责于相对人之案型，表意人理当享有优待。具体言之，须分两种情况。其一，当表意人所受领之给付为有体物，而相对人所受领之给付为金钱，在标的物灭失时，表意人之给付义务因给付不能事由被排除，故而享有权利消灭之抗辩权（得利丧失抗辩权）；根据归责原理，此种情形相对人应对其可归责的义务违反行为负责到底，因而表意人之对待给付请求权却不因此而被排除（参考《德国民法典》第 326 条第 2 款），故相对人应当返还所受领之金钱。在我国实证法上虽未有如《德国民法典》第 326 条第 2 款之规定，但通过类比“风险跳回”规则（参考《民法典》第 610 条），[①] 同样可以得出这一结论。[②] 其二，当表意人所受领之给付为金钱，而相对人所受领之给付为有体物，在标的物灭失时，相对人之原给付义务虽因给付不能事由被排除（《民法典》第 580 条第 1 款第 1 项第 2 种情形），但仍然要对其可归责行为负终局责任，因此他应承担折价补偿（替代给付的损害赔偿）义务。另外，若表意人对错误之形成也具有一定程度的可归责性，则视为“对损失的发

① 参见吴香香：《〈合同法〉第 142 条（交付移转风险）评注》，载《法学家》2019 年第 3 期，第 185 页。

② 不过，有学者对“风险跳回”规则的正当性提出质疑，“出卖人对合同的解除或具有可归责性，但这并不代表出卖人对标的物的毁损或灭失存在可归责性……在出卖人交付的标的物存在瑕疵致使不能实现合同目的时，在瑕疵与标的物毁损或灭失之间并不具有因果关系的背景下，以出卖人存在可归责性为由，而要求出卖人承担标的物毁损或灭失风险并不合理”。参见杨勇：《根本违约场合风险负担规则的适用》，载《财经法学》2022 年第 5 期，第 154 页。事实上，自出卖人交付有瑕疵的标的物时起，他就基于该项“先前行为”给买受人制造了一项毁损灭失的危险。为了规避这一后果，宜认为买受人自行使错误撤销权或瑕疵解除权时起，他就将一切本不属于自己承受的一切不利益溯及性地“逆转”给了出卖人。其背后之因果逻辑在于：在出卖人交付有瑕疵的标的物时，这一“先前行为”与标的物毁损灭失之间的因果关联就被建立起来，直到这一关联被买受人的可归责行为所中断。

生有过错”，此时应根据与有过失条款按照过失比例分担对方之赔偿责任。

其次，自发型错误非属于主要可归责于相对人之案型，表意人不应享有任何优待，其并无理由将风险转嫁于相对人。具体言之，其一，当一方在交付标的物之前，因不可归责于表意人之事由致使标的物毁损灭失而陷于给付不能，其给付义务被排除（参考《民法典》第580条第1款第1项第2种情形），而对待给付请求权在互负对待给付数额之内也被一并排除。至于当事人是否负有折价补偿（替代给付的损害赔偿）义务，取决于其对错误之形成或标的物之毁损灭失是否具有可归责性。其二，当一方在交付标的物之后，发生因不可抗力因素导致的毁损灭失，则按价款风险规则处理（参考《民法典》第604条及相关条款）。在前述“A酒店物业管理有限公司与B门业技术有限公司维修合同纠纷上诉案”中，若合同被撤销，B公司所提供的给付（即维修服务）显然已经无法被返还，就此而言A公司已陷于给付不能，因此其给付义务被排除，而其对待给付请求权在互负对待给付数额之内亦被排除，所以法院只能调整维修合同价款，由B公司（在对待给付数额之外）退还中远公司部分维修费用。

综上所述，有关无效返还清算之处理，与其以《民法典》第157条为基础，或者诉诸不当得利与占有回复规则，甚至类推合同解除之规定，不如宁诉诸义务违反论，如此既可避免类推与造法之烦扰，又可防止体系间产生评价矛盾，实为一项周全之举。

（三）损害赔偿

《民法典》第157条规定了错误撤销后的损害赔偿义务。在赔偿主体方面，我国《民法典》第157条之规定与《德国民法典》第122条形成鲜明对比。德国所规定的赔偿责任是单向度的，即由表意人向相对人或者第三人进行赔偿，因为相对人对意思表示有效性之信赖并没有得到绝对保护，只能通过补偿性损害赔偿规范这一“二级保护”（Sekundärschutz）方式获得相对保护，这是贯彻形式主义意思论之必然结果。① 我国所宣示的赔偿责任则是双向度的，既可能体现为表意人向相对人进行赔偿，也可能体现为相对人对表意人进行赔偿，此

① Vgl. Reinhard Bork, *Allgemeiner Teil des Bürgerlichen Gesetzbuchs*, 4. Aufl. 2016, Rn. 932.

为贯彻义务违反论之当然结果。

另外，在赔偿范围方面，通说认为仅以信赖利益为准。[①] 之所以作如此限制，是因为无效合同之相对人不得主张较之合同有效更为优越之法律地位，否则表意人行使撤销权之目的将随之落空。[②] 然而，在义务违反论范式下，通说观点似乎难以成立。因为，当事人如对错误负有全部责任——尤其在诱发型错误场合，为填补相对人之损失，原则上应对义务违反行为负责到底，使其承担针对履行利益的损害赔偿并无不妥；[③] 如此则一方面契合私人自治意义上的自我负责原理，另一方面亦能有效消解意思瑕疵法与给付障碍法之间在损害赔偿方面的评价矛盾。不过，在自发型错误场合，赔偿范围尚须借助公平正义原则加以修正。例如，在前述广州互联网法院判决谢某诉 A 公司网络购物合同纠纷案中，双方存在显著的给付失衡情况，法院根据表意人之实际损失较小等事实，贯彻对于相对人责任减轻之思想，驳回谢某关于 A 公司向其赔偿 500 元之诉求。

据以上分析，在义务违反论之诠释下，错误法与给付障碍法能够取得基本一致的法律效果，避免了规范之间的冲突与矛盾，从而在终局意义上验证了这一理论范式的正确性。

---

① 参见朱庆育：《民法总论》（第 2 版），北京大学出版社 2016 年版，第 278 页；韩世远：《重大误解解释论纲》，载《中外法学》2017 年第 3 期，第 684 页；杨代雄：《法律行为论》，北京大学出版社 2021 年版，第 440 页；叶名怡：《〈民法典〉第 157 条（法律行为无效之法律后果）评注》，载《法学家》2022 年第 1 期，第 186 页。

② 参见朱庆育：《民法总论》（第 2 版），北京大学出版社 2016 年版，第 278 页。

③ 不过，此处可能存在一定的理论障碍。在学界看来，法律行为因错误被撤销后，受损害方之所以只能依据缔约过失责任主张信赖利益的损害赔偿，是因为法律行为无效的溯及效力（《民法典》第 155 条）不仅使原定给付义务溯及消灭，受损害方针对履行利益的损害赔偿请求权也一并失其依附。参见陈自强：《契约给付之返还关系》，台北，元照出版公司 2021 年版，第 282 页。可见，若允许受损害方主张履行利益的损害赔偿，还必须克服此种理论层面的障碍。值得反思的是，无效溯及效力是否定要与损害赔偿联系在一起？事实上，取决于所观测的角度，一个行为可以形成不同的情境层面：它既包含事实的层面，也包含规范的层面。Vgl. Jürgen Habermas, *Faktizität und Geltung*: *Beiträge zur Diskurstheorie des Rechts und des demokratischen Rechtsstaats*, 4. Aufl., 1994, S. 49. 当一个行为在规范层面被否定，其事实层面未必受影响，质言之，合同被撤销后，即使其规范意义上的“有效性”受到抑制，其事实意义上的“存在性”及其所造成的影响也并未被消除；基于此，债务人虽然无须履行合同义务，但其仍然要以原来的合同为基础对其义务违反这一事实行为负责，即承担损害赔偿义务，这也决定了这种赔偿属于合同责任而非侵权责任。可见，在无效溯及的前提下，继续维持针对履行利益的损害赔偿，实为遵循逻辑演绎的自然结果。

五、结论与展望

有关错误构成的传统理论自缚于错误法的方寸之地，随抽象之法概念上下浮沉，未对民法规范进行全局性观望，也未对生活本身进行准确还原，引起了整个体系的失序以及与现实意义的脱节。为扭转这一局面，义务违反论首先从价值判断角度出发填补传统错误实质主义的对于公平正义原则的价值缺位，而后以“义务违反”这一系统性概念为基础统筹错误法之内外体系，创造性地建构了当代错误法之新范式。

按照义务违反论，自私人自治与公平正义之双方面着手，可将错误划分为诱发型错误与自发型错误之二分结构。具体而言，其一，在诱发型错误情形，根据以自我决定、自我负责以及信赖保护为要素的私人自治原则，若相对人可归责性地违反了前合同信息义务，致使表意人合同目的不能实现，则该表意人得以撤销合同。其二，在自发型错误情形，根据以给付均衡为主旨的公平正义原则，若双方之给付与对待给付间存在显著失衡，导致表意人合同目的不能实现，则遭受损失的表意人原则上亦得撤销合同。自制度之间的体系联动观察，义务违反、可归责性/给付失衡以及合同目的不能实现三种障碍性事实共同塑造了一个以“义务违反”概念为中心，连接错误与解除、交易基础障碍以及给付不能等各项制度的合同消灭体系。立足于法律效果层面进行检验，在义务违反论的诠释下，继续履行、给付返还以及损害赔偿三大体系共同塑造了一个以“义务违反”为中心，连接错误法与给付障碍法的法律效果体系，错误法与给付障碍法因此取得基本一致的法律效果，有效避免了规范之间的冲突与矛盾，在终局意义上验证了这一理论范式的正确性。

回顾全文，在通过以义务违反论为基础对错误法进行重构、对相关制度进行大规模整合的过程中，民法上引发了波澜壮阔的体系效应：首先，鉴于错误法是意思瑕疵法中之典型制度，堪称意思瑕疵法之理想模型（见表1），[①] 这在很大程度上决定了义务违反论这一理论范式也能够统合立于错误之外的其他各

① 通过精细化分析可发现，整个意思瑕疵法均未溢出诱发型错误与自发型错误所共同营造的框架结构。

类意思瑕疵，如欺诈、胁迫与显失公平等。由此，意思瑕疵法领域的前合同义务与给付障碍法领域的合同义务相互吸纳，以致意思瑕疵法与给付障碍法两大民法核心系统渐呈融合之势。[①] 其次，返还义务与损害赔偿义务作为第二次义务，亦能被有效统合于义务违反论这一理论范式，以致第一次义务与第二次义务实现前后对接。义务违反论以海纳百川之势将各种类型的特别性义务整合为大一统的一般性义务，民法体系由此实现其空前的统一与协调（见表2）。此乃本文所得出的额外启示，然受限于能力及篇幅，义务违反论及大一统义务之全盘展开，只得诉诸来日。以义务违反论为基础，尝试解答本文引言部分所设例题：

表2　大一统义务法体系表

<table>
<tr><td rowspan="7">构成要件</td><td rowspan="4">义务类型</td><td rowspan="4">一般义务</td><td rowspan="2">原生义务</td><td>前合同义务</td></tr>
<tr><td>合同义务</td></tr>
<tr><td rowspan="2">次生义务</td><td>给付返还义务</td></tr>
<tr><td>损害赔偿义务</td></tr>
<tr><td>义务违反</td><td colspan="3">适用统一的义务违反规则</td></tr>
<tr><td>可归责性/给付失衡</td><td colspan="3">风险归责/显著失衡</td></tr>
<tr><td>损害类型</td><td colspan="3">信赖利益、履行利益或固有利益</td></tr>
<tr><td rowspan="3">法律效果</td><td>原给付义务之命运</td><td colspan="3">补充履行、变更合同或消灭合同</td></tr>
<tr><td>给付返还</td><td colspan="3">原物返还、费用偿还或折价补偿</td></tr>
<tr><td>损害赔偿</td><td colspan="3">赔偿范围由损害类型决定，非由义务之类型决定</td></tr>
</table>

例1之答案：本案不涉及相对人误导，亦不涉及给付失衡问题，因而既不

① 这在立法上已初见端倪，例如《保险法》第16条第1款与第2款规定，“订立保险合同，保险人就保险标的或者被保险人的有关情况提出询问的，投保人应当如实告知。”“投保人故意或者因重大过失未履行前款规定的如实告知义务，足以影响保险人决定是否同意承保或者提高保险费率的，保险人有权解除合同。”此种情形属于前合同义务之违反，但法律却赋予保险人以解除权而非撤销权，可见该场合前合同义务与合同义务之区分对法律效果并未产生实质影响。

构成诱发型错误，亦不构成自发型错误。所以，无论甲将属于自己的 C 书还是将属于丙的 D 书错交于乙，均不得行使错误撤销权。这一结论有效避免了德国传统错误理论容易引发的规范矛盾与评价矛盾问题。

例 2 之答案：X 陷于给付失衡状态且合同难以调整，构成自发型错误，故 X 可毫无障碍地（而非“例外地”）撤销合同。这一结论契合利益平衡思想，有效缓解了传统归责论规制范围过窄的问题。

例 3 之答案：K 经 V 欺诈或过失诱导而产生错误认知，构成诱发型错误，得撤销合同，并有权主张针对履行利益的损害赔偿（100 万元）。这一结论有效避免了错误法与给付障碍法之间的冲突与矛盾，并缓解了传统错误理论救济力度不足的问题。

（初审：纪佳婧；校对：李晨）

合同履行条件的理论证成与实践镜鉴*

陈敬立**

摘　要：我国法上的“附条件”在合同语境中应当被解读为针对义务履行的条件，可称之为履行条件，这一概念能够准确揭示条件制度的功能。在法律行为效果说下，履行条件是对效力条件的替代，与履行条件对应的生效概念意为产生效果。履行条件仅在负担行为的框架内发挥作用，区别于有关处分行为的条件。履行条件具有条件制度与法律行为效果说的固有功能，当事人能够通过履行条件实现细化权利义务、分散交易风险等目的。履行条件理论还能合理解决传统理论无法解释的实务争议：合同义务可以作为履行条件，控制条件事实发生与否的风险；履行条件可以与履行期限结合，为义务履行附加双重期限。

关键词：履行条件；效果说；合同义务；履行期限

一、问题的提出

按照一般的语言习惯，条件是人们所认为的对某一事件的发生“具有决定性作用”的事实情形，各个部门法在不同层面上使用“条件”这一表述。① 在我国《民法典》中，条件与法律行为的生效与失效相关联，被看作当事人实现意思自治的制度性工具。通常所称的法律行为附条件，主要是指合同附条件。②

---

* 本文系国家社会科学基金重点项目《民法典适用中的国家利益保护问题研究》(20AFX016) 的阶段性成果。

** 陈敬立，武汉大学法学院硕士研究生。

① 参见［德］维尔纳·弗卢梅：《法律行为论》，迟颖译，法律出版社2013年版，第808页。

② 本文将两个概念等同视之，下文将根据前后文语境分别使用这两个概念。

近年来，司法实务中出现了“履行条件”这一概念，典型如交付某种货物的条件、支付某笔价款的条件。但裁判观点对此理解不一，争议焦点在于：履行条件与通常所称的法律行为附条件是何种关系？有判决认为，在民法理论中，民事义务的履行可以预先设置履行条件或履行期限，即附条件、附期限的民事法律行为。[①] 此种观点可称为同一说。如此，履行条件应是法律行为附条件的具体体现。相反判决则认为，条件的构成要素之一是其必须决定整个民事法律行为的效力，条件的成就与否将导致不同的民事法律行为后果。如果条件不是决定民事法律行为的效力，而只是决定其内容，则不属于附条件的民事法律行为。[②] 双方约定的支付条件是合同履行过程中的条件，并不涉及合同效力问题，不适用有关附条件合同的法律规定。[③] 上述观点可称为区分说。如此，法律行为附条件是指针对效力的条件，可称为效力条件。履行条件就是法律行为附条件之外的制度。

相关释义也持区分说的观点并进一步指出，民事法律行为中的供货条件、付款条件等（即履行条件）不同于法律行为所附的条件，履行条件是民事法律行为自身内容的一部分，而不是决定效力的附属意思表示；法律行为所附的条件不是民事法律行为自身内容的一部分。[④]

附条件法律行为，或者说法律行为附条件，仅仅是抽象的制度名称，本身无法说明条件的具体内涵与功能价值。同一说与区分说代表了对“附条件”的两种不同理解：前者将其解读为履行条件，后者将其解读为效力条件。在这一层面，履行条件与效力条件是“竞争替代”的关系，进而就有必要厘清二者的

---

① 参见湖北省高级人民法院民事判决书，（2020）鄂民再116号。

② 参见上海市高级人民法院民事判决书，（2020）沪民终43号。该案中，双方当事人对支付剩余款项是否附有条件存在争议，判决中所称的“决定内容的条件”指的是支付条件，实际上就是履行条件。

③ 参见四川省成都市中级人民法院民事判决书，（2019）川01知民初129号。该判决认为支付条件是合同履行过程中的条件，这与前引案例认为支付条件属于“决定内容的条件”并不冲突。前者是从权利义务运行的动态角度（即履行）描述；后者是从权利义务属于合同内容的静态角度描述。

④ 参见石宏主编：《〈中华人民共和国民法总则〉条文说明、立法理由及相关规定》，北京大学出版社2017年版，第375页；最高人民法院民法典贯彻实施工作领导小组主编：《中华人民共和国民法典总则编理解与适用（下）》，人民法院出版社2020年版，第794页。

概念含义与理论基础。

另外，区分说虽然承认效力条件与履行条件的并存，但是其诸多论述仍存在疑问：第一，“条件决定法律行为的效力”中“效力”一词的含义尚不明确；第二，所谓“只能对整个法律行为附条件”过于绝对，履行条件的出现即是反证：条件可以附加在个别的履行事项上，不局限于“整体”；第三，条件作为工具性制度独立于法律行为内容的意义何在？

立足于对前述争议的反思，本文欲研究“履行条件是什么”的问题，并在此基础上进一步探讨其在民法体系中的地位与价值。围绕这一主题，至少有以下几个问题有待回答：第一，履行条件究竟是一个与“法律行为附条件”相区别的概念，还是对“法律行为附条件”的一种解读？第二，如果是前者，履行条件理论该如何构建；如果是后者，履行条件似乎与通常所称的“条件决定法律行为的效力”有所出入，此种差异又该如何解释？第三，履行条件这一概念有何特殊之处，提出全新的概念能否更好地解决理论与实务上的疑难问题？

笔者支持同一说的观点，“附条件”应当被解读为履行条件，与此同时，还应当抛弃效力条件这一含义不清的术语。尽管履行条件是对“附条件”的重新理解，但是单独证成此概念仍有重大意义：一方面，“法律行为附条件”仅是制度名称，概念的信息含量不足，无法说明条件如何发挥作用；另一方面，我国法长期受到“效力条件”的干扰，导致诸多制度混乱不清，履行条件的提出有助于精准破除有关条件制度的认识误区。

下文将从三个方面证成履行条件：首先，重识条件概念，引入法律行为效果说阐述履行条件的成立基础，明确履行条件的内涵；其次，立足于履行条件的特征，发掘履行条件所具有的独特功能，强调其在制度运行与意思自治等方面发挥的作用；最后，将履行条件理论运用于传统条件理论无法处理的实务问题，以检验此概念的适用性。

二、履行条件的内涵界定

要合理界定履行条件的内涵，首先必须厘清其与通常所称的“附条件”的关系，讨论的逻辑起点需要回到何为条件这一根本问题。在我国法上，条件制度与效力、生效等概念紧密相关，必须对相关的概念定义做出重构。即使承认物权行为的存在，《民法典》相关规定亦否定了对物权变动附加条件的可能性。通过对上述问题的溯源，我们可以发现履行条件是对效力条件的替代，履行条件也更加科学准确地展现了条件如何影响权利义务的运行。

（一）概念前提：条件的重识

履行条件在条件前加上了“履行”这一限定词，那么履行条件当然就是条件的下位概念。但是，这种说法极有可能会遭到理论界的阻挠。学界一种较为流行的观点认为，条件是决定法律行为效力的附款，① 如果没有控制法律行为效力的功能，则不构成条件。② 如此，供货条件、支付条件等所谓的交易条件并非民法中所称的法律行为的条件。③ 所谓权利发生均有原因，但原因不是条件，扩张条件的含义会导致概念虚化。④ 传统观点存在的误解极大。

条件的一个通常意思是“影响事物发生、存在或发展的因素”，即条件是某种后果发生的前提，理论上有必要条件、充分条件等逻辑形式。民法一般在必要条件的意义上使用条件概念，以表达“某种事实发生—某种法律后果随即产生”的直接对应关系，具体表现为“只有……才……”“只要……就会……”等形式，例如“条件成就，合同生效”。因此，条件实质上是一个相对概念，只有与某些后果相联系才有存在的意义。基于此，有必要区分“条件”与“条件事实”这两个概念。条件事实是指能够作为条件的行为与事件。几乎任何一种事实都可以作为条件。从条件事实的来源来看，条件可以是债权人的行为，可以是债务人的行为，也可以是第三人的行为或者纯粹的客观事件。

民法使用条件概念，其正确的逻辑应当是从条件定义出发，对应不同意义的法律后果，即是采用“统一条件概念—多种法律后果”的逻辑链条，其意为：条件的定义是固定的，法律后果是多样的。如此，条件的类型亦是多样化的。条件既可能着眼于不同的权利，如，请求权的行使与形成权的取得，针对

---

① 参见梁慧星：《民法总论》（第5版），法律出版社2017年版，第188页。

② 参见朱庆育：《民法总论》（第2版），北京大学出版社2016年版，第127页。

③ 参见［德］汉斯·布洛克斯、沃尔夫·迪特里希·瓦尔克：《德国民法总论》（第41版），张艳译，中国人民大学出版社2019年版，第216页。

④ 参见黄文煌：《按份共有人优先购买权制度之适用——〈物权法〉第101条的解释与完善》，载《法律科学（西北政法大学学报）》2010年第6期，第89页。

前者的条件可称为履行条件，针对后者的条件可称为形成权的取得条件；[①] 也可能着眼于不同的对象，如单个权利义务与整个合同，前者为单个权利义务的条件，后者为全部权利义务的条件。《欧洲示范民法典草案》第3-1：106条第（1）款就规定：当事人可以对债权、债务或合同关系附有条件。[②]

我国法现行制度为条件类型的多样性提供了例证，例如，合同附解除条件与合同约定解除权的区分。约定解除权是指一方当事人在一定情形下拥有单方解除合同的权利，合同解除以享有解除权的当事人行使解除权为前提。而“一定情形”可能是某种条件事实。合同约定“一方当事人在天降暴雨后享有解除合同的权利”，此时的逻辑链条为“天降暴雨—解除权的取得—解除权的行使—合同被解除”。合同约定“天降暴雨时合同自动解除”，此时逻辑链条为“天降暴雨—合同被解除”。两相比较，在约定解除权的情形下，天降暴雨这一条件直接导致的结果是一方当事人取得解除权，不会像合同附解除条件那样直接导致合同被解除。但在两种情形下，“天降暴雨”是相同的条件事实。

学者们通常所称的法律行为附条件只能说明《民法典》总则编第6章第4节前两条规定的是针对法律行为效力的附条件，可称之为效力条件，但其并不是条件制度的全部。本文提出的履行条件，意味着条件与合同履行的有关法律后果相联系。至于履行条件与效力条件的关系是什么、履行的具体含义是什么，则是下一部分的内容。

（二）履行条件成立基础：法律行为效果说

1. 效力说之混乱

原《合同法》第45条规定“当事人对合同的效力可以约定附条件”。在

---

① 此种区分的原因在于：虽然逻辑上可以对“权利取得”与“权利行使”附条件，但是如果认为条件成就后才取得合同的请求权，那么在条件成就前，就无法解释为何一个没有权利义务的合同可以拘束双方当事人。正确的逻辑链条应为：“合同有效成立，即权利义务有效成立→拘束双方当事人→履行条件成就→权利义务生效”（本文认为有效与生效存在差异，后文详述）。因此，合同成立后，请求权天然地生成，因而只能对“权利行使”附条件。而形成权并不随合同自身而天然地生成，同时理论通说认为形成权的行使不得附条件，因此就只能对“权利取得”附条件。

② 参见欧洲民法典研究组、欧盟现行私法研究组编著：《欧洲示范民法典草案：欧洲私法的原则、定义和示范规则》，高圣平译，中国人民大学出版社2012年版，第190页。

《民法典》中，合同相关规范与民事法律行为制度相一致，因此对应表述变成了“民事法律行为可以附条件”。虽然立法表述在形式上省去了“效力”一词，但最高人民法院仍然认为条件是民事法律行为效力的附款。[①] 然而，效力的含义还有待进一步解释。

在实证法上，《民法典》总则编第6章第3节的标题为“民事法律行为的效力”。该节主要内容涉及民事法律行为的有效、效力待定、无效、可撤销等事项。此时效力一词可被看作有效、无效等术语的上位概念。但该节又存在“确定不发生效力”这一表述，其情形至少包括效力待定的法律行为未获追认或被撤销、附生效条件法律行为条件未成就、须批准法律行为未获批准、法律行为不成立等。[②] 如此，效力一词的涵摄范围就不限于有效、无效等情形。在理论上，对效力的定义更为复杂，还伴随着一些衍生概念，或要区分“合同效力”与“合同拘束力”，前者强调按约履行合同义务，后者强调不得擅自改变合同；[③] 或要区分“广义效力”与“狭义效力”，前者指有效与无效，后者指权利义务的发生与消灭。[④]

法律行为自条件成就时生效或失效。因此，除了效力外，条件还与生效、失效关系密切。从字面意思理解，生效似乎意为“发生效力”、失效似乎意为“失去效力”。如此解释就又回到效力概念的争议，效力与生效的关系形成闭环。事实上，生效的具体含义争议很大，至少存在“生效就是指有效”[⑤]“生效与有效既有联系又有区别”[⑥]“生效是效力发生与否的事实判断”[⑦]“生效与有

① 参见最高人民法院民法典贯彻实施工作领导小组主编：《中华人民共和国民法典总则编理解与适用（下）》，人民法院出版社2020年版，第793页。

② 参见叶名怡：《〈民法典〉第157条（法律行为无效之法律后果）评注》，载《法学家》2022年第1期，第174页。

③ 参见杨巍：《合同法总论》，武汉大学出版社2021年版，第108页。

④ 参见赵旭东：《论合同的法律约束力与效力及合同的成立与生效》，载《中国法学》2000年第1期，第82页。

⑤ 参见杨永清：《批准生效合同若干问题探讨》，载《中国法学》2013年第6期，第166—167页。

⑥ 参见马俊驹、余延满：《民法原论》（第4版），法律出版社2010年版，第187页。

⑦ 参见陈信勇：《民事法律行为效力性能与生效样态区分论——兼及〈民法总则〉第136条的解读》，载《浙江社会科学》2018年第7期，第60页。

效并无直接关系”① 等诸多观点。

“效力”的涵盖范围不清，“生效”的定义众多，两者之间还存在说不清道不明的关系。在此种概念体系下，如何把握条件制度，让人无所适从。为了解决上述问题，有必要引入“效果”这一全新概念。

2. 效果说的引入与履行条件概念之成立

想要准确把握履行条件，首先需要区分法律行为的“效力”与“效果”。效力是有效、无效的上位概念，仅仅是指法律秩序对于法律行为的评价，表示当事人受该法律行为拘束；效果是当事人通过意思表示所追求的私法上的目的。而条件就是使法律行为的效果受制于将来的不确定的事件。②

法律行为有效或无效是法律秩序对当事人意思自治的判断，而非意思自治自身所能决定。条件作为意定的内容，不能越俎代庖成为决定法律行为效力的依据。这意味着法律行为一经成立，法律秩序就对其进行了价值判断，成立的时点就是有效的开始。合同有效成立后虽然有拘束力，但是其权利义务并不一定现实实现，因为在逻辑上可以区分“权利取得”与“权利行使”。合同有效成立（权利取得）后，要么可以行使合同权利从而实现效果，要么不能行使权利无法实现效果。③ 因此，基于意思自治的条件拘束的是法律行为的效果，而非效力。要理解效果的具体内涵，需要注意以下两点：

第一，法律行为的效果主要体现在给付义务之上，保护义务与附随义务具有相对的独立性，不属于效果的范畴。④ 尽管有观点认为，法律行为理论中的条件限制的是当事人追求的法律后果，但限制义务履行效力的条件并非法律行

① 参见崔建远、吴光荣：《中国法语境下的合同效力：理论与实践》，载《法律适用》2012 年第 7 期，第 11—12 页。

② 参见袁治杰：《法律行为的条件理论》，载《私法研究》2010 年第 1 期，第 60—61 页。

③ 在此有必要再次强调，如果认为条件成就后才取得合同的请求权，那么在条件成就前，就无法解释为何一个没有权利义务的合同可以拘束双方当事人。

④ 参见王琦：《作为民法释义学独立范畴的法律行为效果——基于对法律行为的成立、生效、效果发生之区分的阐释》，载《人大法律评论》2020 年第 1 期，第 159—160 页。该学者将生效与有效、无效关联，另行提出效果概念。而本文倾向将生效解释为“产生效果”。

为的条件。[①] 此种说法似是而非，归根到底仍需要合理解释其所称的法律后果是什么。最高人民法院的最新解释认为，法律行为一旦成立，对双方当事人就产生了拘束力，条件成就后，其效力主要体现在履行力上，一方当事人据此可以请求对方依约履行合同。[②] 可以说，这已经与法律行为效果说契合。

第二，法律行为的效果是指当事人所追求的私法上的目的。[③] 为区别于单方的主观动机，合同目的需要根据合同内容来确定，在客观层面进行解读。[④] 合同双方的目的是希望通过权利义务安排而达到某种状态。从抽象视角出发，双方的目的是权利义务的实现；从具体视角出发，双方的目的还包括与履行有关的因素。[⑤] 通常而言，义务履行与否是法律行为效果最为主要的体现。除此之外，法律行为的效果还应当包括义务履行的相关内容，主要是指履行的时间、地点、方式等，这同样体现了当事人所追求的权利义务状态。

条件既影响义务能否履行，又影响义务该如何履行。法律行为的效果需要通过履行请求权或履行义务具体化。因此，我国法上所称的“效力条件”，宜改称为“履行条件”。简单地说，履行条件就是指对“履行请求权的行使”或者说“义务的实际履行”附条件。[⑥] 考虑到现行《民法典》使用了“成立”“生效”“有效”等概念。如此，可以将“生效”解释为“产生效果”。《民法典》未延续原《合同法》中“当事人对合同的效力可以约定附条件”的表述，无论立法者有意或无意，在客观上已经具有进步意义。

---

① 参见陈甦主编：《民法总则评注（下册）》，法律出版社2017年版，第1110页。

② 参见最高人民法院民法典贯彻实施工作领导小组主编：《中华人民共和国民法典总则编理解与适用（下）》，人民法院出版社2020年版，第795页。

③ 参见袁治杰：《法律行为的条件理论》，载陈小君主编：《私法研究》（第8卷），法律出版社2010年版，第60页；王琦：《作为民法释义学独立范畴的法律行为效果——基于对法律行为的成立、生效、效果发生之区分的阐释》，载《人大法律评论》2020年第1期，第158页。

④ 参见赵文杰：《〈合同法〉第94条（法定解除）评注》，载《法学家》2019年第4期，第179页。

⑤ 参见崔建远：《论合同目的及其不能实现》，载《吉林大学社会科学学报》2015年第3期，第41—44页。

⑥ 在此有必要再次强调，尽管在逻辑上可以对“权利取得”与“权利行使”附条件，但是合同有效成立后，合同请求权自然生成，因此只能对请求权的行使附条件，即履行条件。

在效力说与效果说的竞争下，履行条件就是对通常所称的效力条件的替代，那么再区分履行条件与效力条件已没有实际意义。最高人民法院在法官会议中承认履行条件的概念，但却将“履行条件说”与“生效条件说”并列为不同观点：前者是指只有在合同对应的土地开发成楼盘并开盘销售后的两个月内一方当事人才负有支付义务；后者是指剩余款项只有在约定的条件成就时才支付。[①]细观之下，两种说法对于合同权利义务的运行并没有实质差异。

（三）履行条件内涵厘清：负担行为内容

如果仅在合同领域理解履行一词，从债务人的角度看，履行是指债务人依约履行合同义务；从债权人的角度看，履行是指债权人依约有权请求债务人履行。但是在物权领域，如何理解履行还涉及物权行为理论，问题争议在于：在涉及转移所有权的交易中，履行是一种独立的双方合意抑或是事实行为？

因该问题系中国民法学界的重大争议问题之一，围绕着“物权行为理论”的支持与反对意见数不胜数，本文难以一一介绍，是故仅就涉及的相关问题予以阐述。笔者所持的基本立场为：应当承认物权行为的独立性，但以有因性为原则。原因有二：第一，即使是反对物权行为的学者，其亦承认的确存在转移物权的合意，[②]争议的焦点仅在于究竟是对此种合意一体把握还是分别把握，但既然认为存在此种合意，那么物权行为的独立性自然毋庸置疑；第二，承接前款理由，物权行为理论的核心争议在于无因性问题。采有因性原则（即债权行为的无效、被撤销会影响物权行为），符合我国的一贯处理思路，[③]故而物权变动模式本身并没有优劣之分，重要的是依据确定的物权变动模式构建起适配的法律体系。

在仅仅承认物权行为独立性而不承认无因性的基础上，履行依然具有双重

---

① 参见贺小荣主编：《最高人民法院民事审判第二庭法官会议纪要：追寻裁判背后的法理》，人民法院出版社 2018 年版，第 156—157 页。

② 参见崔建远：《无权处分辨——合同法第 51 条规定的解释与适用》，载《法学研究》2003 年第 1 期，第 6—9 页。有观点称，我国只承认一个买卖合同等导致物权变动的合意，并不承认在此之外的物权合意。参见王利明：《论债权形式主义下的区分原则——以〈民法典〉第 215 条为中心》，载《清华法学》2022 年第 3 期，第 12 页。

③ 参见茅少伟：《民法典编纂视野下物权变动的解释论》，载《南京大学学报（哲学·人文科学·社会科学）》2020 年第 2 期，第 117—119 页。

含义：一是指债法上的给付行为以及产生的清偿效果；二是指物权法上的处分行为以及产生的所有权变动效果。[①] 应当强调的是，履行条件一词虽然是以“履行”限定“条件”，但这是从条件类型的视角出发以对应的法律后果为标准作出的区分。若从合同权利义务的运行角度出发，则恰是以“条件”来限定“履行”。那么此时所称的履行应做何种解释，是债法意义上的履行，还是物权法意义上的履行呢？

以在电视机买卖合同中获取赠品为例，若合同约定“购买电视机后有权参与抽奖活动，如果中一等奖，将赠与额外的纸巾一箱”，[②] 则该项权利义务的逻辑步骤为：（1）中一等奖是出卖人交付纸巾的履行条件；（2）中奖后，出卖人将实际承担交付纸巾的义务（债权行为层面）；（3）交付纸巾时，出卖人与买受人达成一箱纸巾所有权移转的合意（物权行为层面）。

综上，我们可以发现履行条件的意思是指：条件是债权行为中实际履行的前提。在所举事例中表现为以步骤（1）为条件来限制步骤（2）。它在债法意义上决定出卖人是否应当最终实际负担交付一箱纸巾的义务：履行条件成就，出卖人实际负担此义务；履行条件不成就，出卖人不再履行此义务。本文所称的履行条件不关注履行义务后的实际效果，与物权变动无关。但是，履行条件一词仍然需要与以下概念进行区分。

第一，限制无因性的条件。为了克服物权行为无因性带来的问题，限制其适用，有一种处理思路认为物权行为或处分行为可以附加一个债权行为作为条件，使物权行为的效力受到债权行为效力的束缚，从而中断物权行为的无因性原则的适用。[③] 此处的条件是指，以上述事例中的步骤（2）为条件来限制步骤（3）。此种做法在采取物权行为有因性的前提上，仅仅是对有因性的证成。此种限制无因性的条件与本文所论述的履行条件在所举事例中出现在交易的不同阶段，属于不同领域的问题，不应互相混淆。

第二，所有权保留中的条件。由于履行具有物权法上的意义，若对履行条件作广义的解释，就可以包含对物权变动的条件，典型例子是所有权保留买卖。

---

① 参见朱庆育：《民法总论》（第2版），北京大学出版社2016年版，第159页。

② 该约定实际在买卖电视机时已经有效成立，对双方当事人产生形式拘束力，不得任意更改，只是其效果暂时隐而不发。

③ 参见孙宪忠：《中国物权法总论》（第3版），法律出版社2014年版，第461页。

在承认物权行为独立性的情况下，所有权保留制度是对动产所有权变动的合意附加条件，与债权合意无关。[①] 但是，在《民法典》担保制度从形式主义全面转向功能主义的前提下，所有权保留仅是一种特殊的担保。当事人约定所有权保留，实质上是约定了以该标的物的所有权设置担保权利，此为物权合意；而当买受人支付全部价款后，条件成就实质上是指出卖人的担保权利随即消灭，买受人取得无担保负担的所有权。[②] 在此种情况下，所有权变动已经不可能附有条件，履行条件在所有权变动上的作用已经无处施展，不应与在债法领域发挥作用的履行条件相混淆。

三、功能视角下履行条件的理论证成

履行条件是对法律行为附条件的全新阐释，功能视角能够探明履行条件所发挥的作用，在内涵界定的基础上进一步突出履行条件概念的必要性。而所谓履行条件的功能，既指自身所具有的能力，又指其通过规范运行影响其他事物的能力。固有功能是指履行条件在规范体系中发挥的作用是什么，衍生功能是指民事主体可以运用履行条件实现何种目的。功能视角可以为我们提供平衡法律规范和实务需求的机制，法律的功能指向可以为法律解释提供指引，以满足现实的需求。[③] 可以说，履行条件的功能意义是连接理论与实务的桥梁。

（一）固有功能：制度运行的作用

1. 履行条件作为条件的功能

履行条件作为条件的下位概念，其当然具备条件的一般功能，例如，履行条件同样可以将当事人的缔约动机反映在合同之中；履行条件同样发挥延后功

① 参见王立栋：《〈民法典〉第641条（所有权保留买卖）评注》，载《法学家》2021年第3期，第175页。

② 此时条件成就导致的后果是担保权消灭，履行一词显然不能包括此种含义。

③ 参见陈辉：《论功能主义法律解释论的构建》，载《现代法学》2020年第6期，第59—60页。

能——将合同的实际效果延后。[1] 更加值得讨论的是，履行条件转变了传统效力条件的观察视角，因此还可以挖掘一些潜在的条件功能。

第一，履行条件能够延后履行期限的起算点。履行条件控制合同的履行内容，实质上就是提供了履行的选择空间。尽管条件与期限通常被认为是对立概念，但是任何事物都处在时间的流变之中，条件事实是否发生需要一定时间来验证。例如，对于“如果下周一下雨，我将通过银行转账支付价款，否则就用现金支付”这一约定，究竟是采取“银行转账”还是“现金支付”取决于条件是否成就，但支付价款的义务是确定的。该事例反映了条件对履行方式的选择控制。但是，该例中暗含了一个条件自身的隐藏功能，即相对于“立即支付”来讲，“等待到下周一判断是否下雨”本身就体现了一个期限。易言之，条件一方面是对支付方式的控制，另一方面也在无形中延后了履行期限的起算点。

第二，履行条件能够明确“条件事实通知义务”。条件事实通知义务是指一方当事人向对方通知条件事实已经发生的合同义务。我国理论界对此研究并不深入。如前所述，等待条件发生需要一定的时间，问题在于：在此期间内，双方当事人是否均负有主动探明条件事实发生与否的义务（抑或此义务仅由某一方承担）？[2] 这将决定条件拘束的权利义务从何时开始具有履行力。事实上，我国民法上有关检验期限与保证期间争议的根源，正是源于未能准确认识到条件事实通知义务的存在。保证合同就是以主债务人不履行债务为履行条件的合同。主债务人还款与否就是一种条件事实，债权人向保证人主张权利，同时也是向保证人通知“主债务人未履行债务”这一条件事实。债权人作为三方关系的连接方，对获知此条件事实最为便利，因此其应当负有条件事实通知义务。合同义务应在约定的履行期限内得到履行，没有约定的就应当在合理期限内履行，这正好对应了约定保证期间与法定保证期间。保证期间实际上就是“条件

---

① 法律行为成立后、生效前已经具有一般形式拘束力；条件延后了法律行为的效力，指的是实质拘束力。参见金可可：《〈民法总则〉与法律行为成立之一般形式拘束力》，载《中外法学》2017 年第 3 期，第 657 页。这也从侧面说明了履行条件概念的精准性。

② 参见冯珏：《或有期间概念之质疑》，载《法商研究》2017 年第 3 期，第 145—146 页。

事实通知义务”的履行期限。[①] 只有在关注具体权利义务的履行条件视角下，才能够发现其中的运行逻辑。

2. 履行条件体现效果说的功能

履行条件既然是法律行为效果说的产物，那么承认履行条件这一概念，实际上就承认了效果说。由于“效力”与“效果”区分的主要情形就是合同附条件，两者互为表里、相互依存。因此效果说的功能就主要体现在履行条件之上。

第一，履行条件能够剥离合同有效与生效的关系。履行条件中“履行”一词比效力条件中的“效力”更加明确，不会造成条件拘束对象的混乱，进而导致“有效”与“生效”概念的混淆。有关争议可以通过履行条件的解释路径得到圆满解决。

有关合同报批义务条款的问题最能体现这一功能。[②] 纵然合同一方当事人负有报批的义务，但是，当事人是否履行报批义务并不确定、有关机关最终是否批准本身也不确定，符合条件事实的特征。可以说，其他合同权利义务被附上了“报批义务”与“批准”结合而成的履行条件（合同义务能否作为条件参见四、履行条件的实践检验）。

履行条件最为关键的作用，是将许多因条件不成就所导致的“法律上的履行不能”事由剔除出合同无效的范围，此种做法避免了法律对当事人意思自治过多的否定。报批义务条款独立生效，但是整个合同的其他部分并不生效。在合同以某一条件的成就为生效条件时，该条款独立于其他合同条款而事先生效。[③] 事实上整个合同是有效成立的，只是报批义务条款已经产生效果，其他条款暂不产生效果。批准只是影响合同最终能否顺利履行，与整个合同有效无效并无直接联系。

履行条件能够厘清合同权利义务的运行逻辑，有助于防范机会主义行为，

---

① 我国法上，“条件事实通知义务”无明文规定，只能归入“债权人采取必要措施的义务”。有观点指出，后者是不真正义务，债权人未在履行期限内履行，将承担权利减损的后果，从保证人角度看，就是保证债务的消灭（保证责任的免除）。参见张谷：《论约定保证期间——以〈担保法〉第25条和第26条为中心》，载《中国法学》2006年第4期，第130页。

② 报批条款存在约定与法定情形，后者涉及“法定条件”问题。

③ 参见最高人民法院民法典贯彻实施工作领导小组主编：《中华人民共和国民法典合同编理解与适用（一）》，人民法院出版社2020年版，第298—299页。

防止一方当事人以合同无效为由逃避违约责任。[①] 例如，一种将生效等同于有效的观点就指出，报批义务条款在批准前生效存在逻辑问题，不能自圆其说，因为合同未生效就是指合同的所有内容都未生效，不可能出现报批义务单独有效。[②] 其逻辑谬误在于：一方面，既然合同未生效，一方当事人自然不存在报批义务；另一方面，如果一方当事人不报批，合同就不会生效。按照上述理解，一方当事人不可以请求对方履行报批义务，而不履行报批义务一方又无须承担合同有效下的违约责任。类似的错误早已被剔除出我国实证法。[③]

第二，履行条件能够破除条件“二元论”。效力条件的提法具有滑向“二元论”的倾向，而履行条件这一概念清楚地表明了其属于法律行为的履行内容，否定了条件独立于法律行为的可能性，反映了条件拘束效果的本质。

尽管最高人民法院正确地指出了，生效指的是在“有效”的前提下，当事人可以根据民事法律行为约定的权利义务行使履行请求权。[④] 这在实质上采纳了“效果说”。但遗憾的是，其依然认为履行条件应当区别于通常所称的条件。[⑤] 究其原因，在于其采纳了条件“二元论”的观点。“二元论”认为条件是独立于法律行为之外且以限制法律行为效力为目的的另一个意思表示。[⑥] 但是理论界通说采取的是条件“一元论”，其认为条件不是独立的行为，而只是当事人意思表示的一部分，属于合同等法律行为的内容，另为法律行为时，不为

---

① 类似观点，参见蔡立东：《行政审批与权利转让合同的效力》，载《中国法学》2013 年第 1 期，第 66—67 页。

② 参见杨永清：《批准生效合同若干问题探讨》，载《中国法学》2013 年第 6 期，第 166—167 页。

③ 类似的逻辑谬误还可参见原《担保法》（已失效）第 41 条规定的“……抵押合同自登记之日起生效”。逻辑死循环为：一方面，既然合同未生效，一方当事人就不能请求登记；另一方面，既然未登记，合同就未生效。

④ 参见最高人民法院民法典贯彻实施工作领导小组主编：《中华人民共和国民法典总则编理解与适用（下）》，人民法院出版社 2020 年版，第 698 页。

⑤ 参见最高人民法院民法典贯彻实施工作领导小组主编：《中华人民共和国民法典总则编理解与适用（下）》，人民法院出版社 2020 年版，第 794 页。

⑥ 参见尹田：《民法典总则之理论与立法研究》（第 2 版），法律出版社 2018 年版，第 462 页。

条件。[①]

遗憾的是，虽理论界以条件“一元论”为通说，但对于“一元论”相较于“二元论”更具优势地位的理由，学界却尚未作出合理解释。实际上，“一元论”与“二元论”之争在本质上依然是“效力说”与“效果说”之争，也即究竟是法律行为本身受到条件的限制，还是法律行为所欲追求的效果受到条件的限制。[②]

效力说的谬误前文已经证实，此处拓展新的问题：二元论认为条件作为独立的意思表示决定法律行为的效力，因此必须回答条件这一意思表示的效力问题。这意味着条件需要独立于另一法律行为有效（或者说生效）。[③] 令人疑惑的是，条件作为一种工具性制度，仅有相对意义，其独立有效（或者说生效）的功能意义是什么？这恐怕难以回答。而采用履行条件的视角，可以十分清楚地发现，条件仅仅是权利义务实际享有或履行的前提，履行条件作为法律行为内容已经有效（或者说生效），无需额外论证其为何独立有效（或者说生效）。究其根源，只要承认在条件成就之前，法律行为就已经对双方当事人有形式上的拘束力、当事人不得任意更改，那么法律行为的自我设限性便可以得到证明，如此，所谓“条件独立于法律行为”也就失去了意义。因此，条件只能依附于权利义务一同成为法律行为的内容。

（二）衍生功能：意思自治的工具

1. 细化权利义务

条件拘束的对象是合同权利义务的行使或履行。条件是一种未来可能会发

---

① 参见史尚宽：《民法总论》，中国政法大学出版社 2000 年版，第 474—475 页；李永军：《民法总则》，中国法制出版社 2018 年版，第 641 页；谢怀栻：《民法总则讲要》，北京大学出版社 2007 年版，第 145 页；翟远见：《〈合同法〉第 45 条（附条件合同）评注》，载《法学家》2018 年第 5 期，第 171 页。

② 参见袁治杰：《法律行为的条件理论》，载陈小君主编：《私法研究》（第 8 卷），法律出版社 2010 年版，第 50 页。

③ 本文区分有效与生效这两个概念，生效意为产生效果，与履行请求权或者说履行义务有关。条件事实若为纯粹的客观事件或义务之外的行为，有效即可，无生效的空间；条件事实若为合同义务，有效之后还需要生效（合同义务可以作为条件事实，参见四、履行条件的实践检验）。

生的不确定事实，具有意定性、未来性、或然性和合法性的特征。[①] 基于意思自治和缔约自由的考虑，当事人可以选择将条件与合同的任意部分结合起来，借条件的手段调控合同对当事人的权利义务拘束。条件与法律行为之关系，如同微小控制按键与机器之关系，欠缺按键则机器停摆，法律关系中的具体权利义务皆有附条件之可能。[②]

第一，履行条件可以提供更为灵活的权利义务安排，当事人可以通过履行条件对合同内容进行更加精细化的控制。履行条件使得合同中的不同义务能够摆脱履行时间上的一致性，部分义务甚至可以根据具体条件的设置，在其成就或不成就时，不同步履行。由于不受到履行时间一致性的束缚，履行条件可以附加于履行的内容、方式、地点等具体事项之上。同时，即使合同其他部分已经生效得以履行，但是在特定权利义务上附加条件，可以使具体事项不一定得到履行，或者导致履行内容发生变化。例如，在一个买卖合同整体有效的情况下，前者情形可体现为特别约定“如果明天下雨，出卖人就不用交付货物的赠品”，后者情形可体现为特别约定“如果明天下雨，出卖人就送货上门，否则买受人需要自取”。

第二，履行条件能够合理解释合同的部分条款未生效，其他部分已经生效的情形。[③] 合同整体本身就是各种权利义务的集合。在传统观念下，通常所指的附条件被认为是整个合同附条件，这只能表达整个合同在条件成就时具有拘束力。此种认识过于宽泛。在履行条件视角下，条件可被附加在具体权利义务上，也有学者称其为“合同条款附条件”。[④] 如此，未附条件的权利义务在成立时生效，即对应义务随即可履行；附条件的权利义务只有在条件成就时才生效，对应义务在条件成就才可被实际履行。这意味着合同的不同权利义务在同一时间点上的拘束力并不相同，部分可以请求实际履行，部分不能请求实际履行。

---

① 参见翟远见：《〈合同法〉第45条（附条件合同）评注》，载《法学家》2018年第5期，第171页。

② 参见曾世雄：《民法总则之现在与未来》，中国政法大学出版社2001年版，第257—258页。

③ 亦有观点支持合同部分生效，参见崔建远、吴光荣：《中国法语境下的合同效力：理论与实践》，载《法律适用》2012年第7期，第12—13页。

④ 参见崔建远：《论法律行为或其条款附条件》，载《法商研究》2015年第4期，第29页。

2. 转移交易风险

条件具有或然性的特点，亦可称为客观不确定性。履行条件的功能就是把具体权利义务的“可能性”转变为“现实性”。不确定性就意味着存在风险。从消极的角度来看，不确定性会催生“赌博”。在赌博关系中，硬币正反面、骰子点数等不确定事件的发生与猜测的相符与否是双方或多方当事人是否财产转移的唯一根据。① 但从积极的角度来看，合同当事人也可以利用履行条件分散合同中的风险，合同双方甚至可能合意由一方承担某种合同义务来追求条件事实的发生，以求转移风险。当我们将目光拓展至更广的法律空间，我们会发现履行条件发挥分担风险功能的情形十分常见，这也为认识有关合同的性质提供了全新思路。

保险合同就是最为常见的附有履行条件的合同。在保险合同中，保险人支付保险金就是以约定的保险事故发生作为履行条件，② 履行条件的存在塑造了保险行业的营利模式，保险人利用“不发生事故的概率”获得营业利润；被保险人在“发生事故的概率”中获得保险金，分散社会生活的意外风险。

对赌协议也是一种典型的附履行条件的合同。③ 在对赌协议中，投资方由于信息的不对等，需要分散投资的风险，投资协议通常附有公司经营业绩上升或如期上市等履行条件，若履行条件成就，就奖励管理层股权、现金等；若履行条件不成就，管理层或公司就需要回购股权或给予管理层一定补偿。投资人在前者情形下，由于公司业绩上升或上市，其持有股票往往上涨，即使给予管理层一定奖励仍然有利可图；而在后者情形，即使投资受挫也能得到补偿。如此，投资人通过设置履行条件，减少了自身投资的风险，还激励了管理层勤勉尽责。

实际上，通常所称的射幸合同就是附有履行条件的合同。保险、押赌、有

---

① 参见许德风：《赌博的法律规制》，载《中国社会科学》2016 年第 3 期，第 152 页。

② 参见温世扬主编：《保险法》（第 3 版），法律出版社 2016 年版，第 164 页。

③ 在“效力说”的前提下，大量观点认为对赌协议不是附条件的合同。参见宋毅、王苗苗：《对赌协议的效力认定》，载《人民司法》2018 年第 16 期，第 70—71 页；傅穹：《对赌协议的法律构造与定性观察》，载《政法论丛》2011 年第 6 期，第 68—69 页。个别观点认识到了履行条件，参见陈鸣：《对赌协议的法律结构与裁判规则——以一则非典型对赌协议案例的分析展开》，载《法律适用》2018 年第 2 期，第 44—45 页。

奖销售等均是常见的射幸合同，射幸合同的法律效果在缔约时不能确定。[①] 而法律效果不能确定恰恰符合了法律行为效果说，与履行条件保持一致。可以说，任何试图区分射幸合同与附条件合同的做法均没有意义。

3. 摆脱义务牵连性

在大陆法系，双务合同中当事人间的主给付义务具有履行牵连性，一方当事人所负给付与对方当事人所负对待给付互为前提。[②] 在履行牵连性下，先履行的义务未履行，后履行一方的义务若到期则享有同时履行抗辩权；后履行一方的义务若未到期则享有不履行债务的抗辩权。[③] 双方当事人的义务关系还有固定给付义务与非固定给付义务的区分，前者指一方的履行以另一方的履行为当然的前提；后者即为一方的债务，并非当然地要以另一债务的履行为前提。[④] 固定给付义务在义务履行的先后关系上具备了履行条件的一定特征，但在法律效果上与履行条件是否一致有待观察。

美国法上承认"推定条件"概念，其认为一方当事人的履行可视为另一方当事人履行义务的推定条件。[⑤] 这意味着义务可以作为条件。当事人约定以义务为内容的条件在美国合同法中被称为允诺性条件（promissory condition）。允诺性条件既是一种义务，也是一个条件。因此，违反这种允诺性条件会产生双重后果，一方面免除了债务人的履行，另一方面债权人同时承担违反合同的责任。[⑥] 在允诺性条件下，债权人不履行义务导致条件不成就，后履行义务即不需要继续履行。从义务角度看，履行条件导致的后果是"需要实际履行"或"无须实际履行"。两相对比，可以说允诺性条件是典型的履行条件。

两大法系规范双务合同的对待义务殊途同归，尤其是所谓"固定给付义

① 参见崔建远主编：《合同法》（第6版），法律出版社2015年版，第24页。

② 参见韩世远：《合同法总论》（第4版），法律出版社2018年版，第381页。

③ 参见李建星：《先履行抗辩权之解构》，载《法学家》2018年第5期，第114—118页。

④ 参见韩世远：《合同法总论》（第4版），法律出版社2018年版，第392页。韩世远教授称之为"有机的牵连关系"与"无机的牵连关系"。

⑤ 参见［美］杰弗里·费里尔、迈克尔·纳文：《美国合同法精解》（第4版），陈彦明译，北京大学出版社2009年版，第368页。

⑥ 参见 Arthur L. Corbin, *Conditions in the Law of Contract*, 28 Yale Law Journal 739, p. 745（1918—1919）.

务”与“允诺性条件”之间，更是极其相似。两者的关系如下：一方面，两者的成立情形相同——固定给付义务可基于合同的性质成立，也可以基于当事人的约定成立；[①] 允诺性条件本质是将一方的义务作为对方义务的条件，既有推定情形，亦可根据当事人的自由约定成立。另一方面，两者的法律效果有细微差异——在允诺性条件下，条件的成就与否，直接导致后履行一方的义务履行或义务消灭；在固定给付义务中，先履行一方违反约定后，后履行一方的义务依然存在，只是其义务一直不届期，产生不履行债务的抗辩，而非直接消灭。[②] 可见，在法律效果上允诺性条件更为严格。

在我国法的构造上，约定允诺性条件可以在功能上补充固定给付义务，尊重当事人的意思自治。两者最为重要的差异在于法律效果的严格性不同。这也说明了履行条件在我国采取牵连性理论下的独特作用：如果一方当事人希望更为严格的法律后果，可以采用附加履行条件的方式在对方违约时及时摆脱自身的义务。两者的关系在实务中可作如下考虑：如果当事人明确约定债权人负有某种行为的义务并且明确表示该义务为对方当事人履行义务的前提条件，出于尊重当事人意思自治的考虑，宜优先认定为允诺性条件。如果当事人的约定不明确或者条件与义务之间无法辨别，宜认定为合同义务。[③] 而是否构成固定给付义务，则应视内容性质而定。

四、履行条件的实践检验

前文从理论角度出发，论证了履行条件的制度基础及其独特作用，但难免

---

① 参见李建星：《论附条件给付义务与固定先给付义务的界分——评柯国庆与黄世就、茂名市伟恒地产有限公司等民间借贷纠纷》，载王利明主编：《判解研究》（第 84 辑），人民法院出版社 2018 年版，第 136—137 页。

② 在正常的对待给付义务下，新近观点认为，合同解除规则优于风险负担规则，对待给付义务并不当然消灭，债权人享有决定继续承担对待给付义务的选择自由，例如继续履行换取代偿物。参见赵文杰：《〈合同法〉第 94 条（法定解除）评注》，载《法学家》2019 年第 4 期，第 182 页。有学者将其称为条件上的牵连性，即对待给付义务因解除而消灭。参见张金海：《论双务合同中给付义务的牵连性》，载《法律科学（西北政法大学学报）》2013 年第 2 期，第 119 页。这也说明履行条件有不同于传统规则的功能。

③ 参见 Restatement (Second) of Contracts § 227 (American Law Institute, 1981)。

会被批评仍然是用理论解释理论。想要证成履行条件、证明履行条件优于传统条件理论，就必须要落脚于具体的实务争议，用履行条件理论解决传统条件理论不能合理解释的问题。在实务争议的解决中，履行条件的理论基础与功能意义一一得到体现。在此有必要再次回顾一下传统条件理论的主要特点：一是采用“效力说”，但到底何为“效力”，语焉不详；二是条件控制合同采用的是整体视角，而非着眼于局部的权利义务；三是条件与合同的关系有滑向“二元论”之趋势。正是这些特点导致实务中的种种问题不能得到合理解释。

（一）义务与条件排斥困境之破除

合同义务能否作为条件，实务中裁判观点不一，争议较大。在一起股权转让纠纷中，浙江省高级人民法院认为，虽然一方当事人抗辩称约定的支付转让款是对方当事人的义务，不能作为协议生效的条件，但是此种约定属双方自愿约定，相关法律并未禁止，理应尊重当事人之意思自治和该条款的约束力。① 而在另一起股权转让纠纷中，最高人民法院却明确表示“合同义务不能成为条件”，其提出了五点理由：第一，义务具有约束力，而条件不是当事人义务；第二，条件与义务的法律效果不同；第三，义务无法适用条件拟制的规则；第四，将义务作为不确定的条件将会摧毁合同的确定性；第五，将义务作为条件将导致合同效力取决于当事人意愿。② 最高人民法院法官后又分别撰文补充了以下两点理由：合同义务应当履行，如果将义务不履行理解为条件未成就，会导致与合同主要内容相矛盾（理由六）；③ 合同义务存在法定的可能，而条件只能是当事人意定产生（理由七）。④

就反对观点而言，理由一、理由二、理由七仅仅描述了“合同义务”与“条件”的通常定义，这并不能作为“合同义务不能成为条件”这一观点的论据，也完全不能证明二者真的不可以产生竞合。理由四完全是过分地夸大义务

① 参见浙江省高级人民法院民事裁定书，（2015）浙民申字第1033号。

② 参见最高人民法院民事裁定书，（2014）民申字第175号。

③ 参见辛正郁：《法律的出与入：妥当适度的法律解释方法》，载《法律适用》2015年第5期，第84页。

④ 参见潘杰：《合同义务不能成为附条件合同中的条件——再审申请人乔连生与被申请人蚌埠日报社股权转让合同纠纷案》，载杜万华主编：《民事审判指导与参考》（第62辑），人民法院出版社2015年版，第212页。

的确定性与条件的不确定性，义务能否得到履行本身就存在不确定性，何来摧毁合同的确定性一说？

理由六似乎想说明义务作为条件构成矛盾条件。对于如何处理矛盾条件，在理论上存有争议，至少存在“合同不成立说”① “合同不生效说”② “合同无效说”③ 等诸多观点。但是，反对说并未严谨地指出义务不履行与哪部分合同内容相冲突。对反对理由进行整体解释，其似乎指义务本身与条件性质相冲突，即所称确定性与不确定性相矛盾，但这与矛盾条件相去甚远。

理由三、理由五涉及条件的具体类型与例外规则，影响条件与义务的关系，容后文再述。通过对反对理由的分析，我们可以发现最高人民法院的裁判虽然未提出坚实的反对理由，却在论证中反复地对比义务与条件的差异，其背后蕴含的对条件制度的认识更加值得探讨。

上述错误认识均是传统条件理论的翻版。由于对效力与生效概念存在误解，效力与效果未能合理区分，加上“二元论”从合同整体的视角理解条件，忽视了单个权利义务的微观视角，这就产生了“合同义务不可能先于合同生效”的错误印象。更为重要的是，按照“二元论”的观点，合同与拘束合同的条件是两个不同的意思表示，而后者可以决定前者的效力。合同权利义务属于合同这一意思表示，不属于条件这一意思表示。如此，义务与条件分属不同的意思表示，天然地被割裂开来。这或许是最高人民法院反对义务可以作为条件的真正原因。因此，在传统条件规范下，条件与义务是互不关联的概念。

实际上，“非纯粹随意条件”的存在就暗含了义务作为条件的可能性。多数学者认同随意条件、偶成条件与混合条件的类型划分。④ 针对随意条件，通说将其划分为纯粹的随意条件与非纯粹的随意条件。前者指条件是否成就完全取决于债务人的意思，其是否有效属于另外的讨论话题。后者乃是指条件虽与一方当事人的意思有关，但是还需要某种积极的事实与之竞合，⑤ 非纯粹的随

---

① 参见王利明：《合同法研究（第1卷）》（第3版），中国人民大学出版社2015年版，第559页；梁慧星：《民法总论》（第5版），法律出版社2017年版，第191页。

② 参见朱庆育：《民法总论》（第2版），北京大学出版社2016年版，第132页。

③ 参见杨巍：《合同法总论》，武汉大学出版社2021年版，第114页。

④ 参见王利明：《民法总则》，中国人民大学出版社2017年版，第341页；梁慧星：《民法总论》（第5版），法律出版社2017年版，第190页。

⑤ 参见马俊驹、余延满：《民法原论》（第4版），法律出版社2010年版，第200页。

意条件实质上指的就是当事人一方所为的行为。如此，当事人的行为就有成为合同义务的可能性。同时，任何行为都要取决于当事人的意志，因此，反对说的理由五并不成立。

而履行条件则不排斥合同义务。原因在于：第一，条件与义务并不冲突。条件与义务同属法律行为的内容，不存在“条件是不确定的、义务是确定的”此种似是而非的说法。两者均是有效法律行为中的有效内容，对双方当事人均有拘束力，条件是法律行为的自我设限。

第二，义务作为条件的真实意思是指“义务 A”是“义务 B”的条件。履行条件具有与双务合同牵连性功能互补的特点，义务之间本身就具有互为条件的特性，前文所提的允诺性条件、固定给付义务均说明义务可以作为条件。

第三，违反条件的后果与违反义务的后果并不冲突。在履行条件下，只要甲履行义务 A，乙就要履行义务 B；如果甲不履行义务 A，乙就不需要履行义务 B，并且还可以向甲主张违反义务 A 的违约责任。根据反对理由三，如果在当事人恶意阻止条件成就时类推适用条件的拟制规则，意即将“故意不履行义务”拟制为“已履行义务”，将会造成当事人利益的严重失衡。[①] 但通说恰恰认为，对于阻止条件成就或不成就的拟制规定原则上并不适用于非纯粹随意条件。[②]

此处真正需要辨明的一个问题是，当事人一方的行为究竟是条件事实还是合同义务；更进一步需要回答的是，当事人一方的义务如何成为条件？债务人在自身义务上附加条件最通常的理由是，将该事实不发生的风险转移给债权人。如果这一事实受到债权人的控制，债务人仍然可能想要将其作为条件，以促使

① 参见李建星：《论附条件给付义务与固定先给付义务的界分——评柯国庆与黄世就、茂名市伟恒地产有限公司等民间借贷纠纷》，载王利明主编：《判解研究》（第 84 辑），人民法院出版社 2018 年版，第 138—139 页。

② 参见翟远见：《〈合同法〉第 45 条（附条件合同）评注》，载《法学家》2018 年第 5 期，第 187—188 页。有观点指出，在为随意行为的当事人违反善良风俗地影响条件成就时，可以适用条件的拟制，参见袁治杰：《法律行为的条件理论》，载陈小君主编：《私法研究》（第 8 卷），法律出版社 2010 年版，第 83 页。实际上条件拟制规则并不科学，比较法上的新近立法模式采用相对方选择权规则。参见欧洲民法典研究组、欧盟现行私法研究组编著：《欧洲示范民法典草案：欧洲私法的原则、定义和示范规则》，高圣平译，中国人民大学出版社 2011 年版，第 190 页。

债权人去促进该事实的发生。①

若以债权人的某种行为作为债务人债务的履行条件，那么债权人有义务去做成这件事吗？在履行条件的语境下，合同内容实际上可能存在如下约定：第一，债权人的某种行为是债务人履行义务的条件；第二，债权人的某种行为是他的义务，而债权人的该种行为又是债务人履行义务的条件。两者的差异在于：第一种情形下债权人并不负有进行某种行为的义务；第二种情形则是明确表明债权人负有从事某种行为的义务。

值得强调的是，我国相关制度亦表明义务可以作为条件。现行法上存在附负担的合同，即附义务的合同，在合同法领域主要指的是附义务的赠与合同。有观点认为，负担是指法律行为的生效以履行一定的义务为前提。② 但更为通行的说法是，该负担只是受赠与人的合同义务，相对于赠与义务来讲不构成对待给付，其并非决定赠与合同生效的要件。③ 在相应的义务未得到履行时，对方可以此为由撤销法律行为。④ 至少从形式上看，在赠与合同中，受赠人不履行义务是赠与人取得撤销权的条件。

（二）条件与期限适用对立问题的破解

条件与期限制度适用对立争议在“背对背”条款的适用上最为明显。实务中一方当事人往往在合同中为自己需履行的货款支付义务附上履行条件，典型的例子为“背靠背”条款。“背靠背”条款多用于建设工程领域，主要内容是总包方与分包方在分包合同中约定，在总包方与业主进行结算且业主支付工程款后，总包方再向分包方支付工程款。⑤

实务中对于如何认定此种条款的性质争议较大。有裁判观点认为，对于合

---

① 参见［美］E. 艾伦·范斯沃思：《美国合同法》，葛云松、丁春艳译，中国政法大学出版社2004年版，第521页。

② 参见王利明：《合同法研究（第1卷）》（第3版），中国人民大学出版社2015年版，第556页。

③ 参见宁红丽：《附义务赠与合同的法律构造》，载《江海学刊》2013年第5期，第136—137页。

④ 参见朱庆育：《民法总论》（第2版），北京大学出版社2016年版，第126页。

⑤ 参见袁华之、丑斌：《分包合同中的“背靠背”条款浅析》，载《财经法学》2017年第2期，第98页。

同中约定的类似“只有在第三人向被告作出相应履行后，被告才向原告履行”表述的条款，原则上认定为关于履行期间的约定，例外时认定为附条件条款。①也有裁判观点认为，合同中约定的“业主向广航公司付款后，广航公司再向港海公司付款”，属于当事人对工程款履行期限的约定。② 还有裁判观点认为，合同中约定的“按照业主支付进度付款”“以收到建设单位工程款为向分包人支付工程款的前提”等条款，形式上属于附条件的合同条款，但该支付条款的适用仍应以承包方履行相应义务为前提条件。③

“背靠背”条款面临的争议给条件与期限制度提出了新的解释问题。履行期限说的观点在合同公平正义上具有制高点，其使得分包方与总包方共同承担业主迟延支付工程款的风险，而非由分包方单独承担业主不支付工程款的风险。④ 但是其却面临法律技术上的构造难题，因为业主能否给付总包方工程款本身是不确定的条件事实。⑤

在传统条件理论下，解释“背靠背”条款会面临以下问题：一是条件与期限的对立。在传统视角下，条件与期限均是适用于整体合同。在条款单一的情况下，二者必定非此即彼。即使认为合同条款亦可附条件，持有此种观点的学者仍然认为，将合同条款附条件认定为合同条款附始期或终期的做法极大可能背离了缔约者本意，违背了意思自治原则。⑥

二是容易造成对制度体系的突破。例如，最高人民法院认为，对于已经存在的、确实需要履行的债务，当事人若约定以未来的不确定事实作为履行该债务的条件，则其虽在形式上具备有关履行条件之约定的表征，但在本质上仍宜认定双方是对履行期限进行了特殊约定，该期限属于不确定的履行期限。鉴于不确定履行期限在期限的不确定性上近于条件，因此可以类推适用有关条件拟

---

① 参见最高人民法院民事裁定书，(2021) 最高法民申 5750 号。

② 参见天津市高级人民法院民事判决书，(2020) 津民终 550 号。

③ 参见江西省高级人民法院民事判决书，(2020) 赣民终 958 号。

④ 参见袁华之、丑斌：《分包合同中的“背靠背”条款浅析》，载《财经法学》2017 年第 2 期，第 99 页。

⑤ 参见张永亮：《建设工程合同中背靠背条款的适用及其规制》，载《山东法官培训学院学报》2018 年第 6 期，第 48 页。

⑥ 参见崔建远：《合同条款附条件绝非合同附期限》，载《中州学刊》2017 年第 7 期，第 49 页。

制成就的规定。① 但是，期限的不确定是指“何时到来不确定”，条件的不确定是指“是否到来不确定”与“何时到来不确定”。二者本来就在“何时到来不确定”上存在一致性，而“是否到来不确定”才是关键。上述论证路径显然存在逻辑问题。

笔者认为“背靠背”条款属于典型的履行条件条款，对其定性与内容的理解需要结合履行条件的独特功能，避免传统条件理论的困境。

第一，“背靠背”条款虽然属于合同履行附条件，但其暗含时间要素，可以发挥延后履行期限起算点的功能，造成实际履行义务时间的差异。“背靠背”条款实质上是以履行条件设置了一个新的期限，宜理解为对付款时间的一种特殊约定。在履行条件下，存在两个期限：一个是等待条件发生的期限，另一个是正常的合同履行期限。前者是首要考虑的期限，但特殊之处在于，若条件确定不发生，则并不导致付款义务的免除，而是转向适用正常的合同履行期限。

通常情况下，若履行条件成就，义务需要实际履行；从反面解释，履行条件不成就，义务就不需要实际履行。但是，在解读“背靠背”条款时，原则上却不能作反面解释。因此，这需要求助于履行条件的其他功能，以进一步回答这一问题。

第二，履行条件具有“细化权利义务”与“转移交易风险”的功能，履行条件可以借助“等待条件发生时间”的效果差异，调控期限利益。

“细化权利义务”可体现为：除了权利义务的实现与不实现，还存在权利义务实现的数量多少、先后顺序等关系。“转移交易风险”的本质在于：条件成就与否对应的效果不一致。权利义务的实现和未实现属于效果差异化的表现之一，权利义务实现的数量多少、先后顺序等同样属于效果差异化的一种表现。

条件成就与否的后果仅对应“履行义务”与“不履行义务”，这源于传统条件理论的整体视角，其只存在“合同生效”与“合同不生效”两种固定的结果。而在效果说下，履行条件既影响“能否实际履行”，又影响“如何实际履行”，这表明条件对应的后果具有多样性。因此，在履行义务固定的前提下，履行条件可以做到仅仅转移“何时支付价款”的时间风险（期限利益），回应了

① 参见贺小荣主编：《最高人民法院民事审判第二庭法官会议纪要：追寻裁判背后的法理》，人民法院出版社2018年版，第157页。

前述“不能作反面解释”的疑问。

上述功能阐释说明了条件与期限的互动关系，为解释“背靠背”条款提供了理论支持。在此基础上，对条件与期限的解释还需要考虑合同内部权利义务的平衡关系，履行条件的功能发挥受到公平因素的影响。

在合同大部分已经生效履行的情况下，双方当事人已经确定享有权利或承担义务，并且一方当事人已经履行了部分义务。此时，一方当事人的义务附的是履行条件还是履行期限，将直接影响对方当事人的合同权利。因此，对“背靠背”条款的性质认定需要考虑公平因素。

在美国合同法领域，“是否将某一事件作为义务人履行义务的条件以及该事件的性质如何”同样是疑难问题。在解决上述疑问时，最好作出有利于减少权利人权利丧失风险的解释，除非该事件是在权利人的控制范围内，或者情况表明权利人已承担了风险。[①] 因为在类似于“背靠背”条款的情况中，条件的不成就会导致债权人丧失获得交换物的权利，产生信赖利益的损失。[②]

在一起房地产合作开发纠纷中，最高人民法院曾指出：A 公司向 B 公司赔偿损失的支付方式为政府每向 A 公司支付一笔款项，A 公司应同时按 50%的比例向 B 公司支付”这一约定是对土地收储款的支付期限附有条件。一方面，该条款不是对合同整体效力附条件，不影响双方权利义务；另一方面，双方并未明确约定条件不成就时，免除 A 公司的支付义务。[③]

综上，“背靠背”条款原则上应被解释为：“如果业主支付，总包方应依约支付价款；若业主确定支付不能，总包方亦应依约支付价款。”

试举一例，如果 1 月 1 日订立的有效合同约定“分包方完成工作后，总包方自收到业主付款后 7 日内向分包方付款”，后分包方于当年 2 月 1 日完成工作。依据前述规则，原则上应当做如下解释：（1）若当年 3 月 1 日业主付款（2 月 1 日至 3 月 1 日为等待条件发生的时间），总包方应当在业主付款后 7 日内支付（履行期限）；（2）若一直到当年 6 月 1 日才确定业主支付不能（2 月 1 日至 6 月 1 日为确定条件不成就的时间），总包方应当在业主确定支付不能后 7

① 参见 Restatement（Second）of Contracts §227（American Law Institute，1981）。

② 参见［美］E. 艾伦·范斯沃思：《美国合同法》，葛云松、丁春艳译，中国政法大学出版社 2004 年版，第 532 页。

③ 参见最高人民法院民事裁定书，（2020）最高法民申 2267 号。

日内支付（履行期限）。①

在例外情况下，如果分包方有明确的分担工程价款支付不能风险的真实意思，或者条件事实不是业主支付价款，而是分包方控制的某种事件，此时应当认为“履行条件不成就，随即免除付款义务”。

五、结语

尽管现实中存在大量有关履行条件的纠纷，遗憾的是，无论是理论界还是实务界均未对这一问题产生足够的重视。现有的观点并未就履行条件之内涵与外延给出严谨详细的论证，仅简单地认为合同履行条件不同于合同附条件，更遑论说明履行条件该如何嵌入民法的规范体系、司法实践中究竟该如何适用。在合同成立到终止的整个过程中，权利义务纵横交错。传统条件理论仅在抽象层面谈论效力、生效等概念没有实际意义，反而陷入了法教义学的解释困境。

因此，本文提出以“履行条件”取代原有的“效力条件”。履行条件并非一个生造的概念，而是一个在我国《民法典》的规范制度与立法用语下，通过合理的逻辑论证自然得出的，具有科学性、严谨性的规范概念。对于国家管制而言，履行条件有助于尽量少地否定合同的有效性，又在合同的履行层面实现一定的控制。对于交易主体来讲，履行条件是极佳的自治工具，能够帮助当事人更加合理地安排权利义务事项，实现对合同内容的控制。履行条件的价值与功能亦在各种实务争议中得到验证，证明了其具有极强的解释力。在《民法典》时代，我们需要认真对待履行条件，强调其独立价值，实现条件制度的革新。

（初审：苗萍；校对：林沛玟）

① 条件确定不成就的原因可能为业主破产等情形。另有一种思路认为，依据诚信原则，总包方负有积极向业主请求支付价款的义务，如果怠于主张，应认定为以不作为形式阻止履行条件的成就，视为付款条件已成就。参见江西省高级人民法院民事判决书，(2020) 赣民终958号。在我国法的框架下，此种思路值得赞同。应当注意，总包方的义务不是条件，与非纯粹随意条件的特殊规则无关。

“明知”视角下中立帮助行为的处罚依据
——以职务侵占罪帮助犯为例

徐方迪*

摘 要：当前，中立帮助行为理论过于强调客观限制处罚理念而忽视主观“明知”在入罪中发挥的作用。中立帮助行为的概念仅是事实阐述并不包含实质法律评价，中立帮助行为能否成为刑法意义上帮助行为与其他待决的一般行为一样依然需要借助帮助犯理论加以判断。职务侵占罪背景下，通过重新梳理法秩序统一性原理和明确何为“社会期待该角色所应为的行为”揭开中立帮助行为被过分强调的“日常性、表面合法性、职业性”面纱后，在结果不法的意义上中立帮助行为往往就是犯罪帮助行为，可罚的中立帮助行为还要求行为人具有主观“明知”。“明知”不是较低程度的“知道可能”与“猜测”，“明知”要求职务侵占罪中立帮助行为人“知道肯定”或较高程度的“知道可能”他人实施职务侵占行为。在职务侵占罪中立帮助行为人“明知”的证明上，应重点把握帮助者的身份与正犯行为之间的实质联系，同时兼顾帮助行为获利等方面综合判断。

关键词：中立帮助行为；职务侵占罪；片面帮助犯；明知

一、问题的提出

（一）实践困境：职务侵占罪中立帮助行为成立帮助犯的司法认定混乱

在现代社会分工趋向高度复杂化的背景下，相比直接将财物占为己有的传

* 徐方迪，福州大学法学院硕士研究生。

统侵占罪而言，职务侵占犯罪既遂往往离不开上报审批、开票做账、转移相关单位财物等诸多环节。在这过程中，负责某一具体环节的工作人员完全可能在没有与正犯事先通谋的情况下，偶然得知正犯实施职务侵占行为，并在客观上通过看似履行其岗位职责的方式为正犯提供便利。上述行为因具有“日常性、表面合法性、职业性”特征，导致各司法机关在能否将相关中立帮助行为人作为职务侵占罪的帮助犯处理上审判逻辑并不一致，作出的司法判决也“五花八门”：

有的司法机关认为，相关工作人员仅成立其他犯罪、不构成职务侵占罪的帮助犯。例如，被告人余某在担任公司经理期间，结伙该公司销售工程师被告人王某等人，在公司承接的项目发包中，采用联系实际施工队、签订安装工程合同，由他人虚开发票等方式套取工程差价。这一过程中，被告人郑某在明知公司无真实交易的情况下，仍虚假开具发票。法院经审理认为，郑某仅构成虚开发票罪。[①]（案件一）

有的司法机关认为，相关工作人员在“明知”的前提下仍实施中立帮助行为，应当构成职务侵占罪的帮助犯。例如，某公司规定若购买客户系最终用户可给予优惠，客户是否属于最终用户由业务员吕某审核后再报公司其他员工审核，最后报公司董事长审批。被告人孙某（该公司副总经理）等人借用他人信息注册其他公司冒充最终用户与某公司签订购销合同，以优惠价格购买相关设施。法院认为，被告人吕某为提升个人业绩，在明知上述情况下仍帮助被告人孙某等人向公司申请优惠，构成职务侵占罪的帮助犯。[②]（案件二）

有的司法机关并未直接认定相关工作人员是否构成帮助犯，而是选择另案处理。例如，被告人张某担任公司仓库主管期间，伙同被告人吴某，将公司经营产生的纸皮以明显低于市场的价格变卖给吴某，再由吴某以正常市价将上述纸皮变卖至他处，并将所得钱款据为己有。李某、党某作为仓库后勤部门人员在明知上述情况的前提下，接受仓库主管张某安排，协助被告人吴某将纸皮装车。后被告人张某以加班费的方式上报公司给予李某、党某少量劳务报酬。在本案中，法院仅认定张某和吴某构成职务侵占罪，并未对李某、党某的行为作

---

① 参见上海市第一中级人民法院刑事裁定书，（2020）沪01刑终247号。
② 参见山东省德州市中级人民法院刑事判决书，（2022）鲁14刑终4号。

出评价，选择另案处理。①（案件三）

（二）理论困境：中立帮助行为理论过于强调客观限制处罚忽视主观“明知”的认定

根据刑法传统帮助犯理论，帮助人只要在正犯实施犯罪预备行为时，在客观上为正犯提供了具有因果关系的心理或物理上的帮助，在主观上具有帮助的故意，即可成立帮助犯。② 然而，正是考虑到上述履行社会职责的行为具有日常性、可替代性、职业性等客观特征，为了实现法益保护与自由保障的平衡，我国学者几乎压倒性地赞同限制中立帮助行为刑事可罚性的观点。③ 由于犯罪成立采取“先客观后主观”的位阶序列，在进行客观认定之前，主观方面的判断必然无从进行。因此，绝大部分学者认为，相比于客观限制路径，限制某些主观要素来限制行为的可罚性无疑是“避重就轻”。④ 因此，绝大部分学者围绕中立帮助行为的客观特征，从客观方面严格限制中立帮助行为是否具有可罚性的认定标准。

值得注意的是，尽管不少学者认为对中立帮助行为的限制处罚路径应采用“纯客观限制路径”，但其论述中依然或多或少提及了对中立帮助行为入罪的主观要素要求。即便是支持主客观相结合的“混合限制路径”的学者，其对中立帮助行为成立帮助犯的主观要素要求亦是语焉不详。各学者对可罚的中立帮助行为“明知”的认知程度看法各有不同，主要呈现以下观点：部分学者认为，

---

① 参见上海市奉贤区人民法院刑事判决书，(2020) 沪 0120 刑初 1074 号。

② 参见［德］汉斯·海因里希·耶塞克、托马斯·魏根特：《德国刑法教科书》，徐久生译，中国法制出版社 2017 年版，第 937—944 页。

③ 参见陈洪兵：《论中立帮助行为的处罚边界》，载《中国法学》2017 年第 1 期，第 208 页；张明楷：《论帮助信息网络犯罪活动罪》，载《政治与法律》2016 年第 2 期，第 13 页；陈兴良：《论中立的帮助行为》，载《东方法学》2022 年第 4 期，第 136 页；孙万怀、郑梦凌：《中立的帮助行为》，载《法学》2016 年第 1 期，第 144—145 页；周光权：《中性业务活动与帮助犯的限定——以林小青被控诈骗、敲诈勒索案为切入点》，载《比较法研究》2019 年第 5 期，第 38 页；刘艳红：《网络中立帮助行为可罚性的流变及批判——以德日的理论和实务为比较基准》，载《法学评论》2016 年第 5 期，第 46—49 页；熊亚文：《中立帮助行为正犯化的法教义学审视》，载《刑法论丛》2021 年第 2 卷，第 377 页。

④ 参见曹波：《中立帮助行为刑事可罚性研究》，载《国家检察官学院学报》2016 年第 6 期，第 117—118 页。

中立帮助行为入罪的主观要素只能是“明确知道”后的直接故意。对该观点，有的学者通过目的犯理论加以论证；① 有的学者进一步认为“明知”不是单方面的认知，而是双方之间的沟通；② 有的学者认为，对于外观合法的行为，其入罪的主观要素限于有直接证据证明的“明确知道”，对于外观违法的行为，其入罪的主观要素可以是推定的“应当知道”；③ 有的学者认为，中立帮助行为入罪的主观要素可以是“明确知道”后的放任或希望促进；④ 有的学者认为，行为人主观上不具有追求非法目的，但至少具有间接故意，是可罚的中立帮助行为；⑤ 有的学者认为，刑法可归责意义上的“明知”限于“知道”和“有理由知道”；⑥ 还有的学者认为，确定的故意与不确定的故意根本就不影响中立帮助行为入罪，行为人只要对正犯的犯罪意图有所认识即可。⑦

在某一行为的限制入罪路径上，采取先客观后主观的思路本没有问题。只是，当下诸多理论过分重视中立帮助行为具有的日常性、表面合法性、职业性等客观特征，从而将大量注意力集中于对中立帮助行为“出罪路径”的探讨，尤其是“客观限制路径”的探讨。由此引发的问题是：第一，过分执着于中立帮助行为在客观方面限制入罪。首先，客观限制路径没有反思中立帮助行为限制处罚的理论根基。事实上，近年来已经有部分学者意识到，中立帮助行为在客观上就是显而易见地对犯罪起到了加成作用，构成犯罪与否仍在于主观故意

---

① 参见方鹏：《论出租车载乘行为成立不作为犯和帮助犯的条件——“冷漠的哥案”中的法与理》，载《刑事法判解》2013 年第 1 期，第 68 页。

② 参见陈兴良：《论中立的帮助行为》，载《东方法学》2022 年第 4 期，第 137、142 页。

③ 参见上海市第一中级人民法院课题组：《网络支付结算型帮助行为的刑法规制——兼论帮助信息网络犯罪活动罪的理解与适用》，载《中国应用法学》2022 年第 1 期，第 102 页。

④ 参见张伟：《中立帮助行为探微》，载《中国刑事法杂志》2010 年第 5 期，第 28 页。

⑤ 参见张明楷：《论帮助信息网络犯罪活动罪》，载《政治与法律》2016 年第 2 期，第 15 页。

⑥ 参见欧阳本祺、王倩：《〈刑法修正案（九）〉新增网络犯罪的法律适用》，载《江苏行政学院学报》2016 年第 4 期，第 128 页。

⑦ 参见孙万怀、郑梦凌：《中立的帮助行为》，载《法学》2016 年第 1 期，第 148 页。

的认定。[1] 既然中立帮助行为同样可以被评价为犯罪帮助行为，那么较之其他待决的一般帮助行为，学界对中立帮助行为的入罪范围进行额外限缩是否具有理论上的合理性？其次，客观限制路径内部本身存在各种判断标准，具体到限制中立帮助行为入罪的实际作用可能过于理想，有待检验。第二，忽视帮助行为入罪上客观行为与主观要素之间紧密结合的关系。正如有学者所言，故意、过失决定了行为人对行为的危险支配性不同，前者制造的具有方向性的危险流比后者制造的盲目性的危险流更有意义。[2] 与行为人之间具有通谋或行为人不具有任何主观罪过而实施的帮助行为不同，决定二者是否成立帮助犯的关键在于行为人是否单方面对他人犯罪行为具有"明知"。[3] 现有的客观限制路径正是忽视了主观要素在判断中立帮助行为在是否入罪上的功能，忽视主观要素内部存在的理论争议，导致大量犯罪行为被不合理地出罪。

综上，本文首先回望与反思中立帮助行为的概念本身，并在此基础上分析当下较为主流的客观限制路径在职务侵占罪中立帮助行为限制入罪上的具体实际作用。接着，明确中立帮助行为的可罚性判断不能忽视行为人主观"明知"的认定。最后，在坚持主客观相统一原则下，聚焦解决职务侵占罪中立帮助行为人主观"明知"如何认定的问题。

二、回望反思：客观限制路径在职务侵占罪中立帮助行为限制入罪上作用有限

目前，我国刑法理论界达成的共识是，为避免公众行动自由的萎缩和不当扩大共犯的处罚范围，中立帮助行为应当区分可罚的中立帮助行为与不可罚的中立帮助行为。仅从解读刑事立法的角度出发，得出中立帮助行为的限制处罚路径显然是一知半解。事实上，学界至今仍未明确：究竟何为中立帮助行为，中立帮助行为与"传统刑法帮助犯理论意义上的帮助行为"之间究竟有何区

① 参见吴扬传：《论中立帮助行为的司法认定——快播案和winny案的比较分析》，载《法律适用（司法案例）》2017年第12期，第9页。

② 参见柏浪涛：《未遂的认定与故意行为危险》，载《中外法学》2018年第4期，第1018页。

③ 参见浙江省宁波市中级人民法院刑事判决书，(2019) 浙02刑终88号。

别。更值得反思的是，绝大部分中立帮助行为在主流客观限制路径下，是否都可以通过相关标准予以出罪，而没有入罪的可能？

（一）前提：中立帮助行为的概念仅是事实阐述而不应包含实质法律评价

就中立帮助行为的概念而言，学界存在着各种不同的观点。有的认为，中立帮助行为是外表上属于日常生活或职业行为，但客观上对犯罪行为起到了帮助作用，且行为人主观上不具有非法目的的行为。① 有的认为，刑法理论之所以将中立帮助行为单独拿出来讨论，无非是因为行为人的行为客观上为正犯提供了方便，且行为人本人也了解这种情况，具有主观上的故意。② 有的认为，中立帮助行为是指客观上对法益侵害结果有促进作用且主观上仅具有间接故意，但本身具有反复性、可替代性的行为。③ 还有的认为，中立帮助行为是指行为人虽然主观上“明知”且客观上便利他人犯罪，但因业务正当性或生活正当性而不可罚的行为。④

从学界对中立帮助行为的概念界定不一开始，再到学界进一步区分“可罚的”中立帮助行为与“不可罚”的中立帮助行为，已然加剧了中立帮助行为理论的分歧。第一，在形式上，上述区分思路与“中立”本身的语义就相互矛盾。“中立”一词本身就蕴含“不站在任一方立场、不偏不向”的内涵。如果经过特定限制路径的判断，有的中立帮助行为具有可罚性，而有的中立帮助行为却不具有可罚性，那么中立帮助行为是否真的还是“中立”？“中立帮助行为”本身又是否是一个确定的概念？第二，在实质上，不少学者从中立帮助行为的概念界定开始就加入过多限制要素，从根本上导致后续在论述中立帮助行为限制处罚路径时逻辑混乱。首先，加入过多主观要素。有的学者实际上在提出中立帮助行为的概念时，就已然包含了对中立帮助行为限制处罚的主观要求。

---

① 参见张明楷：《论帮助信息网络犯罪活动罪》，载《政治与法律》2016 年第 2 期，第 13 页。

② 参见黎宏：《论中立的诈骗帮助行为之定性》，载《法律科学（西北政法大学学报）》2012 年第 6 期，第 150—151 页。

③ 参见曹波：《中立帮助行为刑事可罚性研究》，载《国家检察官学院学报》2016 年第 6 期，第 110 页。

④ 参见马荣春：《中立帮助行为及其过当》，载《东方法学》2017 年第 2 期，第 6 页。

例如，有的学者认为中立帮助行为往往是不具有追求非法目的和直接故意的行为。但是，在之后讨论中立帮助行为的限制处罚路径时，相关学者又宣称自己支持的是“客观限制路径”。[①] 亦有的学者认为“可罚的”中立帮助行为的主观要素是间接故意和直接故意。[②] 其次，加入较为模糊的客观要素。不少学者认为，中立帮助行为在客观上是指“外表无害”、具有“日常性”的、但又易被人利用促进正犯犯罪的行为。[③] “外表无害”与“日常性”的内涵极为宽泛，此种似是而非的定义实质上已经覆盖了“确实有害”的情形。例如“形式有害、实质也有害”的情形：公司会计在不“明知”的情况下，根据上司要求实际虚开了发票。虚开发票在客观上属于“形式有害、实质也有害”的行为，但是对于会计本人而言也可以说其是忠实履行职务的“外表无害、被人利用”的行为。再如“形式无害、实质有害”的情形：在仓库管理人员已经认识到他人可能实施职务侵占犯罪，仍然积极帮助发货、将货物置于正犯控制地的行为。在根据公司指令正常发货的情况下，仓库管理人员的行为完全可以说是形式无害的行为，但是如果该发货行为在实质促进法益侵害结果发生时，外表无害的行为也可能是实质上的有害行为。

真正的中立是指行为人客观上没有介入他人犯罪行为之中，主观上也并不具有与他人行为互相协作意图的合法状态。既然，违法与合法之间根本就是一种矛盾对立关系，那么二者之间就不存在居中的第三种可能。[④] 因此，需要厘清的是，在刑法帮助犯理论下所探讨的中立帮助行为仅指在职业行为或者日常生活中履行相应社会职责时所实施的客观帮助行为。此时的中立帮助行为并非真正意义上的“中立”，中立帮助行为中的“中立”仅表现为该种帮助行为具

---

① 参见陈洪兵：《中立帮助行为出罪根据只能是客观行为本身——有关共犯司法解释的再解释》，载《四川大学学报（哲学社会科学版）》2021 年第 4 期，第 162、166 页。

② 参见李思：《论中立的帮助行为之可罚边界》，载《刑法论丛》2017 年第 4 卷，第 175、188 页。

③ 参见周光权：《网络服务商的刑事责任范围》，载《中国法律评论》2015 年第 2 期，第 175 页。

④ Vgl. Sauer，Grundlagen des Strafrechts，1921，S. 236；v. Weber，Das Notstandsproblem und seine L（o | ¨）sungen in den deutschen Strafgesetzentw（u | ¨）rfen von 1919 und 1925，1925，S. 3. 转引自王钢：《法外空间及其范围：侧重刑法的考察》，载《中外法学》2015 年第 6 期，第 1549 页。

有客观特殊特征（日常性、表面合法性、职业性）。但是，这种具有特殊客观特征的中立帮助行为是否能够成为刑法意义上的帮助行为仍有待刑法实质评价。一旦该中立帮助行为获得刑法评价，其只能是“刑法帮助犯意义上的帮助行为”或“普通行为”。①

（二）客观归责理论下职务侵占罪中立帮助行为仍有入罪的可能

如上所述，所谓中立帮助行为只是从社会一般人的角度对有关帮助行为冠以“中立”之名，判断其是否具有可罚性仍有必要回归刑法中关于帮助犯认定及帮助犯处罚根据的基础理论。在共犯的处罚根据上，学界的通说为惹起说，即，帮助犯处罚的根据在于帮助行为与法益侵害结果具备因果关系，且相较于实行行为而言，其间接惹起法益侵害的事实。具体到中立帮助行为的处罚依据上，大部分学者支持混合惹起说，认为中立帮助行为不可罚的最大原因不在于否认正犯行为的违法性，而在于中立帮助行为自身不具有违法性。② 混合惹起说下，中立帮助行为是否属于“帮助犯意义上帮助行为”的判断更为慎重，重点围绕如何判断中立帮助行为自身违法性。③ 在客观限制路径内部，面对中立帮助行为自身不法的判断问题，绝大部分学者集中于因果关系与客观归责的判断路径展开讨论。

客观限制路径中大部分学者借助客观归责理论，主要从是否“创设法不允许的风险”的判断上，探讨中立帮助行为对正犯行为的参与是否具有“犯罪的相关意义”。首先，归责与归因具有本质上的不同。事实因果关系不等同于刑法上的目的因果关系，归因仅是归责的必要条件，但绝不等同于归责。客观归责

---

① 参见曹波：《中立帮助行为刑事可罚性研究》，载《国家检察官学院学报》2016 年第 6 期，第 109 页。

② 参见周光权：《中性业务活动与帮助犯的限定——以林小青被控诈骗、敲诈勒索案为切入点》，载《比较法研究》2019 年第 5 期，第 41 页；白丽煊：《中立帮助行为的可罚性——以客观归责理论为路径的展开》，载《刑事法评论》2016 年第 1 期，第 130 页；姚万勤：《中立的帮助行为与客观归责理论》，载《法学家》2017 年第 6 期，第 136 页。

③ 参见王永茜、胡菲：《共犯的处罚根据与共犯的认定》，载《河北法学》2012 年第 8 期，第 173 页。

理论的贡献在于通过区分归因与归责，对相关行为进行实质审查。① 换言之，尽管中立帮助行为在客观上促进正犯行为及结果发生，但在规范意义上却并非属于刑法帮助犯中的帮助行为。其次，中立帮助行为的违法探讨不能仅局限于因果关系的讨论。中立帮助行为作为修正的犯罪构成，其既不能作为“该当于构成要素”的实行行为，也不能作为“该当于共犯类型”的行为。因此，中立帮助行为是否入罪的判断不应采取以“行为、结果、因果关系”所组成的传统理论框架，而是应诉诸客观归责理论来具体判断帮助者是否间接创造并实现不被法所允许的风险。②

在中立帮助行为是否“创设法不允许的风险”的判断上，客观归责理论支持说内部至今存在极大的争议，主要存在利益衡量说、法秩序统一性说、角色的规范维护效力说。上述学说对中立帮助行为可罚性加以限制的逻辑起点都源于考虑到中立帮助行为所具有的日常性、表面合法性、职业性等客观特征。简言之，中立帮助行为往往是具有日常性、表面合法性、职业性的日常民事或职业行为，对中立帮助行为不加限制地予以入罪，将使处于日常生活的公民行动自由萎缩，无法正常进行活动，会阻碍社会经济的发展，有损社会的稳定。③例如，支持利益衡量说的学者认为，在是否处罚中立帮助行为的判断上，必须将打击犯罪与保障公民日常职业行为的自由进行衡量。通过对比中立帮助行为在客观上间接造成的法益侵害与职业规范所允许的行为交往自由所带来的合法利益，中立帮助行为往往没有制造不被法律允许的风险。④ 支持法秩序统一性说的学者认为，鉴于中立帮助行为的“日常性、职业性”等特征，中立帮助行为根本没有制造风险，或者制造的仅是法所容许的风险。企业员工遵守职业规范、履行民事义务的行为只要不超过通常必要限度，一般都是行政法或民法上的合法行为。即便该类行为客观上升高正犯行为的风险，也是属于“法所允许

① 参见陈兴良：《从归因到归责：客观归责理论研究》，载《法学研究》2006 年第 2 期，第 85 页。

② 参见［日］丰田兼彦：《论共犯的一般成立要件》，王昭武译，载《法治现代化研究》2018 年第 6 期，第 177—180 页。

③ 参见刘艳红：《网络中立帮助行为可罚性的流变及批判——以德日的理论和实务为比较基准》，载《法学评论》2016 年第 5 期，第 46 页。

④ 参见陈洪兵：《论中立帮助行为的处罚边界》，载《中国法学》2017 年第 1 期，第 208 页。

的正当职业行为”，就不应再被评价为刑事违法行为。[①] 支持角色的规范维护效力说的学者认为，可归责的行为是在社会交往中违背自己角色义务的行为。中立帮助行为人只要做出符合社会期待其基于具体角色所要求的职业性行为，其就无需担心归责问题。[②] 不可否认，中立帮助行为确实具有“日常性、表面合法性、职业性”等特征，但客观归责理论支持说却以此来标榜自己所张扬的“行为自由”“社会稳定”等价值理念，这将导致许多犯罪行为被不合理地出罪。实际上，仔细深究客观归责理论支持说内部的主要观点可见，中立帮助行为往往就是披着“日常性、表面合法性、职业性”的面纱制造了法不容许的风险的犯罪帮助行为，处罚中立帮助行为与保障国民行为自由之间不存在矛盾。

第一，在职务侵占罪中立帮助行为的判断中，利益衡量说几乎不存在适用的空间。罗克辛在客观归责理论内部引入允许的风险理论，认为行为虽然创设了法律意义上的风险，但是这种风险在一般意义上是法所允许的（即立法性的一般抽象性利益衡量），因而阻却构成要素该当性的成立。[③] 而违法阻却事由的本质则是在违法性层面所做的具体且个别调整的利益衡量。[④] 因此，利益衡量这一概念不仅出现在构成要件该当性的判断中，还存在于违法性阻却事由的判断中。但是，无论从上述何种层面出发理解利益衡量，利益衡量说都无法发挥限制中立帮助行为入罪的效果。首先，从一般法秩序对构成要素的归属判断上，利益衡量说标准不明。履行职务的自由与合法用途的收益价值同非法用途的法益侵害之间无法进行利益衡量。安全与自由的平衡统一在客观上是永恒的命题，但由于二者的抽象性，在实际生活中往往无法做到绝对的平衡。同时，在特定的社会环境和某一现实需要下，也必然朝着某一价值进行倾斜。另外，尽管支持者认为正当防卫等违法阻却事由的本质同样也是利益衡量，而利益衡量的抽象模糊性不可避免，但无论是正当防卫还是紧急避险，在学界或实践中都已然

---

① 参见姚万勤：《中立的帮助行为与客观归责理论》，载《法学家》2017 年第 6 期，第 137—138 页。

② 参见何庆仁：《特别认知者的刑法归责》，载《中外法学》2015 年第 4 期，第 1039 页。

③ 参见［德］克劳斯·罗克辛：《德国刑法学总论》（第 1 卷），王世洲译，法律出版社 2005 年版，第 252 页。

④ 参见张明楷：《刑法的基本立场》，商务印书馆 2019 年版，第 205 页。

存在对其相对具体的判断标准。利益衡量说对“可能带来的合法利益”与“造成法益的非法侵害”进行衡量，无论是在对象选取还是判断标准的设立上都极为模糊和抽象。其次，即便从在超法规违法阻却事由中的适用来看，由于衡量对象的实质缺位，利益衡量说也几乎无法发挥作用。① 在职务侵占罪个案具体法益衡量上，所谓的职业自由仅指向该特定个体行为对应的自由，而非指向所有公民职业行为的自由。因此，该种程度的职业自由与将要被侵害的财产法益相比显然是后者更为重要。②

第二，法秩序统一性下履行职务的表象合法行为不影响职务侵占罪中立帮助行为实质违法性的判断。法秩序统一是目的论和存在论层面的统一：目的论层面要求民法与刑法以各自的目的进行违法性判断，存在论层面的统一要求法秩序应当发挥明确的指引功能。③ 因此，在民法存在允许性规定的场合，刑法应绝对从属，不认为具有刑事违法性；在民法存在禁止性规定场合，刑法通过构成要素的实质解释判断是否具有刑事违法性。④ 首先，仅形式认定行为是否符合民事规范，从而直接否定刑事违法性成立的逻辑，将导致职业规范凌驾于刑法规范之上。⑤ 根据形式判断，只要仓库管理人员帮助转移财物的行为“符合”职业规范，哪怕其为正犯转移财产的行为提供了实质上的帮助，也应当排除归责。但是，仓库管理人员基于职业转移财物的行为与一般非职业人员转移财物的行为相比，如果仅因为前者具有形式上的职业身份而无罪，无疑让所有的职业行为都无法入罪，而且使职业身份成为入罪的“挡箭牌”。其次，从实质判断来看，当职业行为属于滥用民事自由帮助他人损害特定利益时，此时的职业行为已不再具有实质的民事合法性，甚至可能具有刑事违法性。质言之，

---

① 此时的利益衡量实则是客观归责理论之外的，存在于违法性阶层的概念。由于无论哪种利益衡量都无法适用，本文将其放在同一部分讨论。

② 参见孙万怀、郑梦凌：《中立的帮助行为》，载《法学》2016 年第 1 期，第 148 页。

③ 参见陈金钊、吴冬兴：《论法秩序统一性视角下违法判断的法域协调》，载《东岳论丛》2021 年第 8 期，第 165—167 页。

④ 参见陈文涛：《犯罪认定中的法秩序统一性原理：内涵澄清与规则构建》，载《华东政法大学学报》2022 年第 2 期，第 54—55 页。

⑤ 参见马骏：《网络中立帮助行为探究——兼谈对刑法第 287 条之二第 1 款的理解》，载《时代法学》2018 年第 4 期，第 38 页。

当个体过当的民事利益谋取行为侵害了更严重的刑事法益时，“表象职业行为”就是犯罪帮助行为和民事违法行为，[①] 客观限制路径所追求的“职业行为自由”实则就是一种过当且没有边界的自由。此外，根据《民法典》第132条的相关规定，民事合法行为要求民事主体的行使民事权利的行为应当属于“通常、合理”的范畴，民事主体不得滥用民事权利损害他人合法权益或者集体利益。因此，中立帮助行为人履行职业的行为既可能是滥用上述自身的行为自由，又可能同时帮助他人滥用民事权利。例如，当债权人（正犯）打算将归还的欠款或依照合同取得的货物用于实现犯罪而促使债务人履行债务时，无论原本双方之间的债权债务关系是否正当，债权人行使债权的行为已然属于滥用民事权利。在中立帮助行为人“明知”债权人（正犯）通过实现债权的方式正在实施或者预备犯罪而仍通过职业行为提供帮助时，其行为实质上就是帮助他人实现民事权利的滥用。

第三，角色的规范维护效力说虽然触及中立帮助行为理论争议根源，但仍误解角色社会义务的内涵，从而依然难以发挥限制入罪的作用。首先，角色的规范维护效力说从行为人是否实施属于该角色的社会期待行为的标准出发判断其是否制造了法不允许的风险，已经触及了中立帮助行为是否具有可罚性的争议核心。角色的规范维护效力说认为，不法归责的核心在于确定归责的充分条件而非必要条件，而罗克辛教授等其他学者支持的法益保护原则无法提供实质的依据限定法益保护的边界。刑法并不是被放置在一个由法益构筑起来的孤立的世界中适用，[②] 具有社会属性的刑法是根据人们具有的社会角色的客观形态确定人的行为。[③] 在中立帮助行为理论中，不法的归责关键在于中立帮助行为人与该具体角色义务所要求的行为是否符合社会期待。因此，行为人“明知”危险后的行为与其角色义务无关的，不属于制造法不允许的风险，除非该行为

---

① 参见马荣春：《中立帮助行为及其过当》，载《东方法学》2017年第2期，第10—11页。

② 参见［德］G. 雅各布斯：《刑法保护什么：法益还是规范适用?》，王世洲译，载《比较法研究》2004年第1期，第97页。

③ 参见冯军：《刑法教义学的立场和方法》，载《中外法学》2014年第1期，第183页。

人利用“明知”故意侵犯或面临紧迫危险时继续实施直接导致侵害结果的行为。[①] 换言之，无论是利益衡量说还是法秩序统一性原理的坚持者，本质上都是认为特定职业的人只要其履行相应的职业行为，就完全符合社会对该角色行为的期待，因此得出中立帮助行为制造的风险往往都是法容许的风险的结论。其次，客观限制路径误解了究竟何为“社会期待该角色所应为的行为”。必须厘清的是，社会期待的是职业人员实施符合职业规范的正常行为，并不期待职业人员在“明知”他人实施犯罪的情形下依然选择履行所谓“符合职业规范”的行为去帮助犯罪。换言之，“社会期待该角色所应为的行为”应当从动态辩证的角度去理解而非陷于形而上学的泥淖。事实上，不少地方规范性文件明确规定：出租车司机在发现乘客有违法犯罪嫌疑的或正在实施犯罪的应当及时报告公安机关。[②] 同理，仓库管理人员在“明知”上司有职务侵占行为时，仍夜以继日地加班将货物发往正犯实际控制地，此时的职业行为还能说是符合社会期待的行为吗？因此，哪怕一般情形下仓库管理人员发货的行为是符合社会期待的行为，但在具体情境中发货的职业行为却并不必然符合社会期待，因为社会不会期待发货的行为能产生帮助犯罪的权限。正如角色的规范维护效力说提出的“目的”那样，职业人员除了具有特定职业的身份外其还具有社会一般成员的双重角色身份，无论行为人在此时是基于何种身份，社会都期待其行为是指向维护社会正常生活秩序的稳定。亦即法律虽然没有赋予各个社会角色积极阻止犯罪发生的义务，但也绝对没有赋予社会角色通过作为的方式逾越行为自由的界限促进犯罪的发生。

综上，客观归责理论中“制造法不容许的风险”实则是一个内容庞杂、标准模糊不明的概念集合体。[③] 即便不少学者在区分中立帮助行为处罚边界时试图提出各种具体规则来明确何为“制造法不容许的风险”，但效果依然不尽如人意。现有的理论要么将“风险升高的判断”置于主观肆意评价之中，要么过

---

① 参见洪求华：《中立帮助行为的归责认定》，载《法律适用》2021年第10期，第79—81页。

② 参见《徐州市出租汽车客运条例》（2020修正）第26条第16项：“客运出租汽车驾驶员应当遵守下列规定：（十六）发现违法犯罪嫌疑人及时向公安机关报告”。

③ 参见刘艳红：《客观归责理论：质疑与反思》，载《中外法学》2011年第6期，第1230页。

分强调中立帮助行为具有的“日常性、表面合法性、职业性”等客观特征从而误解了相关原理。在客观归责理论自身饱受争议的情况下，借助客观归责理论来实现限制处罚中立帮助行为的理念无疑让问题的解决复杂化从而忽视中立帮助行为的本质。

（三）通过限定因果关系仍无法发挥限制入罪作用

除了上述借助客观归责理论限制中立帮助行为入罪的学者外，剩余大部分学者是从如何判断中立帮助行为与正犯行为所导致法益侵害结果之间的因果关系入手，限定中立帮助行为的处罚范围。在归因路径内部仍存在着争论，且相关学说虽然具有一定的合理性但仍难以发挥实质的限制入罪作用。

第一，不少学者以行为是否具有不可替代性作为限定因果关系判断的条件。[①] 但是，假定的代替原因说以行为“是否具有可替代性”作为判断标准有不合理缩小中立帮助行为处罚范围之嫌。首先，在职务侵占罪背景下，很多岗位往往具有较高的专业分化性而并不具有可替代性，例如，公司企业配备专门的仓库管理人员、会计等。其次，即便这些岗位具有较高的可替代性，假定的代替原因说依然难以适用。因果关系是指在具体情境中行为人实际的行为与结果之间的特定关联。只有在具体情境下考虑行为与结果之间的关系才能明确行为的意义。假定的代替原因说很难回答为什么此时此地发生的现实行为要放在各种被假想和被替代的虚构的情形下进行判断。最后，中立帮助行为一般都具有日常性和可替代性，采取假定的代替原因说实际上排除了所有中立帮助行为入罪的可能。

第二，侵害的紧迫性说不具有理论上的正当性。侵害的紧迫性说认为，是否成立帮助犯需要对中立帮助行为的法益侵害危险性程度进行判断，中立帮助行为构成帮助犯在客观方面认定的关键，不是一般的关联性而是物理上的“紧密关联性”。即便中立帮助行为对法益侵害具有一定危险，只要没有达到特别紧密的程度（中立帮助行为唯一指向犯罪），就不能对行为人进行归责。[②] 在是否

---

① 参见黎宏：《论中立的诈骗帮助行为之定性》，载《法律科学（西北政法大学学报）》2012 年第 6 期，第 151 页。

② 参见白丽煊：《中立帮助行为的可罚性——以客观归责理论为路径的展开》，载《刑事法评论》2016 年第 1 期，第 153 页。

具有紧密侵害程度的判断上，有的学者采取紧迫性且唯一不可替代性的判断标准；[①] 有的学者采取先判断紧迫性再判断不可替代性的阶层判断标准；[②] 有的学者采取紧迫性或不可替代性的判断；[③] 有的学者以行为人代替为标准，假定该行为是由正犯所实施的，看正犯实施该中立帮助行为是否具有可罚性。[④] 首先，如上所述，假定的代替原因说不具有适用的合理性，无论是将其他一般人还是行为人作为代替标准，中立帮助行为与法益侵害结果之间是否具有因果关系应当置于当下的情境进行具体判断。其次，真正值得反思的是，根据惹起说，帮助犯可罚性在于帮助行为促进正犯实施犯罪，那么为何单独在中立帮助行为的场合要求这种行为促进法益侵害的程度是“紧迫性”“实质性”“极大性”？如上所述，中立帮助行被冠以“中立”之名，无非是其具有“日常性、职业性”的客观特征，并非真正意义上的“中立”。正确理解法秩序统一性原理及社会期待角色义务下，中立帮助行为具有的日常性与职业性也根本不会影响中立帮助行为是否具有刑事违法性的实质判断。通过侵害的紧迫性限制因果关系判断这一思路的合理性仍有待商榷。

第三，通过其他因果关系理论限制中立帮助行为入罪同样收效甚微。有的学者认为，对中立帮助行为因果关系的判断核心在于中立帮助行为引起正犯行为本身以及正犯行为所引起的构成要素结果。在具体认定标准上，中立帮助行为是否构成帮助犯应采取合法则性条件说，即排除假设的事实，仅通过现实正向的考察中立帮助行为与正犯行为及法益间接侵害的结果间是否符合自然因果法则。[⑤] 有的学者认为，在帮助犯对结果的考察上应当采用相当因果关系说，[⑥]

---

① 参见李思：《论中立的帮助行为之可罚边界》，载《刑法论丛》2017 年第 4 卷，第 189 页。

② 参见曹岚欣：《中立帮助行为可罚性标准之重构——基于客观定义的视角》，载《北京警察学院学报》2022 年第 4 期，第 36 页。

③ 参见孙万怀、郑梦凌：《中立的帮助行为》，载《法学》2016 年第 1 期，第 149 页。

④ 参见方鹏：《论出租车载乘行为成立不作为犯和帮助犯的条件——“冷漠的哥案”中的法与理》，载《刑事法判解》2013 年第 1 期，第 66 页。

⑤ 参见阎二鹏：《帮助犯因果关系：反思性检讨与教义学重塑》，载《政治与法律》2019 年第 2 期，第 135 页。

⑥ 相当因果关系论是归因理论还是归责理论目前仍存在争议，为了方便讨论，目前暂时归入归因理论。

即从社会生活的一般经验来看，该中立帮助行为对正犯侵害或者威胁法益结果的引起具有多大的贡献。在相当因果关系说内部，面对将哪些事实作为判断有无相当因果关系的资料时，存在客观说、折中说与主观说。通说折中说认为中立帮助行为是否促进正犯行为应根据社会上一般人的认识或中立帮助行为人自己的特别认识进行判断。① 客观说则认为因果关系具有客观性，不应受中立帮助行为人主观认识的左右。② 在此，本文无意加入因果关系理论的争议与选择。只是无论选择上述何种因果关系理论，都难以否定中立帮助行为在客观上与正犯行为之间具有促进关系（公司仓库管理人员将公司财物转移到正犯实际控制地的行为与正犯实现职务侵占犯罪之间就是具有相当性或是符合合法则性）。事实上，上述学者讨论客观归责理论或额外要求中立帮助行为应对法益侵害的促进具有“紧迫性”，都是已经考虑到了通过其他的因果关系理论无法发挥限制中立帮助行为入罪的效果。

综上所述，中立帮助行为理论从全面处罚到限制处罚的理论流变，无非是考虑到中立帮助行为在客观上具有“日常性、表面合法性、职业性”等特征。但是中立帮助行为的概念仅是事实阐述，中立帮助行为与其他能否成为刑法意义上帮助行为的待决行为在本质上并无不同。通过概念梳理、厘清法秩序统一性原理和明确何为“社会期待该角色所应为的行为”揭开中立帮助行为被过分强调的日常性、表面合法性、职业性的面纱后，客观归责理论与其他归因理论在中立帮助行为限制入罪上的作用已经几乎微乎其微。

三、思路转变：职务侵占罪中立帮助行为入罪的关键在于认定“明知”

无论是从归因还是从归责理论角度出发，当下主流客观限制路径所预设的在客观方面的判断思路已经几乎无法实现中立帮助行为尽量出罪的理念。究其原因，在共同犯罪场合，中立帮助行为的外在行为样态在本质上根本不会对认

① 参见［日］山口厚：《刑法总论》（第2版），付立庆译，中国人民大学出版社2011年版，第57页。转引自郭玮：《中立的帮助行为司法犯罪化的标准探讨》，载《西部法学评论》2018年第1期，第120页。

② 参见张明楷：《外国刑法纲要》（第3版），法律出版社2020年版，第97页。

定犯罪产生影响。然而在中立帮助行为“日常性、生活性、可替代性”的面纱下，客观限制路径一反常态强调限制理念，其通过在客观行为上限制中立帮助行为的处罚范围，这实际上已经与帮助犯理论相悖。由此，与其绞尽脑汁地在客观结果不法层面讨论各种额外的标准限制中立帮助行为入罪，倒不如回归明确在具体情形下中立帮助行为何以入罪！中立帮助行为的特殊性不在行为人的主观方面，更不在行为的客观方面，只是学界过分重视限制理念，尤其是在客观方面的限制理念，从而忽视主观要素在入罪中发挥的基础作用。中立帮助行为在结果不法的意义上往往就是犯罪帮助行为，在此前提下，中立帮助行为的入罪关键已经离不开主观方面的判断。

（一）中立帮助行为与片面帮助行为的联结点在于“明知”

中立帮助行为最典型的行为构造是，行为人在履行正当的职务行为或实施其他合法民事行为时，“偶然得知”正犯将要实施犯罪，仍然继续实施相关行为促进正犯犯罪。中立帮助行为实质上与片面帮助犯理论具有紧密联系，中立帮助行为是否能够入罪同样需要借鉴片面帮助犯理论。

第一，讨论中立帮助行为是否具有可罚性的前提在于承认片面帮助犯具有可罚性。首先，从逻辑层面出发，否认片面帮助犯的可罚性，将导致中立帮助行为的可罚性仅以是否具有犯意沟通为决定因素，这与我国对中立帮助行为的理论探讨现状不符。在行为人和正犯没有通谋的情况下，如果按照上述片面帮助犯不可罚的观点，中立帮助行为基本上不具有处罚的可能。申言之，学界出于限制中立帮助行为的处罚理念，正是考虑到中立帮助行为在主观上难以出罪（片面故意是具有可罚性且难以限制故意的成立），才返回客观层面讨论限制路径；在行为人和正犯有通谋的情况下，客观表面合法行为被犯意沟通所刺破，中立帮助行为必然属于刑法上的帮助行为。其次，从理论自身出发，也应当承认片面帮助犯具有可罚性。行为共同说下，共同犯罪的本质是解决行为在客观上的归责问题而非主观责任，行为人主观上只需具有利用他人行为实现自己犯罪的意思即可。[①] 同时，行为人的行为只要在客观上促进正犯行为，主观上具

① 参见黎宏：《共同犯罪行为共同说的合理性及其应用》，载《法学》2012 年第 11 期，第 114—115 页。

有犯罪故意的便具有刑事可罚性。① 从司法实践和有关司法解释立场来看，在“明知”他人犯罪而仍提供帮助的，即可成立共同犯罪。② 从“意思联络”的理解来看，共同犯罪的意思联络将数个独立的行为联结为一个整体，但是意思联络也并非限于行为人与正犯彼此之间的通谋。“联络”包括相互与非相互，前者决定了行为人之间全面共同故意，而后者则是单方片面共同故意。③

第二，从中立帮助行为到片面帮助行为，不仅需要判断行为是否对正犯行为具有促进作用，更需要判断行为人的主观“明知”。首先，中立帮助行为人是否具有“明知”是前置性问题，通过梳理行为人是否具有“明知”下的片面故意，实质上就能筛选出较多不具有可罚性的中立帮助行为，间接实现限制处罚的理念。中立帮助行为虽然在客观上具有日常性、职业性的客观特征，但是经过实质的不法判断，中立帮助行为与片面帮助行为在客观上就可能完全相同。哪怕行为人的行为在客观结果不法的意义上属于犯罪帮助行为，只要行为人并不具有主观“明知”，就不可能成立片面帮助犯。有不少主张客观限制路径的学者认为，中立帮助行为与片面帮助行为的区别在于，中立帮助行为人仅是可能认识到对方具有犯罪行为，主观上不具有追求非法的目的。但是，故意的认识因素下，“可能认识”的情形完全可能属于“明知”的情形，也可能属于“不明知”。由此，通过进一步判断中立帮助行为人是否具有“明知”，中立帮助行为完全可能是可罚的片面帮助行为，也可能是不具有可罚性的一般帮助行为。其次，在对客观行为的违法评价上同样离不开主观“明知”的认定。从违法本质而言，只有基于违反规范的意思去实施一定行为并造成法益侵害的，才是违法行为。④ 尽管从结果不法的角度出发，“明知”下的故意行为与过失（或无罪过）下的行为所制造的客观法益侵害是完全相同的，但是两种行为本身不法程度却是不同的，两种主观形态下的行为所造成的危险形态也完全不同。亦

---

① 参见林钰雄：《新刑法总则》，中国人民大学出版社2009年版，第359页。

② 参见欧阳本祺、刘梦：《帮助信息网络犯罪活动罪的适用方法：从本罪优先到共犯优先》，载《中国应用法学》2022年第1期，第113页。

③ 参见王海军：《间接正犯与片面帮助犯的本体区隔——以一则案例争歧为视点》，载《甘肃社会科学》2013年第4期，第93页。

④ 参见周光权：《行为无价值论与主观违法要素》，载《国家检察官学院学报》2015年第1期，第86页。

即不法的评价虽然立足客观事实，但是不法是“结果不法”与“行为不法”的统一，是客观因果性（行为“是什么”）与主观目的性（行为“为什么”）的统一。[①] 质言之，不法的成立不只是人的行为，更是作为人的行为人本身。[②] 从司法实践角度出发，如果完全抛开主观“明知”的认定，很多场合几乎难以认定行为究竟是日常行为还是违法犯罪行为。例如，同样是将位置上遗留的手机拿走的行为，如果不考虑主观因素，几乎难以判断是盗窃行为还是受手机所有人所托取回手机。正如支持客观限制路径的学者自己所言，从自然意义上看，中立帮助行为与犯罪行为并无本质区别，出租车司机将杀人犯载到杀人现场与朋友用私家车将杀人犯送到杀人现场都是杀人帮助行为。[③] 但是，处罚前者的原因不是单纯因为出租车司机制造了法益侵害的结果，而是出租车司机“明知”乘客要实施犯罪仍片面故意载客从而促进杀人行为和结果的危险流实现。事实上，哪怕采取客观归责理论，其也认为明确行为人是否具有“明知”是为了确定其在“明知”后所采取的具体行为能否被评价为刑法上的帮助行为。[④] 不少支持客观归责理论的学者也认识到刑法上重要的是整体的不法归责，而不是被割裂的客观或主观归责，目的理性下，不法归责的对象不是孤立的客观要素和主观要素，而是二者整体。[⑤] 在没有“明知”的前提下，中立帮助行为没有特定指向一个风险活动，也不能认定制造规范意义上法不容许的风险。[⑥] 行为人如果对正犯行为毫无认知，在违法评价上就无法对其进行归责。由此，“明知”虽然不是决定中立帮助行为在客观上是否属于犯罪行为的唯一因素，却是

① 参见柏浪涛：《未遂的认定与故意行为危险》，载《中外法学》2018 年第 4 期，第 1018 页。

② 参见劳东燕：《论实行的着手与不法的成立根据》，载《中外法学》2011 年第 6 期，第 1252 页。

③ 参见陈洪兵：《中立帮助行为出罪根据只能是客观行为本身——有关共犯司法解释的再解释》，载《四川大学学报（哲学社会科学版）》2021 年第 4 期，第 165 页。

④ 参见周光权：《中性业务活动与帮助犯的限定——以林小青被控诈骗、敲诈勒索案为切入点》，载《比较法研究》2019 年第 5 期，第 44 页。

⑤ 参见［德］沃尔夫冈·弗里施：《客观归责理论的成就史及批判——兼论对犯罪论体系进行修正的必要性》，陈璇译，载《国家检察官学院学报》2020 年第 1 期，第 52 页。

⑥ 参见白丽媗：《中立帮助行为的可罚性——以客观归责理论为路径的展开》，载《刑事法评论》2016 年第 1 期，第 149 页。

不可或缺的重要依据。

（二）客观履行职业角色义务不决定“明知”的认定

在中立帮助行为“日常性、职业性”的面纱下，支持客观限制路径的学者强调，如果不限制中立帮助行为的处罚范围，将会导致让国民在日常生活中充当警察的角色对任何事情都进行事无巨细地盘问来确认对方是否具有犯罪行为。① 上述观点正是混淆了“明知”下的特定情境义务与职业角色义务之间的关系。

第一，处罚中立帮助行为是因为行为人违反特定情境义务而非其他审查义务。简言之，特定情境义务是指，法律要求特定职业人员在处理工作时“明知”他人实施犯罪时不得提供帮助。在此意义上，有学者一针见血地指出，当行为人“明知”他人实施犯罪，仍提供帮助行为，说明此时的行为便不再中立，中立帮助行为只不过是个伪命题。只要严格认定行为人在做出行为时的主观认识是否是“明知”，即可判断中立帮助行为是否具有可罚性。②

第二，形式意义上的一般审查义务与违反特定情境义务之间没有联系，对于一般职业人员，法律并不要求其去审查他人行为背后的原因是什么。③ 例如，对于一般的仓库货物搬运工或快递工作人员而言，其基于职业角色身份负有保证自己搬运的货物不被他人利用从事犯罪活动的一般审查义务，这种一般审查义务也要求其审查仓库货物进出的真实性及去向（核验相关单号信息等形式审查）。但是当这类人员按照上司指示将货物发往特定地点时，法律并不会要求其审查上司指示其货物运往特定地点的原因，而是其自己通过综合事实发现运输地点异于寻常并发现上司具有职务侵占的行为时，法律要求其当下应拒绝提供相应的帮助。此时即便工作人员履行搬运义务（职业义务），也仍然构成帮助犯。需要厘清的是，上述结论也不会导致“细致缜密的行为人成立帮助犯的可

---

① 参见张伟：《中立帮助行为探微》，载《中国刑事法杂志》2010 年第 5 期，第 24 页。

② 参见王昭武：《共犯最小从属性说之再提倡——兼论帮助信息网络犯罪活动罪的性质》，载《政法论坛》2021 年第 2 期，第 171 页。

③ 参见胡宗金：《论中立帮助行为的处罚依据与限制路径》，载《法律适用》2018 年第 17 期，第 86 页。

能就大，某些粗心大意或胡思乱想的人反而不容易成立帮助犯”的结论。因为“明知”的成立同样需要进行严格的认定，“明知”绝不是“胡乱猜测”（见四、职务侵占罪中立帮助行为人“明知”的具体认定中的分析）。

第三，即便行为人具有特别审查义务，这种特别审查义务与特定情境下的义务之间也没有必然对应关系。故意是主观的问题，而义务是客观方面的问题，两者并非属于同一层次。尽管是否履行特定审查义务可能影响特定情境下的义务判断，但二者之间也不是存在必然联系。例如，对于企业会计人员而言，其职责是提供真实可靠的会计信息。会计的职责也要求会计人员特别审核企业里发生的各项经济业务。但是当出现错误记账为他人职务侵占提供客观帮助时，会计人员可能是“明知下的故意”不履行相关审查义务，也可能是过失下的不履行相关审查义务，也有可能是完全无主观罪过的不履行相关审查义务。由此可见，行为人可能是通过故意没有履行特别审查义务从而最终违反了特定情境下的义务，但是没有履行特别审查义务并不必然导致违反特定情境下的义务。

四、职务侵占罪中立帮助行为人“明知”的具体认定

目前，学界通说认为帮助犯的主观罪过仅限于故意。我国《刑法》第14、25条并没有对帮助犯的认识因素和意志因素提出特别的要求，只要行为人“明知”他人将要实施的是犯罪行为，仍提供帮助希望或放任结果发生的就是帮助犯。有的学者通过对中立帮助行为人的主观故意方面进行限缩的尝试，① 事实上是突破了教义学的限制。因此，本文讨论“明知”与“故意”不是为了提出新的主观限制路径，而是通过正确理解与适用原有主观方面要求的角度，筛选出职务侵占罪发生过程中许多事实上不具有“故意”的中立帮助行为，从而实现限制处罚中立帮助行为的理念。

（一）“明知”的含义：行为人“知道肯定”或较高程度的“知道可能”他人实施职务侵占犯罪

关于“明知”的具体含义，学界争议较大，众说纷纭。有的学者认为“明

① 参见李长兵：《网络中立帮助行为刑事处罚的边界新论——以帮助信息网络犯罪活动罪为视角》，载《法学杂志》2020年第4期，第79—89页。

知”只能是确实知道，不包括可能知道与应当知道。[①] 较多学者从我国以往司法实践的立场出发，较为笼统地认为“明知”是确实知道与应当知道。[②] 有的学者在此基础上进一步认为，“明知”只存在于过去或者现在正在发生的事物，而对未来的知道只能是预测。同时，“明知”的知道可能性应当很大，“明知”包括确实知道与应当知道。[③] 有的学者将知道分为确知、实知、或知、应知四个级别，前三个级别均属于典型的“明知”，第四个级别属于非典型的“明知”。第四个级别中大部分实际上是属于实知，仅有一小部分是推定的“明知”。[④] 有的学者认为“明知”是“明知肯定”与“明知可能”。[⑤] 有的学者在前者的基础上进一步强调，“明知”不包括过失意义上的应当知道，只包括推定意义上的应当知道。推定意义上的应当知道用于解决“明知可能”证明困难的问题。[⑥] 有的学者认为“明知”包括确实知道、或许知道和应当知道，确实知道属于“明知”的一般性理解，而“或许知道和应当知道”在“明知”的认定上属于允许但严格限制适用。换言之，刑法规范若要求只有行为人达到“确实知道”才能构成犯罪时，就不存在推定知道的情形。而“或许知道”和“应当知道”这类适用刑事推定的事实属于变更待证事实，在刑法规范没有明确规定时，不允许司法解释随意适用。[⑦]

第一，从考虑时间要素的角度出发，“明知”的含义就不限于“明知肯定”。“明知”的对象可以是过去、现在乃至将来的事情。某人根据现有的事物状态投射并推测未来某一时间点可能发生的事情都可以被称为“预见”，但是

---

① 参见孙运梁：《帮助信息网络犯罪活动罪的核心问题研究》，载《政法论坛》2019年第2期，第83—84页。

② 参见刘宪权、房慧颖：《帮助信息网络犯罪活动罪的认定疑难》，载《人民检察》2017年第19期，第12页。

③ 参见罗维鹏：《犯罪“明知”要素及其认定的跨学科研究——以刑法学、证据学与知识论的视角》，载《北大法律评论》2017年第2辑，第258—266页。

④ 参见周光权：《明知与刑事推定》，载《现代法学》2009年第2期，第116页。

⑤ 参见张明楷：《如何理解和认定窝赃、销赃罪中的“明知”》，载《法学评论》1997年第2期，第89页。

⑥ 参见王新：《我国刑法中“明知”的含义和认定——基于刑事立法和司法解释的分析》，载《法制与社会发展》2013年第1期，第73—74页。

⑦ 参见王林林：《刑法分则语境中“明知”的认定》，载《天津法学》2014年第1期，第22—24页。

此时的“预见”与“明知”并不是两个泾渭分明的概念。从面向未来的角度出发，“明知”和“预见”都作为认识因素，表达的都是一种对未来事物认识与否以及认识程度的问题。正如“A 行为未来必然会发生 B 结果”“A 行为未来可能会发生 B 结果”。前者所言的“必然”实则也是对应从当下情况出发得出近乎 100%程度的“预见”，后者对应一定百分比程度的“预见”。换言之，当行为人对未来某种可能发生的事情已经进行“预见”时，实际上就表明了行为人对未来“可能”发生的事情有所知悉，也就是“明知”。因此，“明知”的内涵实际上和过于自信的过失中“预见”的内涵有所交集。《刑法》第 15 条中的“预见”是指“根据事物的发展规律预先料到将来”。① 可见，“预见”除了时间要素是仅面向未来不同于“明知”外，“预见”的认识程度也包含“知道肯定”与“知道可能”。因此，故意犯罪中的“明知”实际上属于过于自信过失中的“预见”。②

第二，就“明知”的认识程度而言，“明知”不仅包括“知道肯定”，还应当包括较高程度的“知道可能”。首先，从语义学角度出发，当评价行为人“明知”某一事情时，是行为人对某一事物本身有高度盖然性认识的确定状态，而不是限于行为人确定某一事物必然出现的状态。同时，必须强调的是，要求“知道可能”的认识程度达到较高程度的确定性，也是“明知”与“预见”最大的区别所在。③ 如果认为“明知”的认识程度可以是较低程度的确定性，此时在本质上是混淆了“明知”与“预见”。事实上，行为人对某一事物的认识只可能存在“知道”和“不知道”两种形态。所谓“知道可能”这种居中状态，应然上包括较高程度的“知道可能”到较低程度的“知道可能”。从实然上前者归属于“知道”，后者归属于“不知道”。例如，当 A 知道 B 要去杀人的概率为 1%（即较低程度的“知道可能”），实际上这里的“知道”是指，A 知道了“B 要去杀人”的“可能性”。但是，当 B 要去杀人的可能性较低时，此

① 中国社会科学院语言研究所词典编辑室编著：《现代汉语词典》（第 7 版），商务印刷馆 2016 年版，第 1604 页。

② 参见邹兵建：《“明知”未必是“故犯”——论刑法“明知”的罪过形式》，载《中外法学》2015 年第 5 期，第 1361 页。

③ 参见［奥］维特根斯坦：《论确实性》，张金言译，广西师范大学出版社 2002 年版，第 3 页。

时A这种较低程度的“知道可能”根本不属于“知道”的范畴，至多只是A的“猜测”。简言之，从面向未来的角度出发，“明知”属于“预见”的范畴，但是“预见”的外延是远远大于“明知”的，“预见”包括了从较低程度的“知道可能”（猜测）到较高程度的“知道可能”（明知）。从刑事政策的角度出发，司法机关证明行为人有100%程度的“知道肯定”的难度较大。因此，从符合语义学的基本原理以及现实需要出发，引入“知道可能”这种具有一定盖然性的认识状态，也可以适当减轻司法机关证明压力。

第三，“明知”与“应当知道”不是一个层面上的概念，明知中的“知道可能”也不等于“可能知道”。首先，在我国现有规范中，“应当知道”既存在于过失犯的规定中，也存在关于“明知”的认定中。[①] 在过失犯中的“应当知道”实际上强调的是“应当（去）知道”，即行为人具有预见义务而应当知道，但是其由于疏忽大意的过失实际上并不知道。此时，疏忽大意的过失犯罪实际上是“不知”，而故意犯罪对应的是“明知”。其次，在故意犯罪内部，“知道肯定”与“知道可能”对应的是实体法对“明知”认识程度的理解问题，而“应当知道”对应的是证据法上对“明知”如何认定和证明的问题。故意犯罪中所提的“应当知道”实际上是推定，是在直接证据或者间接证据短缺的情形下，从法律上认可某些证据所具有的证明力达到了法定标准的一种方法。[②] 质言之，作为主观方面的“明知”具有证明上的困难。“应当知道”是司法解释基于刑事政策的考量，在司法机关难以证明行为人是“知道肯定”或较高程度“知道可能”这两种状态的背景下，适用证据学中推定的结果。在此意义上，“应当知道”实际上涵盖了“明知”的所有情形。此外，“可能知道”不是“知道可能”，“可能知道”与“应当知道”是属于同一层次的概念，“可能知道”也是司法者作为旁观者对行为人主观认知情况的判断结果。由此，“应当知道”实际上属于“可能知道”的范畴。[③]

---

① 在疏忽大意的过失中，行为人“应当预见”而没有预见；在“明知”的认定中，不少司法解释将“知道”与“应当知道”并列。

② 刘品新、唐超琰：《互联网金融犯罪案件证据海量问题及应对》，载《人民检察》2018年第20期，第40页。

③ 参见秦雪娜：《论刑法分则及司法解释中的“应当知道”》，载《云南大学学报（法学版）》2013年第4期，第65页。

第四，职务侵占罪帮助犯的“明知”认识程度也仅限于“知道肯定”与较高程度的“知道可能”。在毒品犯罪关于“明知”的认定上，只要行为人意识到或者怀疑到“可能”是毒品就成立“明知”。[①] 不少学者认为，“明知”的认识程度可以是较低的。但是，上述解读只能作为理解“明知”含义的特殊例外而不能作为一般原则。事实上，国家是为了严打毒品犯罪的刑事政策需要，尽量扩大毒品犯罪规制范围，才在特定情境下将“明知”的认识程度要求额外扩大到了只要对毒品有“概括性认识”（猜测）即可。[②] 对于其他一般犯罪而言，如果“明知”的范畴可以是较低程度的“知道可能”，那么所有的“猜测”或“预见”都可以纳入“明知”的范围，只要行为人的意志因素有被认定为放任的可能，行为人都可能成立间接故意，这无疑不合理地扩大了犯罪打击范围。

综上，“明知”是指行为人对过去、现在、将来事物的认识，“明知”的含义也可以包括“知道可能”。但是“明知”的认识程度仅限于“知道肯定”与较高程度的“知道可能”，这也是“明知”与“预见”本质区别所在。属于实体法范畴的“知道肯定”和“知道可能”，与“应当知道”和“可能知道”并不是同一层次的概念，“应当知道”是司法上认定“明知”的结果。（见图 1）

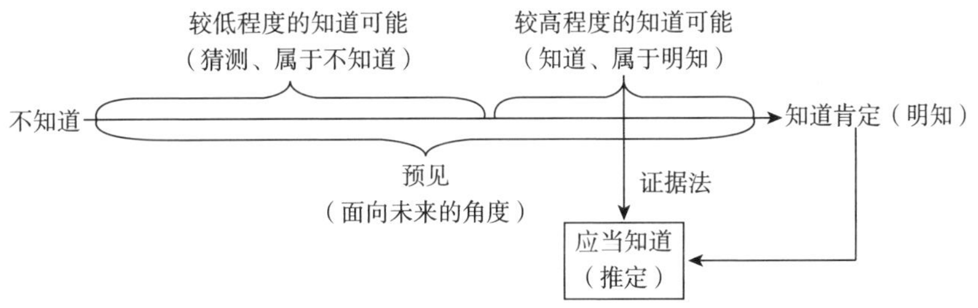

图 1　明知、不知道、猜测、预见之间的关系图

（二）“明知”的证明：职务侵占罪中立帮助行为人“明知”的司法认定路径

在认定方法上可以适当采用“推定”。“明知”要求帮助犯认识到自己的行

① 参见张寒玉：《毒品犯罪主观“明知”的认定》，载《人民检察》2007 年第 21 期，第 35 页。

② 参见褚福民：《证明困难的解决模式——以毒品犯罪明知为例的分析》，载《当代法学》2010 年第 2 期，第 103 页。

为能促进正犯行为以及结果既遂。[①] 然而，“明知”作为故意的认识因素，对其认定实际上是外界通过各种客观事实去判断当事人心理活动的过程。在司法实践中，被告人几乎都会声称“自己根本不知道他人在实施犯罪”，这无疑加重了控方举证责任。职务侵占罪实施过程中，行为人帮助故意的直接证据难以收集（除非行为人自认）。同时，间接证据应当达到排除合理怀疑的程度方为有效，在职务侵占罪中立帮助行为具有“日常性、职业性”等客观特征的背景下，间接证据与案件事实的关联具有多样性，审查间接证据的证明力大小同样存在较大难度。[②] 司法证明是一个通过各种证据向法律事实不断推进的过程，在存在证明困难时，可以适当应用“推定”的方法缩短证据和证明之间的距离，同时允许行为人提出反驳的证据。

如三、思路转变：职务侵占罪中立帮助行为入罪的关键在于认定“明知”中所述，中立帮助行为人是否履行职业角色义务不决定其“明知”的认定，但这些职业角色身份在一定程度上可以辅助“明知”的认定。职务侵占罪中，认定中立帮助行为人是否具有“明知”应重点把握行为人的身份与正犯行为之间的关系，同时兼顾行为次数手段、行为时间、行为获利等。

第一，对于一般的员工而言，如仓库搬运工、快递运输工等，其仅具有一般审查义务，在通常情况下其最多是对正犯的行为及法益侵害结果持“怀疑、猜测”的心态，不构成帮助犯。换言之，在实现职务侵占犯罪的一系列环节中，一般的员工往往难以直接接触到核心的正犯人员，行为人基本是靠自己对工作中“额外观察到的细节”来判断他人是否具有犯罪行为的可能。此时，其实施的一般工作实际上难以对正犯实施职务侵占罪的行为具有较多客观事实的把握。另外，即便这类人群可能对犯罪线索有所察觉，其至多是为了满足日常生活需求，听从雇主（上级）命令，在半信半疑中实施了中立帮助行为，通常不可能“明知”他人将要实施职务侵占行为，至多仅有帮助过失。当然，上述结论并不能被绝对化，在特定的条件下最一般的员工依然可能具有“明知”。例如，其明确听到上司之间关于犯罪计划的对话、其上班的时间和发货地址显然异于

① 参见［德］汉斯·海因里希·耶塞克、托马斯·魏根特：《德国刑法教科书》，徐久生译，中国法制出版社2017年版，第945页。

② 参见何家弘、吕宏庆：《间接证据的证明方法初探》，载《证据科学》2021年第3期，第273页。

寻常、其获取的工资也突然多于正常工作的工资等。在案件三当中，李某、党某是后勤部门人员，属于一般的工作人员，其在单纯搬运纸皮过程中实际上是较难获知他人职务侵占罪犯罪的事实。不过本案事实较为明确，两人是在接受仓库主管的安排，明确获悉了他人职务侵占事实，且事后获得了异于寻常的加班费，上述证据足以证明两人是“明知”他人具有职务侵占罪的事实，应当构成职务侵占罪帮助犯。

第二，对于一般特定的员工而言，如“下游”合同审核人员等，其虽然具有特定审查义务，但需要严格认定他们与正犯行为之间的距离，综合判断其是否具有“明知”。案件二当中，本案职务侵占行为的实现涉及“吕某—其他审核人员审核—董事长审批”三个环节，吕某虽然作为合同审核人员具有特定的合同审批权限，但其作为“下游”审批人员事实上距离核心的正犯行为依然具有一定距离，难以通过其特殊审批义务直接认定其具有“明知”。在本案中需着重认定吕某是否属于刻意回避审批义务。因为很多时候行为人没有“明知”，不是其没有认识到而是其“不想认识”，这种刻意的不想认识很可能就是“明知”。[1] 根据判决书的描述，吕某是“为了提升个人业绩”而最终审批通过了虚假合同，此时便存在两种可能：一种可能是吕某主要为了提升个人业绩，同时考虑到该合同之后还需要层层审批，因而较为草率地审完该合同，此种情况吕某最多属于过失而没有“明知”。另一可能是吕某已经初步发现该合同属于伪造的情形，但是其最终是为了提升个人业绩而审完该合同，此种情况吕某可能属于“明知”下的间接故意甚至是直接故意。

第三，对于核心特定的员工而言，如会计、董事、仓库管理主管等，其拥有的特定权限和正犯行为既遂具有重大关联，在通常情况下其异常不履行职责的行为可以推定“明知”。具言之，会计负责做账和开发票、出纳负责发放最终钱款、高管具有最终审批权限、仓库管理主管负责最终货物去向等，上述核心特定人员的行为都与正犯实现职务侵占罪的既遂具有实质关联。对于这类具有特定权限的核心员工，他们具有极高的可能性察觉到职务侵占罪的犯罪线索，应当具有较高的特定审查义务。因为只要这类人员具有“明知”，他们的特定权限也实际决定了职务侵占的结果必然发生，无论其是辩解自己仅是为了提升

---

① 参见冯军：《刑法的规范化诠释》，载《法商研究》2005 年第 6 期，第 65 页。

业绩还是其他目的，其行为必然具有直接故意。① 此时，在缺乏相关直接证据与间接证据的情形下，这类核心特定员工只要异于寻常地履行（不履行）职务，例如，管轻易审批涉及单位资金去向正犯私人账户的重大合同，仓库管理人员将单位所有的货物直接发往异常目的地等行为，都可以直接推定这类核心特定的员工具有“明知”。

五、结语

中立帮助行为限制处罚路径争议巨大的原因在于中立帮助行为本身概念模糊不定与涉及较多价值判断。事实上，中立帮助行为只是在具有“日常性、表面合法性、职业性”的面纱下被冠以“中立”之名，其本质上同一般的帮助行为并无区别。在务侵占罪背景下，中立帮助行为可罚性的判断关键不在客观结果不法上，不应在客观方面过于强调限制处罚理念，应重点考察行为人是否在“明知”的前提下依然实施中立帮助行为。强调行为人是否具有“明知”也不是为了在主观方面限制处罚中立帮助行为，而是为了明确中立帮助行为入罪的基本条件。作为需要客观事实帮助证明的主观要素，“明知”的认定一直是理论界和实务界亟待解决的难题。未来，中立帮助行为人“明知”的认定应坚持“证据裁判原则”，适当引入推定的证明方法，基于相关人员所处的角色岗位、具体案件事实等综合判断行为人的主观认识因素是属于一般的“猜测”还是特定的“明知”。

（初审：苗萍；校对：周晓溢）

① 参见陈兴良：《刑法中的故意及其构造》，载《法治研究》2010 年第 6 期，第 8 页。

刑事择一认定：规范内涵、正当性证立及适用面向*

徐嘉鹏**

摘　要：在刑事司法裁判过程中，若法院穷尽证据方法仍对犯罪事实存在无法排除的疑问，依据疑罪唯轻原则对案件进行无罪或轻罪裁判是当然之理。然而，当法院对被告人有罪形成复数心证时，宣告被告人无罪有悖于法感情，此时能否根据刑事择一认定作出有罪判决则存在疑问。同一构成要件要素符合事实层次上的择一认定不存在合法性疑问，但基于制度性理由仍应力求对其明确认定。同一构成要件中不同要素间的择一认定，涉及选择性构成要件要素问题，应根据其类型具体判断。异种构成要件间的择一认定需根据存疑事实的形成原因区别对待。从尊重三段论逻辑与罪刑法定的视角来看，择一认定并非疑罪唯轻原则的例外，其实质是特定证据条件下进行了两次三段论涵摄的特殊裁判类型。以“不法核心的同一性”为标准的德日限缩方案，基于程序安定性考虑在相当程度上改变了择一认定的理论定位。由于我国并未确立起实质的公诉事实同一性限制，加之强调实体正义的司法价值倾向，应站在原则允许的立场肯定择一认定的适用。

关键词：择一认定；疑罪唯轻；事实同一性；不法核心的同一性

一、问题的提出

作为广为承认的具有刑事诉讼基础效力的原则，无罪推定原则往往成为刑

---

* 本文系国家社会科学基金项目“刑法归因归责中的反事实思维问题研究”（项目编号：18CFX044）阶段性研究成果。

** 徐嘉鹏，南开大学法学院硕士研究生。

事诉讼中程序性权利的基础来源。在实体法领域，无罪推定原则实际借助“疑罪唯轻”或谓“存疑有利于被告”原则在刑事裁判中得以体现。根据疑罪唯轻原则，在法律适用阶段对事实予以判定时，要求定罪只能建立在已于程序中证实，即法庭形成确信的事实之上。[①] 判定对象的事实程序性加之评价结论的规范实体性，使疑罪唯轻原则成为连接程序和实体的桥梁。从法学理论的发展来看，疑罪唯轻向来作为实体法规则而不是证据规则，被用来指导法庭在对相关证据进行评断后如何做出裁决。[②] 然而，疑罪唯轻及其子原则“作为一种修辞手段与确定无罪推定的确切含义的困难之间形成鲜明的对照”[③]，仍有诸多问题尚待澄清。

一般认为，以实体法上的判决类型为标准，可以对疑罪唯轻原则进一步细化，将其分为疑罪从无（有罪与无罪存疑）与疑罪从轻（重罪与轻罪存疑）。[④] 疑罪从无要求法院在对于行为人是否构成某一公诉罪名未排除合理怀疑的情形下认定无罪。与之相对，疑罪从轻通常适用于轻罪事实已查明，而未排除重罪合理怀疑的情形，此时应部分认定行为人的轻罪事实。疑罪从无与疑罪从轻看似周延地为各类疑案提供了判决方案，但当涉及的轻罪与重罪之间不具有包容或者阶段关系，而根据全案证据，轻罪事实与重罪事实成为事实上的唯二可能时，法院又该如何进行裁判？

手表案：甲在野外由于身患疾病昏迷一段时间后死亡，家属发现其随身携带的手表不翼而飞，后警察发现被告人A手上戴着的正是甲的劳力士手表。检察机关以盗窃罪起诉了A，但A却辩称手表是从死人身上取得的，因而其行为只是侵占不是盗窃。法官穷尽所有的证据依然无法查明被告人取得手表时甲是

---

① 参见［德］乌尔斯·金德霍伊泽尔：《刑法总论教科书》（第6版），蔡桂生译，北京大学出版社2015年版，第494页。

② 参见［德］托马斯·魏根特：《德国刑事诉讼程序》，岳礼玲、温小洁译，中国政法大学出版社2004年版，第148页。

③ ［德］托马斯·魏根特：《德国刑事程序法原理》，江溯等译，中国法制出版社2021年版，第106页。

④ “疑罪从无”“存疑有利于被告”与“疑罪唯轻”这三个概念，被我国刑事法学者基本不加区分地使用。此处并非意指上述概念有绝对的从属关系，而仅仅是对疑罪唯轻的适用场景所作出的类型化表述。

否死亡。①

窝赃案：B 的私人定制戒指在逛街的时候不知去向，后在乙处发现了该戒指。根据现有证据情况，法院排除了乙无罪的可能，但无法证明，乙究竟是戒指的盗窃犯，还是从他人处收受了该戒指。②

血油漆案：被害人因违章车辆肇事被撞死亡，现场留下了肇事车辆的油漆，也有证人记住了肇事车辆的牌照。警察依据线索发现肇事车辆，但该车被车主涂上了另外颜色的油漆，警察查明该车的底漆与现场留下的油漆相同。此外，经侦查在油漆的底层还发现了被害人的血迹。虽然可以肯定该车为肇事车辆，但车主拒不承认自己驾驶了该车，也拒绝说明谁驾驶了该车。③

"手表案"的疑问在于，在 A 拿走手表的时刻，甲是生存还是死亡。通说认为死者丧失对于财物的占有，因此 A 若在甲生存时拿走手表，则其构成盗窃罪；若在死亡时拿走，则其构成侵占罪。"窝赃案"中，乙若偷走戒指，则当然构成盗窃罪；而如果乙明知戒指为赃物而购买，则构成掩饰、隐瞒犯罪所得罪。"血油漆案"中，发生事故时车主是否驾驶该汽车为关键的待决事实。如果是车主本人驾驶，则构成交通肇事罪且具有逃逸情节；如果彼时由他人驾驶，车主在明知汽车上有血迹的情况下仍然重新喷漆，则构成帮助毁灭证据罪。

上述三个案例皆可谓由于事实认定不清而产生的疑案。法院若根据疑罪唯轻原则的意旨加以分析，就会发现此时陷入了尴尬境地：对行为人涉嫌构成的罪名分别进行独立审查，皆难以排除对其无罪的合理怀疑。由于构成要件要素未能查清，尚未达到证明有罪的标准，法院至少应当作出"证据不足无罪"判决。可是，如此处理会产生实体法上的"评价矛盾"（Wertungswidersprüch）现象：行为人被认定为轻罪，本应因为行为的不法程度较低；然而，行为可能实

① 参见赵春玉：《刑事疑案择一认定的规范内涵、适用立场及实质限制》，载《法学》2021 年第 7 期，第 36—37 页。

② 参见林山田：《刑法通论》（增订 10 版下册），北京大学出版社 2012 年版，第 255 页。

③ 参见张明楷：《"存疑时有利于被告"原则的适用界限》，载《吉林大学社会科学学报》2002 年第 1 期，第 61 页。笔者在原案例的基础上进行了一定的改编，增添了"油漆底层存有被害人血迹"这一案件事实。

现更高程度不法时，却因此无罪。① 此种情形下，法院可以排除行为人无罪的合理怀疑，但宣布其无罪似乎又有悖于追求实体正义的法感情。为从上述适用困境下突围，德国刑事法学界发展出了“选择确定”理论，② 以解决此种法院对被告人有罪形成复数心证时的定罪难题。概括而言，德国法院适用选择确定的范围呈现出逐步扩张的趋势，理论界的观点则与之相反，总体趋向于保守。③ 长久以来，我国刑事法学界则更多关注对于事实不清案件的表象化分类，但对于不同疑案类型的规范构造，以及审判阶段疑案裁判的相关研究则相对欠缺。

由择一认定的规范属性及其理论构造所决定，欲充分阐明择一认定的适用条件及其限制，单纯依靠刑法理论显然难当其任。原因在于，作为指导法院对特定类型的疑案作出判决的实体法理论，其不可避免地涉及对于构成要件符合事实的评价，借由刑事证明连接其与程序法理论之联系。“对刑事诉讼法的解释必须符合刑法精神；但刑事诉讼法在某种程度上也制约刑法的解释”④，择一认定涉及刑事证明理论、推定及事实同一性等问题，必须分别明确诉讼法部分和实体法部分的法理依据，否则就会出现逻辑上的混乱，导致不当限缩或者扩张择一认定的范围。本文将尝试明确择一认定的理论定位及其适用场景，廓清择一认定的规范内涵及其正当性基础，以构成要件为主线尝试类型化建构，进而立足于我国刑事司法制度，对既有限缩方案予以检视并阐明适用择一认定的应然面向。

二、择一认定的规范样态及其类型化建构

整体来讲，对于择一认定的讨论仍停留在理论争鸣而尚未进入立法阶段，加之其在适用前提、处理结论上又似与疑罪唯轻原则有所背离，故不可避免地

---

① Vgl. Joachim Renzikowski, Wertungswidersprüchee als (straf-) rechtsmethodisches Problem, Goltdammers Archiv für Strafrecht 1992, 159 ff，转引自蔡圣伟：《论排他互斥的犯罪构成要件》，载《东吴法律学报》第21卷第4期（2010年），第97页。

② 本文原则上采“择一认定”这一表述，但为准确介绍德国学界的相应观点，会使用“选择确定”这一概念。在本文语境下，基本可以将二者视为等同的概念。

③ 参见［德］汉斯·海因里希·耶塞克、托马斯·魏根特：《德国刑法教科书》（上册），徐久生译，中国法制出版社2017年版，第203页。

④ 张明楷：《刑法学》（第6版上册），法律出版社2021年版，第18页。

面临对其合法性的质疑。为此，在进入对其正当性以及适用范围的讨论之前，有必要对其基本含义予以梳理，并寻找将其类型化建构的合理标准。以构成要件为主线，以存疑事实所处的阶层位置为基准，可以建立起从同一构成要件符合事实到异质构成要件之间的择一认定谱系。

（一）择一认定的含义及其类型化标准

在德国，择一认定又被称为选择确定（Wahlfeststellung），是指当法院对被告人形成有罪的复数化心证时，行为人实现了数个构成要件中的一个或若干个，其中构成要件所对应的事实都有可能存在且具有可比性，排除了所有案件事实情况无一成立的情形。① 理论上，根据存疑事实所对应的实体法内容，可以将选择确定分为同种的选择确定与异种的选择确定。同种的选择确定所解决的是，存疑行为实现了何种同质的构成要件要素。相较于同种构成要件，异种构成要件间的选择确定则更加复杂，探讨的是行为人可能构成不同性质的犯罪，但是存疑罪名之间不存在阶段性关系情形下的认定问题。日本学界对于择一认定的定义也大同小异，认为择一认定所解决的是，当法院也无法就某一事实的存在与否获得有罪判决所需的心证，仅对在行为具有“A 或 B”确信的情况下，能否仍作出有罪判决的问题。对于同种犯罪构成要件中的择一认定，称为概括认定。② 有观点认为，构成要件之内的择一认定不是真正意义上的择一认定，而属于一种“亚择一认定”。③ 故而，实质意义上的狭义择一认定，仅强调的是异种犯罪构成要件间的选择性关系。

此外，有必要简要澄清疑罪唯轻的适用情形，进而反面廓清择一认定的应然含义。当事实难以查清、真伪不明时，通过推定的“保留”直接获得裁判的

---

① 参见［德］乌尔斯·金德霍伊泽尔：《刑法总论教科书》（第 6 版），蔡桂生译，北京大学出版社 2015 年版，第 494—495 页。

② 所谓概括性认定，是指应该成为罪的事实的认定不是一义的，而是或多或少地包含了一定幅度，但是对于符合构成要件的事实的存在（应被处罚的违法行为的存在）不存在合理的怀疑。上田正和「択一的認定について」大宮ローレビュー 2 号（2006 年）8 頁を参照。

③ 参见巫聪昌：《犯罪事实之择一认定——评日本札幌高等裁判所昭和 61 年 3 月 24 日判决》，载《法令月刊》第 62 卷第 8 期（2011 年），第 1175 页。

决断力即为疑罪唯轻原则。① 疑罪唯轻要求存疑的两个犯罪之间存在包容关系，并且对于被包含的罪已经排除了合理怀疑。德国有力观点认为，当构成要件之间仅在不法内容的强度上有区别，则可能成立一种受普遍承认的阶段关系，即“价值伦理的或规范的阶段关系”，例如，过失和故意、参与和正犯、帮助和教唆、一罪和数罪等。② 由此可见，虽然二者讨论的皆为此罪与彼罪之间的关系问题，但规范构造上存在根本不同。

如果将择一认定作为一种思维判断方法，这显然是从逻辑的角度加以理解进而得出的结论，英美法中即存在“正反择一而否定其他”（Posito Uno Oppositorum，Negatur Alterum）这一普通法原则；相反，如果将择一认定限制在“可能与疑罪唯轻原则及罪刑法定原则有所抵牾”的构成要件要素符合性的判断语境下，则更多是将择一认定作为一种特殊刑事判决类型加以考虑。在择一认定问题上持保守态度的观点一般仅承认异种罪名之间的择一认定现象，批评其违反了疑罪唯轻原则与罪刑法定原则，进而全盘否认择一认定的正当性。③ 与之相对，持积极态度的观点则通常会对择一认定进行广义上的理解，肯定部分情形下择一认定的合法性。④ 事实上，日本学界已经对于择一认定的规范样态进行了相当程度的反思。不同于以往将同一构成要件内的择一认定一概作为概括性认定的立场，有观点认为，应当将概括性认定中无法消除的情形作为“狭义的择一认定”类型加以研究，并总结了“狭义的择一认定”所应满足的“必要性”标准。必要性标准包含如下四个子原则：①被择一认定的事实，不能根据单个构成要件即予以认定（个别认定的不可能性）；②对于案件事实仅存在其

① 参见黄维智：《刑事证明责任分配的三项基本原则》，载《社会科学》2007年第3期，第94页。

② 参见［德］乌尔斯·金德霍伊泽尔：《刑法总论教科书》（第6版），蔡桂生译，北京大学出版社2015年版，第495页。

③ 参见［日］松尾浩也：《日本刑事诉讼法》（下册），张凌译，中国人民大学出版社2005年版，第135页。

④ 田宮裕『刑事訴訟法』（有斐阁，1992年）423頁を参照。

中一个构成要件的心证（择一心证）[①]；③在择一的判断中，不存在其他多个犯罪事实的可能性（犯罪事实单一性）；④如果能够认定任何一个选择性地表示的事实，则在任何一个事实的情况下，都必须满足构成要件，并作出有罪判决（假定充足性）。[②]

但是，上述标准也仅仅为同一构成要件内的择一认定提供了参考，能否将其推广并当然适用于异种构成要件间的择一认定则存在疑问。从这一困境中突围的关键点在于，既然择一认定作为一种事实存疑情形下的实体法判决理论，那么择一认定也必然发生在从事实认定向法律评价领域过渡的这一过程之中。由于法教义学中的概念本身具有“事实归入”机能，因此对于符合规范上的构成要件的事实，在绝大多数情形下很难唯一。[③] 与此相关的是，择一认定自身所具有的事实拟制效果，决定了其出发点是对案件事实的评价。任何构成要件皆由构成要件要素构成，而任何构成要件要素必须在具体案件事实中得以体现。从生活事实到案件事实的过程中，是借助以刑事证据为依据的刑事证明完成了这一跨越。然而，由于立法条文不可能事无巨细地对某一行为所对应的具体情形作出穷尽式的规定，故构成要件必然具有一定程度的抽象性。此外，自然意义上的行为被置于不同场域下进行理解时，往往能够从中解读出不同含义。例如，被告人向一位戴有项链的妇女的胸部猛地抓去的这一行为就有可能分别被评价为抢夺或猥亵。可以发现，构成要件是贯穿上述过程的核心线索，构成要件要素符合性的判断是刑事涵摄的终极目标。只有将择一认定类型化，厘清不同层面择一认定的规范结构及其正当性基础，方能确立明确的判断标准。为此，下文将以存疑事实所对应的要素所处的阶层位置为标准，对择一认定进行体系化的建构。

---

① 这一要件主要是为了排除诸如过失的竞合等构成要件的竞合情形。例如，作为监工的被告人和下属工人共同吸烟，后随手扔掉烟头导致火灾。现无法查明火情究竟是监工所扔烟头还是下属工人所扔烟头所致。但是，法院对监工的监督过失与一般过失皆已查明。此种情形下，由于不存在唯一的心证，故不属于择一认定。秋田地方裁判所 1965 年 3 月 31 日判决，下刑集 7 卷 3 号 536 頁を参照。

② 松本涉「刑事訴訟における択一的認定—同一構成要件内の択一的認定を中心に」東京大学法科大学院ローレビュー 4 巻（2009 年）70—74 頁を参照。

③ 参见雷磊：《法教义学的方法》，载《中国法律评论》2022 年第 5 期，第 86 页。

（二）择一认定类型的规范化展开

以存疑事实发生的体系位置为标准，本文认为可以将择一认定大致分为：①同一构成要件要素符合事实的择一认定；②同一构成要件中不同要素间的择一认定；③异种构成要件间的择一认定。

1. 同一构成要件要素符合事实的择一认定

在同一构成要件内的择一认定中，所讨论的是发生在同一构成要件要素中的不同符合事实的择一认定，与同一构成要件中的不同构成要件要素的择一认定的处理问题。

构成要件要素的符合事实类型，往往在实体法适用上具有重要意义。例如，信用卡诈骗罪中的“骗领”和“冒用”信用卡行为、抢劫罪中的以“暴力”还是“胁迫”的手段、转化型抢劫罪中的目的“窝藏赃物、抗拒抓捕或者毁灭罪证”等行为样态，虽然并不影响行为性质的界定，但仍然是在事实认定阶段必须查明的事实。以信用卡诈骗罪为例，司法解释就对“冒用”的概念予以了细化，甚至对其范围进行了一定的扩张。[①] 此外，同一符合事实可能受到不同行为样态的规制，影响被告人的可谴责性，[②] 从而在量刑上呈现出一定差异。

在刑事裁判中，必须对构成要件事实经过充分的质证后方得进入法律评价，这是当然之理。同一构成要件要素的不同符合事实的择一认定对应体现着构成要件的事实归入机能，绝大部分情况下行为的时间、地点要素，部分犯罪中的行为方式要素、行为对象要素、因果关系要素、共犯身份等，都可能被纳入同一构成要件要素符合事实的择一认定的讨论范畴之中。例如，被告人向其房间内的节孔内倒入汽油，企图点燃楼下房间的衣服，但无法查明点燃的方法（节孔案）；在故意杀人案件中，被告人究竟是死于氯仿吸入过多，还是最终跌入海中溺死这一因果历程无法确定。[③] 构成要件要素与构成要件符合事实此二概念

---

① 《最高人民法院、最高人民检察院关于办理妨害信用卡管理刑事案件具体应用法律若干问题的解释》第5条。在我国现有的刑法司法解释中，对于某一构成要件符合事实进一步予以细化的事例并不罕见。

② 参见赵春玉：《选择性构成要件要素错误的归责方法》，载《法学家》2021年第2期，第162页。

③ 仙台高等裁判所2003年7月8日判決，刑集58卷3号225頁を参照。

之间的界分看似清晰，然而在具体案件中的处理往往存在争议。[①] 日本曾有如下判例，A与B共谋杀死了C，A与B涉嫌构成共谋共同正犯。但法院无法查明，究竟是A还是B抑或其二者共同杀害了被害人，现法院追究被告人A的责任（共谋共同正犯案）。[②] 此时，存疑事实为“A是否参与了实行行为”。如果将共谋共同正犯理解为正犯，则要求共谋者A参与了部分实行行为方构成共谋共同正犯。故查明A是否参与就变得极为关键，因为择一认定会产生共犯身份认定上的差异，此时即为构成要件要素之间的择一认定。相反，如果采取共犯的理解，由于承认纯粹的共谋共同正犯，因此被告人究竟是否参与实行并不重要，这就变成了同一构成要件要素符合事实的择一认定。由此可见，若存疑事实对应的要素为含义上存在争议的成文构成要件要素或不成文的构成要件要素时，存在根据所采取的解释理论不同，进而在构成要件要素与构成要件符合事实之间得出相异结论的可能性。

2. 同一构成要件中不同要素间的择一认定

一般而言，刑法中的绝大部分规定系基本构成要件（Grundtabestand），是对犯罪类型的基本形式的规定。[③] 由于刑法分则以规制故意的既遂犯为原则，当处理其他类型的犯罪时，需要借助总则的规定对于构成要件加以修正，从而对处罚范围予以调控。为此，当总则规定的选择性要素存在疑惑时，同样会形成同一构成要件的不同构成要件要素的疑案。如上文所讨论的共谋共同正犯案，如果采取正犯的理解，该案就应被归类为同一构成要件中不同选择要素的择一认定。

在此类型的择一认定中，主要存在的问题是主观要素的判断以及选择性构成要件问题。对于行为人的罪过要素（故意与过失）是否允许择一认定，判断的关键在于故意与过失之间究竟是排斥关系还是位阶关系，即，是否承认“表面的构成要件要素”这一概念。表面的构成要件要素不影响不法与有责，仅在

---

① 松本涉「刑事訴訟における択一的認定—同一構成要件内の択一的認定を中心に」東京大学法科大学院ローレビュー4巻（2009年）61頁を参照。

② 最高裁判所2001年4月11日判决，刑集55巻3号127頁を参照。

③ 参见［德］约翰内斯·韦塞尔斯：《德国刑法总论》，李昌珂译，法律出版社2008年版，第61页。

犯罪分类的意义上发挥作用。① 如果认为故意与过失在违法阶层或者责任阶层存在“高”与“低”的关系，就应当将二者视为位阶关系。② 相反，德国传统理论则认为就同一事实而言的故意与过失相互排斥。按照“排斥说”的逻辑，既然肯定故意与过失二者形成了矛盾关系，则应根据择一认定择轻认定为过失。不过下文将提到，基于对过失要素本身构造的理解，有力观点认为，择一认定的两个罪名之间必须具备“法律和伦理上的可比较性”，故择一认定也不被允许。此种两难困境下，德国联邦最高法院从强化被告人的防御权出发，将过失视为故意的“捕集构成要件”（Auffangtatbestand），从而认定为过失。③ 即便如此，也有学者对判例思路予以质疑，认为过失构成要件不允许作为证据不充分时的“兜底构成要件”，要求有罪判决必须以达成过失的要件为前提。④ 此种观点实际否定将此类案件认定为过失，故最终仅能认定为无罪。本文认为，故意与过失具有包容性的位阶关系；理由在于，他行为可能性是故意与过失的共同前提或基础。既然过失犯罪行为能使行为人具有作为义务，故意犯罪行为更能使行为人具有作为义务。二者之间是回避可能性的“高”与“低”关系问题。⑤ 如上文所述，基于故意与过失之间的此种包容性规范构造，二者存疑时依据疑罪唯轻认定为过失即可。

另外，同一构成要件中的不同选择性要素（並列的な構成要件要素）的择一认定之正当性，需要结合具体选择性罪名的构造加以判断。我国对选择性要素问题的讨论，主要集中在“选择性构成要件要素错误”这一密切相关的领域。对于部分选择性要素，学界存在究竟应当将其视为“构成要件”，还是

---

① 参见张明楷：《犯罪构成体系与构成要件要素》，北京大学出版社 2010 年版，第 121 页。

② 参见张明楷：《论表面的构成要件要素》，载《中国法学》2009 年第 2 期，第 95 页。

③ 参见［日］松尾浩也：《日本刑事诉讼法》（下册），张凌译，中国人民大学出版社 2005 年版，第 135 页。

④ Vgl. H. Jescheck，T. Weigend，*Lehrbuch des Strafrechts Allgemeiner Teil*，5. Aufl.，Duncker&Humblot 1996，S. 563。转引自张明楷：《论表面的构成要件要素》，载《中国法学》2009 年第 2 期，第 95 页。

⑤ 参见张明楷：《犯罪构成体系与构成要件要素》，北京大学出版社 2010 年版，第 259 页。

“构成要件的示例”的争议。① 如果以“向上回溯找寻上位概念”这一角度，对选择性构成要件要素的相关争议加以认识，则可以认为，选择性构成要件要素之间的择一认定与选择性罪名之间的择一认定在思维本质上是一个问题，二者仅仅是在立法宗旨上存在不同。② 这一点将在下一部分继续展开讨论。

3. 异种构成要件间的择一认定

以形成择一关系的原因为标准对异种构成要件的择一关系予以分类，大致可以将其分为逻辑上的异种构成要件择一关系与事实评价上的异种构成要件择一关系。逻辑上的异种构成要件择一关系，又可以分为立法型异种构成要件择一关系与解释型异种构成要件择一关系。

立法型异种构成要件择一关系的形成，源于立法者人为地采取了“A与非A”的立法技术，即对于某两个罪，除了具有排他互斥关系存疑的构成要件要素，其他的构成要件要素完全相同。在部分国家和地区，存在相当数量的互为排斥构成要件的立法例。③ 对于互斥要素是否影响不法这一问题，学界有力观点主张通过解释手段，将互斥关系法条还原为特别关系法条。④ 为此，立法型异种构成要件择一关系属于一种“虚假的”择一情形，实际属于法条竞合的讨论范畴，按照一般法优于特别法的原则进行处理即可。

解释型的异种构成要件之间的择一关系，主要是因刑法理论所解释出的不成文的构成要件要素所形成的排斥关系。在我国刑法学界存在诸多示例，例如，财产犯罪中的非法占有目的、盗窃罪中的隐秘性要件等。之所以在解释学上会呈现出此种排他性解释倾向，是因为希望通过对构成要件予以明确区隔，发挥

---

① 参见赵春玉：《选择性构成要件要素错误的归责方法》，载《法学家》2021年第2期，第149 150页；参见柏浪涛：《论选择性要素的认识错误》，载《法学研究》2022年第5期，第140页。

② 松本涉「刑事訴訟における択一的認定—同一構成要件内の択一的認定を中心に」東京大学法科大学院ローレビュー4巻（2009年）67頁を参照。

③ 例如，日本刑法规定的“对现住建筑物等放火罪”（第108条）与“对非现住建筑物等放火罪”（第109条）、“浸害现住建筑物罪”（第119条）与“浸害非现住建筑物罪”（第120条）等罪名，“现住和非现住”就是典型的排他关系，而两罪之间的其他构成要件要素完全相同。

④ 参见蔡圣伟：《论排他互斥的犯罪构成要件》，载《东吴法律学报》第21卷第4期（2010年），第109—110页。

构成要件界定此罪与彼罪的功能，从而在一定程度上规避竞合关系带来的认定困难。当然，此种解释方案在一定程度上亦招致了苦果。因为随着对构成要件的对立化，必然也附带着受到其他刑法原则（如疑罪唯轻原则、主客观相统一以及共犯从属性）制约。①

而择一认定问题中最有争议的情形，莫过于特定事实关联的异种构成要件之间的择一认定。之所以被称为“特定事实关联”的择一认定，是因为对于某一行为事实的评价结论，可能同时影响不同罪名之间的多个评价要素。保护责任者遗弃罪与尸体遗弃罪之间的疑案，是异种构成要件间的择一认定类型中被最为广泛讨论的。② 对该问题的处理，日本实务界存在一个由“明确拒绝”向“有限制允许”的转向过程。早期阶段的判例事实为，作为母亲的被告人将健康状况极差的婴儿遗弃，而遗弃时婴儿是否死亡无法查明，由此形成了保护责任者遗弃罪与尸体遗弃罪之间的疑案。法院以严格遵照诉讼法上的举证责任为由，判决被告人无罪（以下简称“弃婴案”）。③ 同样是保护责任者遗弃罪与尸体遗弃罪之间的疑案，丈夫于冬日事先告诉妻子，其将驾驶铲雪车独自进行铲雪工作。由于直至半夜丈夫仍未归家，妻子出门寻找，根据作业现场痕迹于雪堆下发现丈夫。因无法感觉到呼吸和心跳，妻子害怕将丈夫搬回家中后会被他人怀疑是其杀害了丈夫，故将丈夫遗弃。法院最终推定在遗弃时点时，丈夫已经死亡，肯定了遗弃尸体罪的成立（以下简称“大雪案”）。④

可以看到，“弃婴案”与“大雪案”虽然案情高度接近，但处理结论却迥然不同。为此，有必要进一步对异种构成要件间的择一关系形成机理加以分析。若对毁坏尸体罪与保护责任者遗弃罪的构成要件予以解构，则毁坏尸体罪的构成要件为“A（遗弃）+B（死体）”，保护责任者遗弃罪的构成要件为“A（遗弃）+α（照护职责）+C（活体）”。因共同具备遗弃行为，二者实际为逻

---

① 参见蔡圣伟：《论排他互斥的犯罪构成要件》，载《东吴法律学报》第21卷第4期（2010年），第89页。

② 此二罪名的法律规定分别为：第189条毁坏尸体罪：损坏、遗弃或者取得尸体、遗骨、遗发或者藏置于棺内之物的；第218条保护责任者遗弃罪：对于老年人、幼年人、身体障碍者或者病人负有保护责任而将其遗弃，或者对其生存不进行必要保护的。参见《日本刑法典》（第2版），张明楷译，法律出版社2006年版，第71、80页。

③ 大阪地方裁判所1971年9月9日判决，判時662号101頁を参照。

④ 札幌高等裁判所1986年3月24日判决，判夕607号105頁を参照。

辑上的交叉关系而非互斥关系。然而，当个案事实已经部分明确，即法官对于“A（遗弃）+α（照护职责）”此二要素已经形成确证之时，B（死体）与C（活体）由于具备逻辑上的对立关系，对于存疑事实α“生存还是死亡”仅能择一存在，导致几乎在所有情况下，[①] 存疑事实所对应的异质罪名要素，必然有且仅有一个存在，从而形成了两个罪名的对立状态。对于异种构成要件间的择一认定，存疑罪名之间是一种“交叉排他”的形态。此时不是因规范，而是因自然事实在不同罪名中的评价结论上的差异，造成了此种对立关系。总体而言，囿于异种构成要件的择一认定的复杂性，学界对于特定事实关联型的择一认定的讨论仍然停留在个案处理结论的妥当性层面，尚未形成解释力较强的通说观点。

三、择一认定的正当性基础及其证立

上文通过对择一认定的情形予以整理、分类，初步形成了择一认定的逻辑体系。可如果对择一认定的适用正当性说理停留在“如果不判决被告人有罪显然违反朴素的正义观念”这个层次上，未免过于苍白无力。为此，必须结合各类型择一认定的规范结构对其精细化解读，阐明其运作逻辑并为其适用提供正当性依据。

（一）各层次择一认定正当性初筛

在第一层次，即同一构成要件要素符合事实之内的择一认定中，构成要件符合事实与构成要件要素相互对照，进而完成符合性判断这一过程本身，即落在构成要件的涵摄范围之中，体现为事实与法律互相交融重构。在此意义上的择一认定涉及的仅仅是刑事证明问题，不会对构成要件符合性的判断造成实质影响。当然，对于部分类型化程度较高的、法律明文规定的构成要件符合事实，

① 之所以说“几乎所有”，是因为基于立法技术原因，可能会规定中间样态的要件。例如德国刑法在第186条“恶言中伤罪”中，就规定了“不能证明其为真实的”要件。不过这并不是有罪推定。Roxin教授认为，这是风险犯罪的构成要件结构所致的证据法则的虚假例外情形。参见［德］克劳思·罗科信：《刑事诉讼法》（第24版），吴丽琪译，法律出版社2003年版，第126页。

基于保护被告人的防御权、准确评价被告人的可遣责性以及形成准确心证等理由，仍有必要对构成要件符合事实予以明确。

在第二层次，即同一构成要件内的不同构成要件要素之间的择一认定中，相当一部分要素由于没有实定法的明文规定，不涉及罪刑法定原则问题，诸如既遂与未遂，单独犯和共同正犯等问题。对于某一要素的对象的客体的择一认定，此时不影响评价，仅仅涉及被害人、时间、地点等，此时择一认定仅仅与证明规则有关。另一部分的择一认定，以选择性要素为例，则主要涉及的是证明规则与罪刑法定原则的问题。一般认为，选择性罪名中的要素存在并列关系（$A\cap B=0$ 且 $A+B\neq U$）、互斥关系（$A\cap B=0$ 且 $A+B=U$）、交叉关系（$A\cap B\neq\varnothing$，$A\cap B'\neq\varnothing$，$A'\cap B'\neq\varnothing$）、特别关系（$A\cap(A+B)=B$）。[①] 其中，特别关系可以根据疑罪从无原则进行处理，而并列关系、互斥关系、交叉关系，显然涉及上层构成要件与合成性构成要件的讨论，不可避免地会涉及罪刑法定原则、立法权与司法权之间的界限等争议。可以发现，这一分析进路与选择性要素的认识错误问题存在一定相似性，即寻找上位的构成要件概念。例如，日本判例就曾在行为人对走私麻药与走私兴奋剂之间发生抽象的构成要件错误之时，在两罪之间肯定存在故意。[②] 此时，如果将这一案例的事实替换为“究竟是麻药还是兴奋剂无法查明”，就成为了择一认定理论的典型案例。[③] 不过，择一认定与认识错误二者间规范内涵存在差异：从适用前提与理论功能来看，认识错误的前提是客观事实可以查明，主观认识与客观行为不相符合的情况，功能在于限缩故意的范围；而择一认定是在事实真伪不明的情况下，寻找可能存在关联的构成要件以达致实质正义。本文原则上赞同“上位概念法”的基本认定思路。理由在于，将立法文本一律视为构成要件要素，既忽视了构成要件所具有的类型化、抽象化特征，也会间接导致处罚范围被不当限缩。以“上位概念

---

① 参见柏浪涛：《论选择性要素的认识错误》，载《法学研究》2022 年第 5 期，第 149 页。

② 参见［日］高桥则夫：《刑法总论》，李世阳译，中国政法大学出版社 2020 年版，第 151 页；参见［日］山口厚：《从新判例看刑法》（第 3 版），付立庆、刘隽、陈少青译，中国人民大学出版社 2019 年版，第 167—168 页。

③ 可能有疑问在于，这是属于异种罪名之间的择一认定事例。但是，在此种仅客体对象存在差异的罪名之间，实际完全是立法技术导致。从思维实质上，其和同一罪名间的不同要素的择一认定并无区别。

法”确定真正的构成要件要素的工作在所难免。

在第三层次，即异种构成要件间的择一认定，涉及的是刑事证明、罪刑法定与事实同一性之间的问题。如上文所述，对于立法形成的择一关系，可以被转换为解释上的特殊关系，进而适用疑罪唯轻进行处理；解释形成的择一关系，可以还原为特别关系或并列关系。对于特别关系的罪名，参照立法形成的择一认定的情形，按照疑罪唯轻原则予以处理；对于并列关系的罪名，则又回到了同一构成要件内的选择性要素择一认定的相关讨论中。由此可见，完全可以将同一构成要件要素符合事实之内的择一认定，与同一构成要件内的不同构成要件要素之间的择一认定问题进行拆分、消解，置于既有刑法理论框架下予以考察。尽管其与刑事证明规则看似抵牾，但由于大多数情形下，存疑事实并不影响构成要件符合性的判断，因此，亦可被允许。至此，还留存特定事实关联型的择一认定的正当性未得到解决，这一问题将留待下文进行详细展开。

（二）对择一认定合法性质疑之回应

作为“例外”的择一认定，其合法性必然会受到诸多质疑。我国既有研究对于择一认定的讨论，主要聚焦于异种构成要件的择一认定类型。① 概括起来，批评观点主要集中在异种构成要件的择一认定是否可能与疑罪唯轻和罪刑法定原则相抵触等问题上。②

1. 择一认定并无违背罪刑法定原则之虞

有观点认为，异种构成要件间的择一认定并不涉及违背罪刑法定的问题。理由在于，“存疑的事实应归于 A 罪还是 B 罪的问题，不是 A 罪或 B 罪本身的问题，而是大前提与小前提应当如何对应的问题”“不能将 A 罪或 B 罪与存疑的犯罪事实之间的真值关联问题等同于大前提（法律）的存疑问题”，③ 进而该论者将焦点转移到疑罪唯轻原则是否适用于法律存疑这一问题上。笔者赞同择

① 如无特别说明，自本节开始，下文所使用的“择一认定”概念，均指异种构成要件之间的择一认定。

② 参见巫聪昌：《犯罪事实之择一认定——评日本札幌高等裁判所昭和 61 年 3 月 24 日判决》，载《法令月刊》第 62 卷第 8 期（2011 年），第 1182 页。

③ 赵春玉：《刑事疑案择一认定的规范内涵、适用立场及实质限制》，载《法学》2021 年第 7 期，第 45 页。

一认定与罪刑法定原则并无抵牾之处这一结论，但是认为上述对择一认定辩护的理由难言充分。该论者认为，产生此种疑案问题出在大前提与小前提的涵摄过程中。可是，涵摄不具有独立性，其必须依附于大前提或小前提而存在。当存疑情形发生时，要么是小前提存疑，要么是大前提存疑。为此，将问题根源归结于涵摄过程的做法并不公允。

只要肯定三段论推理对司法判决的基础性作用，就应当对违反三段论推理逻辑的判断过程采取较为消极的立场。理由在于，“在法的适用方面，只有当适用法的机关准确地和正确地把法律规范适用于一定的具体情况，即按照三段论法的规则决定法律案件时，才能出现这种相符合的情况。”① 因此，在不能确定“A 或 B”的择一认定情形下，在逻辑上仅有两条进路：①根据推定在小前提层面认定轻罪事实，轻罪事实通过与轻罪的构成要件涵摄，理所应当地符合轻罪的构成要件（事实推定说）；②既然小前提的事实状况是“A 事实或 B 事实”，那么在规范层面也只能构造出合成性的构成要件，进而完成整个涵摄过程（规范合成说）。

首先，采取规范合成说的观点会不可避免地陷入违反罪刑法定原则的泥沼之中。构成要件的作用在于指示犯罪类型，以说明该类犯罪对法益的典型侵害，其担负着把构成要件符合性的举止方式在刑法角度上与非重要的方式相分离的任务，即狭义要件的剔选功能（Auslesefunktion）。② 规范合成说逾越了立法权与司法权的界限，有违罪刑法定所要求的明确性原则。与之相对，事实推定说力图在事实即小前提层面上，通过运用证明方式以及融入一定的价值判断回应合法性质疑。实际上，事实推定说对于罪刑法定的冲击较为缓和，因为其并未直接修改规范即大前提层面，而是将规范判断适度前置，径直认定轻罪事实进而完成后续法律评价，此时论证的关键由“是否与罪刑法定有所龃龉”转为回答“推定轻罪事实何以可能”的正当性判断上。

本文赞成事实推定说的基本观点，并认为可以从事实认定的运作语境、理论根基及评价对象等角度展开正当性证成。第一，从事实认定的语境来看，法

---

① ［苏］C. C. 阿列克谢耶夫：《法的一般理论》（下册），黄良平、丁文琪译，法律出版社 1991 年版，第 729 页。

② 参见［德］约翰内斯·韦塞尔斯：《德国刑法总论》，李昌珂译，法律出版社 2008 年版，第 71 页。

官不得拒绝裁判，在出现裁判时，融入情理等价值判断不可避免。排除合理怀疑的确信心证证明标准带有鲜明的经验主义哲学色彩，在判断什么是“合理”的工作中，不可避免地需要借助情理上的判断。[①] 案件不可能发生在真空中，法官应寻找到特定案件的最优解，实现法律效果与社会效果的统一。[②] 在个案中如果缺乏证据，或者出现证据链断裂的情形下，情理是认定案件事实的重要补充。第二，轻罪事实的选择过程符合推定的逻辑构造。推定来源于法律的明文规定或规范性法理。推定本质是法律问题，推理则是事实问题。推理所依据的是逻辑法则，而推定所依据的是规范性。[③] 在此意义上，可以说择一认定实际上是一种基于存疑有利于被告原则，以规范性法理为依据的不可被推翻的推定。第三，刑事追诉对象系行为所对应的案件事实而非罪名，这意味着当法官概括地形成有罪确证时，完全有理由据此作出有罪裁判。《最高人民法院关于适用〈中华人民共和国刑事诉讼法〉的解释》（以下简称《刑诉解释》）第 295 条第 1 款第 1 项与第 3 项分别表明，有罪判决要求公诉事实即“起诉指控的事实”能够被评价为有罪；与之相对，案件事实无罪是宣布被告人无罪的前提条件。[④] 根据体系解释的要求，应将第 4 项“证据不足，不能认定被告人有罪”中的“有罪”亦理解为案件事实有罪。既然在择一认定情形下，行为人的行为可以在案件事实层面被肯定应当承担刑法上的负面评价，不得就此判决其无罪。

2. 择一认定仍为疑罪唯轻原则之严格贯彻

由于择一认定同样发生在存疑罪名皆为犯罪的场景，因此，究竟应当将择一认定解释为疑罪从轻的下位概念，还是将其作为独立的疑案裁判类型则有必要加以讨论。对于择一认定与疑罪唯轻原则的关系问题，目前学界观点可以被大致分为“符合说”“例外说”与“违反说”。符合说认为，在择一认定的情境

---

① 参见李滨：《情理推断及其在我国刑事诉讼中的运用检讨》，载《中国刑事法杂志》2015 年第 1 期，第 120 页。

② 参见徐爽：《好判决要讲究情理法的融合》，载《人民法院报》2019 年 5 月 20 日，第 2 版。

③ 参见劳东燕：《推定研究中的认识误区》，载《法律科学》2007 年第 5 期，第 120 页。

④ 一般认为，案件事实是案发前后的事实经过，包括了与行为人相关的直接或间接情况，是在刑事追诉过程中最为广泛的事实样态。相关论述参见李崇涛：《如何理解日本刑事诉讼“诉因”及其关联概念》，载《日本问题研究》2020 年第 2 期，第 77 页。

下，行为人无罪的可能已经被排除，争议仅在于此时应当认定为轻罪还是重罪。按照存疑有利于被告原则，应当将其认定为轻罪。[①] 持例外说观点的学者认为，择一认定虽符合存疑有利于被告原则，但因在“有利于被告人”的幅度上有所降低，应将其作为一种例外情况予以考察。[②] 违反说则立足于择一认定的理论目的对其予以剖析，批评择一认定理论产生的动因在于扩张处罚，认为择一认定的实质是借“有利于被告”之名，行“入罪”之实。[③]

本文认为，择一认定是除疑罪从无和疑罪从轻之外，归属于疑罪唯轻原则下的第三种独立的裁决类型。择一认定的范围既不能进行扩大化理解，使其作为疑罪从轻的上位概念；亦不得将其矮化，将择一认定矮化为疑罪从轻情形的子概念。因此，笔者总体赞同符合说的基本观点，但基于择一认定的理论构造，亦承认其的确在判断流程上存在特别之处。首先，择一认定所采取的整体性审查思维，决定了其不可能与疑罪唯轻原则完全契合。理由在于，刑事公诉对象必然是某一单一罪名，三段论的小前提原则上也必然是某一个罪的符合事实。按照原有对于疑罪唯轻原则的基本理解，对于某一要素未形成确切心证之时，应当排除对该事实的认定。但是，上述理由是建立在法院对于小前提存在复数心证“A 事实或 B 事实”的情形下的。择一认定的本质是一种判断者在形成复数心证的情形下，结合周延的排他事实，依据逻辑法则所进行的有利于被告人的推定。由于推定作为一种认定案件事实的方法，[④] 从效果上处理的是事实认定问题，故推定案件事实中，被告人所受处罚最轻的罪名对应的事实成立。“存疑利于被告人的利益即，对自然的事实认定进行人为的修正，将有或无不清晰

① 持此种观点的代表学者为张明楷教授。事实上，张明楷教授的观点也存在部分的转向，其在最初，同样认为择一认定是对“存疑有利于被告”的限制。之后，其观点由“例外限制说”转变为“原则符合说”。先前观点参见张明楷：《“存疑时有利于被告”原则的适用界限》，载《吉林大学社会科学学报》2002 年第 1 期，第 61 页；近期观点参见张明楷：《刑法学》（第 6 版上册），法律出版社 2021 年版，第 76 页。

② 参见吴学斌：《论“存疑时有利于被告人”的原则与例外》，载《法学杂志》2006 年第 6 期，第 67 页。

③ 参见张训：《扩张解释、存疑有利被告与择一认定》，载《中国刑事法杂志》2014 年第 4 期，第 18 页。

④ 陈瑞华：《论刑事法中的推定》，载《法学》2015 年第 5 期，第 107 页。

的情形作为‘无’，由此进入事实认定的下一阶段”。[①]

可能的疑问在于：此种推定方式由于需要根据行为人可能被科以的刑罚轻重，对存疑罪名进行比较，因此在进行推轻罪事实之前，业已对行为进行了完整的实体法评价，这实际是将规范判断过于前置。笔者认为，在刑事判决中，先“事实认定”后“法律评价”的顺序的确应当得到严守。在择一认定情形下，实际进行了两次独立的三段论推理：第一次三段论推理的功能在于确定轻罪罪名，为裁判者进行第二次三段论推理提供思维上的判断材料。而法院在进行第二次三段论推理时，仅根据推定所得的轻罪事实、适用轻罪的法律依据完成裁判，仍然严格遵守了从事实认定到法律评价的基本要求。第一次三段论推理依据“A或B”的事实情状所进行的实体法分析，是一种独立于判决依据以外的“预审查”。只要确保第二次三段论推理的正确性，择一认定就不会有偏离疑罪唯轻原则之虞。

四、我国刑事司法语境下择一认定的适用面向

作为对分离式事实认定模式的例外，择一认定不可避免地会对诉讼程序的安定性产生一定冲击，故是否应对其适用范围进行限缩，素来存在争议。有观点认为，择一认定的问题实际属于是否允许变更罪名的问题，同时在实体法上提出坚持“相同的法益”与“相当的不法程度”标准以贯彻罪责原则，完成择一认定的适用限缩。[②] 对上述观点予以总结，可以归纳为三点限缩理由：犯罪事实同一性、不法核心的同一性与罪责原则。其中，犯罪事实同一性显然为程序法限缩方案，不法核心的同一性与罪责原则属实体法限缩方案。但笔者认为，此种程序与实体高度绑定的双层限制路径，能否被不加区别地移植到我国司法实践，值得进一步讨论。

---

① 佐々木正輝「択一的認定」田口守一＝寺崎嘉博編『判例演習刑事訴訟法』（成文堂，2004年）326頁。

② 参见赵春玉：《刑事疑案择一认定的规范内涵、适用立场及实质限制》，载《法学》2021年第7期，第46页。

（一）程序法限缩方案与我国司法制度不相契合

刑事疑案必须置于实际的司法场域下才具有真正的讨论价值，作为一种事实现象的刑法规范实际上是一种“被建构的结构”和“建构中的结构”,[①] 在充分重视实体法对择一认定类型的阶层化构造的同时，必须结合一国具体司法制度及司法现状进行判断。若将程序法限缩方案与实体限定方案混为一谈，不仅容易模糊二者的法理基础，不当地对择一认定的允许范围进行限制，更有可能忽略各国程序架构与实体理论等方面的差异，导致与实践需要相脱节。出于澄清程序法同一性与实体法同一性区别的初衷，有必要对罪名变更在择一认定问题中所发挥的作用进行初步的介绍。

在公诉机关按照某一罪名提起公诉、法院按照该罪名进行审理的过程中，由于案件证据的审查结论的改变，可能出现法院预期判决罪名与公诉机关起诉罪名不一致的情形。此时，出于审判经济性的考虑，法院有可能变更公诉罪名予以裁判，此即罪名变更问题。而这与公诉事实的同一性紧密相关。[②] 在以公诉事实同一性为罪名变更条件的理论中，有规范性质较强的基本事实同一性说与较为强调诉讼事实独立性的自然事实同一性说之分。早期日本实务观点认为，由于诉因是对公诉事实的一种法律评价，那么只要公诉事实不变，对应的法律条文不变，就无需变更诉因，由此按照法律构成要件对于事实进行审查的观点（以下简称要件事实评价说），受到了法官阶层的支持。但由于与引进的诉因理论衔接不畅，“要件事实评价说”逐渐被倾向于将诉因理解为是对犯罪事实记载的“诉因事实记载说”所取代，即诉因“记载事实”而非“评价事实”，就此实务与理论界对审判对象的理解逐渐规范化而愈发接近当事人主义。[③] 有力观点认为，完全意义上的、事实上的同一令人难以接受，因为这样就完全放弃

---

① 参见张心向：《刑法教义学与刑法社会学的冲突与融合》，载《政治与法律》2022年第8期，第126页。

② 一般认为，刑事证据的收集与评价皆围绕公诉罪名展开，被告人及其辩护人会有所针对地就公诉罪名采取辩护策略，公诉事实同一性的作用在于划定被告人的防御范围。参见林钰雄：《刑事诉讼法》（上册），中国人民大学出版社2005年版，第214页。

③ 参见［日］松尾浩也：《日本刑事诉讼法》（下册），张凌译，中国人民大学出版社2005年版，第282页。

了规范的判断，有过度扩张范围之嫌。① 围绕究竟是采“要件事实评价说”还是“诉因事实记载说”的争论，实际表现为对同一性理解的事实化与规范化的张力。

不过，过度规范化的同一性认定标准，实质是将规范判断过于前置于程序领域，这可能导致部分事实样态被不当地提取或删减。有鉴于此，德国通说对同一性的判断采取了偏向于自然事实的观点。理由在于，诉讼法之犯罪事实应独具特性。基本事实同一性说对同一事实的范围限定，虽然突出了犯罪事实依诉讼法律关系发生之特性，强调了程序法之犯罪事实与实体法罪数理论之间的差异，但终究没有摆脱实体法之犯罪事实对同一事实判定标准的影响，并未彻底审视诉讼法律关系上犯罪事实独具的过程性、进展性等特征。② 根据自然事实同一性说，行为的同一性与犯罪行为过程中所有的不同可能性无关，在择一的数犯罪行为彼此间存在时间上及地理上极相近的关联性时，即可以肯定同一性的成立。诉讼法上的犯罪事实同一的判断，应当置于一个历史进程中进行评价。行为人的举止在自然视角下，足以合成为一个相同的生活历程，或者更为通俗地讲，成为一个故事时，便是一个诉讼法上的犯罪事实，判断的关键在于其间紧密的事理关联性（enger sachiler Zusammenhang）。③例如，当检察院起诉的犯罪事实为“被告人向被害人的胸部抓去”，以强奸未遂提起公诉时，如果法院经过审理认为，被害人仅具有猥亵而非强奸的故意，从而欲判决被告人猥亵罪时，由于强奸与猥亵在行为样态、客体、时空等方面都存在高度相似性，因此应当肯定自然事实的同一性，法院可以径直变更罪名进行判决。然而，如果法院最终认为被告人“向被害人胸部抓去”实际是为了抢夺被告人的项链，欲判决其抢夺罪之时，由于猥亵或强奸与抢夺的行为样态相距过远，则有可能

① 参见［日］田口守一：《刑事诉讼法》（第7版），张凌、于秀峰译，法律出版社2019年版，第426页。

② 参见刘仁奇：《我国法院变更罪名研究——以公诉事实同一性理论为基础的实体条件设定》，载《当代法学》2010年第6期，第100页。

③ 参见林钰雄：《刑事诉讼法》（上册），中国人民大学出版社2005年版，第217页。

会架空被告人的防御权，导致审判焦点难以形成，甚至降低审判效率（“袭胸案”）。[①] 再如，德国法院否认毁灭证据与故意杀人的正犯杀人行为之间的罪名变更，理由是二者不具有自然事实意义上的同一性。[②]

对于公诉事实同一性的判断，是一个具有收缩性、标准高度模糊的概念，与刑事政策紧密相关。[③] 应当承认的是，由于学说引进、制度定位、研究偏差等因素，我国刑事诉讼理论在公诉变更制度方面的研究较为薄弱，实定法层面，法院更是几乎不存在罪名变更的限制。我国仅仅是通过刑事司法解释的方式大致勾勒了公诉变更的制度框架，但变更的具体程序及适用限制基本处于缺位状态。实务界颇具权威性的观点认为，“在理论上，只要存在需要变更的情形，人民检察院都可以变更起诉”。[④] 如此，将德日司法语境下的公诉事实同一性作为择一认定的限缩依据，本身与我国刑事司法制度不相契合，限制措施与我国水土不服。以德日诉讼制度为根基所构建出的择一认定限缩方案在我国并无相关制度土壤。

（二）实体法限缩方案与择一认定的理论结构相偏离

在实体法领域，根据德国联邦最高法院的判例，对于择一认定的适用范围主要限制在“法伦理与心理上的可比性”与“不法核心的同一性”这两个标准之内。“法伦理与心理上的可比性”标准为德国联邦最高法院的早期通说，要求选择罪名之间具有一定法益上的关联。同一犯罪行为涉嫌多个罪名且排除想象竞合、法条竞合的情况下，只有其侵害的法益间从法律伦理上具有可比性，才可进行择一认定。据此标准，同一犯罪的数个不同的作为形式之间、伪证与诬告之间、诈骗和窝赃这样的财产犯罪之间具有此种伦理上的可比较性。反之，

---

① 参见林钰雄：《刑事诉讼法》（上册），中国人民大学出版社2005年版，第214页、218页。

② Vgl. BGH St 32, 215. 转引自［德］克劳思·罗科信：《刑事诉讼法》（第24版），吴丽琪译，法律出版社2003年版，第182页。

③ 参见［日］松尾浩也：《日本刑事诉讼法》（下册），张凌译，中国人民大学出版社2005年版，第186—187页。

④ 孙谦主编：《〈人民检察院刑事诉讼规则（试行）〉理解与适用》，中国检察出版社2012年版，第310页。

参与先前行为和阻挠刑罚之间、故意杀人和伤害致死之间、盗窃和敲诈勒索之间、盗窃和诈骗之间则不能进行择一认定。① 然而，此种标准显然过于主观，无论是法伦理还是心理实际都是一种主观标准，难以形成明确的适用界限。基于上述理由，“不法核心的同一性说”成为现阶段理论界的通说。该说认为，在法院对被告人的行为形成了复数心证的情形下，若复数罪名攻击的是同一种法益，且不同犯罪的行为不法量也基本等同时，存疑罪名方具备同一性。

我国学者就择一认定的范围也进行了一定的阐述。张明楷教授认为，在财产犯罪与赃物犯罪、抢劫罪与敲诈勒索罪、诈骗罪与侵占罪、盗窃枪支罪与非法持有枪支罪、强奸罪与强制猥亵妇女罪等罪名之间，皆有可能进行择一认定。② 应当承认，在张明楷教授所列举的上述存疑罪名情形下，的确存在择一认定的适用空间。但由于其并未认识到疑罪唯轻与择一认定的分野，且并未提出一般化的解决方案，因此无法有效指导司法实践。赵春玉教授则基本坚持了不法核心的同一性说的观点并进行了一定的缓和（以下称为缓和的不法核心同一性说），提炼出了相对明确的一般化判断标准。但笔者认为，这一限缩方案与择一认定的理论结构相偏离，其合理性存疑。

第一，法益概念无法为事实关联类型提供有效判断标准。缓和的不法核心同一性说认为，不法核心的同一性，从“质”上应理解为“相同的法益”，从“量”上其认为存疑的罪名之间应具有相当的不法程度。相同的法益是指，择一认定所涉及的存疑的两个罪名，应被理解为“相同的个人法益”，因此，其否定集体法益罪名之间的同一性，从而拒绝集体法益之间适用择一认定；相当的不法程度则要求对同一的法益保护程度大致相同。③

可是，一方面，特定事实关联型择一认定的规范构造，决定了法益概念不可能为择一认定提供一个完全周延的判断标准。根本上，择一认定考察的是事实样态的关联，只不过，在相当一部分择一认定情形下，刑法所规定的构成要

① 参见［德］乌尔斯·金德霍伊泽尔：《刑法总论教科书》（第6版），蔡桂生译，北京大学出版社2015年版，第497页。

② 参见张明楷：《“存疑时有利于被告”原则的适用界限》，载《吉林大学社会科学学报》2002年第1期，第62页。

③ 参见赵春玉：《刑事疑案择一认定的规范内涵、适用立场及实质限制》，载《法学》2021年第7期，第51—52页。

件要素与事实上的要素之间差距不大，此时同时产生事实关联与规范关联。基于构成要件对于案件事实的筛选与定型机能，此时事实关联被归入规范关联之中。例如，在上文介绍的“大雪案”中，似乎是由于存疑罪名间共同具备了“遗弃”要件进而产生了规范关联；但究其根本，是由于自然意义上的抛弃行为与规范用语“遗弃”本身含义已较为接近。与之相对，在“袭胸案”中，行为人的客观行为还未实行到足以让其他人辨别出其真实目的之程度。此时，自然意义上的“猛抓”行为对应着规范意义上的“抢夺”或“猥亵”。以规范本位的法益概念出发，就会在事实向规范“飞跃”的过程中，将本形成排斥关系的择一情形不当筛除。

另一方面，缓和的不法核心同一性说的观点，鲜明地建立在将客观不法全盘理解为结果不法这一前提之上。一般认为，客观不法包括了行为不法中的客观部分与结果不法,① 缓和的不法核心同一性说根据窝赃和盗窃二者在侵害法益上存在重合之处，简单地得出了二者可以进行择一认定的结论，但并未对二者为何具有同一的客观不法作出回应。实际上，即使对该说将集体法益还原为生命权这一法益的路径予以肯定，窝赃和盗窃的行为不法仍存在差异。同理，对于放火与故意杀人之间的择一认定，该说也仅仅称其“客观不法相同”，未深入探讨二者行为不法是否存在差异。② 退一步讲，即使对上述观点报以“同情性的理解”，该说仍存在致命性的缺陷：在结果不法要素存疑的事例（如“袭胸案”）中，“不法核心同一性”失去了判断基准。产生上述窘境的根本原因在于：以法益概念为核心的判断标准只能控制结果不法的等同，而择一认定并非仅发生在行为不法要素之中。仅依据结果不法认定不法的同一性，就难以发挥构成要件的违法推定机能。③ 择一认定的任务不是为存疑要素寻找等值的“替代品”，而是在特定证据情况下寻找形成“非 A 即 B”状态下的“互补品”。

---

① 行为不法与结果不法、客观不法与主观不法是两套不同的分类标准，二者是交叉竞合的关系。参见［德］乌尔斯·金德霍伊泽尔：《刑法总论教科书》（第 6 版），蔡桂生译，北京大学出版社 2015 年版，第 72 页。由于主要是在客观不法领域内展开讨论，为方便论述，此处将客观不法中的行为部分称为行为不法。

② 参见赵春玉：《刑事疑案择一认定的规范内涵、适用立场及实质限制》，载《法学》2021 年第 7 期，第 52 页。

③ 参见［日］西田典之：《日本刑法总论》（第 2 版），王昭武、刘明祥译，法律出版社 2013 年 4 月版，第 58 页。

质言之，择一认定的审查关键在于，案件是否存在互斥关系的要素情状，而非发生竞合要素之间的等价性。

第二，罪责原则与择一认定并无直接关联。罪责原则是缓和的不法核心同一性说所主张的另一个实体法依据。其认为，事实存疑状态下的关键问题在于如何贯彻罪责原则。如果存疑罪名之间不具有犯罪事实同一性，那么客观的不法事实不可能被全部包含于主观认识之中，从而导致罪刑不均衡，① 由此将罪责原则与法益同一性高度关联，打出了不法与罪责限缩的“组合拳”。可是，以罪责原则对择一认定范围予以限缩的方案似是而非。

其一，在客观要素存疑的情形下，择一认定根据推定所得的客观要素推定主观要素存在，因此不可能违反主观责任原则。一般认为，对于责任原则的内涵可以主要归纳为主观责任原则、个人责任原则、均衡责任原则，其中与择一认定有紧密联系的是主观责任原则。主观责任原则要求责任要包含所有不法要素，评价对象是被告人的行为。② 在择一认定的存疑罪名间，除存疑要素外，其他要素本身已经得到证明；当轻罪事实被择一认定后，轻罪的客观要素已经完全齐备。而行为人的主观认识，需要某一罪名对应的客观要素加以确定，③ 根据构成要件的主观规制机能，此时行为人的主观要素自然可以得到确认，不法要素已经被全部纳入主观认识之中，并不会产生违反责任原则的疑问。其二，该论者在论述过程中偷换了概念，将“疑罪唯轻是罪责原则的反面”④ 替换为“事实存疑是罪责原则问题”这一表述，进而将疑罪唯轻与择一认定都置于“事实存疑”这一概念之下展开论述。择一认定的确发生于事实存疑状态，但如上文所述，其是独立于疑罪从无或疑罪从轻原则下的第三种情形，二者在逻辑结构及适用条件上皆存在差异。该观点实质上是以旧有的对于疑罪唯轻原则的理解，去批评一定程度上已被重构的疑罪唯轻原则，这未免有“刻舟求剑”

① 参见赵春玉：《刑事疑案择一认定的规范内涵、适用立场及实质限制》，载《法学》2021 年第 7 期，第 49 页。

② 参见［日］曾根威彦：《刑法学基础》，黎宏译，法律出版社 2005 年版，第 38 页。

③ 参见张明楷：《犯罪构成体系与构成要件要素》，北京大学出版社 2010 年版，第 125 页。

④ ［德］克劳思·罗科信：《刑事诉讼法》（第 24 版），吴丽琪译，法律出版社 2003 年版，第 127 页。

之嫌。其三，将责任原则作为择一认定的限定标准，在理论基础上存在疑问。由于对疑罪唯轻原则能否适用于实体法与程序法双重性质的诉讼要件存在争议，① 因此也有观点和判例从法治国原则的角度寻求正当性依据。② 若以法治国及程序安全为疑罪唯轻原则的法理依据，则以不法及责任建立起的框架必然带有一定的从属性，此时罪责原则不再是择一认定的原生限缩依据，不应对其付以过高的理论期望。

（三）我国刑事裁判应原则肯定择一认定的适用

如上所述，德日刑事法理论中对于择一认定的限缩方案，并非由实体法原则推导而来，而是基于诉讼法上的同一性的限制进行的响应型调整。无论是“法伦理上的可比较性”还是“不法核心同一性”标准，实际都是以维护程序安定性为功能内核的实体法回应。可是，“皮之不存，毛将焉附”，对于诉讼同一性制度的理解偏差，必然会随之对择一认定的适用范围产生影响。在我国并未确立起同一性制度的情况下，以德日理论为内核的“程序+实体”双层限缩模式，与我国司法制度存在龃龉之处。本文认为，立足于我国司法制度采取解释论立场，能够具体、周延地确定择一认定适用范围的标准并不存在。由择一认定事实关联的本质所决定，裁判者应在个案事实结构中，具体对择一认定要件的符合性作出判断。

其一，择一认定的正当性基础在于逻辑与实体正义，而其正当性疑虑在于法安全。二者间的消长取决于一国对于同一性价值的选择倾向及运作实践。受追求实体公正的刑事政策与“案件客观真实”的认识论影响，长期以来我国刑事司法呈现出注重追求实体正义、强调提高打击犯罪效率的倾向。例如，在重庆市綦江“虹桥”案、2003 年龚建平“黑哨”案中，法院变更罪名裁判的行为

---

① 参见林钰雄：《刑事诉讼法》（上册），中国人民大学出版社 2005 年版，第 130 页。

② 参见［德］克劳思·罗科信：《刑事诉讼法》（第 24 版），吴丽琪译，法律出版社 2003 年版，第 127 页。

就曾引起了广泛讨论。[①] 可如果在本可实现实体正义时踌躇不前，公正就丧失了其实质侧面，司法正义的正当性也就值得怀疑。[②] 刑事法要在惩罚犯罪行为和维护法安全之间作出平衡，择一认定所需处理的即为“法安全”与“实体公正”此两价值的权重问题。只要将实现实体公正作为择一认定的理论目的，就应当在较为广阔的范围内肯定择一认定的适用。

其二，择一认定的规范构造决定了从应然层面上，本不应受到任何限制。需要再次进行明确的是，本章所讨论的择一认定类型皆为异种构成要件间的择一认定中的特定事实关联型的择一认定，此种择一认定类型仅仅发生在对于特定事实存在事实关联的场景下。“窝赃案”是行为不法要素存疑的典型事例，即行为对象“赃物”本身明确，存疑的是盗窃或掩饰隐瞒的行为样态。同理，“手表案”中，被害人“生存还是死亡”存疑的规范含义为，行为人是否破坏被害人的占有这一行为不法要素存疑。而结果不法要素存疑的事例有“大雪案”“袭胸案”。对于“大雪案”，存疑罪名存在共同的自然意义上的抛弃行为，只不过被害人“生存还是死亡”存疑。“袭胸案”中，抢夺与猥亵看似风马牛不相及，但可以将二者概括地理解为一种夺掠行为，只是无法查明行为人究竟是想夺掠妇女的“财产”还是“身体”。不能以法益代表的规范视角直接进行判断，必须优先分析自然事实意义上的行为含义，并与规范上的构成要件要素相对照，进而判定是否允许进行择一认定。发生特定事实关联型择一认定的原因在于构成要件的相似性，而不是法益的相似性。这也能从一定程度上解释，为何通说坚持将择一竞合类型排斥在法条竞合类型之外，仅将其作为一种表现事实样态的类型加以描述。[③]

其三，择一认定的规制关键在于对其成立前提予以澄清，而不在于对其适用范围进行后置压缩。适用场景与逻辑构造决定了某一理论的应然功能，只有

---

① 重庆綦江“虹桥”案中，公诉机关以玩忽职守罪提起公诉，而法院最终认定构成工程重大安全事故罪，参见重庆市高级人民法院刑事判决书，(1999) 渝高法刑终字第116号；龚建平“黑哨”案中，公诉机关以公司、企业人员受贿罪起诉，最终以受贿罪判决，参见北京市宣武区人民法院（原）刑事判决书，(2003) 宣刑初字第32号。

② 参见孙辙、张龑：《司法的实体公正、程序公正及法官的行为公正》，载《法律适用》2022年第3期，第104页。

③ 参见［日］井田良：《刑法总论的理论构造》，秦一禾译，中国政法大学出版社2021年版，第379页。

基于实现其他法律价值进行妥协性考虑，才可能在部分情境下加以实然限缩。择一认定总体表现为一种整体主义的研究进路。尽管基于分析精密化的追求，可以将事实认定的过程进行拆分逐一解决，但是“一项材料的证明力源于所有已输入信息材料之间的相互作用”，对于事实认定而言，结论的得出必然依赖于将独立性评价的各要素综合考虑所进行的整体考量。① 在择一认定中，此种“相互作用”表现为特定案件证据情况下，可能的存疑要素之间形成的心证范围圈，这一范围圈中的要素的总和即为可能性的全集，行为人行动之合理可能被无一例外地纳入其中，此即择一认定的本来面目。

当然，采取原则上不对择一认定予以限缩的立场，会不可避免地在一定程度上对法治国家、防御权等程序制度价值造成冲击。② 不过，可以通过完善相关保障制度的方式，对刑事诉讼程序上的法安全保护加以调试。

其一，减少突袭变更罪名的情形，于变更罪名前听取辩护方意见，必要时重新开庭以保障被告人的辩护权。我国刑事审判实践中，法院在变更罪名时鲜有听取控辩双方意见的事例，更遑论重新开庭。③ 可是，在进行择一认定进而变更罪名时，被告人及其辩护人需要获得一定量的时间以充分行使辩护权。原则允许择一认定的立场下，变更罪名可能与原罪名在规范层面存在相当的差距，故完善、落实被告人防御权保护制度确有必要。其二，当法院通过间接证据认定事实时，需警惕择一认定理论可能会对其产生的不良诱导。例如，在盗窃的帮助犯与销赃的疑案中，如欲进行择一认定，则需要证明被告人明知购买的财物具有赃物属性，以排除行为人无罪的情形。假定被告人购买这一财物所支付的价款并未明显低于市场价，法院为了构造出“非此即彼”的择一认定条件，存在仍认定被告人对财物的赃物性存在明知，从而将本应作出无罪判决的案件变为轻罪判决的司法风险。此时，择一认定实际作为一种理论预设，潜移默化地影响了法官心证。其三，在个案语境下，应慎重分析案件是否形成了符合择一认定的事实条件。受事实样态的复杂性、经验主义与不自觉处罚倾向的影响，

---

① 参见龙宗智：《“印证”的治理》，载《法学家》2022 年第 2 期，第 96 页。

② 参见［德］汉斯·海因里希·耶塞克、托马斯·魏根特：《德国刑法教科书》（上册），徐久生译，中国法制出版社 2017 年版，第 206—207 页。

③ 参见周长军：《刑事诉讼中变更公诉的限度》，载《法学研究》2017 年第 2 期，第 188 页。

裁判者可能不当地构造出“非此即彼”的证据情形。例如，在上述“血油漆案”中，是否仅有唯一的存疑事实存在疑问。一方面，被告人虽提出“事发时由他人驾驶汽车”作为积极抗辩事由，但这一事由亦可能因被告人无法提供充分的说明而不被采信，从而被法院认定为并不存在存疑事实；另一方面，即使被告人明知汽车上存有血迹，也并不必然意味着其知晓发生了犯罪，如血迹也有可能是撞击动物所致。① 在采用印证证明模式的我国语境下，如何妥善处理适用推论与择一认定之间的界限问题，方为影响择一认定适用范围的关键要素。

五、结语

作为刑事法研究中一个方兴未艾、横穿程序和实体的综合性问题，择一认定在程序法层面涉及刑事证明标准、事实同一性中的罪名变更、推定等问题，而实体法层面则以构成要件理论为暗线，涉及与罪刑法定原则相关的选择性要素、合成的构成要件等问题。同一构成要件要素符合事实的择一认定、构成要件要素间的择一认定与因规范关联形成的择一认定，皆可以在一定程度上被归入现有教义学研究予以解决，真正成为问题的类型是特定事实关联型择一认定。此种择一认定实际是特殊证据情况下，发生于“交叉排他”关系的罪名之间的一种特殊推定。择一认定过程中实际进行了两次司法三段论的涵摄。作为前置判断结论的第一次涵摄，目的在于确定存疑选择罪名之中的处罚较轻者；第二次涵摄则依据由推定得出的较轻刑罚事实，进而对行为性质进行终局判断。德日理论所主张的“公诉事实同一性”与“不法核心同一性”双层限缩方案，实际对择一认定的理论功能进行了一定的修正，其正当性基础由逻辑推理转变为等置评价，目的在于缓和实现实体正义与保障程序安定之间可能存在的龃龉。择一认定的判断关键在于构成要件事实的亲缘性，而不在于法益的同一性。立

① 当然，犯罪证据作为客观要素，此种情况下有可能被评价为“明知”从而具备构成要件该当性。英美刑法中将此种主观状态称为“故意视而不见”（deliberate ignorance），即有证据表明被告知道或强烈怀疑自身参与了犯罪，但却未进采取措施以进一步充分了解事实的情形。参见 Joshua Dressler, *Understanding Criminal Law*（*sixth edition*），Carolina Academic Press，2012，pp. 257-258。

足于我国刑事诉讼制度的价值倾向与实然面貌，在解释论的立场上，原则上应肯定择一认定的适用，但有必要警惕其对被告人防御权的架空及对法官心证的不良诱导。

（初审：纪佳婧；校对：颜韵）

实务纵深

财务类退市公司非无保留意见财报所涉主要违法行为分析

缪若冰*

摘　要：通过分析2021—2022年26家因违法行为导致被出具非无保留意见情况的财务类退市公司，可见控制股东主导下的违规对外担保、非经营性资金占用，及由此产生的信息披露违规是此类退市公司呈现的主要法律问题。前述问题的出现与公司治理中长期存在的控制股东缺乏约束的问题密切相关。对此，应进一步形成以事中监督机制为核心的监管因应，以完善上市公司的监管。

关键词：退市新规；非无保留意见；信息披露；证券监管

2020年12月31日，沪深交易所正式发布新修订的《上海证券交易所股票上市规则》《深圳证券交易所股票上市规则》以及《上海证券交易所科创板股票上市规则》《深圳证券交易所创业板股票上市规则》等多项配套规则（本文合并简称退市新规），新一轮退市制度改革正式落地。退市新规实施后，自2021年1月到2022年12月年沪深证券交易所共有66家上市公司退市，其中因财务类原因退市的上市公司有49家，占两年间退市公司总数的74%。在49家财务类退市公司中，因违法行为导致退市前最近一个会计年度不能发表非无保留意见财务报告退市的公司有26家（以下简称样本公司），占两年间退市公司总数的40%。具体而言，违法行为主要是控制股东主导下的违规对外担保与非

* 缪若冰，重庆大学法学院讲师。

经营性资金占用,[①] 以及在其中产生的信息披露违规问题。

根据沪深交易所的新退市规定，实施退市警示后的上市公司若首个会计年度报告出现保留意见、无法表示意见或者否定意见（前述三类意见即为非无保留意见）[②]，交易所可对其决定终止上市。[③] 样本公司中的主要违法行为既是退市警示后首个会计年度报告不能出具非无保留意见的关键原因，也是引发信息披露违规及至终止上市的重要因素，在所有退市公司中具有典型代表性。因此，对财务类退市公司非无保留意见财报主要违法行为的分析，有助具体形成退市公司主要违法行为的定性与定量数据，强化上市公司信息披露与违法行为监管研究，推动上市公司治理的完善。

一、样本公司的选取

2020年新退市规定从交易类、财务类、规范类、重大违法违规等条件规范上市公司退市行为。在2021年与2022年，退市新规实施后的两年时间里，沪深交易所共计66家上市公司退市。其中，深圳交易所退市35家，上海交易所31家，除主动退市的3家上市公司外,[④] 皆为强制退市，较2019年的退市数量大幅增加。

沪深两地退市公司分布的行业不同、区域不同，但在退市的原因上具有一定共性——主要因财务类条件导致退市。数据显示，财务类退市的有49家，占

① 在理论层面，主要从控制权角度，形成了“通过相对多数持股或其他方式实现对公司的控制来认定控制股东”的控制股东概念。在此定义下，法律法规中的控股股东与实际控制人均是控制股东概念所覆盖的对象。本文亦采用此定义，参见王建文：《论我国构建控制股东信义义务的依据与路径》，载《比较法研究》2020年第1期，第9页。

② 根据中国证监会《公开发行证券的公司信息披露编报规则第14号——非标准审计意见及其涉及事项的处理》的规定，非无保留意见是指注册会计师对财务报表发表的保留意见、否定意见或无法表示意见。

③ 参见《深圳证券交易所股票上市规则（2022年修订）》第9.3.11条及《上海证券交易所股票上市规则（2022年1月修订）》第9.3.11条规定。

④ 主动退市的三家公司中，内蒙古平庄能源股份有限公司由龙源电力集团股份有限公司发行股份吸收合并，佛山华新包装股份有限公司由广东冠豪高新技术股份有限公司发行股份吸收合并，航天通信控股集团股份有限公司主动撤回股票，并转至全国中小企业股份转让系统转让。

两年退市总数的74%（见图1）。其中，深交所有26家，上交所有23家，皆占各自退市总数的74%。

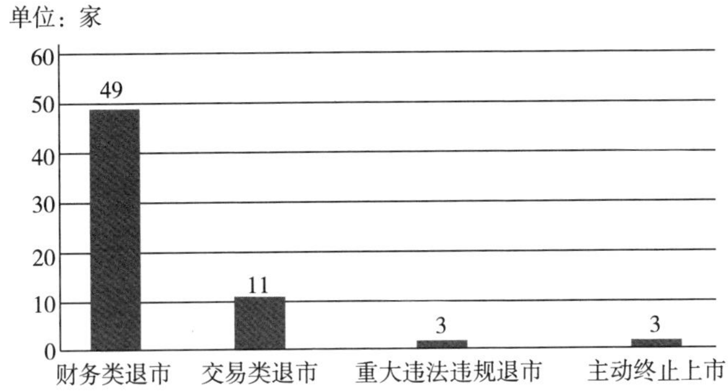

图1　沪深交易所2021—2022年退市原因统计图

需要说明的是，前述统计将交易所最终的退市决定理由作为依据，进行类别划分，但并不代表某一类退市公司不存在其它退市条件中所规范的情况。例如，康得新复合材料集团股份有限公司退市案例中，审计机构对其退市前最近一个会计年度出具了无法发表意见的财务报告。虽然财报显示公司存在违规对外担保、财务造假与非经营性资金占用等问题，但深交所是按照重大违法违规条件要求其直接退市。[①] 又如，长城影视股份连续20个交易日（2020年12月31日至2021年1月28日）每日股票收盘价均低于1元，且财报存在无法发表意见的严重违法违规问题，交易所宣布的退市原因是触犯交易类条件。[②] 本文将沪深交易所最终依据的退市理由进行类别划分，并就此确定样本公司。

在49家财务类退市公司中，有40家公司退市前最近一个会计年度财务报告存在非无保留意见的情况，占财务类退市公司总数的82%。具体而言，32家退市公司退市前最近一个会计年度被出具无法表示意见的财务报告，7家为保留意见，1家为否定意见（见图2）。退市前最近一个会计年度能够出具无保留意见报告的只有9家公司，这一类公司由于净利润为负值且营业收入低于人民币1亿元，触发财务类退市条件导致退市。

除9家财报正常出具但因利润及营业收入不达标导致退市的财务类退市公

① 参见《康得新复合材料集团股份有限公司　关于公司股票终止上市并摘牌的公告》。

② 参见《长城影视股份有限公司　关于公司股票终止上市并摘牌的公告》。

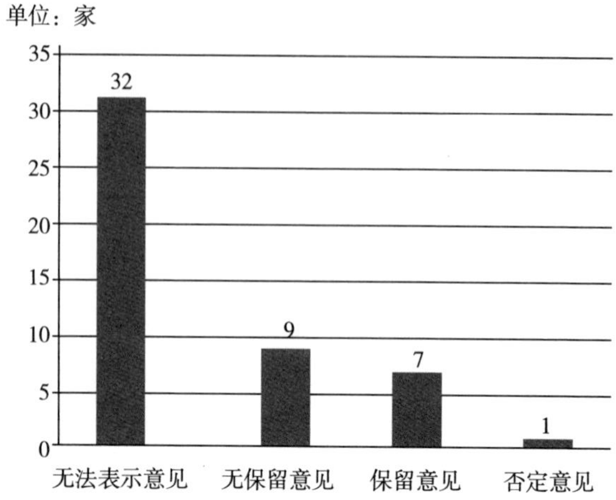

图 2　2021—2022 年财务类退市公司财务报告意见分布统计图

司外，其余 40 家退市前不能出具非无保留意见财报的财务类退市公司中，又存在不同的具体情形。其中，有 14 家公司退市前最近一个会计年度不能出具非无保留意见财报的主要原因，一是无法判断公司以持续经营为假设基础编制财务报表是否恰当，二是在具体事项上（如，债权债务处理或资产处置涉及的“保壳”安排等）存在不确定性导致难以发表意见。除前述 14 家退市公司之外，有 26 家公司不能出具非无保留意见财报的重要原因是公司存在违法行为，影响了财报意见的出具。此 26 家财务类退市即为本文的研究对象，系本文的样本公司。

二、退市前财报中的主要违法行为

样本公司退市前最近一个会计年度财报（以下简称样本公司财报）显示，控制股东主导下的违规对外担保与非经营性资金占用，是两类最主要的违法行为。其中，出现违规对外担保的样本公司有 21 家，出现非经营性资金占用的有 18 家，分别占财务类退市公司总数的 43%与 37%（见表 1）。[①] 在 21 家出现违规对外担保的样本公司中，又有 13 家同时出现非经营性资金占用。这意味着，

① 事实上，虽然数据已反映出问题的严重性，但未充分展示全貌，因为未纳入统计的重大违法违规退市的三家公司中，康得新与斯太尔动力同样出现了违规对外担保与非经营性资金占用问题。

违规对外担保与非经营性资金占用的重叠比率达到62%，两者在实践中相互出现的概率较大。

表 1　样本公司及其主要的违法行为表

问题表现	数量（家）	样本公司（以名称缩写列示）
违规对外担保	21	聚龙股份、邦讯技术、东方网力、德威新材料、众应互联、金刚石、科迪乳业、腾邦国际、华讯方舟、长城国际、欧浦智网、中兴天恒能源、中新科技、保千里、同济堂健康产业、工大高新、哈尔滨秋林、鹏起科技、上海富控互动娱乐、新光圆成、德奥通用
非经营性资金占用	18	聚龙股份、东方网力、北京数知、德威新材料、金刚石、科迪乳业、腾邦国际、欧浦智网、易见供应、中新科技、保千里、同济堂健康产业、工大高新、鹏起科技、新光圆成、览海医疗、新疆拉夏贝尔、圣莱达
违规对外担保 & 资金占用	13	聚龙股份、东方网力、德威新材料、金刚石、科迪乳业、腾邦国际、欧浦智网、中新科技、保千里、同济堂健康产业、工大高新、鹏起科技、新光圆成

（一）违规对外担保

作为样本数量最多的违法行为，公司违规对外担保通常未履行公司内部合法有效的决策程序，持续时间较长，并呈现出以下主要特点：

第一，违规对外担保的主要目的，是为控制股东或其关联方融资提供担保，担保主体既有上市公司，也有上市公司控股公司。聚龙股份是典型的以上市公司子公司为控制股东关联方提供融资担保的案例。2016 年 8 月，控制股东指使聚龙股份子公司与浙商银行股份有限公司沈阳分行签订《资产池业务合作协议》与《资产池质押担保合同》，由上市公司子公司为控制股东控制的其他三家公司提供“连带责任保证”的银行融资。截至 2020 年 12 月 31 日，三家公司共向浙商银行沈阳分行累计办理 59 笔贷款。①

在融资为主要目的之外，也出现了为控制股东特定事项，提供违规对外担

① 参见《聚龙股份有限公司　关于公司及实际控制人收到辽宁证监局行政监管措施决定书的公告》。

保的情形。以众应互联科技股份有限公司退市案为例，控制股东指使上市公司为其关联企业发起设立的股权投资基金提供未兑付本金及约定收益的连带责任保证，通过上市公司兜底担保的形式达致对外发售股权基金的目的。① 总结而言，上市公司及其控股公司属于优质资产，在商事实践中具有良好的担保信用，控制股东存在以优质资产为信用杠杆，为自身利益进行担保的目的。

第二，违规对外担保的对象不只限于传统的银行，出现了融资租赁公司、小额贷款公司、一般商贸公司、自然人等多类主体，存在违规对外担保与民间借贷两类问题的交叠。以郑州华晶金刚石股份有限公司（以下简称豫金刚石）为例，自 2016 年至 2019 年，豫金刚石为实际控制人及其关联方提供担保及对外担保合计 34 笔，涉及的债权人包括自然人、商贸公司，涉及的小额贷款公司有郑州市联创融久小额贷款有限公司、河南省中原小额贷款有限公司等；也出现了融资租赁公司，如河南相银融资租赁股份有限公司，地方中小银行，如海口联合农村商业银行股份有限公司等。② 样本公司违规对外担保涉及广泛的民间借贷。例如，在欧浦智网股份有限公司退市案例中，上市公司为董事长陈某和董事田某的数亿元个人借款提供连带责任担保。③

第三，上市公司违规对外担保涉及境外主体的现象增多。在华讯方舟股份有限公司退市案例中，境外法人天浩投资有限公司（以下简称天浩投资）与朗奇通讯科技有限公司（以下简称朗奇通讯）在 2018 年 9 月签订产品销售协议，合同意向总金额 4.8 亿美元，由上市公司、上市公司控股股东提供付款保证，而前述对外担保并未履行公司内部的决策程序。此后，朗奇通讯未按约定支付价款，天浩投资向上市公司、上市公司控股股东等提起仲裁申请，并导致了后续财务报表问题的出现。

（二）非经营性资金占用

非经营性资金占用通常由控制股东以直接或者间接的方式，将上市公司资

---

① 参见中国证券监督管理委员会浙江监管局〔2022〕29 号行政处罚决定书。

② 参见《郑州华晶金刚石股份有限公司 关于收到行政处罚及市场禁入事先告知书的公告》。

③ 参见《欧浦智网股份有限公司 关于收到〈行政处罚及市场禁入事先告知书〉的公告》。

金转移至本人或关联方进行使用。资金转移的方式，包括向第三方支付工程价款、支付采购款、支付私募股权投资款等方式。① 实践中还出现了由上市公司直接借款，但资金转入控制股东账户的上市公司资金的占用形式。② 在占用目的上，控制股东主要通过前述非真实交易，占用资金用于融资款项的偿还或对外投资。并且，被占用的资金通常难以偿还。经统计，在前述 18 家出现非经营性资金占用的样本公司中，没有 1 家样本公司的控制股东或其关联方在退市前能够归还全部占用资金。

与违规对外担保相似的是，随着上市公司跨境投资与经营活动的增加，非经营性资金占用行为开始广泛地发生于境外或涉及境外的当事人。例如，在北京数知科技股份有限公司退市案例中，时任实际控制人、董事长在 2020 年 8 月 20 日向数知科技境外子公司借款 17,819,708 美元，折合人民币 11,761 万元，长期占用且不归还。又如，在欧浦智网股份有限公司退市案例中，实际控制人指使上市公司向自然人借款，并让前述自然人将借款资金直接转至实际控制人、时任董事长及法定代表人本人控制的银行账户中，形成非经营性资金占用。

三、财务类退市公司信息披露违规的主要特点

在样本公司中，紧随违规对外担保与非经营性资金占用的是广泛而严重的违反信息披露规定的违法行为。具体而言，信息披露违规主要表现为信息披露严重滞后，内控失效，控制股东主导了样本公司对外信息披露的权力。

（一）信息披露的严重滞后

信息披露可以提高市场的透明度，为投资者决策提供信息，使市场机制能

---

① 非经营性资金占用的具体行为表现参见《会计监管风险提示第 9 号——上市公司控股股东资金占用及其审计会计监管风险提示第 9 号》。此外，样本公司中较为典型出现多种类非经营性资金占用行为的是哈尔滨工大高新技术产业开发股份有限公司退市案例。

② 比如，2017 年 3 月至 2018 年 8 月期间，欧浦智网在未经过授权的情况下，通过向他人借款后直接转入实际控制人、时任董事长及法定代表人本人及其控制的银行账户的方式，累计向前者提供非经营性资金 30,659.06 万元。参见《欧浦智网股份有限公司　关于收到〈行政处罚及市场禁入事先告知书〉的公告》。

够对风险进行定价并阻止欺诈，① 减少市场的不确定性，增进市场的交易公平。根据我国《证券法》的规定，信息披露义务人披露的信息，应当真实、准确、完整，简明清晰，通俗易懂，不得有虚假记载、误导性陈述或者重大遗漏。

在样本公司中，信息披露违规是广泛而普遍的问题。经统计，在20家出现违规对外担保的样本公司中（此项统计排除了违法行为发生时间难以统计的科迪乳业），从违规对外担保的发生到上市公司首次进行信息披露，平均时间为29.4个月，中位数为31个月，最快的信息披露时间为1个月，最长耗时为56个月。在17家出现非经营性资金占用的样本公司中（排除科迪乳业，原因同上），从非经营性资金占用行为的发生到上市公司首次进行信息披露，平均时间为24.5个月，中位数为25个月，最快的信息披露时间为5个月，最长的时间为69个月（见表2）。②

表2　样本公司违法行为信息披露的时长统计表

单位：月

问题类型	平均时长	中位数	最短时间	最长时间
违规对外担保	29.4	31	1	56
非经营性资金占用	24.5	25	5	69

由前述数据可知，信息披露的严重滞后是样本公司中具有代表性与共性的法律问题。以中位数观察，投资者需要接近2年7个月的时间，方能从前述公司的信息披露中了解违规对外担保的数量、种类以及严重性，而违规对外担保又是上市公司发生严重负债的直接原因。与之相似，投资者在中位数上需要2年1个月的时间才能对非经营性资金占用情况有所了解，而对一个普通的非上市主体而言，很难想象需要如此长的时间了解到企业大额资金的流出状况。毫无疑问，在前述信息披露时长下，市场的风险定价机制不可能得到有效运转，投资者的合法权益难以得到保障。

---

①　参见 *Securities Disclosure*: *Background and Policy Issues*, Congressional Research Service (Jun. 25, 2019), https://sgp.fas.org/crs/misc/IF11256.pdf。

②　本文在月份统计时，采用取整计算，即只计算违法行为当月到信息披露月相差月份数。

（二）信息披露的内控失效

经统计，在21家涉及违规对外担保的样本公司中，没有1家样本公司的违法违规事项是由内部治理机关或其成员主动、提前发现。在信息披露事由上，有2家样本公司是因银行账户冻结，由董事会发布账户冻结通知，此后方才发现存在违规对外担保；有4家样本公司是在收到司法或仲裁的通知且进行公告后，发现存在未按有关规定履行审批及披露程序的违规对外担保；有9家样本公司是在不断收到中国证监会、各地方证监局、证券交易所的各类通知后（立案通知、问询函、监管函等），董事会公告说明存在违规对外担保；有6家样本公司是在年报中，审计机构对财务报告不能发表非无保留意见，进而发现存在未披露的违规对外担保。其中，需要注意的是，不仅董事会、独立董事未能够主动发现、获取违法违规行为的信息，公司内部的监事与高级管理人员等在前述信息披露中，也未起到应有的作用。

这一问题同样广泛出现在18家涉及非经营性资金占用的样本公司中。经统计，有1家样本公司因银行账户被冻结，由董事会发布相关账户冻结通知，随后发现非经营性资金占用行为；有10家样本公司是在不断收到中国证监会、各地方证监局、证券交易所的各类通知（立案通知、问询函、监管函等），要求董事会进行自查，进而公告发现控制股东存在非经营性资金占用；有6家退市公司是在年报中，审计机构对财务报告不能发表非无保留意见，进而发现存在非经营性资金占用的问题；只有1家退市公司的董事会，在未有外部力量介入的情况下，主动发现了原实际控制人存在非经营性资金占用的历史问题。[1] 只是，这一主动发现的信息披露案例，从违法行为的发生到董事会对外进行公告，相距26个月。

若对前述数据进行汇总，将每一个违法事项的信息披露作为一个独立数据，则前述26家公司有39个违法事项，对应39个信息披露数据。需要说明的是，样本公司中有13家退市公司，既存在违规对外担保，也存在非经营性资金占用，且两类问题信息披露的触发原因并不完全相同，产生了39个信息披露数

① 参见《新疆拉夏贝尔服饰股份有限公司 关于公司自查原控股股东及其一致行动人资金占用情况的提示性公告》。

据，呈现出表3中结果：

表3　样本公司违法行为信息披露的触发原因统计表

触发原因	董事会	审计机构	证券监管机关①与交易所问询	诉讼与仲裁通知	银行账户冻结
违规对外担保（家）	0	6	9	4	2
非经营性资金占用（家）	1	6	10	0	1
总数（家）	1	12	19	4	3
占比（%）	2.5	30.8	48.7	10.3	7.7

表3数据表明，样本公司出现违规对外担保与非经营性资金占用时，推动上市公司进行信息披露的主要力量是证券监管机关、证券交易所以及负责出具定期报告的审计机构，而非公司的内部治理机关及其组成人员。

根据《企业内部控制基本规范》的规定，内部控制是指由企业董事会、监事会、经理层和全体员工实施的、旨在实现控制目标的过程。上市公司应建立内部控制及风险管理制度。② 内部控制体系的治理目标是合理保证企业经营管理合法合规、资产安全、财务报告及相关信息真实完整等。③ 良好的内部控制，能够推动信息披露的真实完整。若根据前述定义，将样本公司中信息披露的触发主体区分为公司的内部控制机关（以下简称内控机关）与外部机关（证券监管机关、证券交易所、审计机构等），则前述信息披露的数据呈现为以下结果：

---

① 证券监管机关包括中国证监会及各地方证监局。

② 《上市公司治理准则》第94条规定，上市公司依照有关规定定期披露内部控制制度建设及实施情况，以及会计师事务所对上市公司内部控制有效性的审计意见。

③ 《企业内部控制基本规范》第3条规定，本规范所称内部控制，是由企业董事会、监事会、经理层和全体员工实施的、旨在实现控制目标的过程。内部控制的目标是合理保证企业经营管理合法合规、资产安全、财务报告及相关信息真实完整，提高经营效率和效果，促进企业实现发展战略。

表4　内控机关或外部机关推动样本公司信息披露的数据统计

违规事项	内控机关	外部机关
对外担保	0	21
非经营性资金占用	1	17
总计	1	38
占比（%）	2.6	97.4

表4数据表明，违法行为发生后由外部机关推动信息披露的占比达到97.4%，只有不到2.6%由公司内控机关发现并公告。若只按公司数量进行计算，内控机关推动信息披露的占比也只有4%。事实上，在多个案例中，出现过董事会、独立董事声明公司不存在相关违法事项，其后审计机构出具非无保留意见财报的情形。据此，我们可以得出一个基本结论，在样本公司违法行为的信息披露问题上，内控体系近乎失效。这一基本结论在样本公司内部控制有效性的审计意见上也得到了印证。

（三）控制股东主导下的信息披露

控制股东主导了样本公司的违规对外担保与非经营性资金占用，也主导了其后涉及的信息披露。正是在控制股东的控制下，违法行为发生后，难以按照法律法规的要求进行信息披露。我国证券市场处在一个上市主体股份相对集中，规范的公司治理理念尚未有效建立的历史发展阶段，这决定了控制股东及其较强的控制力是此阶段必须面对的主要问题。对于上市公司治理，一个普遍接受的理论观点是，控制权与经营权通常会发生分离，公司的主要经营权集中在管理层手中。[①] 然而，伯利与米恩斯观察到的两权分离是资本市场发展时间较长，经过几代人演变后的股份分散市场结构。与之相比，我国资本市场发展时间较短，存在较为典型的股份集中现象。[②] 这决定了我国在较长的一个历史阶段内，

---

① 参见［美］阿道夫·A. 伯利、加德纳·C. 米恩斯：《现代公司与私有产权》，甘华鸣、罗锐韧、蔡如海译，商务印书馆2005年版，第9页。

② 比如，在我国民营上市公司中，大股东在2017年的平均持股比例为32.31%，呈现创始人集中持股的情况。参见亚洲公司治理协会：《治理在觉醒：中国公司治理进化史》，亚洲公司治理协会2018年版，第88页。

面临控制股东主导下上市公司治理规范的问题。股份集中的特点也出现在样本公司中，并呈现以下特点：

一是控制股东的控制在信息披露上带有权力行使的绝对性与排他性。例如，在江苏保千里视像科技集团股份有限公司退市案例中，公司实际控制人、时任董事长存在未按规定披露对外担保的情况，持续时间长达 2 年。时任董事、副总裁、董事会秘书受到处罚，但处罚书明确指出：作为公司第二大股东推荐派往公司的董事会秘书，在公司日常经营管理活动中受到排挤、防范，在重大经营活动关键环节上均被绕开，无法获知涉案的违法事项。① 这一状况也出现在多个退市公司案例中，控制股东在关键事项上能够绕开相关责任人及其他股东，控制对外的信息披露，形成绝对的、排他的权力。

二是控制股东可以绕过法律规定行组织控制之实。在中兴天恒能源科技（北京）股份公司退市案例中，违规对外担保发生后，当年年报出现保留意见，担任董事长、董事、总裁的控股股东辞职后依然可以控制公司新的管理层及其运行，持续隐瞒、不予告知其他违规担保事项，导致公司 2018 年报、2019 年报存在信息披露违规。控制股东较强的组织控制权力是独立于法律规范的具体实在的，也是样本公司中普遍出现的问题。

三是控制股东可直接控制上市公司所控股的公司。上市公司下属公司直接的控股股东为上市公司，管理层往往由上市公司派出人员担任，在法律形式上是相互独立的两个法人组织。然而，人员与财务上的物理与法律分隔，反而为控制股东违规对外担保、非经营性资金占用，信息披露违规创造了条件。以北京数知科技股份有限公司退市案例为例，控制股东直接向上市公司境外子公司借款且未归还，形成非经营性资金占用。然而，境外子公司并未向境内上市公司披露相关事实，境内上市公司也未有效形成对境外子公司的信息披露控制。

概言之，前述信息披露问题出现的原因，正如《会计监管风险提示第 9 号——上市公司控股股东资金占用及其审计》中所描述，“……上市公司的内部治理不健全，内部控制不完善，对控股股东的控制权缺乏有效监督，甚至存在控股股东凌驾于内部控制之上的情况。此外，部分董事、监事、高级管理人

---

① 江苏保千里视像科技集团股份有限公司、庄某、鹿某等 24 名责任人员行政处罚案，中国证监会〔2019〕141 号行政处罚决定书。

员道德风险突出，独立性不足，未恪尽职守，纵容控股股东……”。①

四、以事中监督机制为核心的监管因应

样本公司的主要违法行为，呈现出以下共性：存在控制股东且控制股东缺乏有效约束；控制股东可以绕过法律规定的决策程序，进行违规对外担保与非经营性资金占用；出现严重的信息披露违规。前述违法行为的共性表现是我国上市公司规范治理中具有代表性的主要法律问题，在理论与实践中分别有不同层面的讨论，并在本文的研究中得到实证支持。本文在过往理论研究的基础上，将规范研究的视野更多集中于如何针对样本公司的主要法律问题，形成全面系统的事中监督机制。

（一）现有监管之不足

近几年来，我国从退市标准的修订、关键少数的重点监管、投资者民事诉讼赔偿制度的深化、中介机构的严格处罚、信息披露义务人的责任承担等诸多方面，完善上市公司治理与信息披露规范。在此过程中，包括《上市公司信息披露管理办法》《上市公司监管指引第 8 号——上市公司资金往来、对外担保的监管要求》（以下简称《上市公司资金往来、对外担保的监管要求》）、沪深交易所《股票上市规则》等规定陆续出台或修订，有效的推进了资本市场顽疾的整治，处理了一大批具有典型性与代表性的违法行为。不过，在样本公司呈现的主要法律问题上，现有监管暴露出以下不足：

1. 事中监督机制的欠缺

在会计理论中，会计监督是一个过程，分为事前监督、事中监督和事后监督。其中，事中监督是“对正在进行的会计业务采取科学的方法和手段，控制问题，纠正偏差”②。事中监督能够起到事倍功半、防患于未然的效果。③ 在会

---

① 参见《会计监管风险提示第 9 号——上市公司控股股东资金占用及其审计会计监管风险提示第 9 号》。

② 吴家云：《高校会计核算事中监督》，载《会计之友》2009 年第 8 期，第 51 页。

③ 参见邢雅丽：《事中监督重于事后审计——会计监督体制探讨》，载《河南金融管理干部学院学报》2007 年第 1 期，第 134 页。

计实践中，以事中审计为代表的事中监督机制，能够及时反馈问题、识别风险，对规避风险在准备不足的情况下发生具有重大作用。① 易言之，会计理论与实践中的事中监督是一种强调提前预警与风险识别的制度安排。

借鉴前述会计理论，以事前、事中、事后三个阶段观察样本公司中的主要法律问题，特别是其中信息披露的严重滞后问题，可以较为明显地发现违法行为的事中监管机制有所欠缺，并未做到问题的提前控制与预先反馈。

事后监督与事中监督是本质不同的两个阶段，包含了不同导向的监管视角。事后监督重在问题暴露时的追责，事中监督重在加速违法事项的发现与披露，促进问题的预先制止、预先发现。在监管效果上，事后监督能够提高对违法主体的威慑，但预先防范与发现的功能较为薄弱。事中监督则是更为主动的制度安排，能够有效避免问题的滞后暴露，减少投资者的进一步损失。

目前，我国在监管规定的主要修订与监管资源的主要投入上，以事后监督为重心较为明显。如在信息披露上，《证券法》《上市公司信息披露管理办法》在近几年的重点修订中，明确了信息披露义务人的范围，确立了董监高异议声明制度，完善了信息披露义务人的处罚规定。同时，在证券执法中，加强了对虚假陈述等违法行为的打击，对中介机构与董监高的信息披露责任进行了强化。但是，前述规定与执法重在事后明确责任主体、追究法律责任和提高对违法行为的威慑，并未着力于解决违法行为的早发现与早治理。

样本公司的主要法律问题表明，如何解决违法行为的信息不对称是完善上市公司规范治理与证券监管的关键挑战。以样本公司的董事为例，前者最主要的信息披露工作集中于定期报告，但定期报告往往是滞后的。在缺乏有力的内部控制体系支持与其他补充制度的平衡下，有限的接触时间与受控制的材料供给，让前者很难在问题发生的早期接触到公司现金流与信用状况的异常变化，其在定期报告上发表意见的质量与基础是脆弱与无力的。在违法行为暴露后，对履职不力董事的严厉追责与从重处罚有其必要性，但并不能有效解决违法行为信息不对称的困境。与董事的被动状态相比，法律层面并不承担信息披露义务的，如公司内部的公章管理与转账操作的相关人员，控制股东违规对外担保

① 参见吴晓红：《内部审计规避企业法律风险的作用机制研究》，载《财政监督》2019年第8期，第94页。

的融资方等（以下统称知情人士），反而能够在第一时间发现、接触控制股东的违法行为。因此，如何能够有效地激励前者及时将违法信息传递到内部治理机关与外部监管机构，是违法行为能否事中发现并予以及时纠正的关键。

证券违法活动举报制度（以下简称举报制度）作为典型的事中监督机制，是消解前述信息不对称的代表性制度安排，在部分国家被定位为最有力的一类证券执法武器。① 事实上，我国已初步形成举报制度。我国早在 2014 年就颁布了《证券期货违法违规行为举报工作暂行规定》（以下简称《暂行规定》），并在 2019 年的《证券法》修订与 2022 年《期货和衍生品法》中增加了举报和奖励条款。同时，为进一步完善举报制度，证监会在 2022 年 11 月就《暂行规定》出台了征求意见稿。在举报制度之外，根据《企业内部控制基本规范》规定，上市公司应建立举报投诉制度和举报人保护制度（以下称为内部举报制度）。

不过，以举报制度为代表的检举安排并未在实践中发挥应有的作用，主要原因是激励与保护不足。② 例如，举报制度要求实名，但未形成有效而具体的反报复措施，知情人士很难做到没有后顾之忧地进行举报。奖励金额的计算缺乏弹性与细化的标准，以规定上限为代表的奖金安排缺乏充足的激励效果。③ 并且，举报成功的条件并不清晰，举报人在承担巨大风险的同时，面临不确定的判断标准。概言之，现有举报制度存在激励与保护不足的双重问题，在我国更多定位为证券监管的补充性制度安排，并未作为一个关键的事中监督机制，获得法律与监管层面的足够重视。

2. 仅从证券监管出发不足以形成有效的事中监督机制

跨部门的协同监管有助于预先防范并减少违法行为的发生，在事中监督机制中起到重要作用。以样本公司涉及的违规对外担保为例，我国对司法裁判规定与行政机关的监管规定进行了统一，陆续出台了《全国法院民商事审判工作会议纪要》《最高人民法院关于适用〈中华人民共和国民法典〉有关担保制度

---

① 参见 SEC Office of the Whistleblower，https：//www. sec. gov/whistleblower，2022 年 12 月访问。

② 参见郭雳：《证券违法活动检举人的激励与保护机制——美国的相关实践及启示》，载《江汉论坛》2016 年第 4 期，第 133—134 页。

③ 参见李虹：《美国证券违法举报者“罚没款分成”机制及借鉴》，载《证券市场导报》2012 年第 12 期，第 8 页。

的解释》《上市公司资金往来、对外担保的监管要求》等文件。在上述规定下，就上市公司对外担保问题，当出现法定代表人未经授权擅自为他人提供担保的，为保护中小股东权益，人民法院应当区分订立合同时债权人是否善意以认定合同效力。[①] 并且，监管规定要求银行业金融机构在为上市公司提供担保融资的贷款审批中，严格审查是否合法合规地履行了必要的内部程序。概言之，前述规定加强了证券监管与银行业监管及与司法机关的协同合作，其目的旨在杜绝越过公司内部决策程序的违规对外担保。

不过，违规对外担保行为本身在不断发生变化，需要扩大与深化现有的协同监管，以进一步完善事中监督机制。例如，样本公司中的违规对外担保，出现了涉及境外主体，适用境外法律的情形，而前述情况必然涉及跨境投资的协同监管，在现有的监管框架下并未得到有效覆盖。又如，违规对外担保导致最终出具的定期报告为非无保留意见时，部分审计机构在此前以辞聘代替发表意见的情况，延后了违法行为的及时暴露。事实上，即便审计机构在审计时已确认违法行为存在，也并不会立即推动相关信息的预先披露，需要在审计规范与证券监管中强化事中监督责任的承担。

（二）以事中监督机制为导向的制度构建

可在完善现有监管规定的基础上，加强跨部门的协同监管，从以下多个方面形成系统的事中监督机制：

一是建立跨部门协同监管、信息共享的监管网络，扩大事中监督的信息来源。样本公司中，通常有规律的现象是控制股东及其配偶的征信与信贷（如，持有的上市公司股份被冻结、作为被告方涉及融资有关的诉讼等）等问题发生在先，上市公司财务违法问题暴露于后。因而，可以证券监管机关作为主要的牵头组织，对上市公司及其控制股东与配偶的异常财务信息实现实时汇总，在征信与信贷，司法诉讼与仲裁等多个方面，形成信息共享的事中监督机制。目前，规则层面已有《上市公司资金往来、对外担保的监管要求》为代表的监管规定，由证监会、公安部、国资委与银保监会进行协作监管。然而，样本公司

---

① 善意与否的主要标准是债权人是否尽到一般义务，审查公司是否有履行相应的决策程序，参见《全国法院民商事审判工作会议纪要》第18条规定。

的主要违法行为及发展趋势表明，也应将中国人民银行、司法机关等纳入其中，因为异常财务信息已经涉及跨境担保，境外投资主体的非经营性资金占用，也涉及司法诉讼、仲裁与征信等信息的收集。

二是应形成审计过程中违法违规事项的预先披露义务，增强事中监督的责任承担。就样本公司中外部审计机构最后出具了非无保留意见的财务报告，但过程中出现多次财务报告延迟发布或审计机构更换之情形，证券监管机关应与会计主管部门共同完善相关的审计规则与监管规定，明确审计过程中违法违规事项的预先披露义务。在预先披露义务下，若违法违规事项在审计过程中已较为清楚地展现，审计机构应立即推动董事会审计委员会进行专项调查，并由信息披露义务人及时披露，以强化事中监督责任的承担。在此义务规范下，若出现信息披露有不合理的延迟，或预先发现但迟滞在定期报告中进行披露，以辞聘的方式逃避相关责任等，则应承担相应的法律责任。

三是针对跨境违法行为增加的情况，需要分阶段补足事前监管与事中监管。样本公司中跨境违法行为表明，事前与事中监管是有效规范前述问题的重要阶段。在事前监督阶段，证券监管机关应加强与跨境投资主管机关的合作审查，实现信息联动。其中，对控制股东过往存在违规对外担保或非经营性资金占用历史的，或者本身存在异常借贷情况的，可以列入重点观察名单，作为主要监管对象审核其境外投资的真实性与合理性。在事中监督阶段，现有上市公司定期报告涉及境外事项的信息披露内容较为简单，① 应将企业境外投资是否合法合规列入专项发表意见事项，由信息披露义务人给予相关意见，以进一步完善审查范围。此外，证券监管机关或公司内部治理机关可要求上市公司对境外投资进行专项审计，由所在地知名会计事务所出具报告，以完善境外审计的盲点。

四是重塑内部举报制度，明确公司内部责任机关与匿名举报的安排。举报是较为典型的事中监督机制，分为内部举报与外部举报，前者立足于企业内部的工作流程与监督机制，后者以证券违法活动举报制度为主要代表。目前，内部举报制度存在工作责任主体不明确，流于形式的问题。因此，监管规定应更

① 比如在《北京数知科技股份有限公司 2021 年年度报告》中，境外投资的主要内容放在财务报告编制基础，“对境外经营实体说明，包括对于重要的境外经营实体，应披露其境外主要经营地、记账本位币及选择依据，记账本位币发生变化的还应披露原因”项下，内容较为简单。

为具体、有所区别地形成上市公司内部举报制度。就样本公司情况而言，应明确涉及财务类违法行为的内部举报由地位相对独立的上市公司董事会审计委员会牵头负责，形成以后者为主要负责机关的工作流程与责任机制。此外，内部举报应直接规定实行匿名举报安排。相比外部举报，内部举报承担了更多的暴露风险，因反报复措施较为匮乏，在举报效果上存在较多的不确定性。因此，内部举报以匿名代替实名，是更为恰当的可以兼顾举报与保护的制度安排。

五是就证券违法活动举报制度为代表的外部举报，应扩大奖励金额的计算基础，提高反报复措施的立法层级，促进内、外部举报制度的工作衔接。

首先，举报制度应实质性地扩大奖励金额的计算基础。举报是一种可能牺牲职业生命，需要极大勇气承担报复风险的行为。相较于奖励金额，成功的举报对资本市场的建设有着十分重要的价值。数据显示，美国证监会在 2022 年颁发了 103 项检举人奖励，奖励金额达到创纪录的 2.29 亿美元，① 平均检举奖励达到 222 万美元，举报制度已成为重要的事中监督机制之一。与之相比，我国举报制度在激励上远远达不到相应的程度。但实际上，如果在违法行为的早期，证券监管机关经举报能及时介入，后续可以极大限度地避免潜在损失。以聚龙股份为例，仅这一家上市公司因违法行为导致退市的市值损失就达到几十亿元。“重赏之下，必有勇夫”，考虑到举报涉及的风险与带来的市场整体收益，《暂行规定》及其征求意见稿仅从罚没款金额出发，设定上限的奖励计算存在局限，不足以起到重大改革的效果。更为合理的方法是，应从限额改为比例方式计算罚没款奖励资金，② 同时量化举报行为避免的潜在损失，按比例计算奖励资金，以前两者之和进行综合激励。避免潜在损失的激励资金可由直接的受益者——上市公司与投资者共同承担。③ 前者在上市时提取，后者在交易费中按比例提取，金额不足时补充缴纳，由中国证券投资者保护基金有限责任公司具体管理。

---

① 参见 *SEC Awards Whistleblower $ 5 Million in First Award of* 2023，The National Law Review（Dec. 2，2022），https：//www. natlawreview. com/article/sec-awards-whistleblower-5-million-first-award-2023。

② 根据《多德-弗兰克法案》的规定，在满足条件的情况下，以 10%—30% 罚没款的比例进行奖励。我国可根据实际情况，确定相应比例。

③ 样本公司中，控制股东的违法行为直接侵犯了上市公司的合法权益，让投资者遭受了损失。因此，举报既维护了上市公司的权益，也避免了投资者的进一步损失，使市场整体受益。

事实上，扩大举报的激励金额，并不会给证券市场带来较多的成本负担。即便按照美国2022年创纪录的奖励数额，以1∶1的购买力平价进行计算，将我国上市公司取整5000为基数，在上市公司全额负担的情况下，前者平均负担只有4.58万元。如果取整以2亿股民数进行计算，由股民全额负担的情况下，每一个股民的平均负担只有不到1.2元。并且，前述计算中，并未扣减罚没款金额的奖励。

其次，在举报人的保护方面，应提高立法层级，明确反报复的保护机关。我国在《证券法》上并未规定举报的反报复措施。《暂行规定》中有个人信息免于暴露与禁止打击报复的规定，但《暂行规定》的法律层级较低，规定较为宽泛，且缺乏明确的反打击报复的负责机关，在保护措施的执行上缺乏具体与可操作的规范，不足以达到全面保护的效果。因此，建议以提高立法层级的方式，在法律规定中明确反报复的制度安排，确定不同事项（如人身、财产、职业等不同事项）的保护措施，以建立系统、全面的举报人保护规定。

最后，在内部举报与外部举报的工作衔接上，《暂行办法》并没有要求知情人士是公司内部员工的情况下，是否应以公司内部举报作为前置门槛。虽然有观点认为，金钱激励为导向的外部举报可能不利于公司内部举报制度的建立。但研究表明，内部员工举报中非金钱的激励因素占有非常重要的位置，且前置程序的设置，会促使许多内部知情人士放弃举报。① 更为可取的是，证券监管机关可与内部举报机关建立合作机制，涉及重大违法违规的情况可由后者直接转入外部举报。

（初审：苗萍；校对：王伟龙）

① 参见郭雳：《证券违法活动检举人的激励与保护机制——美国的相关实践及启示》，载《江汉论坛》2016年第4期，第131—132页。

激励视角下企业合规的模式选择

张文楷*

摘　要：借助弗鲁姆的期望激励理论，可以对不同形式的合规出罪路径之于不同类型企业的激励效果进行分析，为企业选择恰当的合规激励模式。中小企业的事前合规成本较高而收益较低，合规实体出罪对其激励效果有限；企业事前与事后合规的成本难以差异化可能会减损合规实体出罪对大型企业的激励效果。中小企业由于难以分割企业意志与成员意志而缺乏事前合规的出罪预期，大型企业的事前合规出罪预期在适度限缩司法机关自由裁量权的情况下可以获得有效保障。检察机关的起诉职能为其向中小企业导入合规程序出罪激励提供了契机，但不应在大型企业合规实体出罪激励的导入已较为充分情况下再为其导入合规程序出罪激励，以避免引发道德风险和弱化企业合规的犯罪预防功能。

关键词：企业合规；激励理论；实体出罪；程序出罪

根据理论界的通行观点，刑事合规对企业的激励作用主要体现在合规实体出罪和合规程序出罪两个方面。合规实体出罪是指，企业通过建立完善的合规体系，在企业员工实施犯罪时可以切割企业与员工的意志以获得出罪处理，这是对企业进行事前合规的激励；合规程序出罪则是指，虽然企业在实施犯罪时尚未建立完善的合规体系，但若在犯罪之后按照检察机关的要求进行有效的合规改造并通过验收，可以获得检察机关的不起诉处理，这是对企业进行事后合

* 张文楷，中山大学法学院硕士研究生。

规的激励，也是我国学者所讨论的“合规不起诉”概念。①正如学者所言，刑事司法上将事前有效的合规计划作为企业的出罪事由和对事后配合合规改造的企业予以宽大处理，是企业合规的两个动力源。从这两个动力源切入，可以激励企业制定并执行合规计划。②然而，上述两种合规出罪路径是否对各种类型的企业都能够起到较好的激励效果？两种合规激励之间能否发挥协同效应抑或此消彼长？我国理论界的现有研究未能较为完整地回答上述问题。因此，笔者拟借助弗鲁姆的期望激励理论模型对两种合规出罪路径之于不同类型企业的激励效果进行分析，并对两种合规激励并存时的选择问题进行探讨，以厘清两种合规出罪路径的适用边界，为不同类型的企业选择恰当的合规激励模式，为我国未来企业刑事合规的立法与实践提供参考。

一、现有研究的评析与激励视角的引入

（一）现有研究的考察与反思

对两种合规出罪路径的激励效果进行分析，需要先明确我国不同类型企业所面临的刑事风险的主要形式。③对于中小企业而言，由于其缺乏现代化的产权结构和组织体系，而创始人或实际控制人往往掌握着企业的绝对权力，故其实施的犯罪行为往往是经过集体决策或实际控制人决定的主动积极行为。而大型

① 参见陈瑞华：《企业合规出罪的三种模式》，载《比较法研究》2021年第3期，第69—88页。对于合规实体出罪路径的构建之障碍和化解方法等问题，可参见周振杰：《企业合规的刑法立法问题研究》，载《中国刑事法杂志》2021年第5期，第42—54页；另可参见黎宏：《企业合规不起诉改革的实体法障碍及其消除》，载《中国法学》2022年第3期，第246—265页。

② 参见蔡仙：《论企业合规的刑法激励制度》，载《法律科学（西北政法大学学报）》2021年第5期，第155页。

③ 通过具体的标准区分中小企业和大型企业既不现实也并非本文的讨论重点，但根据有关学者的表述和检察机关的案件办理情况来看，中小企业主要指一些组织结构简单，对企业家依附性强，带有家族经营色彩的企业，以民营企业为主；大型企业则主要指规模较大、层级较多，具有现代化管理体系和职业经理人制度的企业，以央企和跨国企业为主。对此的简要讨论，可参见李玉华：《企业合规不起诉制度的适用对象》，载《法学论坛》2021年第6期，第27—30页。

企业决策机制和管理体制较为健全，企业管理层或实际控制人几乎不可能通过集体决策或直接决定以企业的名义实施犯罪行为，故其陷入刑事风险往往是因为其员工实施了与生产经营活动密切相关的犯罪行为，但企业对此缺乏完善有效的合规控制措施。① 上述犯罪形态的划分构成了下文进一步分析的框架。

对于合规实体出罪的路径，理论界过往的研究主要集中于探讨构建该路径的必要性和方法，故学者对其激励效果的阐述多为整体性的宏观说明。譬如，一种观点认为，事前合规不仅减轻了国家预防犯罪的负担，还有利于企业的持续发展，是国家与企业的双赢。② 而与之相对的观点则是，事前合规具有“短期成本的高昂性以及预期效果的未必性，甚至可能在合规计划尚未收获成效时企业已难以维持”。③当然，也有学者区分不同类型的企业，对合规实体出罪的激励效果进行了初步分析。这些学者认为，一般而言，只有财力雄厚、规模庞大的大型企业才有资格和资本通过事前合规来获得罪责“优待”，因为事前合规一方面需要投入高额的人财物资源，另一方面只有在具有相当程度组织规模的企业中，事前合规才能有效地切割企业责任和员工责任。④

对于合规程序出罪的路径，理论界则普遍认为，其对大型企业和中小企业都有着较强的激励效果。对于大型企业而言，配合检察机关进行合规改造一方面可以节约企业由于诉讼活动所导致的时间、精力和财力的支出；另一方面有利于尽早挽回企业形象，避免严重的刑罚附带后果。而中小企业在面临被刑事指控和刑事审判的危险时，能够切身感受到违法违规经营给企业带来的风险，故也具有进行合规整改的动力和愿望。⑤有学者特别指出，对大型企业适用合规

---

① 参见黎宏：《合规计划与企业刑事责任》，载《法学杂志》2019 年第 9 期，第 13 页；陈瑞华：《企业合规出罪的三种模式》，载《比较法研究》2021 年第 3 期，第 87—88 页。

② 参见周振杰：《企业刑事责任二元模式研究》，载《环球法律评论》2015 年第 6 期，第 154—155 页。

③ 李翔：《企业刑事合规的反思与合理路径的构建——基于我国单位犯罪原理的分析》，载《犯罪研究》2021 年第 5 期，第 11 页。

④ 参见陈卫东：《从实体到程序：刑事合规与企业“非罪化”治理》，载《中国刑事法杂志》2021 年第 2 期，第 124—125 页。

⑤ 参见李玉华：《我国企业合规的刑事诉讼激励》，载《比较法研究》2020 年第 1 期，第 24 页；李玉华：《企业合规不起诉制度的适用对象》，载《法学论坛》2021 年第 6 期，第 28 页。

不起诉制度具有特殊的意义：一方面，对大型企业定罪具有强烈的“水漾效应”，可能会损害大量无辜第三人的利益，甚至损害社会公共利益；①另一方面，由于大型企业自身具有较大的影响力，对其适用合规不起诉制度可以对企业合规改革的继续推进产生强大的示范效应。②

现有研究虽然基本上说明了两种合规出罪路径对不同类型企业激励效果的强弱，一些学者也意识到了运用商业思维和经济学方法研究企业合规的重要性，但仍然或多或少存在着以下局限性：

首先，现有研究对企业合规激励效果的探讨过于碎片化，缺乏深入性和系统性。从微观上看，部分学者在研究的过程中注意到了不同类型企业合规的成本、收益和出罪预期等要素存在差异，却并未深入阐述这些差异发生的原因。从宏观上看，成本、收益和出罪预期等要素实际上均共同影响着企业合规的激励效果，但鲜有学者将上述要素整合，进行具有体系性的分析。其次，现有研究存在“一概而论”的现象，一些学者为了说明某种出罪路径的有效性或局限性，对其激励效果作出了不加区分的片面论述。正如学者所言，在刑事合规的问题上，理论界或者过分夸大其优点，或者片面强调其缺点，而缺乏客观中立的立场和利弊比较的过程。③例如，笼统地认为合规实体出罪既有助于企业商业价值的提升，又可以为企业规避刑事风险，抑或片面强调其可能花费企业大量资源，导致企业难以为继，这些都是有失偏颇的。客观理性的分析方法应当是在区分企业的规模和所面临刑事风险主要形态的基础上对其激励效果进行评估。再次，现有研究还存在“顾此失彼”的现象，缺乏对两种出罪路径之间关系的综合考量。例如，在合规实体出罪已经可以对大型企业起到较强激励作用的情况下，主张再给予其合规程序出罪的激励，可能会减损合规实体出罪的价值，这种现象在企业合规实体出罪和合规程序出罪的成本难以差异化的情况下更为明显，该点容后详述。最后，现有研究的视角略为局限，大多数学者对企业合

① 参见陈瑞华：《企业合规出罪的三种模式》，载《比较法研究》2021 年第 3 期，第 85—86 页。

② 参见陈瑞华：《企业合规不起诉改革的八大争议问题》，载《中国法律评论》2021 年第 4 期，第 17 页。

③ 参见田宏杰：《刑事合规的反思》，载《北京大学学报（哲学社会科学版）》2020 年第 2 期，第 125 页。

规激励效果的分析仅着眼于企业合规的经济成本和收益，但事实上，合规激励发挥作用的过程中还可能会受到除经济外的其他因素的影响，单纯的“成本—收益”分析可能稍显“形而上学”。

（二）激励理论的引入

1. 引入激励理论的必要性和可行性

“合规不单单只是一个法律上的问题，更是一个经济学上的概念。虽然在这两个领域内对合规早已进行了深入的讨论，但讨论都只限于本领域内而未有交叉。”①鉴于现有研究存在的种种局限性，有必要系统性地引入激励理论的基本工具和观点，对两种合规出罪途径的激励效果进行科学分析，还原企业进行合规选择的利益权衡过程，更为理性和全面地进行企业刑事合规的模式选择。

首先，一方面引入弗鲁姆的期望激励理论模型，可以将企业合规的成本、收益和出罪预期等影响其激励效果的典型要素整合于同一模型中观察，克服现有研究碎片化的缺陷；另一方面，根据国内和域外的实践情况对不同类型企业相应要素的数值大小进行具体判断，可以较为直观地比较不同出罪路径对不同类型企业的激励效果，弥补现有研究“一概而论”的弊端。其次，在运用弗鲁姆的期望激励模型进行比较之余，借助激励理论“成本—收益”分析以外的其他观点，还可以对合规激励导入的过程和结果进行分析，从而使最终的结论更为切实全面。例如，根据行为法经济学视角下守法激励的影响因素理论，我们可以对传统的理性选择理论进行适当的修正，具体到本文中即是将合规激励的导入过程作为合规激励发挥作用的重要因素加以考量，以克服现有研究“形而上学”的局限性。

企业的逐利特征为激励理论分析奠定了可行性基础。营利是企业的根本目的，相较于决策时可能受到各种因素影响的自然人，企业显然更加具有经济学意义上的理性，在其决策的过程中会较好地对成本和收益进行权衡。“对于企业

① ［德］托马斯·罗什：《合规与刑法：问题、内涵与展望——对所谓的“刑事合规”理论的介绍》，李本灿译，载赵秉志主编：《刑法论丛》第48卷，法律出版社2016年版，第350页。

来说，只有在合规的经济成本小于没有合规的成本时，企业才会考虑进行合规。”①更准确地说，只有在合规给企业带来的效益大于企业需要付出的成本时，企业才具有合规的积极性。企业的这种特征与主要建立在“一般理性人”和“成本—收益”分析基础上的激励理论分析方法不谋而合，“法律当然地可以对法人的一切行为采取激励措施”。②因此，借助激励理论对企业合规制度进行分析能够得到较为准确和可信的结果。

刑事司法理念的转变为激励理论分析提供了制度语境。在我国传统的刑事司法语境中，近似诉讼客体的犯罪嫌疑人和被告人往往只有积极配合、如实回答的义务，绝无与司法机关“讨价还价”的权利。这种强调行为人服从义务并通过惩罚对行为人负向激励的法律制度，难以与强调嘉奖和鼓励的激励型法同频共振。③ 然而，随着市场经济的发展和法治理念的更新，协商性司法的模式开始为我国司法机关所接受，而检察机关推动的企业合规改革正是贯彻协商性司法理念的生动实践。在对企业犯罪的治理中，“检察机关放弃了‘父权主义’的公法理念，引入了市场经济中的协商、交换和妥协的私法理念”，④ 在这种积极、平等、自愿的制度语境下，我们有更大的底气和空间将激励理论和法经济学分析的“触角”伸到刑事司法之中。

2. 引入激励理论的具体进路

刑事法律的相关制度对企业合规的激励属于期望激励的一种，法律为事前或事后进行合规建设的企业提供了出罪的收益，这种预期收益对于企业而言是一种效价（valence），而企业建立合规体系所需要的成本对企业而言同样是一种效价。效价代表了被激励者对某一结果的偏好和价值评判，其并不与具体的数值相对应。若被激励者追求某一结果，该结果所对应的效价即为正；相反，若

---

① ［德］托马斯·罗什：《合规与刑法：问题、内涵与展望——对所谓的“刑事合规”理论的介绍》，李本灿译，载赵秉志主编：《刑法论丛》第48卷，法律出版社2016年版，第367页。

② 丰霏：《法律制度的期望激励功能——以〈计划生育法〉为分析示例》，载张文显、杜宴林主编：《法理学论丛》第6卷，法律出版社2012年版，第131页。

③ 参见付子堂、孟甜甜：《激励型法的学理探析——以美国〈拜杜法案〉为切入点》，载《河南财经政法大学学报》2014年第3期，第62页。

④ 陈瑞华：《刑事诉讼的合规激励模式》，载《中国法学》2020年第6期，第241页。

被激励者排斥某一结果，该结果所对应的效价则为负。同时，被激励者越是追求或排斥某一结果，该结果对应效价的绝对值就越高，也即正效价正向增长，负效价负向增长。① 因此，效价的高低会因企业的类型和处境而有所变化。企业付出合规成本效价而获得合规收益效价的过程，就是法律对企业发挥合规激励效应的过程。根据弗鲁姆的期望激励理论模型，② 该过程可表述如下：

首先，为建立完善的合规体系，企业需要付出成本效价 V1，由于这对于企业而言是一种负效价，故 V1 的值小于 0，考虑到通常的语言习惯，为方便论述，下文中成本效价的高低均指其绝对值高低。③ 同时，由于付出合规成本对企业而言是一个必定发生的事件，故企业付出成本效价的概率 E1（expectancy）等于 1。其次，通过建立合规体系，企业可以获得收益效价 V2，该效价既包括刑事出罪的收益，也包括其他潜在收益，由于收益的获得具有不确定性，故企业获得收益效价的概率 E2 小于 1。最后，法律对企业合规实际的激励效果 $F=V1\times E1+V2\times E2$，若希望法律产生预想的激励效果，则需要满足 F 大于 0，且 F 越大，法律的激励效果就越好。由此，我们便可以建立企业合规激励的分析模型，即成本效价 V1 的绝对值越低，④ 同时收益效价 V2 和收益发生的概率 E2 越高，法律激励的效果就越好。该模型为我们分析刑事合规的两种模式对于不同类型企业的激励效果提供了渠道。

在对两种合规出罪路径的激励效果进行上述分析的同时，激励导入的过程

---

① 参见［美］维克多·H. 弗鲁姆：《工作与激励》，载［美］J. 史蒂文·奥特等编：《组织行为学经典文献》（第 3 版），王蔷、朱为群、孔晏等译，朱为群、王蔷、孔晏校，上海财经大学出版社 2009 年版，第 189—190 页。

② 弗鲁姆认为，在人们所做出的决策是主观上合理的假设前提下，激励力量在数学上可以表达为效价和期望值乘积的单调递增函数，其模型可以简单表示为激励力量 $F=$ 效价 $V\times$ 概率 E。参见［美］维克多·H. 弗鲁姆：《工作与激励》，载［美］J. 史蒂文·奥特等编：《组织行为学经典文献》（第 3 版），王蔷、朱为群、孔晏等译，朱为群、王蔷、孔晏校，上海财经大学出版社 2009 年版，第 191 页。

③ 在通常的语言习惯中，某项数值的升高一般指其正向增长。但由于成本效价 V1 为负效价 V1 数值越高代表企业合规的成本越高，企业自然越排斥该结果，其成本效价就会负向增长，而其绝对值则会随之正向增长，更符合一般意义上的高低概念。故考虑到通常的语言习惯，本文做如上安排。

④ 作为负数的成本效价的绝对值越低，意味着其实际值越高（更接近于 0），也即合规所需付出的成本较低，企业对此的排斥程度较低，显然，此时法律对企业合规的激励效果较好。

和结果也值得重视。一方面，由于企业的有限理性，上述成本与收益的思考与权衡过程未必能够充分和准确地进行，而很容易受到他人和环境的诱导和影响，使最终决策产生偏差或错误。①具言之，即便相关的刑事法律理论上可以对企业产生很好的激励效果，但由于偏见和过往经验等的存在，企业也未必会选择进行守法合规经营这一最优的决策。由此，如何找到激励方式的切入点，根据不同企业的特点来引导其选择合规就显得格外重要。②另一方面，当两种合规出罪激励都有被导入的可能性时，还需要厘清两者的功能差异和相互作用关系，判断何种激励模式更有利于实现企业和社会利益的最大化，以期做出最优的激励模式选择。

二、效价 V：企业合规的成本与收益

由于需要付出相较于大型企业更高的事前合规单位成本和机会成本，且只能获得较低的合规收益，中小企业事前合规的成本效价较高而收益效价较低，合规实体出罪的路径对其激励效果较差。我国检察机关罚款职能的缺失使得企业事后合规与事前合规的成本无法差异化，这虽然使合规程序出罪得以对中小企业产生较好的激励效果，但却可能会减损合规实体出罪对大型企业的激励效果。

（一）事前合规的单位成本和机会成本

合规的单位成本和机会成本是影响企业事前合规成本效价的两项重要因素。前者指企业在单位规模的产业中构建合规体系所需要付出的成本，后者则指企业在将资金用于构建合规体系时所放弃的潜在收益。显然，合规的单位成本和机会成本越高，企业合规的成本效价也就越高。

就合规的单位成本而言，经济学的基本理论认为，由于规模经济效应的存

① 参见魏建：《法经济学：分析基础与分析范式》，人民出版社 2007 年版，第 231 页。

② 行为经济学对当事人守法选择的影响问题，可参见周林彬、黄健梅：《行为法经济学与法律经济学：聚焦经济理性》，载《学术研究》2004 年第 12 期，第 63—72 页；宋湘琦：《守法激励的经济分析》，载《社会科学战线》2014 年第 12 期，第 259—262 页。

在，企业单位合规成本与企业规模一般呈反比关系，大型企业合规所需的一定量的人员、设备、材料等支出可以通过各分部和车间的共享而“摊薄”，而中小企业中所建立的合规体系则可能存在难以物尽其用的情况。①同时，合规规模的增加还有可能会带来合规效率的提升，如，能够适用于大型企业所需合规规模的软件往往也会具备更强的处理和运算能力等。此外，大企业在雇佣人员、购买服务等方面也拥有更大的议价权。因此，即便中小企业合规所付出的总成本可能远低于大型企业，但其合规的单位成本却有可能会远高于大型企业，从而使中小企业合规的成本效价显著偏高。

就合规的机会成本而言，首先，“规模偏小、实力偏弱，主要依靠灵活机动、面对市场变化反应迅速而在与大型企业的同台竞争中生存”②的中小企业建立合规体系可能会使其丧失决策的高效性和灵活性，错过稍纵即逝的机遇，从而付出巨大的机会成本。而大型企业却恰好相反，随着业务领域的扩展和关联方的增加，若缺乏一套行之有效的监督控制流程和机制，企业的内部管理效率和资产利用效率将大幅度下降，进而影响到企业的决策和发展。正如学者所言：“法律合规制度不仅是企业为实现监管要求不可或缺的制度，更是企业提升效率的最优选择。”③其次，企业创立初期一般采用“短平快”“以小博大”的经营模式，快速地完成资本积累以在市场上立足，此时将资金投入到生产经营中不但能得到较为可观的利润，还可能直接影响到企业流动资产的周转情况，进而关系到企业的生死存亡。而已经步入稳定期的大型企业产品的利润率已经开始下降，故其合规的机会成本也会随之降低。最后，中小企业中资源的稀缺性和有限性也使得其合规的机会成本偏高。我国中小企业运营所需资本高度依赖创始人的原始出资和其向亲友的筹资。④ 由于法律意识淡薄和短期逐利性，此类投资者往往更偏好于将资本用于扩大生产而非合规体系的建设，“合规对于这类

① 参见龙小宁、万威：《环境规制、企业利润率与合规成本规模异质性》，载《中国工业经济》2017 年第 6 期，第 158 页。

② 黎宏：《企业合规不起诉：误解及纠正》，载《中国法律评论》2021 年第 3 期，第 187 页。

③ 王甲国：《大型国有企业法律合规监管制度构建与经济性分析》，对外经济贸易大学 2018 年博士学位论文，第 33 页。

④ 参见梁冰：《我国中小企业发展及融资状况调查报告》，载《金融研究》2005 年第 5 期，第 129 页。

本来就融资困难、资金周转不畅的中小企业来说无疑是雪上加霜”。① 大型企业的资金显然更为充裕，甚至在某些情况下，具备有效的合规体系对于审慎的金融机构和投资者反而可能更具有吸引力。

（二）事前合规的收益

市场驱动和监管驱动是企业主动进行合规建设最主要的两项动力来源，②企业事前合规的潜在收益也可以据此划分为获得更多的商业机会、更强的市场竞争力和满足监管部门的需求、规避处罚风险两个方面。

对于中小企业而言，事前合规所能带来的市场收益相对较为有限。一方面，此类企业所面向的客户往往更重视产品的性价比而非品牌，企业难以通过提升品牌形象而取得商业利益；另一方面，即便客户可能会对企业的形象有所考量，但由于信息不对称和客户自身能力的限制，企业合规体系的缺失也难以被准确观察。甚至在某种程度上，节省合规成本可能还会为企业带来更大的短期利益。因此，中小企业确实可能在合规计划尚未收获市场效果时便已难以维持。此外，中小企业所面对的监管部门数量和监管压力与大型企业也不可相提并论。综上，除了刑事出罪收益的效价外，中小企业缺乏其他方面收益所产生的效价，其合规收益激励力量相对较低。

大型企业的情况则有所不同。从市场动机来看，一套完善的合规体系可以为大型企业带来相当可观的商业利益。首先，合规往往是此类企业迈向更广阔市场的敲门砖。一方面，完善的合规体系是企业首次公开募股和后续再融资的必要条件。在最高人民检察院第一批企业合规典型案例“王某某、林某某、刘某乙对非国家工作人员行贿案”中，涉案企业Y公司就正处于上市前辅导期，亟须一套完善的合规体系。另一方面，合规可以减少企业潜在合资方和收购者对企业意外诉讼或违法犯罪的担忧，从而提升企业的估值，使企业在并购和重

① 田宏杰：《刑事合规的反思》，载《北京大学学报（哲学社会科学版）》2020年第2期，第126页。

② 参见尹云霞、李晓霞：《中国企业合规的动力及实现路径》，载《中国法律评论》2020年第3期，第159页。

组中获得更大的利益。[①] 其次，完善的合规体系还有可能直接促成交易。大型企业的交易相对方往往更重视企业的品牌形象和长期合作能力，具备完善合规内控体系的企业在市场上往往具有更强的竞争力。事实上，合规情况已经成为许多跨国企业挑选商业合作伙伴的重要指标。[②] 最后，合规还是企业承担社会责任、提升社会形象的重要举措。合规表明了企业在营利的同时，还兼顾了维持市场经营秩序、保护生态环境、保障劳工权益、维护信息安全等诸多社会价值，[③] 进而使企业收获良好的口碑和商誉；这些软实力又会在无形之中反哺企业，在帮助企业吸引顾客的同时提高员工对企业的认同感和工作效率。[④] 从监管动机来看，合规以规避刑事风险往往只是大型企业风险管理的底线，其还需接受来自党组织、行政机关、监管部门、行业协会等各方面的密集监管；对于跨国企业而言，来自外国执法机构和国际组织的监管压力同样不可忽视。[⑤] 综上，除了刑事出罪收益的效价外，大型企业还享有来自市场和其他监管部门两方面的收益效价，故其合规收益的激励力量也相对较高。

（三）事后合规成本的异化

从西方国家刑事合规的实践来看，企业在合规程序出罪路径中所需付出的合规成本一般远高于合规实体出罪，这是因为这些国家的检察机关在与涉案企业签署审前分流协议时，通常会责令企业缴纳高额的罚款。然而，我国检察机关却缺乏相应的罚款职能，这导致企业的事后合规成本难以与事前合规成本实

---

① 企业并购和重组中需要对企业合规体系的有效性进行考量还具有法律上的原因，例如，根据美国《2002 年萨班斯·奥克斯利法》第 404 条的要求，收购方管理层和其外部审计师需要对被收购方财务信息内部控制系统作出评估和报告，这就使得收购方必须对收购对象的财务内部控制作出相应的尽职调查。

② 参见陈瑞华：《西门子的合规体系》，载《中国律师》2019 年第 6 期，第 76 页。

③ 参见陈瑞华：《论企业合规的基本价值》，载《法学论坛》2021 年第 6 期，第 8 页。

④ 有关企业合规经营与员工工作状态之间的研究，参见 Ronald F Piccolo et al.，*The Relationship between Ethical Leadership and Core Job Characteristics*，31 Journal of Organizational Behavior 259，p. 270-272（2010）。

⑤ 有关外国执法机构监管强度与我国的比较以及执法机构监管强度对企业合规影响的研究，可参见尹云霞、庄燕君、李晓霞：《企业能动性与反腐败“辐射型执法效应”——美国 FCPA 合作机制的启示》，载《交大法学》2016 年第 2 期，第 28—41 页。

现差异化、阶梯化。

对事后合规的企业课以高额罚款，实际上就是将企业犯罪所产生的外部性予以内部化的过程，由此可以对企业产生特殊威慑效果，并发挥替代刑事处罚的功能。在美国，这种罚款在2003—2006年的平均数额达到了1.16亿美元（暂缓起诉协议）和2.09亿美元（不起诉协议）之巨。① 对企业而言，虽然其通过事后的合规改造可能获得出罪处理，但需要为此付出更为高昂的成本，这使得合规程序出罪不至于“喧宾夺主”、消减合规实体出罪的激励作用。然而，在我国，作为国家公诉机关的检察机关并不具有罚款权，实践中往往只能通过向行政机关提出检察意见的方式对涉案企业科以罚款，且相对于美国动辄上亿元的罚款数额显著偏低。例如，在最高人民检察院第22批指导性案例“无锡F警用器材公司虚开增值税专用发票案”中，涉案企业在获得不起诉处理后仅缴纳了46万元行政罚款；在最高人民检察院第1批企业合规典型案例“新泰市J公司等建筑企业串通投标系列案件”中，6家涉案企业共缴纳了行政罚款171万余元。当然，由于我国企业合规改革仍在起步阶段，上述案件的犯罪情节和涉案金额与西方国家的一些案件难以相提并论，但我国理论界也承认，这种制度设计相比美国等西方国家的暂缓起诉制度而言“过于仁慈”② 了，可能会“存在纵容其犯罪行为的问题，既无法实现必要的惩罚功能，也无法达到特殊的威慑效果”。③ 对于中小企业而言，这种“仁慈”或许是不存在问题的，因为其根本无力承担高额的罚款，也不具有主动完成合规的可能性。甚至在某种程度上，如果行政机关在检察机关“放过”中小企业以后再对其科以高额罚款或资格限制，将会导致“企业合规的激励效果大打折扣，检察机关以企业合规保护

① 参见Cindy R. Alexander & Mark A. Cohen, *The Evolution of Corporate Criminal Settlements: An Empirical Perspective on Non-Prosecution, Deferred Prosecution, and Plea Agreements*, 52 American Criminal Law Review 537, p. 585 (2015)。暂缓起诉协议（DPA）和不起诉协议（NPA）是美国审前分流协议的两种重要类型。两者的主要区别在于暂缓起诉协议要经过法官的审查和批准，而不起诉协议则完全由检察官与涉案企业通过协商来达成。但晚近以来，法官的作用趋于形式化，两者已经几乎不存在实质上的差异。

② 时延安：《单位刑事案件的附条件不起诉与企业治理理论探讨》，载《中国刑事法杂志》2020年第3期，第62页。

③ 陈瑞华：《刑事诉讼的合规激励模式》，载《中国法学》2020年第6期，第237页。

民营经济的愿望落空”。[①] 然而，对于大型企业而言，为其设置在效果上与事前合规一致，但在成本上却无法差异化的事后合规激励，则可能影响合规实体出罪对大型企业的激励效果，不利于社会利益的最大化，容后详述。

三、概率E：企业通过合规出罪的预期

企业通过事前的合规建设和事后的合规改造，有多大概率能够实现避免刑事处罚的目的，是影响刑事合规对企业激励效果的另外一项重要因素。出罪的概率越高，企业的收益预期就越稳定，自然也就越有合规的积极性。那么，影响企业合规出罪预期的因素究竟有哪些？对于该问题，企业刑事合规的发源地美国数十年以来“企、检、法”三方相互博弈和妥协的历程，以及“后起之秀”英国晚近以来的立法经验具有重要的启示作用，因此，有必要对企业合规在上述西方国家的实践展开情况进行考察。

（一）域外实践的启示——影响合规出罪预期的因素

美国司法机关对单位犯罪传统上秉持上级责任和同一视责任的归责原则，[②] 在这种归责模式下，企业主观上是否存在罪过并不影响其犯罪的成立，企业承担的实际上是一种严格责任。因此，企业原则上不能以事先建立了完善的合规制度、不存在过错进行抗辩。[③] 例如，在“联邦诉希尔顿酒店案”[④] 中，联邦上诉法院的法官即认为，法律不将企业的犯罪意图作为犯罪的要素，而旨在解决

---

① 李奋飞：《涉案企业合规刑行衔接的初步研究》，载《政法论坛》2022年第1期，第111页。

② 上级责任的归责原则认为，企业的所有员工在其职权范围内为企业利益实施的犯罪行为都应当归于企业自身承受；同一视责任的归责原则则认为，高级代理人的认识和意志代表了企业的认识和意志，若高级代理人存在罪过，则推定企业也存在罪过。参见陈瑞华：《合规视野下的企业刑事责任问题》，载《环球法律评论》2020年第1期，第26-27页；黎宏：《企业合规不起诉改革的实体法障碍及其消除》，载《中国法学》2022年第3期，第252—253页。

③ 参见李本灿：《我国企业合规研究的阶段性梳理与反思》，载《华东政法大学学报》2021年第4期，第131页。

④ 参见U. *S. v. Hilton Hotels Corp.*, 467 F. 2d 1000（9th Cir. 1972）。

后果问题，如果出现了相应的后果，则企业就被视为违反了法律。在“联邦诉20世纪福克斯电影公司案”① 中，联邦上诉法院的法官明确表示，无论企业事前制定了多么完善的合规计划，当其雇员在职务范围内实施了犯罪行为时，都不能免除企业的刑事责任，类似的表述还在“联邦诉爱奥尼亚案”② 等案件中出现。因此，在美国遵循先例的普通法传统下，若不存在新的成文法将合规体系的存在作为严格责任的出罪抗辩事由，法官很难直接对事前存在完善合规体系的企业进行实体出罪处理。③ 意识到上述归责原则对企业施加的沉重负担后，美国理论界开始朝“企业独立意志理论”进行转向，根据该理论的观点，企业可以以其已经建立了完善的合规制度进行抗辩，进而实现实体出罪。该理论从传统的绝对意义上的严格责任即无过错责任转变为了相对意义上的严格责任即过错推定责任，④ 对于企业起到了较好的减负作用。然而，这种理论对美国法院的影响较为有限。基于担心合规会成为涉案企业为自己开脱罪责的挡箭牌的稳妥性考虑，联邦量刑委员会制定的《联邦量刑指南》仅将合规体系的存在作为减轻企业罪责的事由，而非免除企业罪责的事由。⑤ 因此，在审判阶段，事前完善的合规体系仍然难以成为企业免除刑罚的抗辩事由。

与美国法院相比，美国检察机关对企业的事前合规采取了比较积极的态度。美国司法部1999年发布的《霍尔德备忘录》规定了检察官在对企业提出指控时需要考量的八项因素，其中有三项与企业合规相关。根据该备忘录的指引，对于在犯罪时已经建立了有效的合规计划的企业，检察官可以在自由裁量权范围内不对企业提出任何指控。⑥ 由此，美国企业在审查起诉阶段获得了合规实体出罪的可能。例如，在摩根史丹利贿赂案中，摩根史丹利保持了良好的合规内

---

① 参见 *U. S. v. Twentieth Century Fox Film Corp.*, 882 F. 2d 656 (2d Cir. 1989)。

② 参见 *U. S. v. Ionia Management S. A.*, 555 F. 3d 303 (2d Cir. 2009)。

③ 参见张迪：《刑事合规视野下企业缓起诉制度功能定位的反思与借鉴》，载《财经法学》2021年第5期，第130页。

④ 参见李本灿：《我国企业合规研究的阶段性梳理与反思》，载《华东政法大学学报》2021年第4期，第133—134页。

⑤ 参见黎宏：《企业合规不起诉：误解及纠正》，载《中国法律评论》2021年第3期，第182页。

⑥ 参见 Jennifer Arlen, *The Failure of the Organizational Sentencing Guidelines*, 66 University of Miami Law Review 321, p. 359 (2012)。

控制度，并进行有规律的更新，以适应规则的发展和应对特殊风险的需要。因此，美国司法部和证监会决定只追究其高管彼得森的责任，而不追究摩根史丹利公司的责任。① 2003 年，受“安达信事件”的影响，美国司法部发布了相较于《霍尔德备忘录》更具有约束力的《汤普森备忘录》，引导检察官与涉案企业达成审前分流协议并敦促其进行事后合规改造。② 自此，合规程序出罪的激励被广泛地应用于美国企业犯罪治理中，在嗣后的《麦克纳尔蒂备忘录》和《菲利普备忘录》中，美国司法部又对合规程序出罪中企业合作的真诚性和意愿等问题作出了进一步规定。③ 然而，与合规程序出罪在美国的“大行其道”相比，美国检察官在处理企业犯罪时巨大且不受监控的自由裁量权和特殊的利益考量，却使得合规实体出罪制度在美国的运行情况不尽如人意，“明确的合规辩护尚未成为美国反腐败法规的一部分”。④

首先，相较于我国刑事立法“定性与定量相结合”的做法，美国刑事立法通常对合规措施只定性，量的多少完全依照检察官的自由裁量来判断。⑤ 事前合规是否有效完善在很多时候仅仅是一个量上的问题。然而，美国司法部对于有效的事前合规并没有形式上的要求，相反，检察官往往使用常识性的方法来评估合规计划的有效性，这导致了许多企业的合规官员，要求司法部就合规项目何时能够发挥重要的减轻或免除刑事责任的作用问题提供更多指导。⑥ 正如美国学者所言：“检察机关匆忙地迫使企业合作追捕个人，因此在犯罪的要素得

---

① 参见陈虎：《浅析美国〈反海外腐败法〉中的“会计条款”》，载《唯实》2012 年第 11 期，第 72 页。

② 参见万方：《反腐败合规法律实践的规范演进与实践展开——以美国〈反海外腐败法〉为切入》，载《法治研究》2021 年第 4 期，第 100 页。

③ 参见李本灿：《域外企业缓起诉制度比较研究》，载《中国刑事法杂志》2020 年第 3 期，第 92—93 页。

④ 参见 Eugene Kornilovich, *How Ethics and Compliance Fight Corruption*, 103 Strategic Finance 42, p. 48（2022）。

⑤ 参见田宏杰：《刑事合规的反思》，载《北京大学学报（哲学社会科学版）》，2020 年第 2 期，第 121—122 页。

⑥ 参见 Maurice E. Stucke, *In Search of Effective Ethics & Compliance Programs*, 39 Journal of Corporation Law 769, p. 787（2014）。

到证明和在合理怀疑得到排除之前，就已经向企业提供了暂缓起诉协议。”① 美国司法部也不得不承认，检察官对企业事前合规计划给予信任和认真评估的案件很少。②

其次，美国检察官还有可能受个人利益和地方利益的驱使而有意忽略企业事前合规的努力，迫使企业按照其要求进行事后合规改造。一方面，美国检察官对酬劳丰厚的合规改造监督员的选任享有极大的自主权，但该过程却非常不透明，公众普遍质疑其中存在徇私舞弊和任人唯亲的现象。③另一方面，存在美国检察官利用审前分流协议推行与罪行毫不相关的地方公共政策的现象，这些公共政策包括但不限于在赛马场中设置自动售货机来增加地方用于公共教育事业的收入，为当地提供就业岗位，为高校捐献讲席等。④对此，美国司法部甚至不得不在《美国检察官手册》中专门规定，除非经过批准，否则检察官不得在审前分流协议中要求企业向受害者和为修复犯罪行为提供服务的主体以外的主体支付款项。⑤ 正如学者所言，《反海外腐败法》（FCPA）和暂缓起诉制度变成了一棵摇钱树，检察官迫不及待地骑上了这匹快马，直到其不能骑为止。⑥

可见，在检察官巨大的自由裁量权下，美国企业难以获得稳定的事前合规出罪预期。然而，如果企业按照检察官的要求承认犯罪事实，与其达成暂缓起诉协议或不起诉协议，进行符合其喜好的所谓“合规改革”，则在绝大多数情

---

① 参见 Mike Koehler, *The Facade of FCPA Enforcement*, 41 Georgetown Journal of International Law 907, p. 935（2010）。

② 参见 Ethics Resource Center, *The Federal Sentencing Guidelines for Organizations at Twenty Years: A Call to Action for More Effective Promotion and Recognition of Effective Compliance and Ethics Programs*（2012）, https://www.theagc.org/docs/f12.10.pdf，最后访问日期：2023年1月2日。

③ 参见［美］布兰登·L. 加勒特：《美国检察官办理涉企案件的启示》，刘俊杰、王亦泽等译，法律出版社2021年版，第17—18页。

④ 参见 Peter Spivack & Sujit Raman, *Regulating the "New Regulators": Current Trends in Deferred Prosecution Agreements*, 45 American Criminal Law Review 159, p. 174（2008）。

⑤ 参见 Justice Manual, 9-16.325 - Guidelines and Limitations for Agreements Involving Payments to Non-Governmental Third Parties。

⑥ 参见 Mike Koehler, *Measuring the Impact of Non-Prosecution and Deferred Prosecution Agreements on Foreign Corrupt Practices Act Enforcement*, 49 UC Davis Law Review 497, p. 522（2015）。

况下都能够获得程序出罪——美国检察官对于暂缓起诉协议和不起诉协议履行情况的监督并不严格，对于企业实际的合规整改情况也并不关心，上述协议很少出现被延期的情况，更遑论检察官对企业重新提起公诉。①根据学者的统计，自2002年以来，没有一起违反《反海外腐败法》的案件走到了审判阶段。②

与美国的情况相反，英国不仅在立法中将事前合规明确规定为企业无罪抗辩的事由，还出台了详细的合规有效性判断标准以供企业和司法官参考。英国2010年出台的《反贿赂法》为"商业组织预防贿赂失职罪"设定了无罪抗辩事由。企业若能够证明其已在事前制定了预防商业贿赂的"充分程序"，也即构建了有效的合规体系，则可以将企业与成员责任进行切割，在审判阶段能获得出罪处理。为了提高事前合规的可操作性，英国司法部在后续出台的《反贿赂法指南》中提出了判断企业合规有效性的六项具体原则，其不仅对每项原则的具体实施问题都作出了充分的注释和说明，还在附录中提供了基于假设场景的案例引导。英国反严重欺诈办公室在晚近出台的《合规计划评价操作手册》中，也将该六项具体原则规定为判断企业合规有效性的重要参考标准。立法上的明确肯认和司法上的详细指引对于限缩英国检察官的自由裁量权、保证企业的事前合规体系得到客观公正的评价有着极为重要的意义。③ 在英国，"事前有效的合规内控体系成为企业面对单位犯罪的有力防御手段"。④

企业合规在域外的实践情况充分说明：企业事前合规的出罪概率取决于合规计划是否能对企业责任进行有效切割和司法官员自由裁量权的大小，而事后配合检察机关进行合规改造的企业往往都能获得不起诉处理。当企业难以获得合规实体出罪的合理预期时，则需要合规程序出罪作为补给对其进行激励。

① 参见［美］布兰登·L. 加勒特：《美国检察官办理涉企案件的启示》，刘俊杰、王亦泽等译，法律出版社2021年版，第88页。

② 参见张亚逸：《公司犯罪追诉的新路径：以美国暂缓起诉协议为中心》，载《苏州大学学报（法学版）》2020年第3期，第125页。

③ 参见陈瑞华：《英国刑事合规的有效性标准》，载《人民检察》2022年第9期，第33页。

④ 参见 Eugene Kornilovich, *How Ethics and Compliance Fight Corruption*, 103 Strategic Finance 42, p. 48 (2022)。

（二）中小企业事前合规的出罪预期

合规实体出罪与集体决策或实际控制人决定实施的单位犯罪本来就不具有兼容性。①在此类犯罪中，中小企业即便事先建立了合规体系，也很难将企业的守法意志与成员的犯罪意志进行切割而获得出罪处理。具言之，在合规体系存在的情况下，如果仅仅是企业的普通职员违背企业的合规体系实施了犯罪，则可以认为企业并不存在单位犯罪意志，并未对企业成员的犯罪提供制度土壤，相关犯罪只是企业意料之外的事件。然而，合规体系所能约束的仅仅是企业的一般成员，如果作为企业决策者群体的高级管理人员利用其对企业的控制力，绕过了企业的合规体系，通过集体决策等方式作出了实施单位犯罪的决定，则恰好说明了企业的合规体系形同虚设，“人治”压倒了“规治”，这种内部治理结构和运营方式存在的问题为对企业进行刑事归责创造了可能。② 正如学者所言，在合规体系存在的情况下，企业仍然能够通过集体决策实施犯罪，说明在该企业中，单位领导起到了比合规制度更为关键的作用。③ 西方国家的立法在为企业提供合规实体出罪激励的同时，也普遍对高级管理人员和普通职员实施的犯罪行为进行了区分，原则上，对于高级管理人员实施的犯罪行为，企业不能以事前合规进行抗辩。如澳大利亚《刑法典》（Criminal Code Act 1995）第12.3条规定，若法人团体的董事会或高级管理人员故意、明知或鲁莽地从事有关行为，或明示、默示地授权或允许实施犯罪，即便企业存在相应的合规措施也不影响对企业的归责。西班牙《刑法典》和意大利《第231号法令》均认为，若高级管理人员实施了有关犯罪行为，企业只有在证明高级管理人员通过欺骗等手段规避了合规体系，合规体系仍然充分行使了监督职能等苛刻的条件下，方能主张免责。④ 对我国的中小企业而言，实践中较为常见的情况是，即

---

① 参见徐久生、师晓东：《法教义学视角下刑事合规之适用研究》，载《安徽大学学报（哲学社会科学版）》2021年第5期，第97—100页。

② 参见时延安：《合规计划实施与单位的刑事归责》，载《法学杂志》2019年第9期，第30页。

③ 参见黎宏：《单位犯罪中单位意思的界定》，载《法学》2013年第12期，第158页。

④ 参见西班牙《刑法典》第31条之二的第1、2款和意大利《第231号法令》第6条第1款。

便“大权独掌”的企业家有意识地在企业中建立了合规体系以规避刑事风险，其仍然会为自己留下一定的独立决策空间，以便在某些情况下能够绕过合规体系直接决定实施违法犯罪行为，而非通过欺骗等手段规避合规体系。因此，即便我国立法未来明确肯认了合规实体出罪的路径，但在中小企业犯罪的大多数情形下，用事前合规分割企业意志和企业家意志的可能性仍然较低，“企业独立责任在学理上难以证成”。[①]综上，中小企业难以获得事前合规的出罪预期，合规程序出罪对其激励效果极为有限。

（三）大型企业事前合规的出罪预期

对于大型企业而言，其有效完善的事前合规体系则不存在无法对企业责任和成员责任进行切割之虞。一方面，从学理上看，在普通职员实施的业务范围内犯罪中，事前合规能够有效地分离企业的意志与成员的意志，如上所述。另一方面，从规范上看，在我国，即便是主张对单位犯罪采用严格责任归责原则的学者也清楚地认识到：相比于美国法院所固守的无过错责任原则，英国立法中的过错推定责任原则更具有合理性，必须在将来的立法中将事前有效的合规计划明确规定为企业的出罪抗辩事由。[②] 因此，大型企业只要事前构建了有效完善的合规体系，就能从理论上获得出罪的可能。

当然，理论上出罪的可能只是企业实际上获得出罪处理的必要非充分条件，检察官[③]对企业事前合规的态度和裁量权大小仍然会极大地影响企业出罪的概率，进而影响合规实体出罪路径对大型企业的激励效果。“立法者设定出激励模式仅仅是第一步骤，对于个体行为的发生及发展的影响还停留在可能性阶段。”[④]立法本身具有的模糊性和弹性赋予了司法人员自由裁量的空间，由于个体偏好和标准的差异，不同的检察官很有可能会对同一企业在个案中是否履行

① 陈卫东：《从实体到程序：刑事合规与企业“非罪化”治理》，载《中国刑事法杂志》2021年第2期，第125页。

② 参见万方：《企业合规刑事化的发展及启示》，载《中国刑事法杂志》2019年第2期，第66页。

③ 虽然从理论上看，侦查机关、检察机关和审判机关均有可能参与到企业事前合规有效性的判断中，但鉴于现阶段我国企业合规改革主要由检察机关推动，故下文的论述主要围绕检察机关进行。

④ 付子堂：《法律的行为激励功能论析》，载《法律科学》1999年第6期，第27页。

了事前合规义务存在不同的判断。检察官的自由裁量权越大，抑或对其是否公正客观地履行职责的监督越缺乏，企业事前合规建设所对应的出罪收益就越具有不确定性，企业自然就越缺乏事前合规的动力。因此，出于保障大型企业事前合规出罪预期的考量，对检察官的自由裁量权进行一定的限制，提高检察官对企业事前合规评价的客观性和有效性是非常有必要的。具体而言，影响检察官对企业事前合规的态度和裁量权大小的因素主要有以下三个方面。

其一是事前合规有效性的判断标准是否足够具体、明确和具备可操作性。法律语言越是抽象含糊，执法者就具备越大的自由裁量权，①而将法律语言的模糊性收敛到合理的区间，则可以有效地限制执法者的自由裁量权，保障当事人的合理预期。② “一套具体的合规有效性衡量标准、评估框架或工作步骤，可以使得两个不同的检察官面对类似情况的合规项目时得出相同的评估结论。”③有学者认为，具体、明确的标准或不利于企业根据自身实际情况有针对性地进行合规建设，从而难以有效预防企业犯罪。意大利法院的判决亦明确：企业仅仅执行合规指导方针和复制合规先例并不足以免除企业的刑事责任。④ 上述质疑虽然不无道理，但就事前合规而言，若片面强调合规的个性化和实质有效性也很有可能使得企业无所适从，进而产生消极对抗的心理，最终未必有利于企业犯罪的预防。正如美国学者所言，相较于对合规要求直白的阐述，抽象的原则虽然有利于企业的灵活性和创新，却不利于解决司法官可能的分歧，也难以提高企业的合规积极性。⑤ 是故，只有判断企业事前合规有效性的标准尽量具体化、具备可操作性，才能有效地限缩检察官自由裁量的空间，保障企业的出罪

---

① 参见张维迎：《信息、信任与法律》，生活·读书·新知三联书店2003年版，第55页。

② 参见丁建峰：《立法语言的模糊性问题——来自语言经济分析的视角》，载《政法论坛》2016年第2期，第26页。

③ 参见 Maurice E. Stucke, *In Search of Effective Ethics & Compliance Programs*, 39 Journal of Corporation Law 769, p. 802（2014）。

④ 参见刘霜、安德烈·卡斯塔洛：《论企业合规计划的有效性判定——中意刑法比较研究的视角》，载《澳门法学》2022年第1期，第21—24页。

⑤ 参见 Ethics Resource Center, *The Federal Sentencing Guidelines for Organizations at Twenty Years: A Call to Action for More Effective Promotion and Recognition of Effective Compliance and Ethics Programs*（2012）, https://www.theagc.org/docs/f12.10.pdf，最后访问日期：2023年1月2日。

预期。

其二是企业事前合规体系是否完善的证明责任由公诉方承担抑或由企业承担。我国一些学者主张，企业若想实现合规实体出罪，则必须提供相应的证据证明企业已经实施了完备适格的刑事合规计划。①有学者指出，检察机关对企业内部合规计划的有效性进行举证存在困难，而企业则具备举证合规计划有效性的资源优势。②相比于美国法院所主张的无过错责任观点，这种持过错推定责任的观点固然降低了企业的负担，但相较于传统刑事诉讼中由公诉方承担证明责任的证明模式，却存在着“背离了排除合理怀疑的证明标准，直接危及无罪推定原则所保护的价值与利益”③ 的风险。事实上，对于公诉方而言，如果其无需证明企业事前合规体系不完善，就很难有动机对企业事前合规体系的有效性进行认真客观的评估，企业作出的合规无罪抗辩往往也难以得到其重视。因此，即便在实务界采取无过错责任归责原则的美国，理论界对于应当由控方证明企业未能采取合规措施预防犯罪行为，抑或应当由企业进行合规抗辩，依然存在巨大争议。④另外，虽然现实中企业的确存在证明其合规体系完善的便利条件，也具备积极提出合规无罪抗辩的动机，但除非案件进入了审判阶段，否则此种抗辩很难得到采纳，已如上述。而若证明责任由公诉人承担，则在刑事诉讼的早期，如果侦查机关或检察机关发现现有证据难以证明企业事前合规体系不完善，无法达到排除合理怀疑的证明标准，就应及时结束对企业的追诉，在节约司法资源的同时使当事人尽早摆脱讼累。⑤因此，由公诉方对企业事前合规体系不完善承担证明责任可以有效地促使检察官及时、客观和深入地对企业事前合规进行评估，以保障企业的出罪预期。当然，企业也可以提供事前合规体系完善有效的证据作为反证。

---

① 参见孙国祥：《刑事合规的理念、机能和中国的构建》，载《中国刑事法杂志》2019 第 2 期，第 14 页。

② 参见吕子逸：《刑事合规案件中的证明责任分配与实现路径》，载《财经法学》2022 年第 1 期，第 163 页。

③ 劳东燕：《认真对待刑事推定》，载《法学研究》2007 年第 2 期，第 21 页。

④ 参见 Maurice E. Stucke, *In Search of Effective Ethics & Compliance Programs*, 39 Journal of Corporation Law 769, p. 772（2014）。

⑤ 参见张迪：《刑事合规视野下企业缓起诉制度功能定位的反思与借鉴》，载《财经法学》2021 年第 5 期，第 135—136 页。

其三是来自第三方的协助和监督机制是否健全。九部门印发的《关于建立涉案企业合规第三方监督评估机制的指导意见（试行）》实施后，第三方机制被广泛运用于企业事后合规改造的有效性评估中，其评估报告成为检察机关作出不起诉决定的主要参考。第三方机制之所以在短时间内得以全面铺开，是因为“涉案企业的合规计划往往专业性强，社会对合规考察结果的公正性期待高”。[①] 对企业事前合规有效性的评估中，上述情况也同样存在——一方面，对于大型企业特别是新兴行业企业，办案检察官未必充分了解其所处的商业环境和监管要求，进而难以对其事前合规的有效性进行科学地评估。另一方面，第三方机制还可以对检察官自由裁量权的行使进行有效监督。因此，进一步完善第三方机制并将其纳入企业事前合规的有效性评估中，同样可以有效地保障企业的出罪预期。

总而言之，通过在制度设计上对合规实体出罪的明确规定和在诉讼活动中对司法机关自由裁量权的适当限制，相较于美国等西方国家，未来我国大型企业通过事前合规出罪的预期将可以获得较大程度的保障。

四、为企业导入合规激励的恰当方式

在对两种合规出罪路径的激励效果进行分析后，有必要对合规激励导入的过程和结果进行考量，以明确为不同类型企业导入合规激励最为恰当的方式。

（一）中小企业合规激励的导入

对于中小企业而言，事前合规不仅对其激励效果有限，还很难被外部力量导入其生产经营之中，而检察机关审查起诉的法定职能和不起诉裁量权则为其引导中小企业进行事后合规提供了契机。

具言之，由于中小企业数量众多且分布分散，无论是行政机关还是司法机关在事前几乎都只能通过普法宣传和合规倡议等活动对其进行合规教育，实际介入其生产经营对其进行有效监督和合规引导的成本较高。因此，即便某些中小企业可能仍然得以从事前合规中获利，但考虑到行业内企业普遍的原始粗放

① 孙国祥：《企业合规改革实践的观察与思考》，载《中国刑事法杂志》2021年第5期，第40页。

经营模式和由于同类竞争者众多、产品同质化严重而导致的大打“价格战”、以次充好、商业贿赂等恶性竞争行为层出不穷所带来的不良影响，①上述企业的企业家也很难具备事前合规的意识和积极性。

然而，当企业的相关犯罪被移送到检察机关审查起诉时，检察机关便凭借起诉裁量权获得了促使企业进行合规建设的契机。首先，合规程序出罪对中小企业有着更为显著的激励效果，在相关犯罪业已发生，企业身处被起诉的“达摩克利斯之剑”的威慑下时，企业对建立合规体系的成本自然会有不同的效价评估。笔者在对某地企业合规情况进行调研的过程中，一位经验丰富的办案人员坦言，中小企业只有在“吃到苦头或尝到甜头”时才有合规建设的动力。显然，上述情况下企业既“吃到了”单位犯罪将被起诉的“苦头”，又有机会能获得不起诉处理的“甜头”，自然会拥有较强的合规动力。其次，合规程序出罪不会面临企业意志与成员意志难以切割的问题，而是在承认企业犯罪意志的情况下对其作出不起诉处理。同时，对于与涉案企业具有较强依附关系的企业家，检察机关可以在企业进行合规整改后一并对其作出不起诉处理；而对于具有起诉必要性的责任人员，检察机关也可以将其与涉案企业分离处理。②最后，检察机关在办案过程中具备充分的法律依据为中小企业导入合规理念，以消除其侥幸心理，排查其合规风险，参与其合规改造，帮助其改变原有经营模式，实现可持续发展：在最高人民检察院第1批企业合规典型案例的“张家港市L公司、张某甲等人污染环境案”中，正是在检察机关的深度参与下，涉案企业改变了野蛮粗放的发展运营模式，逐步建立起完备的生产经营、财务会计、合规内控等管理体系，实现了快速转型发展。事实上，检察机关上述注重恢复性

---

① 经营者间恶性竞争、“劣币驱逐良币”的现象是我国中小企业生存与发展所面临的主要问题之一。以家装行业为例，近年来，随着行业的无序扩张，诸如以显著低于市场价的优惠打压竞争者，通过“低价陷阱”诱骗消费者后随意加减项目，在原材料选择上以次充好、鱼目混珠等现象屡见不鲜。参见《恶性竞争损人不利己，还家居软件行业一个良性竞争氛围！》，载中国周刊网；参见《家装业野蛮扩张 竞争激烈乱象丛生》，载中国经济网官方账号。

② 企业进行合规整改后，是否能够对企业和企业家“双不起诉”的问题，是企业合规改革的核心问题之一，有关该问题的研究可参见孙国祥：《刑事合规激励对象的理论反思》，载《政法论坛》2022年第5期，第77—90页；陈瑞华：《单位犯罪的有效治理——重大单位犯罪案件分案处理的理论分析》，载《华东政法大学学报》2022年第6期，第6—22页。

司法的办案模式正是其处理未成年人犯罪案件的通行模式。在美国，广泛适用于刑事合规中的暂缓起诉制度最初即来源于少年司法，[①] 甚至从某种程度上看，中小企业就是企业中的未成年人。

（二）大型企业合规激励的导入

1. 大型企业已经存在充分的合规实体出罪激励

大型企业事前合规激励的导入方式既包括了其在自身经营发展过程中对现代企业治理理念的接受，也包括来自有关机关的强大压力机制。一方面，大型企业的发展壮大过程正是其逐渐摆脱原始的“家庭作坊”式经营模式，吸纳现代企业治理理念的过程，“中国企业对于源自西方的合规治理理念的接受，已经成为企业合规在中国落地生根的重要动力”。[②] 另一方面，对于大型企业尤其是大型国有企业而言，由于其特殊的所有制属性和行业“顶梁柱”“压舱石”的地位，需要接受来自党组织、行政机关、监管部门、行业协会等多方面强有力的日常监督，上述机关能够对其进行丰富的事前合规引导，促使其形成合规文化、建立合规体系：2006 年和 2007 年，原银监会和原保监会分别发布了《商业银行合规风险管理指引》和《保险公司合规管理指引》，对金融企业中体量相对较大、影响范围相对较广的商业银行和保险公司提供了合规指引。2018 年，国务院国资委发布《中央企业合规管理指引（试行）》，为中央企业提供了合规管理的基本框架。同年，为了杜绝“中兴事件”重演，国家发改委还联合六部门为存在海外经营的大型企业制定了《企业境外经营合规管理指引》。同时，党组织对央企、国企的领导，[③] 行政机关对头部企业的事前监管和约

① 参见李勇：《企业附条件不起诉的立法建议》，载《中国刑事法杂志》2021 年第 2 期，第 138 页。

② 陈瑞华：《企业合规基本理论》（第 2 版），法律出版社 2021 年版，第 76 页。

③ 对国有企业而言，纪检监察部门的监督是其推进合规建设特别是廉洁合规建设的主要动力源之一；此外，党组织还有可能通过其他方式引导企业合规，例如我国银行业开展的“书记讲合规”活动，参见田国立：《以高水平的内控合规管理支撑国有大行使命担当》，载《中国银行保险报》2021 年 7 月 28 日，第 01—02 版。

谈，[1] 行业协会对缔约企业的倡议，[2] 均可以发挥一定程度的合规引导作用。可见，大型企业的事前合规有着相当强的行政力量推动，此类企业大都可以充分认识到合规的重要性和意义，无须检察机关通过事后参与的方式进行治理。一些国有企业刑事合规的最大动力既不是经济利益，也并非规避刑事责任，而仅仅是来自行政机关的政策性驱动。[3] 正如一些检察官所言，企业合规在央企、国企中率先铺开主要依靠行政力量推动，由此也使得央企国企合规体系的建设远快于民营中小企业。[4]

2. 不应为大型企业导入合规程序出罪的激励

在大型企业拥有充分的合规实体出罪激励的情况下，若检察机关再为其导入合规程序出罪的激励，允许其以事后合规获得不起诉处理，不仅缺乏正当性，更可能会破坏合规实体出罪的激励相容局面，产生适得其反的效果。

对于中小企业而言，由于合规实体出罪的路径对其激励效果极为有限，因此检察机关在案发后为涉案企业导入合规程序出罪的激励，促使其进行合规改造，帮助其实现可持续发展，的确具有正当性和必要性，这也正是我国企业合规改革的主要动因。[5]然而，在大型企业本就具有行政力量和强烈的自身需求推动合规建设，且能够建立起确定的事前合规出罪预期的情况下，合规实体出罪对其已经具有足够的激励作用，其并非“完全缺乏合规意识，不具备主动完成

---

① 例如，国家市场监督总局针对“二选一”现象于2019年11月5日对二十余家头部企业的约谈，参见《国家市场监管总局约谈平台企业 将对“二选一”行为依法开展反垄断调查》，载平安浙江网。

② 关于行业协会在企业合规中的作用研究，可参见李本灿：《法治化营商环境建设的合规机制——以刑事合规为中心》，载《法学研究》2021年第1期，第185—187页；参见解志勇、那扬：《有效企业合规计划之构建研究》，载《法学评论》2022年第5期，第172—173页。

③ 参见杜方正：《我国国有企业刑事合规制度研究》，东南大学2020年博士学位论文，第109页。

④ 参见薛阿敏：《检察视角下企业合规不起诉制度建构的可能和限度》，载《上海公安学院学报》2021年第4期，第84页。

⑤ 参见陈瑞华：《企业合规基本理论》（第2版），法律出版社2021年版，第324—328页。

合规义务可能性”,①事前未建立有效的合规体系对其而言本来就具有可责难性。因此，其事后的合规整改最多只能作为从轻处罚的依据，而不能作为免予处罚的依据。

在上述前提下，如果检察机关仍然允许其以事后合规获得不起诉处理，将有可能破坏合规实体出罪的激励相容局面，大幅消减合规实体出罪的犯罪预防功能。具言之，事后合规只能防止涉案企业再次犯罪，对于企业初次犯罪是无能为力的；而事前合规则能促使企业从一开始就合规经营，起到防止企业初次犯罪的效果。在市场竞争秩序仍未得到充分规范、中小企业面临较大生存压力的情况下，想要完全杜绝中小企业犯罪是非常困难的，很大程度上只能通过合规程序出罪对涉案企业进行个别的改造，避免涉案企业再次犯罪，实现监管成本与监管效果的平衡。而对于大型企业而言，合规本身就有利于企业的持续经营和发展，企业有着较强的合规内生动力，如果能够妥善地对企业进行事前合规引导，企业利益的最大化和社会效用的最大化实际上有可能同时实现，刑事合规由此实现了激励相容。然而，如果为其导入合规程序出罪的激励，就相当于给予了未进行事前合规的企业通过事后合规出罪的机会，对事前有无合规的企业在刑事责任上给予了一致的评价。在我国检察机关缺乏大额罚款职能的情况下，这显然会严重打击大型企业事前合规的积极性，使刑事合规完全沦落为事后的松绑措施，令其犯罪预防功能大幅消减。② 正如学者所描述的：“如果法律规定杀人犯在主动交代后就可以无罪释放，那么所有罪犯都有积极性事后投案自首，但法律对凶杀犯罪就不构成任何事前威慑。”③

即便是基于公共利益的考量和对“水漾效应”的忌惮，也不应当毫无原则地赋予涉案大型企业程序出罪的机会。一方面，大型企业一般有着更强的抗打击能力，出现“水漾效应”的实际可能性不大。“水漾效应至今为止仅得到一

① 张亚逸：《公司犯罪追诉的新路径：以美国暂缓起诉协议为中心》，载《苏州大学学报（法学版）》2020年第3期，第131页。

② 参见李翔：《企业刑事合规的反思与合理路径的构建——基于我国单位犯罪原理的分析》，载《犯罪研究》2021年第5期，第12页。

③ 张维迎：《信息、信任与法律》，生活·读书·新知三联书店2003年版，第169页。

些轶事证据的支持，没有人真正验证过其是否真的存在。”① 有学者的调查数据显示，在美国20世纪90年代最重大的100起企业犯罪案件中，被提起指控的企业无一因此而破产，该学者由此评论道，对于具有一定规模的企业而言，被提起指控并不会自动地造成在市场竞争中出局的后果。②类似地，在2001年至2010年被定罪的54家美国上市公司也没有因为被定罪而破产。③ 事实上，“安达信事件”的出现具有偶然性，且其后果被全球金融危机扩大化了。④ 另一方面，这种“大而不能倒”的思想极易引发大型企业的道德风险，⑤ 使企业以极其敷衍的态度对待事前合规，最终也未必利于公共利益。在美国，检察机关对刑罚负面效应的过分忌惮就导致了某些具有重要政治和经济意义的企业难以被起诉，特别是金融危机以后，“在最大的企业所犯下的最严重的刑事案件中，司法部却以各种形式将最宽松和最优惠的新政策赋予企业，以避免安达信事件再次发生”。⑥ 这种现象广为学界和公众所诟病，美国检察机关在晚近司法实践中也慢慢改变了这种做法，开始重新对大型金融机构定罪。⑦

---

① 参见 Gabriel Markoff, *Arthur Andersen and the Myth of the Corporate Death Penalty: Corporate Criminal Convictions in the Twenty-First Century*, 15 University of Pennsylvania Journal of Business Law 797, p. 811 (2013)。

② 参见 Russell Mokhiber, *Crime Without Conviction: The Rise of Deferred and Non-Prosecution Agreement*, Corporate Crime Reporter (December 28, 2005), http://www.corporatecrimereporter.com/deferredreport.htm。

③ 参见 Gabriel Markoff, *Arthur Andersen and the Myth of the Corporate Death Penalty: Corporate Criminal Convictions in the Twenty-First Century*, 15 University of Pennsylvania Journal of Business Law 797, p. 823 (2013)。

④ 参见张迪：《刑事合规视野下企业缓起诉制度功能定位的反思与借鉴》，载《财经法学》2021年第5期，第129页。

⑤ 参见徐超：《“太大而不能倒”理论：起源、发展及争论》，载《国际金融研究》2013年第8期，第93—94页。

⑥ 参见 Brandon L. Garrett, *Declining Corporate Prosecutions*, 57 American Criminal Law Review 109, p. 143 (2020)。

⑦ ［美］布兰登·L. 加勒特：《美国检察官办理涉企案件的启示》，刘俊杰、王亦泽等译，法律出版社2021年版，第306—307页。

五、结语

总而言之，在合规实体出罪对中小企业激励效果较弱的情况下，应当为其选择合规程序出罪的激励模式，在刑事诉讼中对其经营模式和治理结构进行“合规化改造”“无罪化处理”。而对于本身即具有合规内生动力和合规监督机制的大型企业，则更应当为其选择合规实体出罪的激励模式，“给予其一定的预防责任，使其将刑事合规内置于自身的企业规范中”。[①] 当然，对于一些涉及国计民生的大型企业，在对其起诉的确可能造成国家和社会利益重大损失的情况下，检察机关在其完成事后合规改造后，也可以适用《刑事诉讼法》第182条的特别不起诉制度对其作出不起诉处理。

企业合规的精髓是国家与企业的共治，[②] 如果忽视企业的生存发展规律和合规选择的利益权衡过程，就难免会导致企业缺乏合规建设的内生动力，使合规改革成为国家机关的“独角戏”。因此，无论是在当前的企业合规改革试点还是在将来的企业合规立法中，都有必要充分认识到我国不同类型企业发展规模和经营环境的巨大差异，为企业选择恰当的合规激励模式，从而更好地促进我国企业经营理念转型升级，保障我国经济持续健康发展。

（初审：李楠；校对：肖滢滢）

---

① 李翔：《企业刑事合规的反思与合理路径的构建——基于我国单位犯罪原理的分析》，载《犯罪研究》2021年第5期，第12页。

② 参见孙国祥：《单位犯罪的刑事政策转型与企业合规改革》，载《上海政法学院学报（法治论丛）》2021年第6期，第21页。

不作为犯罪中领域支配理论的二阶层适用研究

向柯翰*

摘　要：领域支配理论作为我国不作为犯罪义务来源的学说之一已经被广泛运用到了刑法理论研究和司法裁判之中。我国学界对领域支配理论中“排他支配”和“领域”要件存在理解上的分歧，这种分歧导致了领域支配理论在实践中存在适用不规范的情况。将不作为行为以犯罪处罚必须要求不作为行为与作为犯罪具备等价性，而“排他支配”是领域支配理论符合等价性所必要的本质要求，这种排他性支配的对象是因果关系流程而非客观空间，而“领域”的本质则是行为人对因果关系流程进行排他性支配的外化，其具体范围会因行为人能力和客观因素的差别而变化，所以不能用规范的空间机械地加以概括。对领域支配理论应建立二阶层的适用模型，先以规范的客观空间进行第一层次的限缩，再以行为人对该危险转化的流程是否具有排他性支配为第二层次的最终判断。

关键词：不作为犯罪；领域支配理论；排他性支配；实质作为义务论

一、问题的提出

2021年2月6日晚间，某平台货车司机周某某与乘客车某某在高速行驶中的某平台货车上发生争执。在周某某多次偏离路线并将车辆行驶至较为偏僻的路段时，车某某离开驾驶座位并将身体探出窗外后坠车身亡。在此过程中，周某某虽然采取了轻踩制动打双闪的行为，但是并未成功阻止车某某跳车。在司机是否应当承担对乘客的救助义务问题上，此案引起了各界的巨大争议。有学

* 向柯翰，华东政法大学刑事法学院硕士研究生。

者通过客观归责理论否定了周某某救助乘客的义务，认为周某某并未维持法不允许的既存危险。[①] 也有学者通过实质作为义务论中的领域支配理论认定周某某具备救助义务。[②]

领域支配理论是我国刑法教科书中明确记载用以判断作为义务的理论，[③]在实践中得到广泛认可，系判断货拉拉类案中是否存在作为义务的重要理论。然而，研究实践案例可见，司法实践对领域支配理论的适用观点仍有分歧，未能形成统一的裁判思路和判断标准。以下试举两案。

案例一：2015 年 6 月 2 日，被告人张某创建了一个 QQ 群并担任该群的群主和管理员，群内有人上传淫秽视频和小说，张某并未制止，放任他人在群里传播淫秽信息。法院认为，被告人张某作为群主和管理员，具有制止群内传播淫秽色情信息的义务，在明知该群传播大量淫秽信息的情况下未予以制止和管理，其行为已构成传播淫秽物品罪。[④]

案例二：2007 年 11 月 26 日，被告人黄某某与张某、杨某等人赌博。黄某某赢钱后欲驾驶货车回到其住处，被害人张某、杨某从该车副驾驶车窗爬入驾驶室，命令黄某某下车并殴打驾驶中的黄某某，黄某某称到公司后再与被害人“搞”，两名被害人即强令黄某某停车，黄某某仍继续驾驶。车辆行驶途中，两名被害人先后从副驾驶车窗跳下。黄某某虽看见两人跳车，仍未停车或减速，继续向本单位驶去。其中张某跳车后被车辆碾压因失血性休克死亡。法院认为，两被害人属于非法侵入且自行跳车，黄某某不负有对被害人的安全保障义务，不构成故意伤害罪。[⑤]

---

① 参见钟卢程：《客观归责理论在不纯正不作为犯中的运用与判断——以“货拉拉案件”为例》，载《宜宾学院学报》2023 年第 2 期，第 9 页。

② 参见洪晨露：《不作为语境下危险接受归责分析——以“货拉拉跳车案”为例》，载《福建警察学院学报》2021 年第 3 期，第 46 页。另，对于此类案件中领域支配理论的适用，柏浪涛教授在新浪微博平台发表了类似观点，其对货拉拉案领域支配理论的论述，成为巨大争议的“爆点”之一，文章短时间内阅读量近百万，引发了大量的刑辩律师、法学生和其他法律工作者的大量讨论。

③ 参见张明楷：《刑法学》（上册），法律出版社 2021 年版，第 198 页

④ 参见张某传播淫秽物品案，河北省涿州市人民法院（2016）冀 0681 刑初字第 165 号刑事判决书。

⑤ 参见黄某某故意伤害案，上海市浦东新区人民法院（2008）浦刑初字第 1763 号刑事裁定书。

由以上两个案例可见，司法者对领域支配理论理解并不一致，分别对其要件进行了缩减和增设。如案例一中的司法人员仅根据 QQ 群主对群内网络空间的支配就认定了群主的作为义务，并没有对排他性要件进行判断。而案例二与货拉拉案同具有被害人自行跳车情节，司法人员却将“非法侵入”“自行跳车”这种不属于领域支配理论的因素纳入考量，从而排除了领域支配理论的适用。不同司法者对于该理论基本要件的运用存在较大的矛盾，表明领域支配理论存在实践适用不规范的现象。

司法实践中的这种现象根源于现有学说对该理论基本要件的理解上存在冲突与混乱。张明楷教授认为“领域”是与行为人身份、权能挂钩的规范化空间，只要行为人享有特定职业或权能，其对对应的空间就享有排他性支配。①有学者否认对空间的支配，强调对因果关系的排他支配才是该理论的核心。②有学者虽然同样认为“领域”是规范化的客观空间，但是其从根本上否认“支配”行为，认为支配是不能产生义务的，即“支配不要说”。③ 也有学者保留了支配要素但否定排他性，认为排他性限于特别义务之人（义务犯），在支配犯的领域内并无适用的余地，这种观点即“排他性不要说”。④

学界对领域支配理论中“排他支配”和“领域”两个基本要件的理解存在

---

① 例如，张明楷教授认为卖淫女与嫖客在卖淫女的住宅发生性关系，嫖客突犯心脏病而卖淫女弃之不顾的情况下卖淫女构成不作为犯罪；而若卖淫女与嫖客发生性关系的地点在嫖客的住宅则卖淫女不构成犯罪；又提出若双方是在宾馆订好房间后在宾馆房间内则卖淫女也不构成不作为犯罪，而宾馆管理者具有作为义务。此处张明楷教授仅依据卖淫女、嫖客、宾馆管理者的职权或身份就确定了“领域”，并以此判定作为义务的有无，不考虑主体是否具备实际支配的问题。参见张明楷：《刑法学》（上册），法律出版社 2021 年版，第 204 页。

② 需要指出的是，虽然坚持因果关系排他支配的学者论述重点在于行为人的作为义务来源，并未对领域支配理论中的“领域”要件进行释明，但这种“领域”明显与张明楷教授所认为的规范化空间不同。参见李志恒：《不作为犯中支配理论的法教义学展开——兼与徐万龙博士商榷》，载赵秉志主编：《刑法论丛》第 67 卷，法律出版社 2021 年版，第 9 页。

③ 参见徐万龙：《不作为犯中支配理论的法教义学批判》，载《现代法学》2019 年第 3 期，第 207 页。

④ 参见何庆仁：《义务犯研究》，中国人民大学出版社 2010 年版，第 77—78 页。

较大的冲突，不能很好地指导司法实践。① 要在以货拉拉为典型代表的类案中规范适用领域支配理论，就要先厘清学界和实务界对于领域支配理论两大基本要件的理解争议，扫除适用障碍。基于此，本文对领域支配理论的基本要件进行重新释明，在此基础上修正原有的不规范之处，以期促进该理论在司法实践中的有效适用。

二、领域支配理论基本要件的理解释明

我国通说对领域支配理论的表述为："法益的危险发生在行为人独立支配的领域时，行为人具有实质的法义务""在这种场合，仅有该领域的支配者可以排除危险时（具有排他性），才能要求该领域的支配者履行义务（如果前两项义务的保证人能够履行义务，则该领域的支配者不负有阻止义务）"。② 从通说的表述上来看，领域支配理论以行为人对特定"领域"的"排他支配"为作为义务产生的基本逻辑。

"排他支配"和"领域"是领域支配理论的两个基本要件，也是领域支配理论得到规范适用的前提。故要在实践中适用领域支配理论论证作为义务，就必须要求司法者对"排他支配"和"领域"两个要件的定位与内涵具有明确的认识。但正如前文所述，理论界对这两个要件的认识尚存争议，无法准确识别"排他支配"要件的定位与"领域"要件的基本内涵。所以有必要分别从两个要件的争议焦点入手，在此基础上重新释明两个基本要件。

（一）"排他支配"要件的定位：领域支配理论满足等价性的本质要求

支配行为，是指行为人基于自己的意思，对支配对象本身及其内容进行干涉控制的行为。排他性是指排除他人的干涉，是领域支配理论对支配行为的基

---

① 例如案例一与案例二对领域支配理论的适用差异，归根到底是对理论观点的理解不一。案例一司法者综合了张明楷教授与"支配不要说"学者的观点，将"群主"身份与QQ群空间进行直接联系来认定"领域"，并在此基础上不对"排他支配"要件进行判断。案例二将"非法入侵""自行跳车"两个要素作为排除领域支配理论适用的理由，其实是增设了这两个因素作为适用领域支配理论的前置性要件。

② 参见张明楷：《刑法学》（上册），法律出版社2021年版，第204页。

本要求。有学者认为排他性有两种含义：一是对整个因果流程的排他，二是排除他人的干涉。[①] 因果流程是指危险从产生、转化到实现的具体流程，既然行为人已经排除了他人的干涉，那么其必然就对危险转化的过程具备排他支配的能力，因果流程的排他属于对排除他人干涉的逻辑延伸。故排他性仍旧应当理解为排除他人的干涉。

学界对于“排他支配”要件的争议主要集中在对“支配”和“排他”两个要素是否必要上。本文认为“排他支配”是领域支配理论满足等价性的本质要求，“支配”与“排他”缺一不可。

1.“支配不要说”的逻辑谬误

以徐万龙教授为代表的“支配不要说”的学者认为支配并不能产生义务，其主要理由有二。其一，在作为犯中，行为人的支配行为以违反不作为义务为前提。[②] 而若在不作为犯中认为支配产生义务，那么将会使相同性质的支配概念从“义务违反”要件的层次，跨越到“义务证立”的层次。这在逻辑上存在矛盾。其二，支配是一种权力，这种权力与“自由”挂钩，而义务是一种“不自由”，认为支配产生义务，会导致出现“因为你有权力（自由），因此你有义务（不自由），”的逻辑矛盾。[③]

“支配不要说”的错误在于没有正确认识作为犯罪与不作为犯罪中“支配”的真正内涵。刑法中的作为是“根据自己的意思设定面向侵害法益的因果流程”，而不作为是“不介入已经面向结果的因果流程”，二者在“因果流程的掌握”方面是一致的。[④] 故作为犯罪中的支配体现为行为人通过积极的行为推动因果流程的进行，而不作为犯罪中的支配则体现为行为人将因果流程掌握于自己手中的状态。一方面，作为与不作为中的支配一个是动态一个是静态，并非同一性质的支配，对两种不同的支配有不同要求并不会产生逻辑矛盾；另一方面，权力与义务是一体两面，享有相应的权力则必然承担对应的义务，不作为的支配者因对特定的因果关系具有掌控能力，故能够更方便地行使救助活动，

---

① 参见姚诗：《不真正不作为犯的边界》，载《法学研究》2018 年第 4 期，第 115 页。

② 参见许玉秀：《主观与客观之间》，法律出版社 2008 年版，第 334 页。

③ 参见许玉秀：《当代刑法思潮》，中国民主法制出版社 2005 年版，第 589 页。

④ 参见黎宏：《刑法总论问题思考》，中国人民大学出版社 2007 年版，第 142 页。

此时要求其因支配而承担义务符合刑法功利主义的要求。故持“支配不要说”学者所提出的逻辑矛盾其实并不存在。

2. “排他性不要说”的瑕疵

持“排他性不要说”的学者虽然肯定了支配行为在不作为犯罪中的地位，但提出不应以“排他性”为标准对支配行为加以限定。主要的理由是排他性要件不是作为犯的限制要件，因此，不能以此要件限制不真正不作为犯。① 排他性不要说的论述是建立在等价性的基础上的，但是其并未正确理解等价性的内涵，导致忽略了排他性对领域支配理论的重要作用。

学界通说认为，有必要以与作为犯的等价性约束不真正不作为犯的成立。②等价性是将不作为行为以犯罪进行处罚的前提，只有能够与作为犯罪进行等价的不作为行为，才能以犯罪定罪处罚。

等价性虽然强调不作为的支配与作为犯罪中的支配需要有相同的性质或效果，但并非要求两种支配具备完全相同的构造。如前文所述，不作为中的支配是一种静态的控制，与作为的支配具备不同性质。在作为犯罪中，行为人通过积极推动因果进程的发展来体现支配，这种因果进程是行为人一手构建并推动的，自然不以排他性为要求；而不作为犯罪中行为人并不具备积极构建因果进程的行为，故只有要求其完全掌控这种因果进程，才能使两种支配具备相同的性质或效果，而这种完全掌控的状态正是排他性的体现。

3. 只有明确排他支配的本质，领域支配理论才能满足等价性要求

如前文所述，只有满足等价性的要求，不作为行为才能以犯罪定罪处罚，而满足等价性的关键在于不作为支配行为与作为犯罪的支配行为具有相同的性质或效果。本文认为，只有以排他性作为支配程度要求，领域支配理论才能满足等价性的要求。

首先，以排他性为支配程度要求具有必要性。支配行为是行为人对因果关系流程影响力的体现，这种支配程度在实践中变化幅度较大。例如，一人在路上晕倒，周边所有的路人都具备救助这个人的条件，可以说每一个路人都对此

① 参见周啸天：《保证人地位事实论的重构与应用》，载《中外法学》2021 年第 2 期。

② 参见赵秉志、王鹏祥：《不纯正不作为犯的等价性探析》，载《河北法学》2012 年第 10 期，第 30 页。

人的因果关系具备一定的支配能力，但伴随着周边路人数量的增减，支配能力也会产生变化。即使行为人一开始完全支配了因果关系流程，也会因为第三人的偶然介入导致原来的支配力骤减甚至消失。故支配的程度大小不一且具有可变性，必须对可以成立犯罪的支配进行明确规定，否则将会导致领域支配理论被滥用。

其次，以排他性为支配程度要求具有科学性。不真正不作为犯应当具有等置于作为犯的因果进程支配性，因此不作为者应当对法益的救助有排他性，以确保法益侵害的进程掌控于其手中。① 我国领域支配理论将支配者承担救助义务的前提规定为“只有该领域的支配者可以排除危险”。② 当行为人对因果关系流程的支配程度并不足以阻却他人的救助，社会上的任何第三人甚至被害人自己都能够排除危险时，就并不需要行为人承担起积极救助的义务。“只有该领域的支配者可以排除危险”的规定，也意味着行为人的支配应当达到任何人都不能够加以救援干涉的程度，而这种程度也是排他性的基本内涵，故以排他性为本质在理论上具备科学性。

由于领域支配理论排斥行为人事前的监管或保护义务，仅对支配行为本身以及支配对象存在要求，③ 为了让行为人的不作为行为与作为犯罪等价，则必须要对行为人的支配程度进行科学合理的规定。以排他性为标准既有必要性，也有科学性。只有支配者的支配程度符合排他性的特征，才能让支配者的不作为与作为犯罪进行等价。所以“排他支配”要件是领域支配理论的本质要求，对领域支配理论中“领域”要件的理解也应当建立在“排他支配”之上。

（二）“领域”要件的释明：对因果关系流程排他支配的外化

“领域”是行为人排他支配的直接对象。理论界的分歧主要在对“领域”

---

① 大塚裕史『刑法総論の思考方法（新版補訂版）』（早稲田経営出版，2008 年）62 頁を参照。

② 参见张明楷：《刑法学》（上册），法律出版社 2021 年版，第 204 页。

③ 通说认为，如果前两项义务的保证人能够履行义务，则该领域的支配者不负有阻止义务。此处的前两项义务的保证人分别指对危险源具有监管义务的人和对特定法益具有保护义务的人，基本囊括了所有由先行行为、法律法规所产生的义务。即领域支配理论并不允许行为人具备特定义务，仅对其支配行为和支配对象有要求。参见张明楷：《刑法学》（上册），法律出版社 2021 年版，第 204 页。

要件的理解上。张明楷教授认为“领域”是与行为人身份、权能挂钩的规范化空间，认为排他支配的直接对象应当是规范化的客观空间，并强调行为人本身的职能、权能与这种空间之间存在的对应关系。而持反对意见的学者则坚持西田典之教授“支配领域性说”的观点，强调因果关系才是排他支配的对象。

西田典之教授的“支配领域性说”是领域支配理论的理论来源。① 西田典之教授认为，当行为人对因果过程具有排他支配但并不具备支配意志时，仍旧可以因行为人对因果过程的排他性支配要求其承担积极作为义务。② 在“支配领域性说”中，行为人直接支配的对象是因果关系流程，而“领域”的内涵虽并未得到释明，但与这种因果关系流程具有较大关联。

本文认为，以客观空间为支配对象无法满足等价性的要求，因果关系流程才是领域支配理论中行为人排他支配的直接对象。而正是因为这种对因果关系的支配以排他性为本质要求，所以才会在现实中呈现出一种“领域”的特征。故“领域”要件的基本内涵是行为人对因果关系流程进行排他性支配的外化。

1. “规范化空间说”③ 的缺陷：对空间的支配无法实现等价性

实质法义务是建立在等价性基础上的，所有不作为的行为只有能与作为犯罪实现等价才能产生实质法义务。现有学说对于支配对象、要求的不同设定，皆是认为自己所主张的支配与作为犯的支配具有相同的性质或效果，并以此具备等价性。④ 领域支配理论通说将一种能够与身份挂钩的规范空间作为排他支配的对象，但这种对客观空间的支配无法与作为犯中的支配具有相同的性质或效果，无法符合等价性要求。

在作为犯罪中，对空间的支配往往并不能成为犯罪成立的要件。以故意杀人罪为例，只要行为人客观上实施了杀人行为，造成他人死亡的结果，其他构成要件符合则构成故意杀人罪，至于在杀人的时候是否对行为的环境具有支配能力则并不在故意杀人罪的考虑范围内。

---

① 参见陈文昊：《作为义务中“支配领域性说”于我国的反思与修正》，载《宜宾学院学报》2018 年第 1 期，第 60 页。

② 西田典之『刑法総論（2 版）』(弘文堂，2010 年）125 頁を参照。

③ “规范化空间说”即张明楷教授所认为的“领域”是与行为人身份、权能挂钩的规范化空间。

④ 参见黎宏：《排他支配设定：不真正不作为犯论的困境与出路》，载《中外法学》2014 年第 6 期，第 1587 页。

即使认为作为犯罪行为人对空间具备一定的支配能力，这种支配也并不是与不作为犯罪的共同点。以构成故意杀人罪的遗弃婴儿行为为例，父母将婴儿遗弃在距离家 20 公里以外的远离城市的荒山野岭里后回到城市的家中，其行为构成不作为的故意杀人罪。但父母却不具备对该荒山野岭进行支配的能力。

可见，对客观空间的排他性支配并不能成为将不作为行为与作为犯罪进行等价的标准。我国通说所认为的规范化空间并不是对“领域”要件内涵的正确表述。

2. 以因果关系流程为支配对象才能满足等价性要求

西田典之教授提出，如果作为是指向结果的因果设定，不作为便属于因果过程的放任，为此，不作为要与作为具有构成要件性等价值，不作为者就必须将正在发生的因果流程控制在自己的手中。① 西田典之教授认为对因果流程的支配是不作为犯罪与作为犯罪的共同点，应当成为判断等价性的标准，这种观点具备相当的科学性。

在作为犯罪的场合，只有行为人的行为与危害结果之间具备因果关系才能认定其构成犯罪。例如，在故意杀人罪中，行为人对被害人实施了枪击行为但并未击中，被害人被路上的车辆撞死。行为人的枪击行为与被害人的死亡结果之间不存在因果关系，不能认定行为人构成故意杀人罪。另外，故意犯罪也要求行为人必须具备对这种因果关系流程的支配，例如，在前文所举枪杀案中，行为人只有通过自己的枪击行为支配了被害人中枪倒地后身亡的因果流程，才能认定其枪击行为与危害结果间具有因果关系。故对因果流程的支配存在于所有的故意犯罪之中，是故意犯罪成立所必不可少的条件。

在不作为犯罪的场合，因刑法上的因果关系是现象之间引起和被引起的联系，目的在于确认行为和结果的有效联系，这一目的并不因行为人用来实现构成要件的行为方式不同而有所差异，② 故对于不作为犯罪也要求不作为与危害结果之间存在因果关系。不作为犯罪的因果关系一般采取准因果关系说，认为在假设的情况下若行为人履行了相应的防果义务就可能回避危害结果的话，不

---

① 参见［日］西田典之：《日本刑法总论》，刘明祥、王昭武译，中国人民大学出版社 2007 版，第 94 页。

② 参见李川：《不作为因果关系的理论流变与研究进路》，载《法律科学》2016 年第 1 期，第 43 页。

作为与结果之间就存在因果关系。[①] 当危险发生在行为人独立支配的特定领域时，这种因果关系流程表现为特定领域出现危险，行为人具有可能排除危险的能力而不排除危险，致使危险转化为了实害结果。行为人主动介入并排除该危险的行为则属于一种对因果关系流程的介入支配，而在行为人对该危险流程不具有支配能力的情况下，则无法达成“履行了相应的防果义务就可能回避危害结果”的条件。故对因果关系流程的支配是成立不作为犯罪的必要条件。

日本最高裁判所在“瞎捣鼓治疗案”中的论述也肯定了对因果关系流程支配的必要性。甲答应为身患重病的乙进行民间治疗，并叫丙等人让乙出院入住宾馆，但最后甲并未对乙采取任何医疗措施，而是弃之不管致乙死亡。日本最高裁判所认为，在乙入住宾馆期间，其家属因信奉甲而将乙的治疗完全交给了甲，甲对乙因病死亡的因果关系具有事实上的排他性支配，进而构成不作为的故意杀人罪。[②] 本案中，日本最高裁判所的判决理由是甲对乙因病死亡的因果关系具备排他性支配，而非甲对宾馆房间这一空间的支配。实际上宾馆房间是由丙所订，安置也是由丙所实施，甲并未进入过该房间，对宾馆空间并不具备排他性支配。

故只有以因果关系流程为排他支配的直接对象，这种支配才能与作为犯罪中的支配行为具备相同的性质和效果，从而满足等价性的要求。

3. 排他性的本质致使这种对因果流程的支配行为具有一种“领域”外观

排他性要件基本内涵为排除他人干涉，因领域支配理论中并不存在主动产生危险的情况，故这种“干涉”往往表现为他人的救助行为。因为对因果关系的排他性支配要求行为人严格排除他人对因果关系流程的干涉，故其必然要求行为人准确清晰地划分出“自我”与“非自我”并完全排斥“非自我”。这种严格的划分犹如一条线，将纷繁复杂的社会要素进行分割，而其分割后的结果作用于实践中则往往具备一种排外的领域外观。

以同样具备排他性的所有权为例。权利人对某支钢笔具备所有权，在权利人禁止任何人触碰钢笔的情况下，这支钢笔在现实空间中便产生出一种具有一定范围的，表现为禁止任何人将肢体伸入以钢笔笔壳为界限的空间。所有权人

---

① 参见陈子平：《刑法总论》，中国人民大学出版社2009版，第118页。

② 参见最高裁判所2005年7月14日判决，最高裁判所刑事判例集59卷6号403頁。

通过对所有权排他性的强调，以笔壳为界创造出了一种任何人都不能进入的“领域”，这种“领域”虽然客观上表现为一种空间，但是这种空间只是所有权以其排他性作用于现实的产物，是一种权能的外化。而其他人不被允许触碰该钢笔的根本原因，仍旧是权利人享有的所有权。

所以排他性特征一旦作用到现实，就会产生出一种能够隔绝他人的“领域”，因为只有划定特殊的范围才能对他人产生一种排斥的效果。对排他性支配来说，这种“领域”便体现为一种行为人对他人的排斥能力所能涉及的范围，行为人只能在该范围内对因果关系进行排他支配。若其他人的行为发生在行为人的排他支配范围以外，则不能认定该行为在“领域”内。

故领域支配理论中“领域”的本质是行为人对因果关系流程进行排他性支配的外化。这种“领域”虽然往往表现为一种客观空间，但是其边界和范围均由行为人对因果流程进行排他性支配的具体情况而定，是一种完全实质化的判断。

三、领域支配理论适用路径的修正

（一）领域支配理论的二阶层适用路径

前文得出，领域支配理论以“排他支配”为本质要求，以因果关系流程为支配的直接对象，而这种对因果关系的排他性支配作用到现实世界则会表现出一种“领域”外观。故领域支配理论的理论基础是行为人对因果关系流程的排他支配，在适用领域支配理论考量行为人是否具有作为义务时，应当以行为人对特定因果关系的排他性支配为决定性依据。

但仅以行为人对因果关系的排他性支配为依据，可能会导致领域支配理论遭到滥用。对此，西田典之教授在其“支配领域性说”中提到，在行为人缺乏支配意志的场合，必须要求行为人与法益受到侵害的人之间存在诸如母子、建筑物管理者等社会性持续保护关系，以弥补行为人主观上支配意志的缺失。[1]“支配领域性说”同样以对因果关系流程的排他性支配为理论基础，西田典之

---

① 西田典之『刑法総論』（2版）（弘文堂，2010年）125頁を参照。

教授对其进行了限缩，认为只有在“社会性持续保护关系”的情况下，才能适用“支配领域性说”。

笔者赞同西田典之教授限缩适用的观点，在我国的实质作为义务论中，领域支配理论的适用是建立在“对危险源的监管义务人”与“对特定法益的保护义务人”均不存在的情况下的，① 其不仅没有对行为人“支配意志”的规定，还具有对法益进行兜底性保护的意义，故应当对其适用范围进行限缩。但也认为“社会持续性保护关系”不能成为本理论的限缩要件。应当采用具备一定规范属性且能有依据的限缩作为义务的限缩方法。据此，笔者提出建立领域支配理论的二阶层适用路径，第一层次以规范化的客观空间为限缩，规范领域支配理论的适用范围；第二层次以对因果关系流程的排他性支配为判断，为行为人的作为义务提供理论依据。

1. 第一层次：客观空间的规范限缩

以规范的客观空间作为限缩条件在实践中具有一定的合理性。一方面，将领域支配理论的适用范围限定在与行为人自身关系密切的规范化空间中是一种较为合适的做法。社会活动中各种主体和因果关系流程纷繁复杂，即使是以排他性支配为基本要求，也可能存在不当扩大行为人作为义务的情况。德国曾有学说认为，当领域有利于第三人犯罪的实施，且领域的所有者方便阻止犯罪的场合，才可以肯定管理者的作为义务。② 故不能要求行为人对自己所能排他支配的每一个因果关系都承担积极阻止的义务。而对于规范化的空间来说，行为人因为自身权能、职务等原因，往往对这些空间具有较强的管理能力，能够在紧急情况下充分利用空间内的资源。故以规范化的空间进行先行判断，不仅能够排除一些明显不合理的情况，对行为人而言也是一种较为合适的义务要求。

另一方面，支配者的“领域”往往也能够被包含在规范的客观空间之中。诸如在娱乐场所这一空间中，娱乐场所主管排他性支配的能力虽然并不能遍及

① 通说将领域支配理论设定在“对危险源的监管义务”和“对特定法益保护义务”之后，并认为如果前两项义务的保证人能够履行义务，则该领域的支配者不负有阻止义务。也就是说，当前两项义务的保证人确实存在的情况下，领域支配理论是没有适用空间的。可见，领域支配理论是为了最大限度救助法益而被设定的兜底性规定。

② 参见徐万龙：《不作为犯中支配理论的法教义学批判》，载《现代法学》2019 年第 3 期，第 200 页。

整个娱乐场所，但是该主管的排他性支配范围往往会限于娱乐场所之内，若娱乐场所的中心开始了淫秽色情表演，那么主管当然对其有排他性支配的能力，应当履行阻止义务。故当实际的法益侵害的危险发生在娱乐场所以外时，往往不用考虑领域支配理论的适用；只有当危险发生在娱乐场所以内时，才应当考量娱乐场所主管对该危险转化的流程是否具有排他性支配。

以规范的客观空间作为限缩条件在理论上也符合理论基础。西田典之教授所提出的“社会性持续保护关系”的问题在于，“社会性持续保护关系”是社会生活中人与人之间形成的特殊关系，这种特殊关系与因果关系排他支配产生作为义务的理论基础并不存在联系，故也无法回答“社会持续性保护关系”为何能够缩减行为人作为义务的问题。在没有理论基础的情况下，西田典之教授只能通过举例的方式进行限缩，而举例的方式并不能很好地涵盖各种纷繁复杂的社会关系，导致“社会持续性保护关系”的内涵不明。有学者提出，这种以规范身份来划定处罚界限的方法，不仅存在循环论证的嫌疑，还会导致法与伦理之间的混同。①

领域支配理论的理论基础在于行为人对因果关系的排他性支配并以此产生作为义务，而外在则表现出具有空间外观的“领域”。故行为人的作为义务与客观空间是存在间接联系的，其桥梁就是对因果关系的排他支配。规范的客观空间以切割空间的方式限缩了领域支配理论的作用范围，其实质上是切割掉了一部分行为人能够进行排他支配的因果关系流程，在这一部分的因果关系流程不纳入领域行为人的排他支配对象的情况下，行为人也自然不能因此产生作为义务。故以规范化客观空间进行限缩的方式能从领域支配理论的理论基础上进行限缩，以回答为何规范化空间能缩减行为人作为义务的问题。而规范化空间本身与行为人所具备的身份、权能具有联系，能够普遍适用于纷繁复杂的社会关系中，故也具备“社会持续性保护关系”所不具备的规范属性。

第一层次的意义就在于通过限缩排除一些明显不合理的义务承担。有学者举例，在甲购买录音笔后偶然间录取了他人的犯罪计划，只有甲能对他人的犯罪计划进行阻止，故甲对该因果关系流程具有排他性支配，但是此时要求普通

---

① 佐伯仁志「保障人的地位の発生根拠について」内藤謙［ほか］編『香川達夫博士古稀祝賀：刑事法学の課題と展望』（成文堂，1996年）111頁を参照。

人甲承担阻止犯罪的义务明显让人难以接受。[1] 此时若将领域支配理论的适用范围限缩在行为人对应的规范化空间内，则可以发现甲并不会因此承担阻止犯罪的义务。再有，如父母将婴儿随机遗弃于住在郊区的乙的住房门口的空地，乙开门时发现婴儿后选择弃之不顾，婴儿因无人看管而饿死。此时若以乙对婴儿死亡的因果关系流程具备排他性支配为由认定乙构成不作为的故意杀人罪，明显不合常理。以规范化空间作为限缩，可以发现乙对应的规范化空间仅限于住房内部，住房门口的空地并不在乙的规范化空间内，并不能适用领域支配理论，乙不用承担对婴儿的积极救助义务。

故通过规范的空间进行先行判断是具有一定程度的合理性的，能够确保领域支配理论在符合排他性支配这一实质要件的基础上又能兼具规范性要件。规范化空间可以根据行为人的职业或权能加以判断，比如，出租车司机的排他性支配领域往往限于出租车内、房间主人的排他性支配领域往往限于房间以内。也可以以行为人与被害人之间具有的信赖关系为标准，如嫖客与妓女、同居于一间房内的情侣等。

2. 第二层次：排他性支配的判断

以规范的空间进行先行判断并非仅以规范的空间进行判断。如前文所述，“领域”的本质是行为人对因果关系流程的排他性支配，故对危险是否发生在“领域”内的判断仍旧应当以支配者是否对因果关系流程具备排他性支配为核心。所以在认定危险发生在规范空间内后，应当考量行为人在当时的情况下，是否对该危险转化的因果关系流程具备排他性支配的能力。若认为行为人具备对该因果关系流程进行排他性支配的能力，则该危险就发生在“领域”之内，反之则不能认定危险发生在“领域”内，不能适用领域支配理论。

因果关系流程是指法益侵害的危险从产生、进行到实现的过程，故排他性支配的有无应根据行为人在当时的情况下对危险转化的流程所具备的支配状况进行实质判断。一方面，因领域支配理论是一种兜底性的规定，故行为人不能对危险的产生具备监督责任，也不能对被害人具有法律或其他社会规范所规定的特殊义务，否则应当优先适用对危险源的监管义务说与对脆弱法益保护义务

---

① 参见刘润泽：《领域支配者不作为责任的认定困境与出路》，载《太原理工大学学报（社会科学版）》2020 年第 3 期，第 54 页。

说而非领域支配理论。如居住在同一间居室的夫妻，若妻子突然因心梗陷入危险，丈夫应当及时履行救助义务，此时丈夫虽然具有对妻子陷入的危险流程的排他性支配，但是此时丈夫的救助义务应当来源于法律的明确规定，应优先适用对脆弱法益保护义务说。另一方面，行为人在客观上必须具有对因果关系流程进行实际支配的能力。排他性支配是一种支配行为，若行为人对因果关系流程都不具有实际支配的可能性，那么排他性支配也将无从立足。如妓女与嫖客在妓女的居所进行性交易行为，中途嫖客突发心梗陷入危险，妓女也突发疾病进入昏迷状态，妓女已经进入无意识状态，根本不可能对嫖客的危险转化流程进行支配。此时不能认定妓女对嫖客心梗而死的因果关系具有排他性支配，不能认为嫖客的危险发生在特定领域内。

除了对行为人的基本情况进行判断以外，也应当对被害人是否具有自救的可能性进行判断。领域支配理论要求行为人对因果关系流程具备排他性支配，所以只有行为人将因果流程牢牢掌握在自己手中才能认定行为人的不作为与作为犯罪具有等价性。排他性要求行为人的支配足以排除他人的干涉，这里的“他人”也应当包括被害人自己。一方面，既然被害人自身能够排除危险中断因果关系流程，那么就说明行为人并未对该因果关系流程具有排他性支配的能力，在排他性支配本身就不存在的情况下，也无法据此产生“领域”。另一方面，领域支配理论立足于行为功利主义，认为在领域支配的场合，倘若领域支配者的作为能够有利于实现法益的周延保护，那么个人的静态自由应当让位于法益的保护。① 领域支配理论本身就立足于牺牲个人自由保护公共法益这一法益权衡之上。若此时被害人能够通过自己的行为阻却危险，那么其法益受到侵害的幅度就微乎其微，若刑法仍旧要求行为人牺牲个人自由去保护一个极其微小的法益，反而不符合行为功利主义中利益权衡的做法。

第二层次的意义在于回归领域支配理论的基础，以此修正领域支配理论的司法适用并解决现阶段领域支配理论在适用中所存在的一些问题。例如，有学者指出，若坚持领域支配理论的观点，购买了山间别墅的房主，即使其居住在城区，也可能会因为其购买的别墅中出现了犯罪行为而承担起阻止犯罪的义务。

① 参见刘润泽：《领域支配者不作为责任的认定困境与出路》，载《太原理工大学学报（社会科学版）》2020年第3期，第53页。

以此认定领域支配理论存在不正当施加义务的情况。① 对于山间别墅的房主而言，山间别墅当然属于其对应的规范化空间，但对房主是否具有作为义务的判断应当以房主是否对该别墅内的该因果关系具备排他性支配为依据，在房主居住在城市内时，该房主自然是不可能对山间别墅里发生的因果关系进程进行排他支配的，故此时房主其实并不能承担作为义务。

在领域支配理论的二阶层适用中，第一层次用于限缩领域支配理论的适用，将一些明显不合常理的情况排除在外，第二层次则是以对“排他支配”和“领域”要件的正确理解上为基础，判断行为人是否具备作为义务的根本依据。两个阶层共同适用，既能为领域支配理论提供规范性的限缩，防止其遭到滥用，又能为行为人作为义务的判断提供合理依据，从而指导司法实践的规范适用。

（二）二阶层适用路径的可行性探讨

前文对领域支配理论中“排他支配”要件和“领域”要件的定位与内涵进行了释明并在此基础上提出了领域支配理论的二阶层适用路径。二阶层适用路径的目的是扫清司法实践中领域支配理论的适用障碍，故应当以司法案例为中心，对二阶层适用路径的可行性进行探究。

1. 对本文所举案例问题的解决

对案例一中的张某而言，其作为群主创建了 QQ 群这一网络空间。在第一层次上，QQ 群与张某之间是否存在对应关系尚且存疑。QQ 群是网友自发组织建立的聊天室，QQ 群主并非一种职业，虽有封号、禁言的权力，但这种权力仅限于辅助监管。张某并不属于腾讯公司或其他职能机关的员工，也不具备网络监管职能部门所拥有的独立完全的监管权力，与房间主人、娱乐场所管理者等具有代表性的身份相比在权能上差距较大，故笔者认为 QQ 群主的身份并不足以将群主与 QQ 群进行联系，QQ 群这一网络空间并不是张某所对应的规范化空间。本案中领域支配理论没有适用空间。

即使认为 QQ 群与张某之间存在规范意义的联系，张某对 QQ 群成员因果关系的支配也无法达到排他性的要求。当群成员在群内散播淫秽色情信息时，这

---

① 参见刘润泽：《领域支配者不作为责任的认定困境与出路》，载《太原理工大学学报（社会科学版）》2020 年第 3 期，第 54 页。

种针对社会法益侵害的因果关系产生在了规范空间内，应当判断张某是否对该因果关系具有排他性支配。在支配要件上，张某作为群主，能够对群成员进行“禁言”，对群消息进行“撤回”，故其对于群成员散播淫秽色情信息的行为是具有支配的。但是这种支配无法达到排他性的程度。QQ 群这一网络空间没有现实空间物理上的隔阂，腾讯公司以及其他具有网络监管职能的部门能够随时对 QQ 群内的违法违规信息进行第一时间的监控和排除，群主并非唯一能够制止淫秽色情信息传播的主体。故张某虽然能够对因果关系流程进行支配，但是这种支配达不到排他性的程度。不能根据领域支配理论认定张某的作为义务。

对于案例二中的黄某某而言，本案车辆虽并不是黄某某的所有物，但是从具体案情来看，本案的车辆是由公司交予黄某某，由黄某某进行长期使用的车辆。故可以认为车内空间属于黄某某所对应的规范化的空间。本案的因果关系为两被害人要求下车遭无视后自行跳车身亡，在支配要件上应当考量黄某某在当时的车速、车况等具体情况下能否采取一定行为阻止被害人跳车，本案并未对跳车时的具体情况进行阐述，故黄某某是否对该因果关系具备支配则存疑。但即使认为黄某某存在支配，其支配行为也不符合排他性要件，本案中的两名被告人均具备完整的控制辨认能力且并未受到足以使其放弃自由意志的威胁或侵害，两人跳车的因果关系明显可以通过自己的行为予以中断，并非只有黄某某能够排除这种危险。法院也认为，两名被害人作为智力、精神正常的成年人，可以自由选择下车或者不下车，被告人并未强迫其跳车。本案中，两名被害人的伤亡结果系自行跳车所致，其自行违规跳车然后被碾压死亡的结果应由其自行承担。故黄某某不能依据领域支配理论承担积极作为的义务。

可见，以二阶层适用路径为判断的思路，不仅能够排除掉“自行跳车”“非法入侵”等无关要素对司法人员的影响，确保“排他支配”等基本要件的准确适用，还能将诸如 QQ 群主一类并不能够适用领域支配理论的情况排除在外。能够解决本文案例中司法机关所做出的不规范适用问题。

2. 对其他案例的适用考察

除了前文所举出的两个案例外，司法实践中还存在大量适用领域支配理论的案例，以下笔者将选取其中两例以对二阶层适用路径的有效性进行考察。

孙某某等故意伤害、强奸案：2016 年 9 月 16 日孙某某与情人徐某某一同到甘肃酒泉送货。与董某等四人吃饭时，徐某某喝醉。孙某某、董某带徐某某入住公司招待所房间，董某趁徐某某醉酒熟睡之际对其实施强奸后离开，其间孙某某在该房间另一张床上。对于孙某某是否构成不作为的强奸罪的问题，法院认为，被告人孙某某与被害人徐某某是情人关系，案发当天孙某某与被害人共同饮酒后将被害人送至二人共同居住的宾馆房间，此种情况下孙某某负有保护徐某某人身不受他人侵犯的义务。但当时孙某某亦酒醉，其当时的状态是否具有阻止董某强奸行为得逞的能力尚不知晓，故孙某某不构成不作为的强奸罪。①

此案中，法院以“恋人关系”“开房”“共同饮酒”等要素为依据，判定孙某某具有积极作为的义务。又以孙某某不具备支配能力为由否认孙某某构成不作为的强奸罪。法院的问题在于，在领域支配理论中，若行为人并不具备支配能力，则“排他支配”要件便无法达成，行为人也不能因此产生作为义务。但法院却先认可了作为义务，后否认了支配能力，这种适用方式在逻辑上显得矛盾而混乱。

以二阶层适用路径对本案加以分析，在第一层次上，该房间属于孙某某和徐某某共同居住的房间，故与孙某某存在规范意义上的联系。在第二层次上，本案的因果关系流程体现为董某对徐某某实施强奸，但孙某某当时处于酒醉状态，没有证据证明孙某某足以对本案的因果关系进行排他支配，故依据领域支配理论，孙某某并不具有积极作为的义务，不构成不作为的强奸罪。

陈某某等强奸案：徐某某将陈某带至被告人陈某某的暂住地。徐某某采用打耳光、按压身体等手段强行与陈某发生性关系。其间，陈某反抗并多次向在同一房间内睡在另一张床的被告人陈某某求救，陈某某仅对被告人徐某某作一般言词劝阻。法院认为，陈某某与徐某某同为房间的所有人，且陈某某是徐某某的亲属长辈，故陈某某应当对该房间内徐某某的强奸行为负有阻止义务，且陈某某当时并未受到外力强制，有阻止强奸的可能性，故其构成不作为的强奸罪。另外法院也补充道，陈某某对一定空间内具有的安全保障义务，系民法上的义务体现。②

此案中，法院以陈某某与该房屋在规范意义上的对应关系为基础认定陈某

① 参见孙某某等故意伤害、强奸案，甘肃省酒泉地区（市）中级人民法院（2017）甘09刑初8号刑事判决书。

② 参见徐某某等强奸案，上海市奉贤区人民法院（2011）奉刑初字第879号刑事判决书。

某的作为义务。不仅在对“排他支配”要件进行考量的时候仅从形式意义上考虑了陈某某的作为可能性，还将“长辈”等无关要素添加进了义务有无的判断，甚至将民法上的义务与刑法义务进行了混同，在领域支配理论的适用思路上显得杂乱无章。

以二阶层适用路径对本案进行分析。第一层次上，陈某某对该房屋享有居住权，故该房屋属于陈某某所对应的规范化的客观空间。第二层次上，本案的因果关系流程体现为徐某某对陈某的强奸过程，应当考量陈某某对该因果关系流程是否具有排他性支配。排他性支配是一种实质化的判断，不能因为陈某某是健全的成年人就认定排他支配的成立。具体到本案中，则应当综合考量陈某某当时的身体状况、与徐某某之间的力量差距、能否通过报警的手段及时有效地阻止强奸行为、是否具备武器等足以终止该因果关系流程的能力。本案的法院在对排他支配的论述上缺乏具体的逻辑和证据支持，并不足以证明陈某某对该因果关系流程具备排他性支配。

综合以上两个案例可以发现，相较于原审法院复杂混乱的逻辑关系和判断要件，二阶层适用路径的逻辑关系更加明确，而每个要件的定位与内涵也更加规范。可见，二阶层适用路径能够扫清司法实践上对领域支配理论适用中存在的不规范，具有相当的有效性。

3. 对某平台案的具体适用

在第一层次的判断上，周某某在本案中的身份是某平台货车的司机，周某某的司机身份对应的规范的空间是某平台的车辆内部空间，故被害人车某某的危险发生在规范的空间内。根据前文所述领域支配理论的判断规则，应当判断司机是否对乘客的因果流程具备排他性支配。

在第二层次的判断上，某平台货车处于高速移动的状态，司机是没有可能在短时间内对因果关系流程支配的。首先，高速行驶的车辆出现紧急情况时，若进行急刹车，不仅会发生翻转事故，还会导致货运柜里的重型货物紧急压迫驾驶舱从而压扁驾驶舱的惨剧。其次，高速行驶的车辆遭遇紧急情况时减速制动容易出现失控状态，司机应紧握方向盘操控车辆稳步停车。故若司机将双手离开方向盘去拉扯乘客，可能会导致车辆的失控。

即使认为司机具备一定的支配可能性，司机对乘客因果关系的支配程度也无法满足排他性的要求。本案中，被害人车某某具有完全的控制和辨认能力且并不存在身体或精神残疾的情况，司机周某某的言辞和行为也并未产生足以排除乘客自由意志的强制力。本案的因果关系为车某某将身体探出车外后坠亡，这种因果关系并不存在司机周某某的干涉，而是由车某某自身的行为主动推动的。自控型危险接受是被害人完全掌握危险流程，其行为支配了法益侵害结果的发生，被害人也在自我意愿的支配下选择承担责任。① 车某某完全掌握了危险流程，并以自己的行为支配了法益侵害结果的发生，属于自控型危险接受，乘客随时可以通过自己的行为中断因果关系。

故在某平台案中，虽然危险发生在了车内这一规范的空间当中，但由于司机对车某某死亡的因果关系流程并不具备排他性支配的能力，故本案的现实危险并未发生在领域支配理论中的“领域”之中。周某某不能依据领域支配理论产生作为义务。

四、结语

本文释明了领域支配理论中“排他支配”和“领域”要件的定位与基本内涵。并在此基础上提出了领域支配理论的二阶层适用路径，一定程度上解决了领域支配理论在司法适用中混乱与不规范的问题。但需要指出的是，无论是领域支配理论本身还是二阶层适用路径，现阶段下适用上仍存在一些问题。对于领域支配理论而言，问题在于不考虑行为人主观上的“支配意志”，仅以行为人对规范空间内特定因果关系的排他支配就认定作为义务的方式是否恰当。例如，甲意图杀死乙，二人在追逃的过程中强行闯入了丙的房屋内，丙具备充足的阻止甲的能力。依照领域支配理论，一方面房屋内属于丙所对应的规范空间，另一方面丙对甲杀人的因果关系具备排他性支配，故此时丙应当承担阻止犯罪的义务，若此时丙弃之不顾，导致甲得逞杀死了乙，则丙将会构成不作为的故意杀人罪。这种结论显然难以让人接受。

对于二阶层适用路径而言，其主要的问题在于第一层次的判断上。本文所举 QQ 群群主案例，QQ 群这类网络聊天室是否是其群主所对应的规范化的空

① 参见洪晨露：《不作为语境下危险接受归责分析——以“货拉拉跳车案”为例》，载《福建警察学院学报》2021 年第 3 期，第 47 页。

间，笔者虽然对此持否定态度，但同时也认为规范化客观空间的判断一定程度上仍缺乏明确的标准，以至于在处理这类案件时会出现对规范化空间理解上的争议。社会生活中还具有大量诸如村民小组组长、小区楼长等类似于QQ群群主的身份，这类身份的特征在于他们基于一定的社会观念而享有实质上的权能，但这种身份往往并不具有类似于“职业”的规范属性，其权能明显弱于房主、经营场所管理者等一般意义上的职务身份。在应对此类案件的时候，应当如何判断其所对应的规范化空间，是需要着重解决的问题。

（初审：尹鑫鹏；校对：张晓彤）

佳译专苑

公法对货币法律体系的合理化*

——货币的法律分析可能变成什么？

[德] 伊莎贝尔·费希特纳**著　李　剑***译

摘　要：困扰民主资本主义的许多弊病源于当前的货币和金融法律体系。同时，对货币和金融机构的重构为相关改革开辟了一条途径，以便实现经济民主化和防止一成不变的紧缩政策。这一制度的重构需要一种视角，即认识到货币是连接国家和公民社会、政治和经济的制度。经济学在很大程度上避开了这种观点，而是主要把货币视为一种独立于政府和政治的交换媒介。相比之下，法律分析应是最适合于分析货币制度设计配置政治经济的方式。

关键词：公法；货币体系；金融；法律基础设施

为了在一开始就给此类分析铺平道路，笔者试图阐明德国的公法学知识对货币设计的重构是如何造成阻碍的。德国公法采纳了经济学知识对货币的理解，并在此基础上将德国和欧洲经济与货币联盟中特定的货币法律体系合理化，以保护个人自由和民主宪治。欧洲中央银行的最新实践表明，货币与经济政策之间、货币与公共财政之间的严格分离是欧洲经济与货币联盟的特征，但法学理论以及判例法并不能使该特征获得合理化。有关货币政治经济学的文献越来越

---

* 原文 Isabel Feichtner, *Public Law's Rationalization of the Legal Architecture of Money: What Might Legal Analysis of Money Become?*, German Law Journal, Vol. 17: 875, pp. 875-906 (2016). 本文为湖南省“社会科学”基金年度项目“湖南省个人碳信用形成机制法治保障研究（22YBA110）”的阶段性成果。

** 伊莎贝尔·费希特纳，德国维尔茨堡大学法学院公法与国际经济法教授。作者感谢马蒂亚斯·戈德曼，阿洛伊斯·哈布迈尔和西尔维娅·斯坦宁对本文的评论。

*** 李剑，中南林业科技大学政法学院讲师。

多，笔者认为完全可以发展出一种法律分析方法，克服目前对货币法律体系的迷恋。本文为国家机构实施货币主权以服务公共利益，并减少私人债权人对民主政治的控制提供了一个思考的起点。

一、将注意力转移到作为民主资本主义核心制度的货币问题上

法律分析试图确定可以改革政治经济以加强民主效果的制度，这样的制度应聚焦于货币。①关注货币问题是有希望的，因为当前的货币和金融体制架构似乎是当前形势中许多弊端的根源所在，诸如金融不稳定、主权债务、紧缩政策以及随之而来的社会不平等之类的资本主义弊病。②此外，对货币和金融制度的重新思考揭示了改革的机会，这些机会可能会逐步但实质性地改变政治经济体制，以更好地协调社会经济的可持续发展与逐渐增多的个人和集体自决。

当前货币法律体系的两个特征不但对经济的生存能力构成特定的威胁，而且对社会凝聚力和民主也构成了特殊的危险：一是商业银行创造货币的广泛能力；二是货币政策和经济政策特别是财政政策在概念和制度上的分离。关于货币创造，货币专家们一致认为，商业银行不只是储蓄者和投资者之间的中介，还从事在很大程度上不受中央银行控制的货币创造工作。③商业银行通过扩大贷款并创造银行存款来从事货币生产。④虽然为了限制其提供的贷款数量，商业银

---

① 本文的副标题和主要观点论证受到下文的启发：Roberto Unger，*What Should Legal Analysis Become?*（1996）。

② 有关最近的政治经济学分析，参见 Wolfgang Streeck，*Gekaufte Zeit*：*Die vertagte Krise des demokratischen Kapitalismus*（2013）；Wolfgang Streeck，*The Crises of Democratic Capitalism*，71 New Left Rev. 5（Sept. -Oct. 2011）；David Kennedy，*International Legal Theory*：*Law and the Political Economy of the World*，26 Leiden J. OF Int' L L. 7（2013）；Saskia Sassen，*Expulsions*：*Brutality and Complexity in the Global Economy*（2014）。

③ 参见 Michael McLeay，Amar Radia & Ryland Thomas，*Money Creation in the Modern Economy*，Bank of Eng. q. Bull.，2014 Q1；Michael Kumhof & Zoltán Jakab，*The Truth about Banks*，Finance & Development，53 Fin. & Dev. 1（Mar. 2016）；Thomas Mayer，*Die neue Ordnung des Geldes*：*Warum wir eine Geldreform brauchen*，32（2014）. 关于中央银行能否有效控制货币供给的各种观点，参见 Philipp Degens，*Alternative Geldkonzepte - ein Literaturbericht*，MPIfG Discussion Paper 13/1（Feb. 2013），at 7。

④ 大多数账户的银行存款都被视为货币，因为如今转账已成为人们的首选和广泛接受的付款方式。

行被要求在中央银行中保留一定数量的准备金。但实际上，准备金并不决定贷款的数量，而是中央银行创建的储备金成功控制了私人银行的放贷决定。①中央银行只有有限的和间接的手段来控制私人创造货币的活动。②许多经济学家认为，商业银行不受制衡地创造货币的力量是金融不稳定的重要原因之一，它导致了这些年来的金融动荡、资产泡沫以及最终的经济危机，并在过去几年中加剧了社会危机，严重限制了政府在社会福利上的支出能力。③货币理论家对此做出了回应，呼吁改革货币制度。有关主权货币、④普通货币、平权货币或积极货币的建议，⑤其目的是限制商业银行创造货币的能力。它们赋予政府机构创造和分配货币的权限，它们对铸币税的重视是政府创造货币的一种副作用，但也是增加公共收入的一种手段。⑥

当前货币法律体系的第二个特征是货币政策与包括财政政策在内的经济政

---

① Thomas Mayer, *Die neue Ordnung des Geldes: Warum wir eine Geldreform brauchen*, 36 (2014).

② 这些间接手段包括设定利率、购买主权债券和商业债券，See Michael McLeay, Amar Radia & Ryland Thomas, *Money Creation in the Modern Economy*, Bank of Eng. q. Bull., 2014 Q1。

③ Josef Huber, *Monetäre Modernisierung. Zur Zukunft der Geldordnung: Vollgeld und Monetative* (3d ed. 2013); Thomas Mayer, *Die neue Ordnung des Geldes: Warum wir eine Geldreform brauchen*, 51 et seq. (2014); Adair Turner, *Between Debt and the Devil: Money, Credit, and Fixing Global Finance* (2015); Morgan Ricks, *The Money Problem: Rethinking Financial Regulation* (2015); Michael Kumhof & Zoltán Jakab, *The Truth about Banks*, Finance & Development, 53 Fin. & Dev. 1 (Mar. 2016).

④ Josef Huber, *Monetäre Modernisierung. Zur Zukunft der Geldordnung: Vollgeld und Monetative* (3d ed. 2013); Frosti Sigurjonsson, *Monetary Reform: A Better Monetary System for Iceland* (2015). (这是受冰岛总理委托撰写的报告)

⑤ Jaromir Benes & Michael Kumhof, *The Chicago Plan Revisited* (IMF WP/12/202); Thomas Mayer, *Die neue Ordnung des Geldes: Warum wir eine Geldreform brauchen* (2014).

⑥ 约瑟夫·胡贝尔（Josef Huber）将自己的改革建议冠以“新货币理论”（New Currency Theory）的标签，重点关注铸币税所带来的公共收入，例如，从货币创造中产生的收入，并认为这是与其他改革建议相区别的因素。See Joseph Huber, *Modern Money Theory and New Currency Theory: A Comparative Discussion, Including an Assessment of Their Relevance to Monetary Reform*, Real-World Econ. Rev. 38, 50 (issue no. 66, 2014)；冰岛的货币改革提案，主要是约瑟夫·胡贝尔（Josef Huber）的作品，将决定创造多少货币的权力归于中央银行，并将决定如何分配这些货币的权力归于政府机构，See Frosti Sigurjonsson, *Monetary Reform: A Better Monetary System for Iceland*, 78 (2015)。

策之间在概念和制度上的严格分离，这在欧洲经济与货币联盟中表现得尤其明显。这种分离的结果是禁止货币（信用）融资。根据该禁令，政府不得行使货币主权来作为投融资、公共服务或社会福利的手段。相反，政府需要依靠税收和债务来为其预算提供资金。对税收和债务的依赖对于民主及其社会凝聚力具有深远的影响。随着政府对私人债权人的欠债日益增加，私人债权人对政治的影响力也随之增加。沃尔夫冈·斯特雷克（Wolfgang Streeck）将金融投资者视为与选民并驾齐驱的新选民。①主权债务进一步削弱了政府的征税能力。如果税收收入主要用于偿还债务，而不是用来改善生活条件，那么社会对税收的接受度就会减弱。②对政府在基础设施、教育和社会服务上的支出的限制（由于政府为减少债务和平衡预算，这类措施在不断增加），是宪法规定的债务限制措施或伴随财政援助的条件所要求的，但这就削弱了民主运作所必需的社会凝聚力。③如今，即使是金融资本主义的核心参与者也意识到社会凝聚力缺乏和不平等的日益加剧不仅威胁着和平与民主，还威胁到了资本主义经济体系本身的平民主义运动的兴起。④尽管大多数关于如何恢复公共财政和减轻社会不平等的政策建议都集中在税收上，⑤但一些非正统的经济学家试图通过重新定义和重新设计货币作为公共信贷来源来改革公共财政。⑥

在本文的其余部分中，笔者既不分析资本主义民主危机的货币原因，也不深入研究改革和重新设计货币法律体系的各种建议。相反，笔者试图为法学学

---

① Wolfgang Streeck, *Gekaufte Zeit: Die vertagte Krise des demokratischen Kapitalismus* (2013); See William K. Tabb, *Economic Governance in the Age of Globalization*, 121 (2004).

② Wolfgang Streeck & Daniel Mertens, *Politik im Defizit: Austerität als fiskalpolitisches Regime*, 3 Der Moderne Staat 7 (2010).

③ 也见 Thomas Biebricher, *Neoliberalism and Law: The Case of the Constitutional Balanced-Budget Amendment*。

④ 参见 Interview by Shiv Malik with Mario Draghi on Feb. 18, 2016 (published on Mar. 11, 2016), https://www.ecb.europa.eu/press/inter/date/2016/html/sp160311.en.html。

⑤ 参见 Thomas Piketty, *Capital in the Twenty-First Century* (2014)。

⑥ 所谓的现代货币理论的最主要支持者是兰德尔·雷（Randall Wray），威廉·米切尔（William Mitchell）和沃伦·莫斯勒（Warren Mosler）。参见 L. Randall Wray, *Modern Money Theory: A Primer on Macroeconomics for Sovereign Monetary Systems* (2d ed. 2015); William Michell, L. Randall Wray&Martin Watts, *Modern Monetary Theory and Practice: An Introductory Text* (2016); Warren Mosler, *The Seven Deadly Innocent Frauds of Economic Policy* (2010)。

术成果提供理由——通过对货币和货币制度法律设计方面的研究，更好地了解当前的政治经济，从而确定可以调和经济繁荣、个人自由和民主机构之间矛盾的方法。之前，其他法律学者也曾关注货币问题。从系统理论的角度来看，最近冈特·托伊布纳（Gunter Teubner）将货币视为遏制经济体系破坏性过剩的最有希望的改革方向。他认为，由于货币构成了经济体系的媒介，因此通过中央银行的法律改革来限制货币生产可能会有效地从内部转变经济体系。①与此相反，笔者认为法律分析不仅仅应将货币作为经济体系的媒介，也不仅仅是将货币作为资本主义交易所必需的交换媒介、价值存储或会计单位。相反，法律分析应尝试将货币理解为在私人和政治集体的经济活动之间建立联系的介质，因为它是决定公民社会与国家、经济与政治之间关系的一种介质。②因此，货币本身就呈现出作为政治经济重组的自然起点的特性并具有使经济得以政治化和民主化的潜力。

在罗伯托·昂格尔（Roberto Unger）的工作基础上，笔者认为在政治经济学研究的指导下，法律分析的目标应该是提出货币制度的改革方式，以便实现民主实验。③目前，这种法律分析的障碍之一来自法学理论，更具体地说，在于昂格尔所称的“合理化的法律分析”。④首先，着眼于货币政策与经济政策，特

---

① Gunther Teubner, *A Constitutional Moment? -The Logics of 'Hit the Bottom'*, in The Financial Crisis in Constitutional Perspective: The Dark Side of Functional Differentiation 3 (Poul Kjaer & Gunther Teubner eds., 2011). 图布纳（Teubner）提到了约瑟夫·胡贝尔（Joseph Huber）、亚罗米尔·贝内斯（Jaromir Benes）以及迈克尔·库姆霍夫（Michael Kumhof）关于改革货币制度的建议，参见 Josef Huber, *Monetäre Modernisierung. Zur Zukunft der Geldordnung: Vollgeld und Monetative* (3d ed. 2013); Jaromir Benes & Michael Kumhof, *The Chicago Plan Revisited* (IMF WP/12/202)。

② 对于寻求了解不同的货币制度设计产生何种政治经济影响的法学研究，参见 Christine Desan, *Making Money: Coin, Currency, and the Coming of Capitalism* (2014); 关于概括并说明基于法律分析的改革导向理论，参见 Christine Desan, *Decoding the Design of Money*, The Eur. Fin. Rev. 24 (Feb. -Mar. 2015); Wolfgang Streeck, *The Crises of Democratic Capitalism*, 71 New Left Rev. 5 (Sept. -Oct. 2011)，他还试图阐明货币和金融在政治经济中的作用，并从这种理解中得出有关货币改革的建议。斯特雷克（Streeck）专注于货币的外部维度，即汇率政策解决经济失衡的潜力。

③ Roberto Unger, *What Should Legal Analysis Become?* (1996); Roberto Unger, *Democracy Realized: The Progressive Alternative* (1998).

④ Roberto Unger, *What Should Legal Analysis Become?*, 34 (1996).

别是财政政策在概念上和制度上的分离，阐述了德国的公法学者和联邦宪法法院①如何做到不仅参考经济学，还基于宪法原则将货币和金融的分离合理化。作为这种合理化的结果，他们开始“将法律理解为一种有目的的社会事业，朝着全面的福利和权利计划迈进”。② 这种合理化及其宪法化，巩固了特定的制度设计并使之免受批评、分析和变更。其次，笔者以欧洲中央银行（ECB）的最新做法为依据，批评了公法对货币和公共财政以及对现有货币和经济政策分离的合理化。欧洲央行的实践不但对这种合理化提出疑问，而且揭示了货币与经济政策之间的紧密联系和相互依存关系。再次，将公法学中的货币概念与货币政治经济学研究中产生的另类理解进行对比。这进一步证明了法律对货币的理解有限，以及其对当前货币制度设计的合理化正在以多种不同方式阻止人们的质疑，这些方式可以通过货币制度影响国家和社会关系。最后，本文得出的结论是，这项研究为不同的法律分析（即，旨在重新构想货币和金融制度，以克服当前的资本主义民主危机并促进民主实验，而不是永久性的货币紧缩状态）提供启发和指导。

二、货币和经济政策分离及其在法学理论和判例法中的合理化和宪法化

法律分析要认识到货币的制度设计在改变政治经济和加强民主方面的潜力，需要承认货币制度的偶然性和可变性，以及货币在国家与经济之间、政府与社会之间错综复杂的社会联系。在本节中，笔者试图证明德国的公法学说和判例法如何使特定的制度设计合理化和宪法化，从而使其免受批判和政治干扰。首先，笔者将阐述欧洲经济与货币联盟现行法律架构中货币政策与经济政策分离的主要制度特征；其次，笔者阐释了德国公法学界对货币的理解，这是个人自由的基础和现代国家地位的前提，它构成了这种分离的概念基础；最后，笔者基于对货币的理解，重构了学术和判例法是如何将货币的法律架构合理化的，以及欧洲货币联盟是如何将货币的法律架构宪法化的。

---

① 我专注于德国的法学理论研究，以响应德国对这种特殊制度设计的要求。因为在欧洲货币联盟成立之前，这种分离在德国已经非常明显，而现在在欧洲货币联盟中更为明显。

② Roberto Unger, *What Should Legal Analysis Become?*, 36 (1996).

（一）当前法律架构中货币和经济政策的分离

在欧洲货币一体化之前，货币和经济政策以及货币与公共财政之间的分离趋势已成为德国货币法律体系的特征，而欧洲经济与货币联盟①的现行法律体系复制进一步巩固了这种分离趋势。在德国，联邦银行自1957年成立以来，在行使发行货币和实施货币政策的职责时，相对独立于其他政府机构的运作。②相比之下，财政预算是行政机关和议会的特权。德国宪法规定，税收应成为公共财政的主要来源。③除了收取税款和以其他应收款的形式产生收入外，国家还通过发行主权债券等方式为公共投资筹集资金。自2011年被纳入《德国基本法》以来，所谓的“债务遏制（要求）”从数量上限制了公共预算通过债务筹集资金的能力。④

货币政策与包括财政在内的经济政策之间的区别也是欧洲经济与货币联盟的主要特征之一。它反映在《欧盟运行条约》（*Treaty on the Functioning of the European Union*，TFEU）的第8章——经济和货币政策中。那些已经完成货币一体化最后阶段并成为欧元区一部分的成员国，已将其货币政策权力移交给了欧盟。就这些国家而言，货币政策是欧盟的专有权限，它由欧洲中央银行和国家中央银行组成的欧洲中央银行系统（ESCB）行使。⑤欧洲中央银行系统的基本任务是确定和实施欧洲联盟的货币政策。⑥欧洲央行和国家中央银行在执行其任务时，必须以维持币值稳定为主要目标。⑦许多法律规定力求确保欧洲央行的独

---

① 应当指出的是，尽管条约规定“欧盟应建立经济和货币联盟”（《欧盟条约》第3条第4款），但仅仅是说货币联盟是正确的方向，因为成员国尚未完全将其经济政策权移交给欧盟。

② 关于联邦银行在货币一体化之前的货币政策目标，其中不仅包括货币稳定，而且可以说还包括了充分就业和经济增长，See Markus Roth, *Beschäftigung als gelpolitisches Ziel der Europäischen Zentralbank*, Soziales Recht 141 (2015).

③ 公法学界和联邦宪法法院谈到税收国家原则（Prinzip des Steuerstaats），Bundesverfassungsgericht [BVerfGE] [Federal Constitution Court], 78 Entscheidungen des BverfGE 249, 266 et seq.

④ 参见《德国基本法》第109条第3款，《促进经济稳定增长法》第4条。

⑤ 参见《欧盟运行条约》第282条第1款。

⑥ 参见《欧盟运行条约》第127条第2款。

⑦ 参见《欧盟运行条约》第127条第1款。

立性，以及其他成员国国家银行与其政府机构之间的独立性。①

虽然欧盟对以欧元为货币的成员国拥有独家的货币政策权限，但其在经济（包括财政）政策领域的权限则较为有限。成员国应将其经济政策视为共同关心的问题，并应在理事会内部进行协调。②此外，欧盟法律旨在对成员国实施财政纪律，特别是通过《稳定与增长公约》，该公约规定成员国有义务避免过度赤字，③ 并规定了执行这一义务的程序。④ 所谓的“不救助条款”，是指禁止欧盟和成员国承担政府或其他公共当局的债务承诺；⑤ 根据禁止货币融资的规定，⑥ 欧洲央行和成员国的中央银行不得向政府提供信贷，也不得在一级市场上购买政府债券。

（二）德国公法学界眼中的货币：个人自由的基础和现代国家地位的前提

货币和经济政策，货币和公共财政在制度上分离的理由经常借鉴经济理论。尽管德国的公法学界也从经济学中汲取了灵感，但它对货币及其宪法功能已经建立了自己的理解。在这种理解的基础上，德国公法学者将货币的法律架构合理化，尤其是将货币政策和财政政策的严格分离，这在禁止货币融资的规定中得以体现。从公法学术成果中获得的对货币及其构成功能的理解是相当统一的。鉴于学者们对货币的理解已达成广泛共识，人们可能会好奇他们选择的来源和参考文献（折衷主义），他们的论证风格似乎也令人印象深刻；让·博丹（Jean Bodin）、列宁（Lenin）、陀思妥耶夫斯基（Dostoyevsky）、黑格尔（Hegel）等

---

① 根据《欧盟运行条约》第130条，欧洲央行和国家中央银行均不得寻求或接受欧盟机构或成员国政府的指示；《欧盟运行条约》第282条第3款规定，欧洲央行有义务独立行使其权力并管理其财务。

② 参见《欧盟运行条约》第121条第1款。

③ 参见《欧盟运行条约》第126条。对于政府预算赤字，参考值为GDP的3%，对于政府债务，参考值为GDP的60%。

④ 在欧债危机的过程中，欧盟对《稳定与增长公约》进行了所谓的“六项改革”。

⑤ 参见《欧盟运行条约》第125条。

⑥ 参见《欧盟运行条约》第123条第1款。

人的引文或格言，几乎都取代了法律分析。①

公法学界密切关注着货币宪法功能的确立，但大多只是隐含地遵循将货币归因于主流的经济理论，即以货币充当交换媒介、单位账户和价值存储的功能。②然而，公法学界的成果不止于此，公法学界认为货币不仅仅是经济交易的促进者和资本主义经济中的必要要素；相反，在公法中，货币成为个人自由的基础。货币使公民的自由成为可能；③没有货币，当今世界几乎不可能实现个人自由。④陀思妥耶夫斯基在这方面提供了这样的选择："货币是铸造出来的自由。"⑤

除了将货币视为个人自由的基础之外，公法学界还赋予货币第二个宪法功能：货币是现代国家地位的前提。强调这一发现的最受欢迎的箴言来自让·博丹（Jean Bodin）"财政是国家的神经系统"⑥和列宁（Lenin）"破坏社会的最有效方法是破坏其货币"。⑦这源自对货币状态功能变化的理解。随着现代国家任务的增加，政府不再能够依靠实物税收，它需要以货币的形式产生收入来支

---

① 笔者的观察结果主要基于一部重要的有关德国宪法的9卷著作的贡献，Josef Isensee & Paul Kirchhof（EDS.），*Handbuch des Staatsrechts der Bundesrepublik Deutschland*, as well as on Christoph Herrmann, *Währungshoheit, Währungsverfassung und subjektive Rechte*（2010）and Christoph Ohler, *Bankenaufsicht und Geldpolitik in der Währungsunion*（2015）。

② 例如，参见 Christoph Herrmann, *Währungshoheit, Währungsverfassung und subjektive Rechte*, 149（2010）. 应当指出的是，货币作为支付手段的功能似乎经常被归入交换媒介的功能之下。这种缺乏区别的情况表明，货币被认为是独立于法律秩序而存在的，通过宣布其法定货币的地位使货币成为一种支付手段。

③ Christian Waldhoff, *Grundzüge des Finanzrechts des Grundgesetzes*, in 5 Handbuch Des Staatsrechts Der Bundesrepublik Deutschland 813, §116, para. 9（Josef Isensee & Paul Kirchhof eds., 3d ed. 2007）.

④ Christoph Herrmann, *Währungshoheit, Währungsverfassung und subjektive Rechte*, 145（2010）.

⑤ Fyodor Dostoevsky, *Notes from a Dead House*（1862）.

⑥ Klaus Vogel, *Der Finanz-und Steuerstaat*, in 2 Handbuch Des Staatsrechts Der Bundesrepublik Deutschland 843, §30（Josef Isensee& Paul Kirchhof eds., 3d ed. 2004）; Michael Kloepfer, *Finanzverfassungsrecht mit Haushaltsverfassungsrecht* 1（2014）.

⑦ 引自 Milton Friedman, *Capitalism and Freedom* 39（2002），并从中引用了许多关于货币的法学论文。

付诸如军事服务之类的公共支出。①政府行动的能力取决于货币，②基于货币是现代国家的前提条件，公法学者进一步将货币作为宪法的前提条件。③ 尽管这一说法承认了货币与国家之间的错综复杂的联系，④但对它们之间关系的描述却令人惊讶的单薄。货币与公共财政之间的紧密联系被简化为将货币的存在作为主要通过税收产生的公共财政的前提条件。例如，公法学者克里斯托夫·赫尔曼（Christoph Herrmann）写道：

从国家的角度来看，我们可以补充说，只有货币（对作为交换媒介、账户单位和价值存储而起作用的货币）的存在才能使国家根据民主目标提供公共产品并奉行经济和社会政策。因为这些目标取决于国家能否从其国民的经济成果中获得一部分收入，这些收入不是实物形态的，而是国家以货币以及税收形式为其自身的目的而征收的。⑤

---

① Christian Waldhoff, *Grundzüge des Finanzrechts des Grundgesetzes*, in 5 Handbuch Des Staatsrechts Der Bundesrepublik Deutschland 813, § 116, para. 1 (Josef Isensee & Paul Kirchhof eds., 3d ed. 2007).

② Klaus Vogel, *Der Finanz – und Steuerstaat*, in 2 Handbuch Des StaaTsrechts Der Bundesrepublik Deutschland 843, paras. 2, 3 (Josef Isensee& Paul Kirchhof eds., 3d ed. 2004); Christian Waldhoff, *Grundzüge des Finanzrechts des Grundgesetzes*, in 5 Handbuch Des Staatsrechts Der Bundesrepublik Deutschland 813, § 116, para. 2 (Josef Isensee & Paul Kirchhof eds., 3d ed. 2007).

③ Klaus Vogel, *Der Finanz–und Steuerstaat*, in 2 Handbuch Des Staatsrechts Der Bundesrepublik Deutschland 843, paras. 19 (Josef Isensee& Paul Kirchhof eds., 3d ed. 2004)。

④ Klaus Vogel, *Der Finanz–und Steuerstaat*, in 2 Handbuch Des Staatsrechts Der Bundesrepublik Deutschland 843, paras. 2 (Josef Isensee& Paul Kirchhof eds., 3d ed. 2004); Christian Waldhoff, *Grundzüge des Finanzrechts des Grundgesetzes*, in 5 Handbuch Des Staatsrechts Der Bundesrepublik Deutschland 813, § 116, para. 9 (Josef Isensee & Paul Kirchhof eds., 3d ed. 2007); Christoph Herrmann, *Währungshoheit, Währungsverfassung und subjektive Rechte*, 146 (2010).

⑤ Christoph Herrmann, *Währungshoheit, Währungsverfassung und subjektive Rechte*, 149 (2010). 德文原文如下：Aus der Sicht des Staates tritt hinzu [zur Funktion des Geldes als Tauschmittel, Maßeinheit und Wertübertragungs–und Wertaufbewahrungsmittel], dass erst die Existenz von Geld ihm die Bereitstellung öffentlicher Güter sowie die weitläufigen Möglichkeiten wirtschaftlicher und sozialer Lenkung nach Maßgabe eigener, demokratisch gesetzter Ziel–und Zweckvorstellungen ermöglicht; hängen diese doch davon ab, dass der Staat den von ihm beanspruchten Teil des wirtschaftlichen Erfolgs seiner Bürger nicht in Naturalien sondern als Finanz–und Steuerstaat in Geld abschöpfen und dann für seine Zwecke verwenden kann. 货币不仅可以用来履行政府的财政义务，而且货币的存在还可以对收入、支出和服务生产进行征税。参见 Charles Goodhart, *The Two Concepts of Money: Implications for the Analysis of Optimal Currency Areas*, 14 Eur. J. Of Pol. Econ. 407, 416 (1998)。

尚待检验的是，政治组织和政府在多大程度上构成货币的前提条件。货币作为现代国家地位的前提的观点，忽视了货币的创造过程和政府在其中的作用。货币被描绘成先于现代国家存在的一种角色，而在此描绘中政府的任务被简化为提供、管理和花费这些现有的货币。①

将货币理解为是一种独立于国家的存在，并根据货币的存在来理解国家，这可以解释为公法学者不加批判地继承了经济学家公之于众的观点，即，货币的演化描述为一种过程驱动（一个由寻求最小化交易成本的私人经济行为者所驱动的过程）。②坚持这种观点的进一步解释可能在于国家和公民社会之间的区别，这是自由宪治的基础，也是许多公法学理论的基础。货币被认为属于民间社会领域；它是公民社会进行经济活动的媒介。承认国家在创造货币中的政治作用超越其作为货币价值的中立保护者的作用，可能会破坏将公民社会视为与政治和国家相分离的概念。③自由宪治承认税收而非货币作为国家与公民社会之间的主要纽带。正如宪法学者克劳斯·沃格尔（Klaus Vogel）所指出的，现代国家是税收国家，是国家与经济分离的结果，这意味着它主要通过税收而不是通过直接参与经济生产来产生公共收入。④税收不仅仅是向政府提供财政支持并

① Klaus Vogel, *Der Finanz-und Steuerstaat*, in 2 Handbuch Des Staatsrechts Der Bundesrepublik Deutschland 843, paras. 3 (Josef Isensee& Paul Kirchhof eds., 3d ed. 2004); Christian Waldhoff, *Grundzüge des Finanzrechts des Grundgesetzes*, in 5 Handbuch Des Staatsrechts Der Bundesrepublik Deutschland 813, § 116, para. 1 (Josef Isensee & Paul Kirchhof eds., 3d ed. 2007).

② 参见施特雷克对德国社会学坚持货币作为政治上中立的交换媒介的经济概念的看法：Wolfgang Streeck, *Why the Euro Divides Europe*, New Left Review 95, 5, 9-10 (2015). 考虑到主流经济学中货币的演变以及强调国家核心作用的另一种观点，参见 Charles Goodhart, *The Two Concepts of Money: Implications for the Analysis of Optimal Currency Areas*, 14 Eur. J. of Pol. Econ. 407, 416 (1998). 关于解释货币独立于国家的演变的经济货币观点的成功，Goodhart 假设它“也可能反映出经济学家对由私人部门成本最小化所决定的制度的规范性偏好，而不是更为混乱的政治因素”。Charles Goodhart, *The Two Concepts of Money: Implications for the Analysis of Optimal Currency Areas*, 14 Eur. J. of Pol. Econ. 409 (1998)。

③ 参见查尔斯·布兰卡特（Charles Blankart）对阿巴·勒纳（Abba Lerner）的评论：Charles B. Blankart, *Öffentliche Finanzen in der Demokratie: Eine Einführung in die Finanzwissenschaft* 395 (8th ed. 2011). 关于 Abba Lerner 的功能金融理论，见下文第三节。

④ Klaus Vogel, *Der Finanz-und Steuerstaat*, in 2 Handbuch Des Staatsrechts Der Bundesrepublik Deutschland 843, paras. 52 (Josef Isensee& Paul Kirchhof eds., 3d ed. 2004).

让政府有钱支付其支出的手段；它还被理解为通过再分配来减轻行使个人经济自由时遭到侵害的一种手段。据沃格尔所说，“税收国家”是一个福利国家，是一个被驯服的资本主义国家。用保罗·基希霍夫（Paul Kirchhof）的话说，税收是勋章的反面，其正面体现了自由原则。①

因此，即使公法学界确定了货币与公共财政之间的紧密联系，但感知这种联系的方式导致了二者的分离。这不仅体现在制度设计上，还体现在将货币和公共财政作为公法中不同子领域的学术成果划分上。一方面，德国公法学界在概念上区分了解决货币法律秩序基本问题的货币/货币宪法（Geld -/Währungsverfassung）和关于公共财政基本问题的公共财政宪法（Finanzverfassung）；另一方面，这种区别体现在学术专著和论文中，这些专著和论文通常涉及货币法或公共财政法。②在公法学科的细分中，一些学者关注的是货币宪法，另一些学者关注财政宪法，这进一步加强了概念上的分离，导致在货币制度与公共财政制度之间的相互联系方面存在研究空白。③

---

① Klaus Vogel, *Der Finanz-und Steuerstaat*, in 2 Handbuch Des Staatsrechts Der Bundesrepublik Deutschland 843, paras. 58 (Josef Isensee& Paul Kirchhof eds. , 3d ed. 2004); Paul Kirchhof, *Die Steuern*, in 5 Handbuch Des Staatsrechts Der Bundesrepublik Deutschland 959, § 118 (Josef Isensee& Paul Kirchhof eds. , 3d ed. 2007).

② Josef Isensee & Paul Kirchhof (EDS.), *Handbuch des Staatsrechts*, *Volume* 5: *Rechtsquellen*, *Organisation*, *Finanzen* (3rd ed. 2007). 这包含由不同作者撰写的有关财政宪法和货币宪法的单独章节，包括：Christian Waldhoff, *Grundzüge des Finanzrechts des Grundgesetzes* § 116, and Reiner Schmidt, *Geld und Währung* § 117；关于货币宪法，参见 Christoph Herrmann, *Währungshoheit*, *Währungsverfassung und subjektive Rechte* (2010); Hugo J. Hahn & Ulrich Häde, *Währungsrecht* (2d ed. 2010)；关于财政宪法，参见 Michael Kloepfer, *Finanzverfassungsrecht mit Haushaltsverfassungsrecht* (2014)。

③ 也见 Charles Goodhart, *The Two Concepts of Money*: *Implications for the Analysis of Optimal Currency Areas*, 14 Eur. J. of Pol. Econ. 416 (1998). (也有类似观点指出，经济学缺乏对货币与税收之间联系的分析)。货币与金融之间的联系是多种多样的，包括但不限于主权债券在货币创造过程中的作用，货币政策对主权债券利息收益的影响以及商业银行货币创造的影响。为了缩小对这些联系的研究差距，还需要与私人律师合作。克里斯汀·德桑（Christine Desan）的作品填补了现代早期英格兰关于货币和金融的空白：Christine Desan, *Making Money*: *Coin*, *Currency*, *and the Coming of Capitalism* (2014)；关于主权债券和中央银行创造货币之间的联系，也见 Geoffrey Ingham, *The Nature of Money*, ch. 7 (2004)。

（三）货币法律体系的合理化和宪法化

公法对货币作为个人自由和个人先决条件的基础的理解，不仅是现代国家地位的基础，也是宪法的前提，这为货币法律体系的合理化和宪法化提供了概念基础。在第一步论证中，公法学界从货币的宪法功能中衍生出国家确保货币功能正常运转和保护货币价值的责任。在第二步论证中，它合理化了给定的货币法律体系，尤其是在中央银行的独立性和禁止货币融资（prohibition of monetary financing）方面，以便履行这一职责。随着欧洲货币联盟（European Monetary Union）的出现，该法律体系通过条约法而被宪法化，因此不再可能通过简单的国内立法来加以更改。鉴于公法学界将货币理解为个人自由的基础以及现代国家地位及其构成的存在基础，公法学界从这种理解中衍生出国家对保证货币的运转的首要责任就不足为奇了。①一些学者补充道，国家对货币秩序的责任源于国家已拥有发行货币和执行货币政策权力的事实。②这一观点再次指出了一个基本假设，即货币先于国家存在，它的存在归功于私人订购，只是后来才由国家负责。③根据对货币作为交换媒介、账户单位和价值存储功能的了解，确保货币秩序正常运行的责任主要是保护货币的价值。

德国的公法学术成果在许多宪法条款中都规定了保护货币价值的责任，但其中有两项并没有明确提及：《基本法》第 109 条第 2 款（有义务充分考虑总体经济平衡的要求）；《基本法》第 20 条第 1 款（社会国家原则）和《基本法》

---

① Christian Waldhoff, *Grundzüge des Finanzrechts des Grundgesetzes*, in 5 Handbuch Des Staatsrechts Der Bundesrepublik Deutschland 813, § 116, para. 9 (Josef Isensee & Paul Kirchhof eds., 3d ed. 2007); Reiner Schmidt, *Geld und Währung*, in 5 Handbuch Des Staatsrechts Der Bundesrepublik Deutschland 935, § 117, para. 6 (Josef Isensee& Paul Kirchhof eds., 3rd ed. 2007).

② 对国家保护货币价值的责任的额外支持来自于私法的名义价值主义原则，根据该原则，货币的价值取决于其名义价值。换句话说，名义价值主义意味着付款义务的范围通常是名义上确定的，而不是由货币的购买力决定的，Hugo J. Hahn & Ulrich Häde, *Währungsrecht* 32 et seq (2d ed. 2010)。

③ 正如已经指出的，货币“没有国家就可以发行”的观点在经济学中得到了充分的支持。例如，弗里德里希·哈耶克（Friedrich Hayek）提倡将货币发行去国家化。参见 Friedrich A. Hayek, *Entnationalisierung des Geldes* (1977)。

第 14 条（财产权）。①根据德国联邦宪法法院的意见，财产权并不像某些法学学者所主张的那样是一种保护货币价值的个人权利。法院的推理主要基于以下事实：货币价值取决于许多不同因素，包括价格、工资、利息，而且由于这些不同因素，国家无法保证货币价值不发生改变。②尽管如此，公法学界将宪法的财产保证视为国家为提供有效的货币秩序而建立的客观责任。③随着欧洲货币联盟的建立，不再是只有德国一个国家来承担货币秩序保证人的责任，货币联盟及其经济体已成为货币的共同保证人。④

在确立了政府的职责以提供有效的货币秩序并保护货币价值之后，公法学界便合理化了货币秩序的现有法律架构以履行这一职责。公法学者认为“货币宪法”是指基本的法律规范，尤其是中央银行的独立性、追求币值稳定的主要任务以及禁止货币融资，这些将确保货币作为市场经济的基础的功能，从而成为个人自由和国家存在的基础。⑤

这种“货币宪法”的前提是，不能信任政治机构能够有效保护货币的价值。然而，信任被视为维持货币价值的关键。⑥在法定货币体系中，民主选举的

---

① Reiner Schmidt, *Geld und Währung*, in 5 Handbuch Des Staatsrechts Der Bundesrepublik Deutschland 935, § 117, paras. 21, 22, 23 (Josef Isensee& Paul Kirchhof eds., 3rd ed. 2007); Christoph Herrmann, *Währungshoheit*, *Währungsverfassung und subjektive Rechte* 185 (2010).

② Bundesverfassungsgericht [BVERFG] [Federal Constitutional Court], Mar. 31, 1998, Entscheidungen Des Bundesverfassungsgerichts, Case No. 2 BvR 1877/97, 97, 350.

③ Reiner Schmidt, *Geld und Währung*, in 5 Handbuch Des Staatsrechts Der Bundesrepublik Deutschland 935, § 117, para. 23 (Josef Isensee& Paul Kirchhof eds., 3rd ed. 2007).

④ Bundesverfassungsgericht [BVerfG] [Federal Constitutional Court], Case No. 2 BvR 2134/92, 2 BvR 2159/92, 89 Entscheidungen Des Bundesverfassungsgerichts [BVERFGE] 155, 174 (Oct. 12, 1993).

⑤ Christoph Herrmann, *Währungshoheit*, *Währungsverfassung und subjektive Rechte* 149 (2010); 除了 Christoph Herrmann 的论述外，关于货币构成的此类论述，特别是参见 Christoph Ohler, *Bankenaufsicht und Geldpolitik in Der Währungsunion* (2015), and Reiner Schmidt, *Geld und Währung*, in 5 Handbuch des Staatsrechts Der Bundesrepublik Deutschland 935, § 117, para. 6 (Josef Isensee& Paul Kirchhof eds., 3rd ed. 2007); 关于禁止货币融资，参见 Jörn A. Kämmerer, *Kommentar zur Europäischen Währungsunion*: *EWU* 150, para. 5 (Helmut Siekmann ed., 2013)。

⑥ Christoph Ohler, *Bankenaufsicht und Geldpolitik in der Währungsunion* 2 (2015) (引自 Milton Friedman & Anna Schwartz)。

政府官员可能会试图滥用货币权力来追求短期利益从而危及长期利益。①尤其是货币融资，行使货币主权以产生公共资金被视为对货币价值的威胁，因为这不但会破坏人们对货币价值的信任，而且会导致通货膨胀。为了保护货币价值免受政治家们“开动印钞机”的诱惑以及影响，需要建立独立于政府机构运作的中央银行。独立性是为了使中央银行能够执行可信的货币政策，以实现维护币值稳定的目标，以此作为货币价值稳定的指标。② 反过来，政府可能不会发行货币来为公共预算筹集资金，但必须依靠通过资本市场征税或债务融资来实现这一目的。禁止货币融资被认为是确保公共财政中立的必要手段。③ 公共预算的处理类似于私人家庭的预算方式，从该类比得出的结论是，国家仅应根据以下规定在资本市场上承担债务：其信誉度“与其他资本市场参与者一样”。④

在欧洲经济和货币联盟中，货币和财政政策的分离已达到前所未有的程度，并且“货币宪法”的基本规范确实已宪法化，因为它们已成为条约法的一部分，因此已无法从立法中撤回并更改。欧洲央行的独立性和《欧盟运行条约》第 123 条中禁止货币融资（信用贷款）的法律等级高于成员国宪法，只能通过条约修正程序加以修改。⑤因此，欧洲央行与成员国政府的隔离程度大于联邦银行与德国政府的隔离程度。⑥尽管欧洲货币联盟的这种制度设计特征一直受到一些严厉批评，但联邦宪法法院赞成公法对货币宪法的合理化，这也与欧洲货币联盟的货币法律体系有关。

长期以来，一些经济学家一直批评货币和经济政策在以不同的速度融合。

---

① 在公共选择的术语中，这种情况被称为时间不一致问题。参见 Emanuel Towfigh, *Rational Choice and its Limits*，载于本专刊。

② 货币价值和价格稳定性之间的联系是由购买力提供的，它是货币价值的一种普遍接受的表达方式。参见 Christoph Ohler, *Bankenaufsicht und Geldpolitik in der Währungsunion* 8 (2015)。

③ Reiner Schmidt, *Geld und Währung*, in 5 Handbuch Des Staatsrechts Der Bundesrepublik Deutschland 935, § 117, para. 5 (Josef Isensee& Paul Kirchhof eds., 3rd ed. 2007).

④ Jörn A. Kämmerer, *Kommentar zur Europäischen Währungsunion*: *EWU* 150, para. 5 (Helmut Siekmann ed., 2013).

⑤ 参见《欧盟条约》第 48 条。

⑥ Chiara Zilioli & Martin Selmayr, *The Law of the European Central Bank* 32-35 (2001). 为了准备货币一体化，德国宪法作出修改，《基本法》第 88 条第 2 款现在明确规定欧洲央行“致力于确保价格稳定的首要目标”。

他们警告说，放弃货币自治将使欧盟成员国失去解决欧元区经济失衡的重要政策工具。批评者认为，这种经济失衡或不对称冲击很可能会持续下去，而不会被充分的劳动力流动、工资灵活性或财政转移所吸收，而这通常是“最佳货币区”① 所必需的，但欧盟却没有。欧元区各国政府可能不再使用货币政策工具（例如，降低利率以刺激投资或通过货币贬值以增加出口）来应对这种经济冲击。②尽管它们仍可能采取财政措施，但其财政政策也只能在一定范围内，并受到寻求实行财政纪律的欧盟规范的限制。查尔斯·古德哈特（Charles Goodhart）提出了一种更基本的批评，他认为最佳货币模型本身应被批评为对货币的理解不足，即，对货币的理解不顾历史和经验事实，认为货币独立于现实而存在。在此之前，政府和公共财政政策是统一的。对于古德哈特而言，欧洲货币联盟代表了货币能力和财政能力之间史无前例的分离，而且是那种令人不快的“离婚”。③

欧洲经济和货币联盟的批评者也提出了各种法律异议。其中之一，是对货币联盟的制度设计违反民主原则的批评，这对公法学者将货币政策与经济政策严格分离的合理化提出了严峻挑战。它违反了高阶宪法原则，即，民主政府与赋予货币作为宪法国家存在基础的功能背道而驰。然而，联邦宪法法院在其马斯特里赫特（Maastricht）判决中对这一挑战做出了回应，验证了公法学界提出的中央银行独立性的合理性。尽管从表面上看，该判决将中央银行的独立性视为需要辩解的民主原则的例外，但该判决也可以被解释为，中央银行的独立是民主的前提，在这一点上该判决紧随甚至超越了公法理论。

法院将民主挑战重新定义为：通过维持货币的价值来支持个人自由，并通过控制货币供应来影响公共财政和那些依赖公共财政的政治领域，已从货币持

① 参见 Robert A. Mundell, *A Theory of Optimum Currency Areas*, 51 Am. Econ. Rev. 657 (1961)。

② 参见 Barry Eichengreen & Jeffry Frieden, *The Political Economy of European Monetary Unification: An Analytical Introduction*, 5 Econ. & Pol. 85 (1993).

③ Charles Goodhart, *The Two Concepts of Money: Implications for the Analysis of Optimal Currency Areas*, 14 Eur. J. of Pol. Econ. 407, 416 (1998).

有人的权限中撤回主权权利和（未经条约修正）来自对职能和程序的立法控制。①

该声明显然受到德国央行货币政策风格的影响，但也反映了公法学者对货币宪法秩序的合理化。它假定货币政策的主要目标是“维持货币的价值”，并补充道，实现这一目标的方法是“控制货币供应”。受影响的“政治领域”这一特殊概念，提供了法院驳斥民主原则受到不当损害的挑战的依据。法院认为，将权限转移给优先考虑货币稳定的独立欧洲央行是合理的：

因为考虑到在德国体系中建立经过科学证明的特殊因素——独立的中央银行，它更有可能保护货币价值。因此在维持国家预算政策、私人计划和控制的总体经济基础上，央行的经济自由度高于主权政府机构。②

该论点可以重新表述如下：强制性地建立一个与政治隔绝的中央银行，其货币政策的执行旨在实现货币稳定，而不是侵犯民主自治，这实际上是在保护民主基础、个人自由和行使这种自由所需的物质安全以及国家预算。在这种解读中，货币从现代国家及其宪法的前提上升至民主的前提，并由一个独立的中央银行加以保护。因此，将中央银行独立性和币值稳定作为货币政策宪法化的首要目标，这将是民主制度的财富而不是问题。

联邦宪法法院也对马斯特里赫特条约的经济政策提出了批评，即从长远来看，将货币政策的权力分配给欧盟是不可持续的，而成员国仍对经济政策负有主要责任。它是通过顺从政治程序来做到这一点的。针对申诉人担心货币联盟会通过“后门”引入经济联盟的问题，联邦宪法法院承认“（这）可能有正当

---

① Bundesverfassungsgericht [BVerfG] [Federal Constitutional Court], Case No. 2 BvR 2134/92, 2 BvR 2159/92, 89 Entscheidungen Des Bundesverfassungsgerichts [BVERFGE] 155, 174 (Oct. 12, 1993)；英文译文见：http://www.judicialstudies.unr.edu/JS_Summer09/JSP_Week_1/German%20ConstCourt%20Maastricht.pdf。

② 参见 *Securities Disclosure: Background and Policy Issues*, Congressional Research Service (Jun. 25, 2019), https://sgp.fas.org/crs/misc/IF11256.pdf。法院在 2014 年 1 月 14 日关于 OMT 的裁决中重申了这一结论：但是，（民主合法性）的限制仍然与民主原则兼容，因为它考虑到经过检验和科学证明的货币政策的特殊性，认为独立的中央银行更有可能维护货币稳定，从而维护其经济基础。预算政策，而不是国家机构，其行动取决于货币供应和价值，并且短期内需要依靠政治力量批准。Bundesverfassungsgericht [BVerfG] [Federal Constitutional Court], Case No. 2 BvR 2728/13, 134 Entscheidungen Des Bundesverfassungsgerichts [BVERFGE] 366 (Jan. 14, 2014), para. 59.（注意，“科学证明”被弱化为“科学记录”）。

理由，从政治角度讲，只有在经济联盟立即补充货币联盟的情况下，货币联盟才能实际被实施，而这个经济联盟超出了成员国和共同体经济政策的简单协调”。①此外，它引用了德国央行主席的观点，即具有积极的经济和社会政策的国家之间的货币联盟，只能在一个具有所有“公共财政的基本功能”的政治联盟内实现。② 尽管人们对没有经济和政治联盟的货币联盟的可行性表示怀疑，但法院指出，继续进行货币联盟是一项政治决定，“有关政府机构必须对此承担政治责任”。③如果货币一体化失败，则需要对条约加以修正以扭转货币联盟，或以经济和政治联盟对其补充。

鉴于法院随后的判例法，似乎对后一种选择有些不屑一顾，该判例法对《基本法》第79条第3款所保护的源自宪法认同的财政一体化设定了限制。虽然从个人自由和保护民主政府的角度出发，从民主政府收回货币政策制定权是合理的，但法院认为公共财政和预算权力是民主政府的核心能力。法院认为，批准国家预算的权力是议会对行政机关控制职能的核心，④而税收权也构成了宪法认同的一部分。⑤因此，法院在维持将货币权力转移给独立的欧洲央行的合宪性的同时也设定了将实质性财政权力转移给欧盟的宪法障碍。⑥

① Bundesverfassungsgericht [BVerfG] [Federal Constitutional Court], Case No. 2 BvR 2134/92, 2 BvR 2159/92, 89 Entscheidungen Des Bundesverfassungsgerichts [BVERFGE] 29 (Oct. 12, 1993).

② Bundesverfassungsgericht [BVerfG] [Federal Constitutional Court], Case No. 2 BvR 2134/92, 2 BvR 2159/92, 89 Entscheidungen Des Bundesverfassungsgerichts [BVERFGE] 29 (Oct. 12, 1993), para. 30.

③ Bundesverfassungsgericht [BVerfG] [Federal Constitutional Court], Case No. 2 BvR 2134/92, 2 BvR 2159/92, 89 Entscheidungen Des Bundesverfassungsgerichts [BVERFGE] 29 (Oct. 12, 1993), para. 30.

④ Bundesverfassungsgericht [BVerfG] [Federal Constitutional Court], Case No. 2 BvR 987/10; 2 BvR 1485/10; 2 BvR 1099/10, 129 Entscheidungen Des Bundesverfassungsgerichts [BVERFGE] 124 (Sept. 7, 2011).

⑤ Bundesverfassungsgericht [BVerfG] [Federal Constitutional Court], Case No. 2 BvE 2/08; 2 BvE 5/08; 2 BvR 1010/08; 2 BvR 1022/08; 2 BvR 1259/08; 2 BvR 182/09, 123 Entscheidungen Des Bundesverfassungsgerichts [BVERFGE] 267 (Jun. 30, 2009) para. 252.

⑥ Cf. Christoph Herrmann, *Die Bewältigung der Euro-Staatsschulden-Krise an den Grenzen Des deutschen und europäischen Währungsverfassungsrechts*, EuropÄische Zeitschrift Für Wirtschaftsrecht 805, 807 (2012).

综上所述，德国公法对货币及其制度的理解和合理化呈现出以下情况：公法对货币的处理是由占主导地位的货币模型所决定的。根据这种模型，货币构成了最初从民间社会内部产生的交换媒介，而国家随后接管了这种货币权力；然而，尽管有货币权威的前提假设，但国家在货币创造过程可以而且应该保持中立。这种模式在经济学界的内部和外部都受到越来越多的批评，尤其是因为它忽略了政治和国家参与创造货币的活动。①然而，公法学界无疑地、有时似乎是不自觉地将其对货币的理解建立在这种经济模型上。它通过将其与宪法价值联系起来进一步巩固了这种理解，认为货币是个人自由和民主宪治的基础。德国联邦宪法法院甚至将中央银行独立性与控制通货膨胀之间的联系提升为科学真理，从而将其从社会安排的特殊性和背景中抽象出来。②法学界对法律分析的合理化及其得到联邦宪法法院的确认具有免除对货币法律体系的相关批评的作用，并排除了制度选择的想象力。③

那时，在欧洲货币联盟中，货币的法律体系已完全宪法化。中央银行的独立性授权，以及对货币融资的禁止已被纳入条约法的保护范围，从而进一步与政治隔离。即使联邦宪法法院强调了在欧洲经济与货币联盟失败情况下的政治责任，但对于应履行这种政治责任似乎是一种幻想，一方面的原因是事实的力量，另一方面的原因是宪法在财政一体化方面的障碍，这是法院本身在判例法中提出的问题。

---

① 参见 Charles Goodhart, *The Two Concepts of Money: Implications for the Analysis of Optimal Currency Areas*, 14 Eur. J. of Pol. Econ. 407, 416 (1998); David Graeber, *Debt: The First* 5, 000 *Years Paperback* (2011); Christine Desan, *Making Money: Coin, Currency, and the Coming of Capitalism* (2014)。

② Bundesverfassungsgericht [BVerfG] [Federal Constitutional Court], Case No. 2 BvR 2728/13, 134 Entscheidungen Des Bundesverfassungsgerichts [BVERFGE] 366 (Jan. 14, 2014), para. 59.

③ 参见 Roberto Unger 对合理化法律分析的评论, See Roberto Unger, *What Should Legal Analysis Become?*, 8 (1996)。

三、欧洲央行实践中货币与经济分离政策的崩溃：尝试性专家意见和专家政治

欧洲经济和货币联盟的当前发展似乎证明了怀疑者的正确性。事实上，欧元区的经济非但没有趋同，各国之间的差距还在扩大。同时，通过反对货币联盟或通过经济和政治联盟补充的政治责任尚不可见。取而代之的是，欧洲央行通过采用所谓的“非常规”或“非标准货币政策工具”，并结合结构调整以及对欧元区的谈判和监督的呼吁，成为欧洲经济和货币联盟重组的推动力。这种结构调整是经济援助条件的一部分。因此，欧洲央行被称为“万不得已的政策制定者”。①

欧洲央行的非标准货币政策可能只是最明显的迹象，它表明建立欧洲经济与货币联盟的基本原则之一（货币政策与经济政策之间的严格分隔）已经崩溃。非常规的货币政策及其合理性表明，欧洲央行不是联邦宪法法院和法学界所希望的中立的、基于规则的专家机构，其针对危机做出了尝试性的决策。尽管欧洲央行以追求货币目标为其政策辩护，但这些政策所带来的后果远远超出了保护货币价值的范围，它还包括金融动荡和收入的重新分配。欧洲央行意识到这些危险，作为回应，它呼吁政府的政治机构进行进一步的结构调整，以容纳这些新的变化。关于结构调整的内容，欧洲央行的意见简明扼要，并定期在通报中阐述。因此，从欧洲央行的最新实践来看，欧洲央行中基于规则的专家治理已被一种模糊货币和（其他）经济政策之间相区别的实验方法所取代。随之而来的，是政府的政治机构要越来越多地承受实施欧洲央行经济专家要求的结构调整的压力。

（一）尝试性的货币政策

在欧债危机过程中，欧洲央行在其标准利率工具库中增加了所谓的非常规

---

① Barry Eichengreen, *European Monetary Integration with Benefit of Hindsight*, 50 J. of Common Mkt. Stud. 123, 131 (2012). 具有讽刺意味的是，欧洲央行（作为距离选民最远的政府机构）当前的扩张性政策，似乎不仅是为了刺激经济，而且越来越多地是为了解决欧洲的社会不稳定局面。

或非标准工具，例如，2012年9月6日宣布的全面货币交易（OMT）计划或资产购买计划。①有人批评这些工具超出了欧洲央行为追求币值稳定而实施货币政策的职责范围。最直言不讳的批评者是那些要求欧洲央行回归标准货币政策的德国央行行长和经济学家们,②他们希望让其政策正好在其职权范围之内。然而，从欧洲央行维持货币价值的主要目标来看，它们的合理性揭示了货币政策与经济政策之间的分界线是多么脆弱，以及（非常规的）货币政策的确定取决于欧洲央行的实验，而这在很大程度上又取决于欧洲央行专家对实验的判断，这对于局外人来说很棘手。

让-克罗德·特里谢（Jean-Claude Trichet）在欧洲央行担任主席期间首先批准了非常规、非标准的货币政策措施，包括量化宽松政策（即大规模资产购买），并为这种新做法提出了详尽的论据。他曾解释道，他们的目标是消除传统利率政策的传导障碍。③根据特里谢的说法，在欧元区，非标准货币工具不仅是标准货币工具的延续，其一旦被采用就会被广泛的执行。一旦利率政策为经济注入新流动性的能力耗尽，相当有必要采取非标准措施，以确保货币政策在整个欧元区的有效性及其有效传导。例如，这种有效的传导会因在财政上陷入困境的各个国家的主权债券产生的利息要比其他欧元区成员国高得多而受到阻碍。欧洲央行提出的针对非常规货币政策的理由在向欧盟法院提交的OMT诉讼中起着至关重要的作用。欧洲央行副主席克鲁兹·比利亚隆（Cruz Villalón）重申了这一观点，这为央行在货币政策执行方面的专业知识提供了一个具有启发性的外部观点。

---

① Roubini 谈到非常规的货币政策，See Nouriel Roubini, *Unconventional Monetary Policy on Stilts*, Social Europe (Apr. 5, 2016), https://www.socialeurope.eu/2016/04/unconventional-monetary-policy-stilts/. 欧洲央行对其非常规货币政策的最新补充是2016年6月开始的计划，根据该计划，欧洲央行购买公司债券：欧洲中央银行2016年6月1日关于实施企业部门采购计划的第（EU）2016/948号决定（ECB/2016/16），https://www.ecb.europa.eu/mopo/implement/omt/html/index.en.html。

② Philip Plickert, *Deutsche Ökonomen werfen der EZB Staatsfinanzierung vor*, FAZ (Sept. 11, 2013), http://www.faz.net/aktuell/wirtschaft/eurokrise/neuer-appell-deutsche-oekonomen-werfen-der-ezb-staatsfinanzierung-vor-12569316.html.

③ Jean-Claude Trichet, *Reflections on the Nature of Monetary Policy Non-Standard Measures and Finance Theory*, ECB (Nov. 18, 2010), https://www.ecb.europa.eu/press/key/date/2010/html/sp101118.en.html.

克鲁斯·比利亚隆主席强调了欧洲央行的专业知识，这使其与其他机构区分开来：

实际上，条约只授予欧洲央行制定和实施货币政策的责任，为此目的而给予其实质性承担职能的资源。欧洲央行也有权使用这些资源性的知识、特别是有价值的信息，使其更有效地执行任务。同时随着时间的流逝，增强其技术专长和声誉。①

根据这一观点，正是由于获得专家知识和信息，欧洲央行才能评估是否需要采取非常规的货币政策措施来“疏通”欧盟的货币传导渠道。然而，主席假定欧洲央行享有获得专家知识的特权可能过于乐观。即使马里奥·德拉吉（Mario Draghi）不厌其烦地强调欧洲央行不是政治机构，而是按照既有规则行事，②其最近采用非标准政策措施的实践也表明，既没有明确的规则，也没有无可争议的科学知识。③德拉吉的前任特里谢本人坦言，欧债危机中的欧洲央行采取的行动“缺乏现有分析框架的指导”，而是依靠自己做出判断。这决定了货币政策的内容或货币政策与其他经济政策之间的分界线。④此外，特里谢呼吁“从各种理论角度和一系列经验方法中获取意见”，并提出以下观点：“必须培养公开辩论和多种观点，但在欧洲央行这样的机构中，这并非一件容易的事”。⑤

---

① Case C-62/14, Gauweiler v. Deutscher Bundestag, para. 110 (Jan. 14, 2015), http://curia. europa. eu/juris/ document/document. jsf? text=&docid=161370&pageIndex=0&doclang=en&mode=lst&dir=&occ=first&part=1&cid=.

② 参见 e. g., Mario Draghi, Introductory Statement, Hearing at the European Parliament's Economic and Monetary Affairs Committee, June 15, 2015, https://www. ecb. europa. eu/press/key/date/2015/html/sp150615_ 1. en. html。

③ 参见 Matthias Goldmann, *Adjudicating Economics? Central Bank Independence and the Appropriate Standard of Judicial Review*, 15 German L. J. 265 (2014)。

④ Jean-Claude Trichet, *Reflections on the Nature of Monetary Policy Non-Standard Measures and Finance Theory*, ECB (Nov. 18, 2010), https://www. ecb. europa. eu/press/key/date/2010/html/sp101118. en. html.

⑤ Jean-Claude Trichet, *Reflections on the Nature of Monetary Policy Non-Standard Measures and Finance Theory*, ECB (Nov. 18, 2010), https://www. ecb. europa. eu/press/key/date/2010/html/sp101118. en. html.

（二）专家主导的结构调整

如果我们看看货币政策在影响币值稳定之外的影响，就会发现，为了追求货币价值而放弃货币政策是不可能的。为了应对这些影响，欧洲央行更加坚决主张经济改革，即所谓的结构调整。一方面是结构调整，包括对劳动力市场的灵活性的调整，减少对受保护部门的准入壁垒以及减轻企业家的管理负担，这将提高欧洲央行政策的有效性。结构调整将通过提高经济适应冲击的能力，并确保欧洲央行利率政策在整个欧元区范围内的有效性，来补充欧洲央行为确保价格稳定所做的努力。①另一方面，监管改革应包含非常规货币政策的潜在有害影响，尤其是资产购买计划。

中央银行的大规模资产购买有两个直接影响：其一，它们增加了中央银行的商业银行准备金；其二，它们降低了所购买资产的利息收益率。这些影响将通过增加银行贷款和对具有更高利率收益的高风险资产的投资来刺激实体经济。但是，量化宽松的机制也可能产生许多次级效应，包括不平等的分配效应。英格兰银行在一项针对自己的量化宽松政策的研究中发现，尽管该政策增加了家庭的财富，但增长却分配不均，其中5%的家庭持有整个家庭类金融资产的40%。②此外，量化宽松政策可能会对养老基金和保险公司的投资收入产生负面影响，因为这些机构经常面临有关其投资的法律限制。根据法律规定，如果阻止他们投资于收益更大但风险更高的资产，而允许他们投资的资产利率下降，则其收入就会减少。最后，有警告称，量化宽松引发的货币创造可能不会刺激实体经济，而是会形成资产泡沫，从而增加再次发生金融危机的风险。③

欧洲央行承认这些危险。然而，现任主席德拉吉辩称，应由政治机构来应对此类危险。一方面通过放宽养老基金和保险公司的投资限制，另一方面通过

---

① Yves Mersch, *On European Unity*: *Economic and Institutional Challenges Facing Europe*, ECB (June 25, 2015), https://www.ecb.europa.eu/press/key/date/2015/html/sp150625.en.html.

② Bank of England, *The Distributional Effects of Asset Purchases*, Bank of Eng. Q. Bull. 186, 254 (2012 Q3).

③ Bank of International Settlements, 86*th Annual Report*. 1 April 2015-31 March 2016, 63 (June 26, 2016).

加强审慎监管。[①] 同时，欧洲央行驳回了一项更激进的资产购买计划的申请。根据该计划，欧洲央行将购买特定资产以加强特定的经济部门，例如，可持续盈利的能源领域。针对这些建议，德拉吉指出了欧洲央行的任务授权，并将其解释为不允许欧洲央行有目的地促进除币值稳定之外的任何其他经济目标，[②] 欧洲央行的沟通由此出现了一项针对货币和经济秩序的全面计划。欧盟和欧洲央行官员并不回避向政府提供明确指导，以使他们明确知道怎样使欧洲经济货币联盟取得成功。根据该计划，货币政策和经济政策（包括财政政策）是相辅相成的——离开彼此就无法成功。因此，这牵涉到对民主抉择的严格限制。

（三）如何使欧洲央行的实践与货币法律体系的合理化相吻合？

欧洲央行的最新实践证明，公法对货币法律体系的合理化是不可行的。它揭示了中央银行政策是如何变得越来越具有实验性，并给民主政治施加了压力，要求他们采取中央银行专家建议的特定政策。最终，支持体制安排的主要论证支柱瓦解了：为了保护个人自由、国家和民主，货币政策不是一个可以轻易与其他经济政策隔离的领域。

律师们对欧洲央行货币政策采取的两种普遍反应，无法令人信服地回答实践与理论之间的不匹配问题。紧随联邦银行之后的联邦宪法法院也批评欧洲央行超越其职权执行任务。[③] 然而，这种批评并未对欧洲央行如何以符合仅保护货币价值的政治中立这一理想的方式实施货币政策的问题给出肯定的答案。一些法律学者给出了另一种回应，他们对联邦宪法法院的第一个 OMT 判决做出了回应，呼吁司法限制并尊重中央银行的专业知识。他们指出，欧洲央行的任务是授权制定的，其中包括追求币值稳定以外的经济目标以及进一步的条约规定，

---

① Mario Draghi, Speech at the ECB and Its Watchers XVI Conference, ECB (Mar. 11, 2015), https://www.ecb.europa.eu/press/key/date/2015/html/sp150311.en.html.

② Transcript of the Hearing at the European Parliament's Economic and Monetary Affairs Committee, June 15, 2015, https://www.ecb.europa.eu/press/key/date/2015/html/sp150615_1.en.html. “你还问，这（较高的通货膨胀率）是否是我们实际做这件事的唯一原因，以及价格稳定是否是唯一原因？嗯，答案是肯定的；我们受授权的约束，该指令只涉及价格稳定”。

③ 2 BvR 2134/92, BvR 2159/92 In Re Maastricht Treaty, BVerfG, Oct. 12, 1993.

这为解释欧洲央行的政策符合法律规定留有余地。①公法学者的这一立场可能符合三权分立和对行政行为进行司法审查的学说，这往往会破坏该学科对货币的理解以及将其作为政治中立机构的货币制度的合理化，从而控制货币供应以维护货币币值稳定。这也引发了一个问题，即欧洲央行的做法如何使欧洲央行成为在私人债权人的力量阴影下进行民主政治的议程制定者，这可能与民主原则相吻合。②至少，这种情况要求公法学界重新审视其对货币的理解。③

四、货币的概念重构

为了对货币进行概念重构，公法学术成果可以建立在社会学、人类学、法律史和非主流经济学④的一些近期（而不是最新）著作的基础上，这些研究旨在阐明货币的政治经济学涵义，即货币创造和运作中经济和政治的相互作用。这些著作揭示了公法学者对货币和经济政策、货币和公共财政分离的合理化中固有的盲目崇拜，并说明了当前制度安排的偶然性。

---

① Matthias Goldmann, *Adjudicating Economics? Central Bank Independence and the Appropriate Standard of Judicial Review*, 15 German L. J. 265 (2014); Christoph Herrmann, *Die Bewältigung der Euro – Staatsschulden – Krise an den Grenzen des deutschen und europäischen Währungsverfassungsrechts*, Europäische Zeitschrift Für Wirtschaftsrecht 805, 807 (2012).

② 这种阴影可能可以解释为什么在德国，较高税收收入目前不会导致公共投资增加。尽管扩张性的货币政策导致主权债券的利率较低，从而使预算状况良好，但欧洲央行可能会改变这种状况，而且由于偿债增加，预算可能再次变得紧张。

③ 参见 Christian Joerges 对欧洲经济宪法所缺少的理论范式的评论。参见 Christian Joerges, *Brother, Can You Paradigm?*, 12 ICON 769 (2014); Christian Joerges, Pereat Iustitia & Fiat Mundus, *What is Left of the European Economic Constitution After the OMT Litigation?*, 23 MJ 99 (2016)。

④ A. Mitchell-Innes, *What is Money?*, The Banking L. J. 377 (1913), reprinted in Credit and state Theories of Money, the Contributions of A. Mitchell – innes 14 (L. Randall Wray ed., 2004); Charles Goodhart, *The Two Concepts of Money: Implications for the Analysis of Optimal Currency Areas*, 14 Eur. J. of Pol. Econ. 407, 416 (1998); Geoffrey Ingham, *The Nature of Money*, ch. 7 (2004); David Graeber, *Debt: The First 5, 000 Years Paperback* (2011); Christine Desan, *Making Money: Coin, Currency, and the Coming of Capitalism* (2014); L. Randall Wray, *Modern Money Theory: A Primer on Macroeconomics for Sovereign Monetary Systems* (2d ed. 2015); William Michell, L. Randall Wray&Martin Watts, *Modern Monetary Theory and Practice: An Introductory Text* (2016); Warren Mosler, *The Seven Deadly Innocent Frauds of Economic Policy* (2010).

在下文中，笔者将公法学界对货币的理解与这项研究得出的许多见解加以对比。首先，历史和人类学研究消解了经济学的标准解释，即以公法学为基础的货币解释——货币作为一种交换商品而出现，目的是降低易货经济中的交易成本。这项研究进一步支持将货币概念化为信贷，而不是将货币概念化为交换媒介。其次，对货币政治经济学的研究揭示了货币是经济和政治参与者，经济和政治理性之间错综复杂的相互作用的结果，以及它如何抵抗主权或国家与公民社会之间的分立理论下的消费。最后，阿巴·勒纳（Abba Lerner）的功能金融学理论说明了货币的重新概念化如何形成截然不同的制度设计。

（一）货币神话起源于商品交换：货币即信贷

公法学界将货币理解为现代国家存在的前提。它把货币界定为是在国家出现之前的私人经济交易领域中出现的。这种理解（通常是暗含的而不是显在的）建立在货币演化的经济学基础上，并有可能加强其主流观点。最有名的可能是亚当·斯密（Adam Smith）提出的观点，就像在他之后的许多经济学家一样，他解释说，货币是解决易货经济中交易成本问题的一种解决方案。① 一旦经济参与者同意将某种商品作为交换商品，例如鳕鱼，可以将该商品换成所有其他商品，从而可以解决需求双重巧合的问题。在面包师不需要肉时，需要面包的屠夫可以用鳕鱼付钱给面包师，而不必找人拿他的肉来交换面包师需要的商品。故事同时阐述了，随着时间的流逝，贵金属由于其耐用性、可测量性和可替代性等品质而成为首选的交易媒介商品。②

货币学者们一次又一次有力地驳斥这种对货币历史的解释，大卫·格雷伯引用人类学研究，证明易货经济先于货币经济的假设是错误的。③对笔者的论点而言更重要的是阿尔弗雷德·米切尔-英尼斯（Alfred Mitchell-Innes）的发现——比格雷伯早一个世纪的发现——硬币几乎从未用作交易媒介商品，对戴维·格雷伯（David Graeber）而言，这是对人类学研究的一种伪造。从某种意义上说，它们具有等于购买价值的实际价值，或者可以通过兑换成黄金或白银来代表这

---

① Adam Smith, *The Wealth of Nations* (1776)；也见 Carl Menger, *On the Origin of Money*, 2 Econ. J. 238 (Caroline A. Foley trans., 1892)。

② Cf. Karl Mar, *Das Kapita* vol. 1, ch. 1 (1867).

③ David Graeber, *Debt: The First* 5, 000 *Years Paperback* ch. 2 (2011).

种价值。[1] 硬币只是可以用于经济交易的代币，因为例如不接受硬币的行为并不会被视为一种违法行为。[2] 借鉴商业历史、钱币学和考古学，米切尔-英尼斯得出结论，关于货币出现的经济理论并非以历史为依据，而只是虚假的杜撰。[3]

根据经验可发现，“从来没有一个货币单位取决于硬币的价值或金属的重量，直到现代，货币单位和任何金属之间都没有任何固定的关系”，[4] 米切尔·英尼斯建立了自己的货币理论。在他看来，货币就是信用，“单靠信用就是货币。”[5] 回到亚当·斯密的观点，他认为缺乏双重需求的巧合（比如在肉店和面包店之间）并不需要放弃交易。屠夫可能会从面包师那里得到面包，以换取债务的确认——面包师的信贷转移。面包师现在拥有屠夫的欠条。这种信贷的价值不在于它可以提供给屠夫以要求偿还债务，而在于持有人可以使用它来使自己从债务中解放出来。[6] 这关联到一个账户单位，可以转让并可以作为付款使用。

因此，货币起源于债务，货币表征着（signifies）债务及其反面的信贷。在经济学上，所谓银行学派的代表也同意这一货币概念，因为他们也将信贷创造

---

① A. Mitchell-Innes, *What is Money*?, The Banking L. J. 377 (1913), reprinted in Credit and State Theories of Money, The Contributions of A. Mitchell-Innes 14 (L. Randall Wray ed., 2004)。

② A. Mitchell-Innes, *What is Money*?, The Banking L. J. 377 (1913), reprinted in Credit and State Theories of Money, The Contributions of A. Mitchell-Innes 19 (L. Randall Wray ed., 2004).

③ A. Mitchell-Innes, *What is Money*?, The Banking L. J. 377 (1913), reprinted in Credit and State Theories of Money, The Contributions of A. Mitchell-Innes 15 (L. Randall Wray ed., 2004).

④ A. Mitchell-Innes, *What is Money*?, The Banking L. J. 377 (1913), reprinted in Credit and State Theories of Money, The Contributions of A. Mitchell-Innes 16 (L. Randall Wray ed., 2004).

⑤ 通过这种理论，米切尔·英尼斯也消除了信贷成功促成货币出现的主流经济学观点，A. Mitchell-Innes, *What is Money*?, The Banking L. J. 377 (1913), reprinted in Credit and State Theories of Money, The Contributions of A. Mitchell-Innes 31, 27 (L. Randall Wray ed., 2004).

⑥ Mitchell-Innes, *What is Money*?, The Banking L. J. 377 (1913), reprinted in Credit and State Theories of Money, The Contributions of A. Mitchell-Innes 31 (L. Randall Wray ed., 2004).

视为货币与实体经济之间的关键联系。[①] 关于当今的货币体系，乍一看人们可能会认为，关于货币是否代表信贷的辩论已经过时了。随着法定货币和银行部分准备金制度的出现，将货币作为信贷的理解变得更加合理。货币并不能兑换成黄金或其他有价值的商品。中央银行发行的纸币构成中央银行的负债，但是只能以实物赎回：中央银行的货币只能兑换成中央银行的货币。[②] 对于商业银行创造货币，这使得货币的信用功能更加清晰。如引言中所述，商业银行在发放贷款时会创造货币，而不是用现金支付该笔存款。这笔存款金额不代表某些实际的经济价值，而是银行根据债务人的“生产力承诺”提供的信贷。[③]

然而，尽管建立了货币信用理论（不但根据历史和人类学研究，而且根据当前的银行业务实践），但将货币作为一种交换商品的观点仍然存在于经济学和公法学领域。货币学派的代表（银行学派的反对者）认为货币在理论上对实体经济的影响最好是中立的，它只不过是构成商品和服务之间交换的面纱。为实现这种中立，商业银行不应从事货币创造，而应仅从事金融中介活动，中央银行应根据预定规则控制货币供应。[④]当德国公法学界将货币描述为一种交换媒介时（而不是一种付款方式[⑤]），当赖纳·施密特（Reiner Schmidt）指出必须限制商业银行创造流动性，并且联邦宪法法院将中央银行的任务描述为控制货币供应时，[⑥]他们似乎牢记了对货币的这种理解。

（二）货币作为公私伙伴关系

历史和人类学研究不仅显示了从易货贸易中产生的作为交换商品的货币概

---

① 参见 Charles Goodhart, *Currency School versus Banking School: an ongoing confrontation*, 4 Econ. Thought 20 (2015)。

② Michael McLeay, Amar Radia & Ryland Thomas, *Money Creation in the Modern Economy: an Introduction*, Bank of Eng. Q. Bull. 1, 7 (2014 Q1).

③ Christine Desan, *Making Money: Coin, Currency, and the Coming of Capitalism*, 27 (2014).

④ Charles Goodhart, *Currency School versus Banking School: an ongoing confrontation*, 4 Econ. Thought 20 (2015)。

⑤ 参见 Christoph Herrmann, *Währungshoheit, Währungsverfassung und subjektive Rechte* (2010)。

⑥ Schmidt, supra note 55, at para. 5; Bundesverfassungsgericht, supra note 61, at 31.

念是如何歪曲历史的，并为理解货币作为信贷提供了基础。历史和人类学研究者们还怀疑货币是否能够独立于政府或某个社会的政治组织而存在。虽然米切尔·英尼斯对货币始终是政府的职能这一观点表示怀疑，① 但他确实承认信贷货币取决于社会的认可，以使其能够转移并因此将其转变为支付手段。②格雷伯认为，货币要成为一种普遍接受的支付手段，就需要政府授权，这一点似乎更加合理。③一个经济体越是不以荣誉和信任准则为基础，信用货币就越有可能成为一种被普遍接受的支付手段，而这似乎就越需要政府权威。政府权威可以采取立法的形式，将货币指定为法定货币，税法则要求以法定货币赎回欠各州的债务，或者将拒绝接受货币作为付款方式定为刑事犯罪。④因此，对于弗里德里希·纳普（Friedrich Knapp），⑤克里斯汀·德桑（Christine Desan）从对前现代和近代早期英国的货币历史研究中概括出货币的定义，并通过以下方式指出了货币的集体和政治意义：

在早期世界和现代世界中，货币都是以团体的形式产生的，这些团体依靠成员的贡献来支持自己或自己的活动。当利益相关者代表该团体行事时，使用其独特的地位来指定货币所包含的价值，这是任何个人都无法做到的。⑥

德桑也用她的定义指出了货币的信用功能，以及政治组织对于货币的出现至关重要。然而，尽管对货币政治经济学的研究澄清了政治组织和政府在近现代以及现代资本主义社会中的重要作用，但他们也警告不能仅作简单的分类。它们揭示了经济和政治参与者与理性之间错综复杂的相互作用，这些相互作用

---

① 参见 A. Mitchell-Innes, *What is Money*?, The Banking L. J. 377 (1913), reprinted in Credit and State Theories of Money, The Contributions of A. Mitchell-Innes 27 (L. Randall Wray ed., 2004)。

② 参见 A. Mitchell-Innes, *What is Money*?, The Banking L. J. 377 (1913), reprinted in Credit and State Theories of Money, The Contributions of A. Mitchell-Innes 29 (L. Randall Wray ed., 2004)。

③ David Graeber, *Debt: The First 5, 000 Years Paperback*, ch. 2 (2011).

④ 例如，参见 A. Mitchell-Innes, *What is Money*?, The Banking L. J. 377 (1913), reprinted in Credit and State Theories of Money, The Contributions of A. Mitchell - Innes 19, 26 (L. Randall Wray ed., 2004)。

⑤ Georg Friedrich Knapp, *Staatlichen Theorie des Geldes* (1905).

⑥ Christine Desan, *Making Money: Coin, Currency, and the Coming of Capitalism*, 24 (2014).

随时间而变化。约瑟夫·沃格（Joseph Vogl）指出了货币和金融是如何一直对主权理论构成巨大挑战的,① 以及公共收入、主权债务、税收和财政事务等问题在统一的政治概念的帮助下是如何难以解决的。② 在他看来，公共财政和货币构成了政治权力、商业运作和公民个人之间的互动的场所。③与德国公法学界的观点相反，沃格并不将现代国家地位的基础定位于货币上，而是放在货币与财政之间的关系上。④德桑对英格兰银行法律历史的研究⑤补充了这个观点，在德桑看来，以英格兰银行为代表的新型制度设计标志着政治经济学向资本主义制度的过渡。⑥在这个系统中，政府的财政状况取决于私人债券持有人，一类债权人对足够的税收感兴趣，以确保政府能够履行其债务义务，而很大一部分货币是由商业银行根据盈利承诺提供贷款而产生的。⑦沃格和德桑都为公法学术成果提供了丰富的实例和论据，以完善其对货币的了解，尤其是对货币与公共财政之间的关系，但阿巴·勒纳（Abba Lerner）的功能金融理论为我们提供了一个思路，即如何使用货币和货币设计来重新配置政治经济学理论。

（三）阿巴·勒纳的功能金融理论

从将货币概念化为信贷来看，仅一小步就可以看到货币如何成为公共财政的直接来源。货币的公共财政功能是阿巴·勒纳的功能性金融理论⑧和较新的

---

① 参见 Joseph Vogl, *Der Souveränitätseffekt*, 75 (2015)。

② 参见 Joseph Vogl, *Der Souveränitätseffekt*, 76 (2015)。

③ 参见 Joseph Vogl, *Der Souveränitätseffekt*, 80 (2015)。

④ 参见 Joseph Vogl, *Der Souveränitätseffekt*, 94 (2015)。

⑤ Christine Desan, *Making Money: Coin, Currency, and the Coming of Capitalism*, ch. 8 (2014).

⑥ 英格兰银行是由一群私人投资者向英格兰政府提供贷款并以票据的形式进行分配而创建起来的。这些票据已被接受为付款方式，因为它们可以交换物品，并可以用来偿还对政府的税收。

⑦ Christine Desan, *Making Money: Coin, Currency, and the Coming of Capitalism*, 27 (2014).

⑧ Abba P. Lerner, *Functional Finance and the Federal Debt*, 10 Soc. Res. 38, 38 (1943); Abba P. Lerner, *Money as a Creature of the State*, 37 Am. Econ. Rev. 312 (1947).

现代货币理论的关注重点。① 笔者在此引用，是为了说明对货币的另一种理解如何能够为非常不同的货币制度设计提供依据，这可能会涉及政府对私人债权人的依赖。根据公法学者对货币和公共财政的理解，国家应像任何私人家庭一样，根据其信誉来获得信用。② 功能金融理论认为，货币发行权可以使国家独立于私人债权人对其信誉的评估。政府在此方面的支出确实可以成为民主政治的一种功能，而不是资本市场的偏好。③

根据勒纳的观点，在乔治·弗里德里希·纳普（Georg Friedrich Knapp）的基础上，④ 如果国家同时欠其他国家的债务，如税收负债，则可以将任何事物表示为货币来创造货币。国家通过向社会提供的商品和服务付款来使这种代币流通。通过征收税款或其他负债，再通过向国家支付这笔钱，可以进一步产生对法定货币的需求。因此，国家可以通过发行货币来产生公共财政。注意德国公法中关于货币和税收的区别：根据勒纳所说，货币而非税收才是公共财政的主要来源。功能金融理论还解决了货币的公共财政功能与货币价值或通货膨胀之间的关系问题。勒纳认为，为了保持货值稳定并确保充分就业，政府的财务责任应该是“保持该国用于商品和服务的总支出率不高于或低于按当前价格购买可能生产的所有商品和服务的那种比率”。⑤如果通过税收减少了纳税人可以花的钱，⑥它就

---

① 参见 L. Randall Wray, *From the State Theory of Money to Modern Money Theory: An Alternative to Economic Orthodoxy*, Levy Economics Institute Working Paper No 792 (Mar. 2014); L. Randall Wray, *Modern Money Theory: A Primer on Macroeconomics for Sovereign Monetary Systems* (2d ed. 2015); William Michell, L. Randall Wray&Martin Watts, *Modern Monetary Theory and Practice: An Introductory Text* (2016); Warren Mosler, *The Seven Deadly Innocent Frauds of Economic Policy* (2010)。

② 参见 Jörn A. Kämmerer, *Kommentar zur Europäischen Währungsunion: EWU*, 150, para. 5 (Helmut Siekmann ed., 2013)。

③ 参见 Warren Mosler, *The Seven Deadly Innocent Frauds of Economic Policy* (2010). 可以肯定的是，目前欧盟的货币法律体系不允许实施勒纳的功能金融理论。如果实施将需要不同的制度设计。

④ Georg Friedrich Knapp, *Staatlichen Theorie des Geldes* (1905).

⑤ Abba P. Lerner, *Functional Finance and the Federal Debt*, 10 Soc. Res. 38, 39 (1943).

⑥ 支出可以通过借钱或发行货币来筹集。勒纳认为，只有在政府希望公众拥有更少的钱和更多的政府债券的情况下，政府才应借款（勒纳的功能金融第二法则）。参见 Abba P. Lerner, *Functional Finance and the Federal Debt*, 10 Soc. Res. 40 (1943)。

会成为抑制通货膨胀的工具。①

勒纳对货币和货币主权的理解使政府能够根据其对经济的影响来判断财政措施，而不是根据构成合理或不健全的预算政策的任何传统理论来判断。②现代货币理论是建立在勒纳的功能性金融理论基础上的。例如，辩称国家应利用权力发行货币以建立就业保障，其功能类似于商品部门的缓冲存货，即在失业率高的时候创造就业机会，然后在经济增长时再被民营化。③

勒纳的功能性金融理论不但指向货币和公共财政的替代制度设计，而且从个人经济自由和民主政府的角度，揭示了货币和公共财政分离合理化的阴暗面。由于禁止了货币融资，公共融资变得依赖于资本市场和由利润驱动的私人投资。随着政府日益负债于私人资本，公民将与债权人竞争，要求政府承担责任。鉴于其经济实力，竞争是不平等的，后者（债权人）在使政府满足其特殊利益方面可能更成功。将货币重新构想为公共信贷的来源，可能使政府能够利用社会的生产潜力，并能够为不追求利润的价值投资提供资金。

五、为制度创造和民主尝试激活货币的法律分析

“显而易见的一件事是，如果不抛弃我们许多惯常的思想，这些新观念就不会出现，这些思想绝大部分已经成为绝对的沉重负担，即便这些思想不是绝望本身的内在组成部分，它们也很难提供新的思想观念。”④

在本文中，笔者旨在展示公法对货币的理解，及其对货币法律体系的合理化如何令当前的机构所迷恋（例如独立的中央银行和禁止货币融资），从而阻碍了新思想的发展。当然，承认法学学者在巩固政治经济中的共谋关系（被许多人认为是不公正的）只能为法律分析的实际工作做准备，而法律分析的目的

---

① Abba P. Lerner, *Functional Finance and the Federal Debt*, 10 Soc. Res. 40 (1943).

② Abba P. Lerner, *Money as a Creature of the State*, 37 Am. Econ. Rev. 312 (1947).

③ 参见 William Mitchell & Joan Muysken, *Full Employment Abandoned*: *Shifting Sands and Policy Failures* (2008); Fadhel Kaboub, *Employment Guarantee Programs*: *A Survey of Theories and Policy Experiences*, Levy Economics Institute Working Paper No. 498 (May 2007); 也见 L. Randall Wray, *Modern Money Theory*: *A Primer on Macroeconomics for Sovereign Monetary Systems* 221 (2d ed. 2015)。

④ David Graeber, *Debt*: *The First* 5, 000 *Years Paperback*, 384 (2011).

是制度上的想象和民主尝试。这项法律分析从历史和人类学的角度，尤其是从金钱和货币政治经济学的许多研究的基础上得到了启发。这些研究提醒我们，货币和经济政策、货币和公共财政的分离及其制度实施既不是科学真理，也不是唯一可能的社会安排。这挑战了我们将货币政策视为财政政策，并探讨使公共财政依赖民主选择而不是资本市场偏好的方式。它们提供了宝贵的信息，为有关如何通过货币设计重新配置政治经济资源，从而解决资本主义民主危机的程序化思想提供了参考。①

法律学者应该非常适合从事货币制度重塑的任务。经济学家可能一直渴望将政府在其货币概念中的作用最小化，无论是将经济学确立为独立学科，②还是出于意识形态的原因，他们追求将政治干预其职权范围的可能性降至最低。③但是为什么法律人也会效仿这一目标追求，却不主张自己在政治经济学、个人自由和集体约束的相互作用中的职权呢？法学可以建立在昂格尔理论（昂格尔被认为是“当代法律的天才”）的基础上，即寻求实现“选择权和从选择范围撤回的安排的二元体系，从而更好地使选择权的实现成为现实”，④ 而不像 19 世纪的法律思想那样，假设特定的法律权利和制度会自动保护政治和经济自由。⑤以社会法律安排的偶然性为出发点，法律分析必须更加大胆地探索我们现有的法律制度是否确实实现个人选择自由与保护有效选择的物质基础之间的协调。

在设计新机构时，人们必须通过尝试来指明方向。今天，尝试性已经成为货币政策的主要特征。我们如果承认目前的尝试虽然具有很高的政治性，但缺乏民主问责制，而且更糟的是会进一步损害议会民主制；我们就应该能够鼓起勇气将自己从“我们自己安排的十字架”中解脱出来，⑥并开始采取不同的尝试。

（初审：李晨；校对：杨雨婧）

---

① Cf. Leopold Specht, review of Christine Desan, *Making Money: Coin, Currency, and the Coming of Capitalism*, 13 ICON 774 (2015).

② David Graeber, *Debt: The First* 5, 000 *Years Paperback*, 25 (2011).

③ Charles Goodhart, *The Two Concepts of Money: Implications for the Analysis of Optimal Currency Areas*, 14 Eur. J. of Pol. Econ. 409 (1998).

④ Roberto Unger, *What Should Legal Analysis Become?*, 27 (1996).

⑤ Roberto Unger, *What Should Legal Analysis Become?*, 27 (1996).

⑥ Roberto Unger, *What Should Legal Analysis Become?*, 189 (1996).

从规范到现实：普通法系与大陆法系私法的权利实现*

［加拿大］赫尔格·戴德克**著　苏伟康***译

摘　要：每一个将司法裁决与预设规范相衔接的法律体系，都必须面对理想化的规范表述与其在真实世界中近似变体之间的张力。具体来说，（如果使用普通法用语）是“救济”（remedy）弥合了想象与真相之间，或者更确切地说，规范与现实之间的鸿沟。普通法世界——尤其是英国和英联邦国家——围绕权利与救济如何关联的问题展开了热烈的讨论。对于习惯在对实体和程序、主观权利、诉讼和执行等术语严格区分和分类的框架内进行思考的大陆法学者来说，救济的概念仍然是个谜。“救济”在大陆法语境中的缺失，并不是因为将同一功能的等价物贴上了不同的标签，而是（两大法系）对法律不同理解方式的表现。只有当法律体系能够圆满地将法律的抽象话语转化为社会现实时，法律机制才能实现其目的：由于这种转化过程的关键性和重要性，其在法律概念中的投射方式可以洞察法律文化的深层结构，以及西方传统法系在认识论上的区别（尽管存在趋同的倾向）。作为兼有大陆法与普通法元素的魁北克法域必须反思这些差异，以认识自身的状况并确定未来的发展方向。

关键词：实体权利；救济方法；权利本位一元论；救济本位二元论；权利实现

---

* 原作出处：Dedek, H. (2010), *From Norms to Facts: The Realization of Rights in Common and Civil Private Law*, McGill Law Journal/Revue de droit de McGill, 56 (1), 77-114。关键词为译者添加。感谢满洪杰教授对译文的审阅，以及李汎然博士研究生对法语翻译的指点。当然，译责自负。

** 赫尔格·戴德克（Helge Dedek），加拿大麦吉尔大学法学院教授。

*** 苏伟康，上海交通大学凯原法学院博士研究生。

一、一个问题①

葛维宝（Paul Gewirtz）教授写道，“法律，介于想象与真相之间”。② 具体来说，（如果使用普通法用语）是“救济”（remedy）弥合了想象与真相之间，或者更确切地说，规范与现实之间的鸿沟。救济实现权利。正如救济词源所揭示的那样，救济应该提供切实的治疗方法，平复法律意义上的伤害——对抽象权利的侵害。救济使抽象崇高的规范话语进入到纠纷当事人的现实世界。

每一个以某种方式将司法裁决与预设规范（pre-formulated norms）结构相衔接的法律体系，都超越了实体正义的自发管理模式，必须面对理想的规范表述与其在真实世界中的近似变体之间的张力。③ 这一问题跨越了法律文化和法系之间的分界线。然而，这种共性并不意味着法律传统在理论术语和教义概念上体现这种张力。基于此，笔者被要求回答一个具体而简洁的问题：普通法和大陆法系在处理权利和救济之间关系的进路上是否有所不同，如果有，有何不同？

在笔者看来，这并不是一个简单的问题，要找到一个公允的答案就更不容易了。如果要求一名比较法学者用一句法谚回答这一复杂问题，答案可能是：在普通法中，救济先于权利（*ubi remedium*，*ibi ius*）；而在大陆法上，权利先于

① 本文的早期版本已在2009年加拿大司法研究所年度会议上提交（《认真对待救济》），谨感谢罗伯特·夏普先生的盛情邀请。由罗伯特·夏普先生担任主席的第一小组（“私法与救济的想象：权利与救济之间的关系”）要求与会者回答这些问题。小组成员斯蒂芬·A. 史密斯提出了这样一个问题：“权利和救济究竟应当被理解为离散和相异的元素，还是不可分割的组合体？为什么‘权利—救济关系’的性质很重要？”我被要求从比较法的角度回答这一问题：“普通法和大陆法在对待权利和救济之间关系的进路上是否有所不同，如果有，又有何不同？”

② Paul Gewirtz, *Remedies and Resistance*, 92 Yale Law Journal 585, p. 587 (1983).

③ 马克斯·韦伯描述了一种不遵循理性化的预定规则和原则的司法决策，提出了著名的“卡迪司法”（Kadi-justice）。Max Weber, *Economy and Society*: *An Outline of Interpretive Sociology*, in Guenther Roth & Claus Wittich eds., University of California Press, 1978, p. 976。

救济（*ubi ius*, *ibi remedium*）。[①] 尽管这一结论看似陈词滥调，但本文坚持认为，这句格言不但是真实的，而且作为一种提喻（synecdoche）揭示了大陆法与英美法在基本认识论上的差异——这一结论引出了进一步的问题：像魁北克这样的融合型法域如何在这样的二分法中定位自身？

对权利是否“先于救济”[②]（反之亦然）问题给出的不同答案反映了普通法学者和大陆法学者对法律的想象、概念化和思考方式的差别。尽管存在“功能性趋同”的现象，但给普通法和大陆法法学家之间的交流造成阻碍的文化差异仍然存在。[③] 值得注意的是，大陆法系并未将影响当事人生活的法院裁决性命令的先例系统视作法律；而是将其作为一个抽象的规范系统以“科学”的方式予以对待。

然而，在探寻普通法或大陆法中是否存在典型的“权利—救济关系”的模式之前，本文首先必须确定两大法系是否对“权利”与“救济”的概念作同等理解。一方面，众所周知，比较法学者坚持认为，普通法传统在私法领域接受了一种权利概念，这一概念背离了大陆法闻名遐迩（或许是臭名昭著）的“主观权利”（subjective right）——*droit subjectif*（法语）或 *subjektives Recht*（德语）。[④] 另一方面，我们目睹了“真正”的大陆法学者在与普通法“救济”概

---

① 参见 e. g. William Tetley, *Mixed Jurisdictions: Common Law v Civil Law (Codified and Uncodified)*, 60 Uniform Law Review 677, p. 707 (2000); Éric Descheemaker, Fautil codifier le droit privé européen des contrats? (2002) 47: 4 McGill LJ 791 at 808; Denis Tallon, L' inexécution du contrat: pour une autre présentation [1994] RTD civ (2d) 223 at 224; René David & John EC Brierley, Major Legal Systems in the World Today: An Introduction to the Comparative Study of Law, 3d ed, Stevens & Sons, 1985, p. 316; Geoffrey Samuel, *Law of Obligations and Legal Remedies*, Cavendish Press, 2001, p. 90 [Samuel, “Legal Remedies”]; JA Jolowicz, *On Civil Procedure*, Cambridge University Press, 2000, p. 83。

② 这一问题不能被看作一个历史问题，甚至逻辑优先问题。以这样一种本体论的方式来处理哪一个先于另一个，就好像是先有鸡还是先有蛋的问题。参见 Rafal Zakrzewski, *Remedies Reclassified*, Oxford University Press, 2005, p. 57。

③ 参见 e. g. Pierre Legrand, *European Legal Systems Are Not Converging*, 45 International & Comparative Law Quarterly 52, p. 60 (1996) 。

④ Geoffrey Samuel, *Le Droit Subjectif and English Law*, 46 Cambridge Law Journal 264 (1987) [Samuel, “English Law”]; FH Lawson, *Das subjektive Recht' in the English Law of Torts*, in Many Laws: Selected Essays, vol 1, North-Holland Press, 1977, p. 176 [Lawson, “Das subjektive Recht”].

念的历史含义和理论意涵相抗衡时的无力感。对习惯于在实体和程序、主观权利、诉讼和执行等术语严格区分和分类的框架内进行思考的大陆法学者来说，救济的概念仍是个谜。法国学者丹尼斯·塔隆（Denis Tallon）在一份关于违约救济的报告开篇提道：“法国判例汇编的报告人面临着一个术语难题，一如既往地反映了一个更根本性的问题：什么是‘*remedy*’？”① 法语“*recours*”，在英文版的《魁北克民法典》（The Civil Code of Québec）中被译为“*remedy*”② 或德语“*Rechtsbehelf*”，似乎第一眼看上去，这一术语描述了人们可以利用的法律体系——而不是由法院给予某一措施意义上的救济。③ 此类根本性的差异——术语、概念和认识论——预示着魁北克法官与私法从业者将要面临的问题，即，如何在大陆法式的实体法和深受普通法影响的程序法之框架下进行法律运作。

二、普通法中的救济和权利

本文的第一个任务是概述普通法系处理“权利—救济关系”的路径。必须区分普通法传统在其历史上处理这一问题经验主义的事实性描述，以及法学家和哲学家对“权利—救济”这一永恒问题的争论。然而，因为无法确定救济的明确含义，这两种思路都变得极为复杂。

（一）传统实用主义与“救济进路”

普通法学者倾向于——自豪地——将自己描述为实用主义方法的践行者。与更偏向学术化并受教义化理论（doctrinal theorization）拖累的大陆法学者不同，普通法学者在传统上关心真正重要的事情：强调成效、真实的结果而非空洞的理论。在民事诉讼领域中，最重要的，可以说是救济。查尔斯·怀特

① Denis Tallon, *Remedies*: *French Report*, in Donald Harris & Denis Tallon eds, Contract Law Today: Anglo-French Comparisons, Oxford University Press, 1989, p. 263 [Tallon, “Remedies”] [emphasis added].

② 参见 e. g. arts 484, 593, 1397, 1477, 1491, 1529, 1532, 1534, 1535, 1560, 1624, 1625, 1669, 1692, 1955, 2017, 2055, 2181, 2204 CCQ But see arts 1743, 1863 CCQ。《魁北克民法典》在救济性权利（remedial right）而非法院命令（court order）的意义上使用救济。

③ 详情参见本文第三部分。

（Charles Wright）教授在其 1955 年的文章《作为社会制度的救济法》中写道，“民事诉讼不能用来证明关于过失、妨害或对价理论的正确性”。[①] 这句话的语气以及这篇文章的标题，让笔者感受到了救济对一个偏好着眼于成效和后果，而非专注于教义细节的法律体系的吸引力。从此意义上说，救济的重要性成为现实主义者和实用主义者所选择的命题。[②] 这解释了关于救济的课程、案例书、教科书以及学术著作的剧增，尤其是在 20 世纪下半叶的美国。

实际上，其他普通法世界也无法抗拒这种吸引力。1983 年，瓦德姆斯（Waddams）教授指出，人们对 *remedies* 的“法学主题”（legal subject）越来越感兴趣，这体现在论文、著作和课程中。[③] 英国普通法传统的标志难道不是“典型的……基于救济而不是基于原则?”[④] 从表面上看，这一论述似乎也适用于传统观念对于救济与权利关系的认知。尽管当我们粗浅地反思救济和权利之间的关系时，会有大量学理问题跃入脑海——但就目前所了解到的内容——我们可以推测，普通法学者参与此类讨论的热情相当有限。[⑤] 阿蒂亚写道：“英国法律长期以来一直以其在救济方面的强大而自豪，即使它对权利不太感兴趣。”[⑥]

这种倾向的原因通常被认为可以在普通法的历史和结构中发现。普通法是在诉因（causes of actions）的程序框架内发展起来的——有趣的是，这种结构

---

① Charles Alan Wright, *The Law of Remedies as a Social Institution*, 18 University of Detroit Law Journal 376, p. 377 (1955).

② FH Lawson, *Remedies of English Law*, 2d ed, Buttersworth Press, 1980, p. 1.

③ SM Waddams, *Remedies as a Legal Subject*, 3 Oxford Journal Legal Study 113, p. 113 (1983).

④ Davy v. Spelthorne BC, [1984] 1 AC 262 at 276, [1983] 3 WLR 742 (HL).

⑤ 参见 also Albert Kiralfy, *Law and Right in English Legal History*, 6 Journal Legal History 49 (1985)。基拉尔菲（Kiralfy）声称：“英国法学者的态度——将法律作为一个独立于其创立机制的体系来对待——是模棱两可的。”

⑥ PS Atiyah, *Pragmatism and Theory in English Law*, Stevens & Sons Press, 1987, p. 21.（另见，关于“权利”在英国普通法历史中的历史用法）；Albert Kiralfy, *Law and Right in English Legal History*, 6 Journal Legal History 49, pp. 57-60 (1985)；劳森（Lawson）指出，英国律师虽然使用“权利”一词，但通常不会赋予它某种形式的形而上学意义［“Das subjektive Recht”, Geoffrey Samuel, *Le Droit Subjectif and English Law*, 46 Cambridge Law Journal 264, p. 177 (1987)］。

与古罗马法非常相似。[①] 然而，罗马法遵循的是一种不同的分类逻辑，这种逻辑反过来为大陆法理论提供了“语法规则”（syntax），并最终促成了实体和程序之间的绝对分离。[②] 而在英国普通法中，直到 1852 年《普通程序法案》（*Common Law Procedure Act*）的废除，实体法和程序法之间的界分才成为具有实际意义的问题。[③] 尽管在普通法理念中也存在着程序与实体的区分理论，但正如杰弗里·塞缪尔（Geoffrey Samuel）所观察到的，“就救济而言”，“这种区分可能会因诉讼格式（forms of action）的遗留而被瓦解，这些诉讼格式本身主要通过正式的程序规则来定义实体概念。”[④] 鉴于这一遗留，传统话语在理论阐述的学术性尝试上（a）更倾向于发展为专注于实际救济的修辞，即由法官授予的解决原告申诉的救济措施；（b）在涉及救济时无需明确区分实体和程序。[⑤] 这被一些人视为普通法救济的本质，正如道格拉斯·莱科克（Douglas Laycock）所言，“救济法介于实体和程序之间，区别于两者但又相互重叠”。[⑥]

（二）救济与权利：学理论争

如上表述可能准确地描述了普通法处理权利与救济之间关系的传统路径（正如阿蒂亚提醒我们的那样，这也表明了普通法对于定义实体权利兴趣寥

① 虽然不是所有的说法都准确，但这一结论的权威引用来自 Fritz Pringsheim, *The Inner Relationship Between English and Roman Law*, 5 Cambridge Law Journal 347 (1935).

② 更多细节参见本文第二部分。

③ Common Law Procedure Act, 1852 (UK), 15 & 16 Vic, c 76. 当然，“最后一击是 1873 年的《司法法》”。参见 FW Maitland, *The Forms of Actions at Common Law: A Course of Lectures*, ed by AH Chaytor & WJ Whittaker, Cambridge University Press, 1936, p. 8.，也见 Geoffrey Samuel, *Public and Private Law: A Private Lawyer's Response*, 46 The Modern Law Review 558, 562 (1983); JA Jolowicz, On Civil Procedure, Cambridge University Press, 2000, p. 83, n 7。

④ Geoffrey Samuel, *Law of Obligations and Legal Remedies*, 2d ed, Cavendish Press, 2001, p. 40.

⑤ FH Lawson, *Das subjektive Recht' in the English Law of Torts*, in Many Laws: Selected Essays, vol 1, North-Holland Press, 1977, p. 178

⑥ Douglas Laycock, *Modern American Remedies: Cases and Materials*, 3d ed, Aspen Press, 2002, p. 1. 参见 generally Doug Rendleman, *Remedies—The Law School Course*, 39 Brandeis Law Journal 535, p. 535 (2001); David M Walker, *The Law of Civil Remedies in Scotland*, W Green & Son Press, 1974, p. v。

寥）；然而，许多学者并不认同这是对正确理解救济的准确描述。比较法学者应提醒自己，在面对“普通法”传统如何处理“权利—救济关系”问题时，需要仔细区分对该问题的实证性回应和规范性解答，区分普通法体系中合目的性的经验描述与法学家关于应当如何理解救济——及其与权利的关系——的假设。

1. 私法语境中的权利

首先，必须谨记不要陷入“普通法”对权利没有或不感兴趣的刻板印象。普通法显然熟稔于私法语境中的权利。① 特别是近来，“权利—救济”二分法的权利一侧受到越来越多的关注，不只限于学术研究，也出现在重要的司法判例中。典型者如迪普洛克法官（Diplock）区分了合同产生的主权利和从权利（primary and secondary rights）及义务，并根据主权利的不同种类对救济执行的影响进行了精致地细分。②

我们在约翰·奥斯汀（John Austin）的著作中可以发现对“主权利”（primary rights）和“制裁权”（sanctioning rights）［即源于“民事侵害行为”（civil delicts）的从权利］的区分，这一事实突显出英国法学所长期具有的传统，即，关注权利在私法中的作用及其与救济的关系。③ “权利”（right）一词可能与德国法上的“*droit subjectif*（即使它不强调或暗示主观和客观的对立）”具有不同的语义；在形而上学的概念万神殿中，权利也许可能不具有 *droit subjectif* 在大陆法传统中那样崇高的地位。然而，尽管普遍认为普通法中不存在 *droit subjectif* 或 *subjektives Recht* 类似的东西，但我们必须注意且不可否认权利在普通法私法体系

① 历史视角参见 Albert Kiralfy, *Law and Right in English Legal History*, 6 Journal Legal History 49, p. 60 (1985).

② 参见 e. g. Lep Air Services Ltd v. Rolloswin Investments Ltd, [1973] AC 331 at 350, [1972] 2 WLR 1175 (HL); Hardwick Game Farm v. Suffolk Agricultural & Poultry Producers Association Ltd [1966] 1 WLR 287, 1 All ER 309 (CA); C Czarnikow Ltd v. Koufos (The Heron II), [1966] 2 QB 695, 2 WLR 1397 (CA). See also Brice Dickson, *The Contribution of Lord Diplock to the General Law of Contract*, 9 Oxford Journal Legal Study 441, p. 448 (1989)。

③ C. f. John Austin, *Lectures on Jurisprudence: Or the Philosophy of Positive Law*, 5th ed, John Murray Press, 1885, p. 760.

中的重要性。[①] 自哈勒（Hale）与布莱克斯通（Blackstone）以来，[②] 英国法学家通过协调如下两方面的区分来规划私法：一方面是权利与不法（rights and wrongs），[③] 另一方面是权利和救济（rights and remedies）。[④]

随着救济成为近来学术研究的热点话题，英联邦法学家又对“权利—救济”的关系表现出新的兴趣：传统上，他们并不那么痴迷于美国法律学者中相当普遍的实用主义立场，他们对“救济作为法学主题”趋势的反应是从理论上解释救济与权利之间的关系。[⑤] 彼得·伯克斯（Peter Birks）、罗伯特·史蒂文斯（Robert Stevens）、利昂内尔·史密斯（Lionel Smith）、斯蒂芬·史密斯（Stephen Smith）与魏因瑞伯（Ernest Weinrib）（仅举少数）见证了这种权利本

① 萨缪尔（Samuel）主张：“毫无疑问，对于大陆法学者来说，主观权利一直兼具政治与法律的双重意味，这一点直到现在才在英国判例法中才变得更加明显。” Geoffrey Samuel, *Le Droit Subjectif and English Law*, 46 Cambridge Law Journal 266 (1987). 我宁愿冒险地说，欧洲大陆法私法学者将“主观权利”理解为私法原则的专业武器库的一部分，不像“权利”对普通法学者那样没有更多的意味。

② 参见 Sir Matthew Hale, *The History of the Common Law of England*, *And An Analysis of the Civil Part of the Law*, 6th ed, Butterworth Press, 1820; William Blackstone, *Commentaries on the Laws of England*: *A Facsimile of the First Edition of* 1765-1763, University of Chicago Press, 1975 [Blackstone, Commentaries, vol 1]。有关“权利—不法”和“权利—救济”的区别的专门论著，c.f. Alan Watson, *The Structure of Blackstone's Commentaries*, 97 Yale Law Journal 795 (1988) (explaining the influence of Hale's work, and of continental Roman law scholarship).

③ 参见 William Blackstone, *Commentaries on the Laws of England*: *A Facsimile of the First Edition of* 1765-1763, University of Chicago Press, 1975, p.117。在这种情况下，Right 最初并不是用于个人权利，而是用于什么是正确的状态。在使用 ius 时，也可以观察到罗马法中类似的矛盾用法。

④ 布莱克斯通实际上主张当一项权利受到侵犯，就会有相应的救济。William Blackstone, *Commentaries on the Laws of England*: *A Facsimile of the First Edition of* 1765-1763, University of Chicago Press, 1979, vol 3, p.23. 但应当注意，布莱克斯通还没有考虑到奥斯汀的“次位权利”——正如伯克斯所言，布莱克斯通的权利概念仍然是“超结构的”（superstructural）。Peter Birks, *Rights*, *Wrongs and Remedies*, 20 Oxford Journal Legal Study 1, p.5 (2000)。

⑤ C.f. Neil Duxbury, *English Jurisprudence Between Austin and Hart*, 91 Virginia Law Review 1, p.55 (2005).

位救济论（rights-based theory of remedies）的学术趣向。① 当然，这一趋势契合了私法的扩张化图景，即，认真对待权利并试图将实在法（positive law）根植于权利理论的基础之上，而与美国功利主义相反。② 如果考虑到相关学术著作的数量，似乎可以公平地说，在当今时代，普通法辖区存在着比大陆法系更为生动的关于权利及其与救济之关系的学术讨论。更进一步地，魏因瑞伯和史密斯等学者提出的理论旨在通过权利本位（rights-based）的路径来解释私法的“真正”特质；如果认同这些主张，认真对待权利本位的理论，那么就不能再简单地坚持“普通法关注救济而非权利”的陈词滥调。

2. “权利—救济关系”的类型化

本文并不会详细论述关于“权利—救济关系”的复杂理论，而是以一种相当简单的方式将这些理论的知识图谱作为一个统一体（continuum）予以简要描述，即，从极端的救济视角跨越至另一端的权利本位理念。就本文目的而言，这项工作将表明救济和权利各自的定义由学术立场决定。这是本文比较法研究的宝贵见解。

本文将首先从统一体一端的救济展开论述。与此同时，它也是实用主义的极点。在此处，救济定义了权利；权利并非作为“有效的”道义性命令（deontic command）而在本体论上存在。“权利”只是用来描述受制度保障之事实地

① 参见 e. g. Peter Birks, *Rights, Wrongs and Remedies*, 20 Oxford Journal Legal Study 1, (2000); Robert Stevens, *Torts and Rights*, Oxford University Press, 2007; Lionel Smith, *Restitution: The Heart of Corrective Justice*, 79 Texas Law Review 2115 (2011); Stephen A Smith, *The Law of Damages: Rules for Citizens or Rules for Courts?* in Dajkhongir Saidov & Ralph Cunnington, eds, Contract Damages: Domestic and International Perspectives, Hart Press, 2008, p. 33 [Smith, “Damages”]; Stephen A Smith, *The Rights of Private Law*, in Andrew Robertson & Tang Hang Wu, eds, *The Goals of Private Law*, Hart Press, 2009, p. 113 [Smith, “Rights”]; Ernest J Weinrib, *Two Conceptions of Remedies*, in Charles EF Rickett, ed, Justifying Private Law Remedies, Hart Press, 2008, p. 3。

② 参见 e. g. Ernest J Weinrib, *The Idea of Private Law*, Harvard University Press, 1995; Stephen A Smith, *Contract Theory*, Oxford University Press, 2004 [Smith, “Contract Theory”]; Stephen A Smith, *The Rights of Private Law*, in Andrew Robertson & Tang Hang Wu, eds, The Goals of Private Law, Hart Press, 2009, p. 113, passim。

位的用语，如法院命令：“‘权利’，务实地看，就意味着‘救济’。”① 这种观点被霍尔摩斯（OW Holmes）以最简单和纯粹的方式予以阐释，他反对将法律理解为，作为道义性赋权（deontic entities）“预存”（pre-existing）权利和义务的系统：“我所说的法律，就是对法院实际将做事情的预言，而没有什么更自命不凡的。”② 这种法律后果主义的其他重要性显然在于打破了以效率为导向的法理观——代表了当代法律思想一些最具影响力的风潮，尤其是在美国。③ 回归至“权利—救济”的语境中，这种观点被格兰特·哈蒙德（Grant Hammond）称为“一元论”。在救济一元论中，权利大都被救济所遮蔽和耗用。④ 救济才是最重要的，讨论某项权利只是对已授予救济的另一种表达方式。

然而，在统一体的另一端，权利的概念占据主导地位。由于救济一元论者并未将权利视为一个（独立的）范畴，因此根本没有必要对救济进行明确的定义。然而，对权利重要性的认识导致有必要对这两个概念的相互关系进行界定。其实可以将完全省却救济的权利一元论（rights monism）视为一个重要的类别：当权利本身足够重要时，救济可以被视为一个非技术性术语，用于描述法律系统对需要补救的某种申诉或不满的所有回应，无论是实体性的还是程序性的。

彼得·伯克斯反对这种术语的使用：无论法律在何时何处授予权利，都应

---

① David Stevens, *Restitution, Property, and the Cause of Action in Unjust Enrichment: Getting by with Fewer Things*, 39 University of Toronto Law Journal 258, p. 285 (1989) [emphasis in original].

② OW Holmes, *The Path of the Law*, 10 Harvard Law Review 457, p. 462 (1897). 霍尔摩斯经常被描绘成一个激进的、特立独行的人，正如他对法律的理解方式一般，参见 Arthur L Corbin, *Legal Analysis and Terminology*, 29 Yale Law Journal 163, p. 164 (1919)。当我们声称存在某种特定的法律关系时，我们是在暗示表明某些事实的存在，我们是在表达我们现在的人对将来通常会出现的社会后果的总体概念。关于 A 和 B 之间存在法律关系的陈述，是对社会通过其法院或执行机关的诉讼，将会为一方做什么或不做什么而对抗另一方的一种预测。

③ 参见 Richard A Posner, *Law, Pragmatism, and Democracy*, Harvard University Press, 2003, pp. 76-79。

④ Grant Hammond, *Rethinking Remedies: The Changing Conception of the Relationship between Legal and Equitable Remedies*, in Jeffrey Berryman, ed, Remedies: Issues and Perspectives, Carswell Press, 1991, p. 90.

以其专有的名称来称呼——同样在法概念上，权利先于救济。[1] 为了寻求救济的未决的技术性含义，从而承认权利和救济理论的二分法或“二元论”，[2] 自然地就对救济进行狭义的界定，将实体问题留给权利概念并将救济降格为权利的实际执行。因此，史密斯（Smith）和扎克泽夫斯基（Zakrzewski）将救济定义为法院命令。[3] 权利本位理念似乎倾向于对救济作程序性的理解，并赞成对实体与程序予以区分。在（权利本位理念）最极端的构想中，救济可以简单地理解为实体法所作出决定的“橡皮图章”。彼得·伯克斯研究的动因有时似乎就指向这一观念。[4]

本文并不会关注众多试图调和权利与救济概念的其他定义，此处概述两个最为极端的理论立场就足够了。[5] 这些观念将成为“救济的想象”并有助于为本文第二部分奠定基础：大陆法对待权利和救济（如有）的方式。

回到本文对普通法（对待权利—救济关系）方式的规范性评价和实证性评价的警告，可以总结如下。权利与救济之间的关系仍然是学术论争的重要问题。在持续进行的学理论辩中，“救济本位一元论”（remedies-based monism）与“权利本位二元论”（rights-based dualism）可以被描述为统一体的两个相反的极点。本文的任务并不是回答，在法理层面哪种方法最连贯统一和最具说服力这一规范性问题。比较法学者被要求对普通法方法进行评估，理论上可能的统

---

① Peter Birks, *Rights Wrongs and Remedies*, 20 Oxford Journal Legal Study 1, pp. 19-22 (2000).

② Grant Hammond, *Rethinking Remedies: The Changing Conception of the Relationship between Legal and Equitable Remedies*, in Jeffrey Berryman, ed, Remedies: Issues and Perspectives, Carswell Press, 1991, pp. 90-91.

③ Rafal Zakrzewski, Remedies Reclassified, Oxford University Press, 2005, p. 43. 也见 Stephen A Smith, *Rights and Remedies: A Complex Relationship*, in Robert J Sharpe & Kent Roach, eds, Taking Remedies Seriously, Canadian Institute for the Administration of Justice, 2010, p. 34; Stephen A Smith, *Contract Theory*, Oxford University Press, 2004, p. 388。

④ 参见 text accompanying note 122; Peter Birks, Rights Wrongs and Remedies, 20 Oxford Journal Legal Study 1, (2000)。

⑤ 参见 e. g. Yehuda Adar & Gabriela Shalev, *The Law of Remedies in a Mixed Jurisdiction: The Israeli Experience*, 23 Tulane European and Civil Law Forum 111 (2008)。[同时，可将救济定义为“一种权利，即一种法律权利”，“从有权获得救济的人（受害者）的立场来看，救济涉及为减轻他的不满而给予他的实际利益或好处” at 114]。

一模型可以直观地看到，在实证中什么可以被认为是传统普通法的立场。即使承认在历史上普通法比大陆法更难接受“主观权利”,[1] 但普通法对于“义务”(duties)[2] 相当中意，因此，（普通法）并非完全不可知论地，未将规范视为预先存在的道义性赋权体系。但公允地说，普通法之实用主义及其在诉因方面的固有思维使其一直偏向于统一体末端的救济本位。因此，时任副御前大臣尼古拉斯·布朗-威尔金森（Nicolas Browne-Wilkinson）爵士在1986年描述了普通法之实用主义与“救济一元论”立场之间的联系：

在英国法律的实用主义发展方式中，一个人的合法权利实际上是那些受诉因保护的权利。据我所知，将权利解析为与授予个人之救济不同的东西，这一观点并不符合英国法的原则。[3]

无论从哲学教义还是法理流派来看，这种实用主义都不是美国学者所珍视的实用主义。[4] 这是一种理论上相当缺乏反思（因此可能是唯一真正实用的）的实用主义——法官面对真实案例所流露的，导致了一种出于本能的“救济一元论”。

另一有价值的见解是，倾向于统一体另一端的权利本位的普通法学者是受到大陆法启发。在彼得·伯克斯身上就尤为明显。作为一名罗马法信徒（Romanist），他经常表达出对大陆法简明类型化思维的喜爱。[5] 这是一个最终走向大陆法的见解：的确，大陆法的类型化方法提供了理解普通法和大陆法对待

---

① 参见 e. g. Geoffrey Samuel, *Le Droit Subjectif and English Law*, 46 Cambridge Law Journal 264 (1987), passim。

② 参见 PS Atiyah, *Pragmatism and Theory in English Law*, Stevens & Sons Press, 1987, p. 18. See also Lionel Smith, *Understanding Specific Performance*, in Nili Cohen & Ewan McKendrick, eds, Comparative Remedies for Breach of Contract, Hart Press, 2005, p. 221. 史密斯指出，霍尔摩斯在同一篇文章中谴责了权利的道义概念——在谈到特定履行作为可用补救措施的情况下履行合同义务时［参见 e. g. Geoffrey Samuel, Le Droit Subjectif and English Law, 46 Cambridge Law Journal 223-24 (1987)］。

③ Kingdom of Spain v. Christie, Manson & Woods Ltd, [1986] 1 WLR 1120 at 1129, 3 ALL ER 28.

④ 区分两种形式的实用主义，参见 Richard A Posner, *Law, Pragmatism, and Democracy*, Harvard University Press, 2003, p. ch 1 (“Pragmatism—Philosophical versus Everyday”)。

⑤ 参见 e. g. Peter Birks, *Definition and Division: A Meditation on Institutes* 3. 13, in Peter Birks, ed, The Classification of Obligations, Clarendon Press, 1997, p. 1。

“权利—救济关系”之间差异的钥匙，正如本文所见，首要本质差异是，大陆法语境缺乏作为有实际价值的救济法领域。①

三、大陆法：权利及其程序实现

（一）权利与诉讼，而非权利与救济

1. 理论架构：作为实体法“仆役”的程序法

传统大陆法的私法构造以主观权利的概念为中心。就本文而言，可暂时描述如下：所有私法应作出的所有分配性（allocative）裁判——什么属于谁以及谁欠谁什么——最终都可以通过权利话语体系加以表述［法定权利（entitlements）、责任（obligations）、义务（duties）等］。② 这些决定被视为实体法的裁决。

此时，如何消弭规范与现实之间的鸿沟？因为（a）那些处于（或受制于）主观权利消极面的人——承担义务或责任的人——并不总是自愿地遵守对于其义务的道义诉求；并且因为（b）除少数自力救济措施外，国家垄断了强制力。因此国家必须提供一个制度体系来确保主观权利的实施和执行。主观权利定义了私人之间的关系，构成实体私法。法律中规制（主观权利）执行和实施的程序则隶属于公法领域。③ 实体和程序被严格区分，程序法被降格为执行和实施

---

① 参见 Denis Tallon, *Remedies*: *French Report*, in Donald Harris & Denis Tallon eds, Contract Law Today: Anglo-French Comparisons, Oxford University Press, 1989。

② For the German civil law, see the splendid summary rendered by Wolfgang Zöllner, “Materielles Recht und ProzeBecht”（1990）190 Archiv für die Civilistische Praxis 471. For France, see Serge Guinchard, Frédérique Ferrand & Cécile Chainais, Procédure Civile: Droit interne et droit communautaire, 29th ed（Paris: Dalloz, 2008）at paras 86ff.

③ 参见 e. g. René Morel, Traité élémentaire de procédure civile, 2d ed（Paris: Recueil Sirey, 1949）at 6ff. For a more subtle distinction, however, see Loïc Cadiet & Emmanuel Jeuland, Droit judiciaire privé, 5th ed（Paris: Litec, 2006）at para 11。

实体权利的辅助功能:[①] 诉讼是“实体主观权利卑微的仆役”(*humble servante du droit subjectif substantiel*)。[②]

除少数情况外，如通过形成之诉（constitutive act）解除婚姻，司法裁决不会创造新的法律地位,[③] 而是宣告如何正确理解当事人之间所既存之法律关系。[④] 因此，在实体法和程序法严格划分的类型化空间内，从权利人意图实施或执行的角度来看，关键的区分不在于权利和救济，而是权利和诉讼。

毋庸讳言，这种描述当然过于简化。此外不应忘记的是，如前所述，普通法也对实体和程序进行区分，甚至也惯于使用“仆役”的比喻；正如柯林斯(Collins M. R.）法官的名言：“诉讼规则对于正义内容而言——更倾向于是女仆而非女主人”。[⑤] 然而，正如前文所述，当涉及权利和救济的关系时，这种区分并不易坚持——实体与程序的分离容易导致“崩溃”,[⑥] 如同杰弗里·萨缪尔(Geoffrey Samuel）对普通法学者试图分析法院所给予救济时的描述。

相形之下，如果假设大陆法确实以“橡皮图章论”（rubber stamping）作为原理基点，法院和程序法的作用主要是对主观权利的存在进行确认，必要时由国家施以暴力。即使在起诉之前，当事人的权利难以辨别之时——这通常是人们到法庭的首要原因——法院也只是“认定”从引起有关权利义务的原因事件发生时，预存的实体权利义务关系存在。支配提起诉讼的公法（程序法）对于

---

① Gérard Cornu & Jean Foyer, Procédure civile (Paris: Presses Universitaires de France, 1958) at 6. The role of procedure as a servant of substantive law is also underlined by Loïc Cadiet & Emmanuel Jeuland, Droit judiciaire privé, 5th ed (Paris: Litec, 2006) at paras 8ff; Henry Solus & Roger Perrot, Droit judiciaire privé, t 1 (Paris: Sirey, 1961) at para 15.

② Henri Motulsky, Écrits: études et notes de procédure civile (Paris: Dalloz, 1973) at 100 [emphasis added]. 也见 Gérard Cornu & Jean Foyer, Procédure civile (Paris: Presses Universitaires de France, 1958) at 11。

③ 即使在司法裁决确实创造了新的法律地位的案例中，也是因为实体法将这一功能赋予司法裁决。

④ 也许有学者希望讨论既存权利的性质是否因法院的认可而通过变化等问题。法院的命令确实需要特殊的尊重，适用不同的时效规则等等。关于英国普通法，参见 Peter Birks, *Rights Wrongs and Remedies*, 20 Oxford Journal Legal Study 1, p. 15 (2000)。

⑤ Re Coles v. Ravenshear, [1907] 1 KB 1 at 1, 4, [1907] 23 Times LR 32.

⑥ Geoffrey Samuel, *Law of Obligations and Legal Remedies*, Cavendish Press, 2001, p. 90; Douglas Laycock, *Modern American Remedies: Cases and Materials*, 3d ed, Aspen Press, 2002.

实体主张的正当性没有任何意义。与之相对，实体法褪去了所有的程序涵义。

2. 术语：“救济”的缺失

如果试图在本文所提出之模型中定位这种（大陆法系的）方法，① 它将占据统一体的权利侧最极端的位置。因此，罗马法学家会对将救济归于专业术语产生怀疑的原因也就非常明显；在“权利—诉讼”的框架内，并没有结合了实体和程序双重特征之救济的容身之地。

这也就解释了为何在法国法术语中没有（救济）对应术语。安德烈·通克（André Tunc）建议使用非专业性术语“*remède*”作为“救济”的翻译。② 德国民法的用语中也缺乏救济的等价物——*Behelf* 或“*Rechtsbehelf*”③ 可以用作非专业性术语，用以描述实体权利以及在法院上执行这项权利的可能性。就此而言，救济仅在其最宽泛的内涵和最模糊的外延下才可能在大陆法思维中占有一席之地：作为对策措施（cure）的救济理念是指法律机制对不满（grievance）的所有反应——伯克斯明确拒绝将这一定义适用于普通法。④ 然而，由于大陆法系民事法并不是依据布莱克斯通的“权利—不法—救济”类型化方法的体系内思考（如果一项权利受到侵害，即为不法行为，通过给予救济来纠正），权利的实现并不被视为对不法的救济——一种由法院授予和执行的措施。⑤ 例如，“*Rechtsbehelf*”也不同于救济，因为它表示某人自身可利用的东西：它是人们用来获得补偿（relief）的自力（*sich behelfen*）手段，而不是措施（或救济）本身。

---

① 见前文第二部分之（二）中“‘权利—救济关系’的类型化”的内容。

② André Tunc, “Preface” in Claude Lambrechts, ed and translator, Code de Commerce Uniforme des États-Unis (Paris: Armand Colin, 1971) at 17.

③ 例如，在《联合国国际货物销售合同公约》的官方德语版本中，“Rechtsbehelf”被用作“救济”的翻译。参见 Übereinkommen der Vereinten Nationen über Verträge über den internationalen Warenkauf, Bundesgesetzblatt 1989 II, 588 at 599. 然而，“Rechtsbehelf”在程序法术语中更为常见，表示在法定程序的框架内实现权利的任何手段。

④ 参见 Peter Birks, *Rights*, *Wrongs and Remedies*, 20 Oxford Journal Legal Study 1, p. 19 (2000)。

⑤ 参见 Sir Matthew Hale, *The History of the Common Law of England*, *And An Analysis of the Civil Part of the Law*, 6th ed, Butterworth Press, 1820; William Blackstone, *Commentaries on the Laws of England*: *A Facsimile of the First Edition of* 1765-1763, University of Chicago Press, 1975。

近年来，法国学者建议在审视合同不履行之后果时使用受到普通法启发的救济性用语（*remèdes*）。① 目的是打破《法国民法典》的类型化模式，从更加实用主义的视角出发，当合同没有适当履行时，向债权人询问可以做些什么。② 救济性视角和救济性用语的使用表明大陆法学者尝试像结果论者（consequentialist）一样思考，或者说像普通法学者一样思考。但应当注意这只是表面上的相等：尽管有更多结果主义的视角，但以这种方式所使用的救济仅仅是权利或救济性权利的同义词，缺乏救济在普通法术语中所具备的程序性含义。

肇因于此，如果在大陆法语境中遇到"救济"，不应将其理解为普通法上救济的相似物，特别是在其应表示专业性定义的概念时。如果遇到"救济"，在许多情况下就表明普通法思维已渗入大陆法理念中。例如，最近出版的《欧洲示范民法典草案：欧洲私法的原则、定义和示范规则》（*Principles*, *Definitions and Model Rules of European Private Law*：*Draft Common Frame of Reference*, *Interim Outline Edition*）③ 关于其采用大陆法编纂风格和"德式"形式主义已经有诸多研究涉足。④ 但在其第三卷第三章，"不履行之救济"（Remedies for NonPerform-

---

① Denis Tallon, "L' inexécution du contrat：pour une autre présentation"［1994］RTD civ 223; Sophie LeGac-Pech, "Vers un droit des remèdes"（2007）242 Petites Affiches 7.

② 参见 Denis Tallon, "L' inexécution du contrat：pour une autre présentation"［1994］RTD civ 223; Sophie LeGac-Pech, "Vers un droit des remèdes"（2007）242 Petites Affiches 7。

③ Christian von Bar et al, eds,（Munich：Sellier, 2008）. 对于最近的关键评论，参见 e. g. Horst Eidenmüller et al, *The Common Frame of Reference for European Private Law*：*Policy Choices and Codification Problems*, 28 Oxford Journal Legal Study 659（2008）。对于欧洲私法与合同法的协调政策，参见 c. f. EC, *Commission*, *A More Coherent European Contract Law*：*An Action Plan*, Bruxelles Press, 2003. 也见 Hugh Beale, *The Future of the Common Frame of Reference*, 3 European Review of Contract Law 257（2007）; Gert Brüggemeier et al, *Social Justice in European Contract Law*：*a Manifesto*, 10 European Law Journal 653（2004）; Martijn W Hesselink, *The Politics of a European Civil Code*, 10 European Law Journal 675（2004）。

④ 参见 e. g. Antoni Vaquer, *Farewell to Windscheid? Legal Concepts Present and Absent from the Draft Common Frame of Reference*（*DCFR*）, 17 European review of private law 487（2009）. 也见 Pierre Legrand, *Antivonbar*, 1 Journal of Comparative Law 13（2006）。

ance）中使用了“救济”的表达,[①] 可以追溯到早期弥合大陆法思维和普通法思维之间差距的尝试。这一传统最显著的示例出现在《联合国国际货物销售合同公约》（CISG）中,[②] 其中提到了“违约救济”,[③] 公然指向普通法术语和概念中的合同不履行或错误履行。CISG 也同样对大陆法国家法典编纂的起草和解释产生了显著影响。[④] 可以肯定的是，这种“异花受精”（cross-fertilization）式的交互性影响会促进（两大法系的）“趋同”（convergence），使用不同于传统的术语，将为两大法系的理念交流打开通道。然而，现在可以对救济进行总结：作为一个法律专业术语，救济并不能适应大陆法中实体和程序、权利和诉讼的对分。鉴于对实体和程序的明确区隔，大陆法缺乏构成“救济法主题”的重叠灰色地带。以技术类型化（technocratic taxonomy）为特征的大陆法对“救济的想象”缺乏神话般的幻想。

（二）起源

那么，如何解释（两大法系对待救济的）这种差异？根本无需假设因果关系，就可以将大陆法的体系站位与其历史发展的特质联系起来。再次（需要强调的是），本文仅试图描述（大陆法）的主流趋势。在传统大陆法丰富的学术谱系中，主流之外的观点不胜枚举，本文仅简述一二。

---

① Christian von Bar et al, eds,（Munich: Sellier, 2008）at 157ff. “附件 1：定义”未给出补救措施的定义（Christian von Bar et al, eds,（Munich: Sellier, 2008）at 327ff）。然而，对权利的定义涉及救济：权利（的解释）取决于具体上下文，可能意味着“获得特定救济的权利（如根据司法命令享有履行合同义务的权利）”（Christian von Bar et al, eds,（Munich: Sellier, 2008）at 341）。然而，与此同时，由于欺诈、胁迫等引起的合同撤销权（同上），被明确命名为权利的一种，也被称为一种救济（Arts II-7: 215, 7: 216 at 133）。也见 Antoni Vaquer, *Farewell to Windscheid? Legal Concepts Present and Absent from the Draft Common Frame of Reference*（*DCFR*）, 17 European review of private law 487（2009）at 495。

② 11 April 1980, 1489 UNTS 3, Can TS 1992 No 2 [CISG]. 关于 CISG 的用语“涵盖所有法律体系”的观点，参见 Bruno Zeller, *International Trade Law—Problems of Language and Concepts?*, 23 Journal of Law and Commerce 39, p. 39（2003）。

③ CISG c II, s 3, arts 45ff（“卖方违约的补救措施”）; CISG c III, s 3, arts 61ff（“买方违约的补救措施”）。

④ Peter Schlechtriem, *Basic Structures and General Concepts of the CISG as Models for a Harmonisation of the Law of Obligations*, 10 Juridica International 27, pp. 27-36（2005）.

1. 理论化传统

从最普遍的——也可能是最平庸的——观察开始。比较法教材上的通说一般认为，大陆法的发展史，至少自中世纪晚期罗马法的复兴以来，与大学的兴起相吻合，并由博学的法学教授所推动。① “教师和学生是传统大陆法的真正主角。” 正如约翰·梅里曼（John Merryman）所言：“大陆法是教授的法律。”② 那些大陆法学者绝非不食烟火的、与实践脱节的象牙塔居民：学者作为影响法律发展的引导者的原因之一是他们始终与实践相对接近。理所当然地，法官们阅览学术著作并将其视为权威。从中世纪开始，甚至像巴托勒斯（Bartolus）和巴尔多斯（Baldus）这样的杰出学者也常在民事诉讼中发表专家意见。③ 尽管如此，不难想象，由于大陆法体系是从学者和教师的角度驱动发展，远不如由法官驱动的普通法体系般结果导向或“务实”。这种“学究”型制度越来越迷恋于理性思维、执着于规范制度，④ 在“权利—救济”的谜题上，倾向于基于权利立场的处理方式，而不是实际结果的角度，或者说，救济的角度。

2. 从罗马法之诉到“主观权利”的兴起

尽管大陆法系民法是在罗马法的框架内发展起来的，但其发展轨迹可能会

---

① 参见 e. g. Stephan Kuttner, *The Revival of Jurisprudence*, in Robert L Benson, Giles Constable & Carol D Lanham, eds, Renaissance and Renewal in the Twelfth Century, Harvard University Press, 1982, p. 299。

② John Henry Merryman & Rogelio Pérez-Perdomo, *The Civil Law Tradition: An Introduction to the Legal Systems of Europe and Latin America*, 3d ed, Stanford University Press, 2007, p. 56. 也见 Konrad Zweigert & Hein Kötz, *Introduction to Comparative Law*, 3d ed, trans. by Tony Weir, Oxford University Press, 1998; RC Van Caenegem, *European Law in the Past and the Future: Unity and Diversity over Two Millennia*, Cambridge University Press, 2002, pp. 44－48 (“[t] he English Bench is Paramount” as opposed to “The Continental Professor is Paramount” at 44-45)。但对于法国民法中“实用主义原则”的倾向，也使法官发挥了更重要的作用。See William Baranès & MarieAnne Frison-Roche, “Le souci de l’ effectivité du droit” (1996) D Chron 301。

③ 一个介绍性的概述，参见 e. g. Peter Stein, *Roman Law in European History*, Cambridge University Press, 1999, p. 38 [Stein, “Roman Law”]。

④ 参见 e. g. Roger Berkowitz, *The Gift of Science: Leibniz and the Modern Legal Tradition*, Harvard University Press, 2005, p. 17。

有出乎预料的地方。罗马法——古典的罗马法被称为“诉讼之法”（actional law），[①] 缺乏对实体和程序的明确界分，实体性的权利与主张（claim）和程序性的实施与实现，两者并不加以区分。实体权利（Substantive entitlement）由程序性救济的可适用性确定，并分别采用对应的诉（*actio*）之形式。[②] 最重要的是程式书（*formula*）的可适用性——即救济先于权利（*ubi remedium, ibi ius*）。[③] 学界长期以来以这种普遍性的程序规则为依据，指出古典罗马法与根源自令状制度（writs）的普通法之间的相似之处；令状和程式书之间的相似性如此明显，难以忽视。[④]

那么，究竟是什么原因导致（罗马法）的思维方式演化为现代大陆法？纵观大陆法系的发展史，笔者观察到两个相互交织的进程共同助推了实体法在现代的重要地位：实体和程序概念在法律思维中逐步分化，以及主观权利概念的兴起与发展。这两个进程的根源是否可以追溯到古典罗马法，极富争议。尽管（罗马法）具有鲜明的诉讼化特质，但一些文本似乎暗示，罗马法法理早已出现了实体先于诉讼实现的概念。《查士丁尼文摘》（*Justinian's Digest*）中著名的赛苏斯片段（Celsus-fragment）44.7.51 指出：

诉讼无非是通过司法程序追回所欠之物的权利（*Nihil aliud est actio, quam ius quod sibi debeatur, iudicio persequendi*）。

（如上表述）在两个方面尤其显著：赛苏斯将诉（*actio*）称为权利（*ius*），即将其作为权利（Right），同时将司法程序概念化为执行（enforce）一项既有权利（prior entitlement）的东西。他并未将后者描述为权利，而是描述为被动语态的欠债（what is owed）。然而，塞苏斯所称之 *ius* 是为何意？从现代的角度来看，很容易将对权利（Right）特征解读为罗马法上的权利（*ius*）。然而，这

---

① Reinhard Zimmermann, *The Law of Obligations: Roman Foundations of the Civilian Tradition*, Oxford University Press, 1996, p. 6.

② 参见 Horst Kaufmann, “Zur Geschichte des aktionenrechtlichen Denkens” (1964) 15 Juristenzeitung 482。也见 Bernhard Windscheid, Die Actio des römischen Civilrechts, vom Standpunkte des heutigen Rechts (Düsseldorf: Julius Buddeus, 1856) at 3。

③ Reinhard Zimmermann, *The Law of Obligations: Roman Foundations of the Civilian Tradition*, Oxford University Press, 1996, p. 6.

④ Fritz Pringsheim, *The Inner Relationship Between English and Roman Law*, 5 Cambridge Law Journal 347, p. 358, (1935)（“这种类比是令人惊奇的”）。

种现代视角是由一个框架决定的，其特性随着时间的推移而演化;① 尽管大陆法学家仍然在罗马法私权的结构内分析和运作——*iura in rem et in personam*（财产权和人身权）——现如今，已经附着了几个世纪以来的哲学和神学、自然法理论和政治学所积累的丰富内涵。在一个主体地位上升、个人主义兴盛、公私范围分离和重新定义的时代，主观权利具有了不同的含义。②

米歇尔·维利（Michel Villey）认可中世纪的唯名论（nominalism），尤其支持奥卡姆的威廉（William of Ockham）③ 之观念，首先将个人赋权（granting power to the individual）的含义注入于到罗马法之 *ius* 概念中。④ 这一论点引起了广泛批评，特别是因为它的假设是一个完全的，受到奥卡姆的威廉及其唯名主义哲学影响的、哥白尼式的意义转化。这一观点极富争议，因为即使在古典罗马私法中，*ius* 一词也被用来表示某种个人权利，而不仅仅是作为客观意义的

① Brian Tierney, *Villey*, *Ockham and the Origin of Individual Rights*, in John Witte, Jr & Frank S Alexander, eds, The Weightier Matters of the Law, Essays on Law and Religion: A Tribute to Harold J Berman Scholars Press, 1988, pp. 4-5 [“正如我们现在经常被告知的那样，所有的语言都取决于语境。在古罗马背景下使用的法律术语不可能与现在使用的术语具有相同的含义范围（尽管它们的含义可能重叠）”at 5]。

② 关于 *ius* 一词的“学理生涯”的简要概述，参见 generally John Finnis, *Natural Law and Natural Rights*, Clarendon Press, 1980, pp. 206-210; Brian Tierney, *Villey*, *Ockham and the Origin of Individual Rights*, in John Witte, Jr & Frank S Alexander, eds, The Weightier Matters of the Law, Essays on Law and Religion: A Tribute to Harold J Berman Scholars Press, 1988, p. 21ff, et passim。

③ 译者注：奥卡姆的威廉（也叫奥卡姆，拉丁语：古利默斯·奥卡姆斯；约 1287—1347 年）是英国方济各会修士、士林哲学家和神学家。奥卡姆的威廉被认为是中世纪思想的主要人物之一，是 14 世纪主要思想和政治争论的中心人物，以奥卡姆剃刀（Occam'sraper）原则而闻名。

④ Michel Villey, La formation de la pensée juridique moderne: Cours d' histoire de la philosophie du droit, 4th ed (Paris: no publisher, 1975) at 225-62 [Villey, “Pensée juridique moderne”]; Michel Villey, “L' idée du droit subjectif et les systèmes juridiques romains” (1946) 24 Revue historique de droit français & étranger (4th) 201.

"法律"使用。①

本文并不是复盘这场辩论的地方。然而，有一个细节值得注意，正如在许多博学的争论中一样，其问题在于相对立场的极端表述。当然，唯名论和个人主义的兴起不得不赋予个人权利观念全新的引力和动力。② 但这并不意味着，对于初代法学家和罗马人自身而言，*ius* 也不包含主观层面的含义（即，权利 right 的意义）。简而言之，对罗马人来说，*ius* 并不完全指代客观意义上的"法律"。这种主观的，个人的维度可能没有像现在一些学者③所认为的主观权利一样具有形而上学的含义，但它强调了私法的结构，即，由个人之间、"主体"之间的关系组成的。④ 这是此后大陆法话语的框架，而且无疑是主观权利概念发展的主要因素。是故，像杰弗里·塞缪尔所做的那样，可以合理地假设，英格兰缺乏罗马法学识的原因之一，是主观权利理论没有像在欧洲大陆那样在英国法中立足。⑤

---

① Knut Wolfgang Nörr, "Zur Frage des subjektiven Rechts in der mittelalterlichen Rechtswissenschaft" in Dieter Medicus, ed, Festschrift für Hermann Lange zum 70. Geburtstag am 24. Januar 1992 (Stuttgart: Kohlhammer, 1992) 193 at 193-98; Brian Tierney, *Villey, Ockham and the Origin of Individual Rights*, in John Witte, Jr & Frank S Alexander, eds, The Weightier Matters of the Law, Essays on Law and Religion: A Tribute to Harold J Berman Scholars Press, 1988, pp. 17-21.

② 参见 generally Aaron Gurevich, *The Origins of European Individualism*, , translated by Katharine Judelson, Blackwell, 1995, pp. 89-99。特别地，对于唯名论哲学，参见 Michel Villey, La formation de la pensée juridique moderne: Cours d' histoire de la philosophie du droit, 4th ed (Paris: no publisher, 1975) at 203ff. C. f. [Villey, "Pensée juridique moderne"]。

③ 参见 e. g. Geoffrey Samuel, Le Droit Subjectif and English Law (1987) 46 Cambridge Law Journal 264 at 272ff [Samuel, "English Law"]。

④ 参见 Charles Donahue, Jr, "Ius in the Subjective Sense in Roman Law: Reflections on Villey and Tierney" in Domenico Maffei, ed, A Ennio Cortese, (Rome: Cigno, 2001) t 1 506。多纳休承认，罗马法学者并没有在理论上花太多精力来阐述主观权利的概念，但通过分析《文摘》中 ius 的用法，他们一定给 ius 的概念附加了一些主观指向。确实相当明显的是，从罗马法的早期阶段起，就有一个概念，即个人有权为受保护的利益辩护。然而，这一发现并不足以反驳维利的论点——很难想象维利不知道罗马私法中最简单的个人主义面向。他不太可能只是"在一种语言谬误下误读"；他声称的主观权利是中世纪的发明，这是一个不同的概念，它似乎是一个用来描述中世纪对个人及其权力的新颖理解的概念。

⑤ Geoffrey Samuel, *Le Droit Subjectif and English Law*, 46 Cambridge Law Journal 264, p. 269 (1987).

对实体和程序的划分也是如此。古典罗马法的（运作）方式是诉讼化的。然而，《民法大全》（*CorpusIuris Civilis*），尤其是《学说汇纂》（*Digest*）作为后世罗马法研究的来源，程序技术规则的篇幅相对较少。罗马法的表达方式——推理方式——乐于从一个假设到另一个假设，将一个理由越来越推向极端，同时将所讨论的案例完全从真实发生、已决案例、个别事实和实际程序中抽象出来。这是古罗马法和英国普通法之间最重要的区别之一。① 此外，罗马人自身进行了怎样的实体和程序的区分仍然无从得知；并不确定塞苏斯片段所言“一项诉讼只是一种追求你应得的东西的手段”是否可以作为（实体与程序）理论二分化发展的证明。然而，罗马法中所表现出来的这些倾向无疑促进了后来大陆民法的发展。

实体与程序之间界限的确立与主观权利的兴起不但同时发生，而且相互交织。有趣的是，针对米歇尔·维利所主张的“奥卡姆式观点”发起的一种批评，就指向实体和程序的分离是主观权利优越性的因素之一：早在立法者的著作中，对诉（*actio*）的理解已经开始改变了。② 事实上，到了12世纪，程序法已经开始被视为一门独立的学科，同时也是对罗马法和教会法渊源的借鉴。③ 然而，在这一阶段仍然没有太多推动来从理论上解释上述两个领域（主观权利与实体程序构造）是如何相互联系的。正是在16世纪，雨果·多内卢斯（Hugo Donellus）界定了大陆法体系中实体与程序的对分。多内卢斯以《法学阶

---

① Henry Sumner Maine, *Ancient Law: Its Connection with the Early History of Society, and Its Relation to Modern Ideas*, Henry Holt & Co Press, 1864, pp. 36-38; WW Buckland & Arnold D McNair, *Roman Law & Common Law: A Comparison in Outline*, 2d rev ed by FH Lawson, Cambridge University Press, 1965, p. 9ff.（“罗马普通法和我们的普通法一样，都是通过逐个案例的论证而建立起来的，差异在于，我们所使用的是已判决的案例，而他们则适用假设的案例而更容易引起争议” at 9-10）。

② 参见 Helmut Coing, “Zur Geschichte des Begriffs ‘subjektives Recht’” in Helmut Coing, Frederick H Lawson & Kurt Grönfors, eds, Das subjektive Recht und der Rechtsschutz der Persönlichkeit（Frankfurt: Alfred Metzner, 1959）at 7ff。

③ 参见 e. g. Peter Stein, *Roman Law in European History*, Cambridge University Press, 1999, pp. 57-59; RC Van Caenegem, *European Law in the Past and the Future: Unity and Diversity over Two Millennia*, Cambridge University Press, 2002, p. 48ff. On the romano-canonical procedure “in action”, 参见 James A Brundage, *The Medieval Origins of the Legal Profession, Canonists, Civilians, and Courts*, University of Chicago Press, 2008, p. 126。

梯》（*Institutes*）4.6.1 原理（principium）① 中对诉（*actio*）的定义为出发点，即，查士丁尼从赛苏斯的经典定义中所表述的。借鉴这一传统，多内卢斯在概念上将实体性的 *ius* 或权利（right）与作为诉请（pursue）权利之手段的程序相区分。② 由此，大陆法法学体系首次将权利和诉讼分立为两个独立的实体。③

主观权利（理论）的支配性和实体与程序之间日益增大的裂隙在个人主义的全盛时期达到顶峰，并在 19 世纪德国潘德克顿（Pandectist）体系中彻底形成，影响到了所有的大陆法区域，包括法国。这并非巧合。④ 个人主义哲学和“意志理论”（will theory）在法学上的表达，将个人权力置于 19 世纪私法意识形态的中心，并在萨维尼（Savigny）、普赫塔（Puchta）和温德沙依德（Windscheid）等学者的著作中占据重要地位。⑤ 私法界定了个人自由的范围；正如萨维尼 1840 年所述：“（私法）赋予个人意志不受任何其他意志干扰的自由支配领域。”⑥ 此处的“个人自由支配领域”与“主观权利”是同义词：再次用萨维尼的话来说，“个人权力，其意志至高无上的领域”。⑦

在同一时期，温德沙依德将实体与程序的学理分离推向了高峰：在其影响

---

① “*Actio autem nihil aliud est, quam ius persequendi iudicio quod sibi debetur.*”

② Peter Stein, *Donellus and the Origins of the Modern Civil Law*, in JA Ankum et al, eds, Mé-langes Felix Wubbe: offerts par ses collègues et ses amis à l’ occasion de soixantedixième anniversaire, (Fribourg: University Press Fribourg, 1993) 439 at 446ff..

③ Wolfgang Zöllner, “Materielles Recht und ProzeBecht” (1990) 190 Archiv für die Civilistische Praxis 471, p. 472.

④ 参见 e. g. Franz Wieacker, *A History of Private Law in Europe*: *With Particular Reference to Germany*, trans. by Tony Weir, Clarendon Press, 1995, p. 350。

⑤ 有关“意志理论”作为 19 世纪法律意识的一种表达，参见 Duncan Kennedy, *Two Globalizations of Law & Legal Thought*: 1850-1968, 36 Suffolk University Law Review 631, p. 637 (2003)。这种法律意识究竟源于康德哲学还是黑格尔哲学，目前仍有争议。参见 generally Helge Dedek, Negative Haftung aus Vertrag (Tübingen: Mohr Siebeck, 2007) at 101. See also James Gordley, *The Philosophical Origins of Modern Contract Doctrine*, Clarendon Press, 1991, p. 227。

⑥ Friedrich Carl von Savigny, System des heutigen römischen Rechts (Berlin: Veit und Comp, 1840) vol 1 at para 52 (“dass dem individuellen Willen ein Gebiet angewiesen ist, in welchem er unabhängig von jedem fremden Willen zu herrschen hat”).

⑦ Friedrich Carl von Savigny, System des heutigen römischen Rechts (Berlin: Veit und Comp, 1840) vol 1 at para 59 (“个人所拥有之权力，是其意志统治的疆域”)。

深远的著作《罗马市民法上的诉：基于当代法的观察》（*Die Actio des römischen Civilrechts, vom Standpunkte des heutigen Rechts*）中，温德沙依德阐述了罗马法的诉讼性构造（actional structure），并将其与实体和程序相分离的现代法观点进行对比。与此同时，他尤其强调主观权利概念的重要性，几乎一字不差地重复了萨维尼的定义。基于19世纪共同法（*ius commune*）的视角，温德沙依德写道：

权利在先，诉讼继后，权利是创立者，诉讼是被创立的。权利赋予个人以其意志为其他人设定的法律（Gesetz）领域；如果个人在这一领域不被尊重，他可以向国家——权利（或法律，或两者兼有。德语Recht在客观意义上也表示法律）的守护者——提出诉请（complain），国家将帮助（他）获得属于他的东西。法律秩序（Rechtsordnung）是一种权利秩序（Ordnung der Rechte）。①

温德沙依德通过展示精巧的罗马法技艺，“证明”了司法判决并没有消除、取代甚至更新原初的实体主张：简单地说，他在这里所设计的是一种橡皮图章理论。② 他拒绝萨维尼所构建的理论即，*actio*本身就是一项“受法院保护”的权利，也就是个人相对于他人的主观权利，通过侵害这一权利，转化为提起诉讼的权利。③ 在温德沙依德之后，实体和程序之间未决的重叠或交叉（的部分）被清除。不久之后，奥斯卡·彪罗（Oskar Bülow）进一步完善了实体与程序绝对区分的进展，通过将公民与法院之间的关系描述为一种特殊的程序性关系

---

① Bernhard Windscheid, Die Actio des römischen Civilrechts, vom Standpunkte des heutigen Rechts (Düsseldorf: Julius Buddeus, 1856) at 3.

② Bernhard Windscheid, Die Actio des römischen Civilrechts, vom Standpunkte des heutigen Rechts (Düsseldorf: Julius Buddeus, 1856) at 112ff.

③ Friedrich Carl von Savigny, System des heutigen römischen Rechts (Berlin: Veit und Comp, 1840) vol 1 at paras 204–205; Bernhard Windscheid, Die Actio des römischen Civilrechts, vom Standpunkte des heutigen Rechts (Düsseldorf: Julius Buddeus, 1856) at 1; 萨维尼提到了“转化”（metamorphosis）。使用生物学术语可以洞察作为实际生活的实体主观权利的概念化（Friedrich Carl von Savigny, System des heutigen römischen Rechts (Berlin: Veit und Comp, 1840) vol 1 at para 204）。

（*Proze Brechtsverhältnis*），而与主观实体权利区分，归入公法范畴。①

在法国，法典化进程巩固了实体私法［《民法典》（*Code civil*），1804年］和民事诉讼法［《诉讼法典》（*Code de procédure*），1806年］部门之间在外观上的分离。《诉讼法典》是《拿破仑法典》（*Code Napoléon*）的“姊妹”，并没有什么创新，却在欧洲产生了重要影响。② 然而，在体系的内部视角，主观权利与诉讼作为权利的程序性实现，仍然被统一地对待。德莫伦贝（Demolombe）提出的立场成为范式：从赛苏斯的经典定义（在《法学阶梯》所提出的版本中）开始，他假定诉讼的“因债务而起诉的权利”（*ius persequendi in iudicio quod nobis debetur*）等同于“别人欠什么”（*quod nobis debetur*）的实体权利。在这里，他落后于多内卢斯将诉讼充当为实体权利实施的程序工具的理解。德莫伦贝的观点接近于萨维尼将诉讼作为“处于防御状态的权利”的公式，他写道：

最后，诉讼本身就是诉的权利；它是诉讼中的权利，而不是平和状态中的权利；处于争讼中而不是常态化的权利。③

权利与诉讼的绝对区分在受到维齐奥兹（Vizioz）和莫图尔斯基（Motulsky）的提倡后，到20世纪才有突破性进展，他们也采用了将程序标签化为实体法仆从的表达。④

这种“主仆”比喻不仅具有教义学含义，在更基础的层面上，它还说明了

---

① Oskar Bülow, Die Lehre von den Proceßeinreden und die Proceßvoraussetzungen (Gießen: Roth, 1868) at 2: “［S］o gehört dieses Verhältniß selbstverständlicher Weise dem öffentlichen Recht an: der Proceß ist ein öffentlichrechtliches Verhältniß.” (“This relationship, as a matter of course, falls in the category of public law: procedure is a public law relationship” ［translated by author］). 也见 Horst Konzen, Rechtsverhältnisse zwischen Prozeßparteien (Berlin: Duncker & Humblot, 1974) at 105。

② CH van Rhee, *Introduction*, in CH van Rhee, ed, European Traditions in Civil Procedure, Intersentia, 2005, p. 6. 1806年的CPC采纳了1667年《皇家民事诉讼条例》的主要部分。

③ C Demolombe, Cours de code civil (Bruxelles: Meline, Cans et Compagnie, 1854) t 5 at para 338.

④ 参见 Loïc Cadiet & Emmanuel Jeuland, Droit judiciaire privé, 5th ed (Paris: Litec, 2006) at para 317; Henri Motulsky, Écrits: études et notes de procédure civile (Paris: Dalloz, 1973)。

私法相对于公法的优位性，这是罗马法思维的又一特质。① 程序仅仅是一种实施在先的主观私权的公法制度。法哲学家汉斯·凯尔森（Hans Kelsen）指出，19 世纪法律思想的理解，是如何对主观权利相对于其实现的程序框架的优越性予以逻辑和历史的解释。私人的主观权利被赋予了超越实在法的形而上学的、本体论的意义。虽然客观性、公共性的法律、治理形式和执行程序在不断变化，但个人的主观私权利是预先确定的，几乎是自然的，并因此成为 19 世纪自由主义思潮和以私法为基础的法哲学之中心。②

读者需要意识到本文在讨论大陆法及其发展时的必要简化，以及对两千年局部变化和历史演进的泛泛而谈，这尤为重要。在漫长的学术论争中，对此问题当然会有不同主张；相对于权利优先于诉讼和主观权利之优越性（pre-eminence）的观点而言，这些主张仅具有从属地位。如在 1927 年，德国法哲学家朱利叶斯·宾德（Julius Binder）从极端（和思想体系上工具性）后果主义的角度，试图以救济先于权利（remedies-before-rights）的路径颠覆温德沙依德的构想，假设诉讼在先（prius），而权利继后（posterius）。③ 凯尔森，一位与宾德完全不同意识形态宗派的学者，在 1934 年首次出版的《纯粹法理论》（*Pure Theory of Law*）中对主观权利发起了众所周知的攻讦。在凯尔森对实证主义的极端表述中，并没有为预先确定的主观权利留下空间。权利仅是客观秩序的反映；

① 这并不是说普通法不熟悉仆役的比喻。参见 Loïc Cadiet & Emmanuel Jeuland, Droit judiciaire privé, 5th ed (Paris: Litec, 2006) at para 317; Henri Motulsky, Écrits: études et notes de procédure civile (Paris: Dalloz, 1973) at 101。

② 参见 Hans Kelsen, Reine Rechtslehre: Einleitung in die Rechtswissenschaftliche Problematik (Tübingen: JCB Mohr (Paul Siebeck), 1934) at 40-44 [Kelsen, Reine Rechtslehre]。

③ 关于宾德的政治倾向，参见 Bernd Rüthers, Geschönte Geschichten, Geschonte Biographien: Sozialisationskohorten in Wendeliteraturen, Ein Essay (Tübingen: Mohr Siebeck, 2001) at 80ff。宾德的实用主义被认为是要驳斥审判理论，该理论假定法官受到实定规则的严格约束。宾德假设法官实际上是在制定法律，实际上，从理论上讲，根据国家社会主义意识形态（National Socialist ideology），宾德是在为没有民主合法性的、不受限制的法律重新制定辩护。关于支持国家社会主义意识形态和美国实用主义的德国学者之间的知识联系，参见 Hans Joas, *Pragmatism and Social Theory*, University of Chicago Press, 1993, p. 107; Richard A Posner, *Law*, *Pragmatism*, *and Democracy*, Harvard University Press, 2003, p. 45; Julius Binder, Prozess und Recht: ein Beitrag zur Lehre vom Rechtsschutzanspruch (Leipzig: Deichert, 1927)。

它们是国家为个人所提供的申请保护性救济的可能性，其是首先也是最重要的，是对客观法秩序的保护。① 尽管如此，无论凯尔森的思想有多大影响，其主观权利理论从未在大陆法学者中发挥影响力，也未能成为主流。主观法的概念过去和现在都在大陆私法思想中根深蒂固；（就此而言）凯尔森受训作为一名公法学者（秉持此种观点）并非巧合。②

3. 法官的角色

此外，权利先于诉讼的理论优先权与法官“发现”法而非“制定”法的大陆法裁判模式相关。这种范式规定，为了找到“法”，将在私法背景下主要源自法律规定的规范涵摄于已有事实。规范的应用由三段论决定，而不是法官，裁决了这个案子。③ 法官回溯性（*ex post*）的“适用”（application）过程仅仅是对当事人之间一开始就“真实”（true）存在的实体关系之揭示。

这又是一项公理，而非法官和其他法律人所秉持的实用性理念，其智识根源一部分来自对权力分立的绝对化理解，其中包括旨在限制司法权专断的变革性推力；另一部分是对法典——一种可以预先确定司法裁决理性和科学的系统——的迷恋。④ 实际上，在法国和普鲁士，早期有一些欠缺考虑的观点，甚至企图取缔司法解释权并强制法官遵从立法机关对问题的解释。⑤ 当“德国民法典”（*Bürgerliches Gesetzbuch*）在“法国民法典”（*French Code civil*）生效后大

---

① Hans Kelsen, Reine Rechtslehre: Einleitung in die Rechtswissenschaftliche Problematik (Tübingen: JCB Mohr (Paul Siebeck), 1934) at 49-52.

② 凯尔森的适应理论（1911）致力于解决“Hauptprobleme der Staatsrechtslehre”: Hans Kelsen, Hauptprobleme der Staatsrechtslehre (Tübingen: JCB Mohr (Paul Siebeck), 1923).

③ John Henry Merryman & Rogelio Pérez-Perdomo, *The Civil Law Tradition: An Introduction to the Legal Systems of Europe and Latin America*, 3d ed, Stanford University Press, 2007, p. 36.

④ 对限制司法权力的革命企图的描述，参见 e. g. John P Dawson, *The Oracles of the Law*, University of Michigan Law School Press, 1968, p. 375; Barry Nicholas, *The French Law of Contract*, 2d ed, Clarendon Press Oxford University Press, 1992, p. 10. For the roots of the code as a national and scientific system, see e. g. Roger Berkowitz, *The Gift of Science: Leibniz and the Modern Legal Tradition*, Harvard University Press, 2005, p. 17。

⑤ John P Dawson, *The Oracles of the Law*, University of Michigan Law School Press, 1968, p. 376. John Henry Merryman & Rogelio Pérez-Perdomo, *The Civil Law Tradition: An Introduction to the Legal Systems of Europe and Latin America*, 3d ed, Stanford University Press, 2007, p. 39.

约一个世纪生效时，人们对法典编纂能为法官做什么的期望已经大大降低。①然而，即使在今天，这一模式仍然认为法官应适用法律而非制定法律。法国法官起草判决书的风格证明了这一模式是如何获得支持的：简洁和专断的措辞遵循了法官的美学——作为法典的“喉舌”。② 尽管法官自己可能并不会真正地信服这种程式化的裁决观，但仍然坚持这种做法且保持这种（流程）外观。③ 因此，方法论的主流（主要是论文）仍然坚持法官制法（judge-made law）并非法律的观点也就不足为奇了：即使判例法、判例（*jurisprudence*）和已决判例（*ständige Rechtsprechung*）在事实上被视为某种权威，下级法院可能会（因此）坚持上级法院和法官所选择的路径，相应地表达他们的论点。④ 然而，这并不是一种“法的渊源”，因为这只是对制定规范的解释。⑤

除了法官角色的概念化讨论可以回溯到本文之前的论断，即，大陆法系中的法官根本不像普通法传统中那样重要，这一事实很容易看出。从理论层面上，

---

① “*Motive zu dem Entwurfe eines Bürgerlichen Gesetzbuches für das Deutsche Reich* 1” (1888) 14-17, trans. by and reprinted in James Gordley & Arthur Taylor von Mehren, An Introduction to the Comparative Study of Private Law: Readings, Cases, Materials, Cambridge University Press, 2006, p. 61.

② Charles de Montesquieu, De l' esprit des lois (London: no publisher, 1768) at 327. John P Dawson, *The Oracles of the Law*, University of Michigan Law School Press, 1968, p. 407ff.

③ C. f. Mitchel de S-O-l' E Lasser, “Judicial (Self-) Portraits: Judicial Discourse in the French Legal System” (1994) 104: 6 Yale LJ 1325 at 1334, 1343ff (contrast of the “official,” and the “unofficial” French portrait of the civil judge).

④ 显而易见，使用最广泛、引用最频繁的关于法律方法论的德国专著中，“法官法”(Richterrecht) 一词只在引号中使用，以强调它不是法律的来源。Karl Larenz & ClausWilhelm Canaris, Methodenlehre der Rechtswissenschaft, 3d ed (Berlin: Springer, 1995) at 252-53, 255, 258。

⑤ Karl Larenz & ClausWilhelm Canaris, Methodenlehre der Rechtswissenschaft, 3d ed (Berlin: Springer, 1995) at 252-61; John P Dawson, *The Oracles of the Law*, University of Michigan Law School Press, 1968, p. 400ff; Barry Nicholas, *The French Law of Contract*, 2d ed, Clarendon Press Oxford University Press, 1992, pp. 12-19; Jean Carbonnier, Droit civil, t 1 (Paris: Presses Universitaires de France, 2004) (“[l] a jurisprudence apparaît ainsi comme une habitude des tribunaux” at para 31). See also The Honourable Madame Justice Claire L' Heureux-Dubé, Justice of the Supreme Court of Canada, *By Reason of Authority or by Authority of Reason*, 27 University of British Columbia Review 1, p. 9 (1993).

这又与认定既存权利而非通过赋予救济以创设权利的理念相关。① 如果法官并非制定法律，而是“发现”法律（客观意义上），他也在“发现”当事人的主观权利。

四、一些比较法评论

（一）“发现”法律和“创设”权利：衡平法、诚信原则和自由裁量

尽管在研究意识层面并未得到广泛反映，但这种“权利—诉讼”（rights-action）的二分模型可能是大陆私法传统的重要部分，无论多么有力的反对观点也无法撼动其基础地位，例如，凯尔森从公法立场所发起的攻击。② 然而，在非基础的层面上，大陆法模式有一个明显的开放缺口；即使在相信权利先于诉讼（或“救济”，如果你愿意的话）的人看来，也不得不怀疑概念绝对分离的实用性。私法权利本身并不是目的；毕竟，如果人们不尊重没有救济的权利，那么没有任何实现手段的实体权利（substantive entitlements）又有什么用呢？在讨论一项权利的实体价值时，关注其可能的执行情况难道没有意义吗？

当然，在理论层面上，一个被编纂好的制度更容易创造出没有救济的权利——那些不能在法庭上强制执行的权利。法典或法令可以简单地假定一项权利存在，即使在违反该权利的情况下没有提供任何救济［不完全法（*lex imperfecta*）］。③ 从绝对实证主义的角度来看，（权利能否）执行的可能性并不是承

---

① 见前文第二部分之（二）中“私法语境中的权利”的内容。

② 参见 Hans Kelsen, Reine Rechtslehre: Einleitung in die Rechtswissenschaftliche Problematik (Tübingen: JCB Mohr (Paul Siebeck), 1934)。

③ 金查德（Guinchard）和费朗德（Ferrand）将“自然义务”（obligation naturelle）概念作为一个没有相应行为权利之范例；然而，自然义务是一种不能强制执行的义务，因为没有实质性的要求履行的权利——这就是为什么这种义务只是“自然的”而不是“法律的”。(Serge Guinchard, Frédérique Ferrand & Cécile Chainais, Procédure Civile: Droit interne et droit communautaire, 29th ed (Paris: Dalloz, 2008) at para 87; art 1554 CCQ; art 656 BGB). 再一次的，罗马法的立场与之不同是因为程序和实体尚未分离。参见 Reinhard Zimmermann, *The Law of Obligations: Roman Foundations of the Civilian Tradition*, Oxford University Press, 1996, p. 7ff。

认作为授予法律权利的规范之必要条件；主权者有如此命令就足够了。相反，在严格遵循先例的司法体系中，对并不产生救济性措施（remedial relief），权利的思考本身只是判决的附带意见（*obiter dicta*），在技术意义上不会创造法律。

然而，即使理论上并不反对在无救济的情况下创造权利（creating rights）——即使将大陆法学者评价为不如普通法学者“务实”——也不是因为大陆法完全不受实用主义的影响。我们可以回想耶林（Jhering）的说法，即，无法实现的权利不过是文字，只不过是法律的幻影。①

如果想了解一项权利如何实际运作并实现其目的，那么将不可避免地需要假设一个更全面的，或如前所述，更“一元化”（monist）的观点，一种包含程序实施和执行的观点。首先，被“实体和程序绝对分离”之理论所纠缠和分裂的东西必须重新聚合统一起来，以便理解法律进程；因此，大陆法学者批评实体和程序二分是无用且矫揉的。②

实体法优先于程序法的假设，意味着在法官找到实体权利并确保其适当执行之前，实体权利是以某种方式存在着的。这显然边缘化了法官的实际工作，对任何见解（即使是非教条的法律现实主义）来说，都是反直觉的。当司法裁决具有明显的裁量空间时，（这一）理论假设的不自洽性就变得尤为明显。

在普通法上，从一个强势的、创设法律的法官的结构出发，很明显，在某些情况下，救济的可适用性——法院命令——部分甚至全部由法院自行裁量。典型者如衡平法救济。从历史上看，英国法偏爱救济而非权利的原因之一就是衡平法的属性。③ 即使在现代坚持权利本位（rights-based）的普通法学术研究

---

① R von Jhering, L'esprit du droit romain dans les diverses phases de son développement, t 3, 3d ed, trans. by O de Meulenaere (Paris: Marescq, 1887) at para 43.

② Wolfgang Zöllner, “Materielles Recht und Prozeßrecht” (1990) 190 Archiv für die Civilistische Praxis 471, at 482ff; Serge Guinchard, Frédérique Ferrand & Cécile Chainais, Procédure Civile: Droit interne et droit communautaire, 29th ed (Paris: Dalloz, 2008) at para 88; Marie-Anne Frison-Roche, “La procédure de l'effectivité des droits substantiels” in Florence Benoît-Rohmer & Constance Grewe, eds, Procédure (s) et effectivité des droits (Bruxelles: Nemesis, 2003) 1; Gérard Cornu & Jean Foyer, Procédure civile (Paris: Presses Universitaires de France, 1958) at 12. 普通法中的类似倾向，参见 Thomas O Main, “Overcoming the Substance-Procedure Dichotomy” (2009), online: ExpressO <http: //works. bepress. com/thomas_ main/1>。

③ PS Atiyah, *Pragmatism and Theory in English Law*, Stevens & Sons Press, 1987, p. 21ff.

中，仍然可以发现对普通法与衡平法之间进行特别区分的响应：斯蒂芬·史密斯认为，如果命令的适用由法院自由裁量，就不可能有任何实体权利阻止法院拥有这样一项命令，如合同的特定履行。如果法院通过授予命令行使其自由裁量权，那么它恰好复制了一种原生的（initial）合同履行权。① 彼得·伯克斯对“高度自由裁量权”（strongly discretionary）的法院命令持有类似观点：“介于原告和命令之间的自由裁量权表明其是原告无权请求的法院命令。”②

然而，伯克斯处理“权利—救济”关系的方法似乎更加大陆法化——这种趋势表现为一种倾向，即，认为法院所做的主要是确认预先存在的权利。为了能够将最多的案件归类为法院确认原告权利的案件，伯克斯区分了强裁量和弱裁量。如伯克斯所言，“特定履行命令和禁令以及所有其他植根于衡平法院（Court of Chancery）的命令是弱裁量权”：因为“这种自由裁量权已经确立了几个世纪”，③ 它可以确定一个人是否有权获得衡平法上的救济。

此外，大陆法的方法更加极端。就实体权利的裁决而言，压根就没有自由裁量权这回事。从制度上讲，大陆法根本没有留存任何可以等同于衡平法院的衡平司法权（equitable jurisdiction）的事物。当然，比较法学者会将诚信原则（*bona fides*, *bonne foi*, *Treu und Glauben*）作为功能的等价物；并且可以肯定的是，在实体层面上，衡平理念和诚信原则都有助于缓和并修正普通法和大陆法上的严苛决定。④ 同样，如果关注历史根源，就会发现御前大臣对普通法的修正和罗马裁判官（*praetor*）对年长公民的免责条款之间的某些共性。⑤

---

① Stephen A Smith, *The Law of Damages*: *Rules for Citizens or Rules for Courts*? in Dajkhongir Saidov & Ralph Cunnington, eds, Contract Damages: Domestic and International Perspectives, Hart Press, 2008, p. 44ff.

② Peter Birks, *Rights*, *Wrongs and Remedies*, 20 Oxford Journal Legal Study 1, p. 16 (2000).

③ Peter Birks, Rights, Wrongs and Remedies, 20 Oxford Journal Legal Study 1, p. 16 (2000).

④ Martin Josef Schermaier, *Bona Fides in Roman Contract Law*, in Reinhard Zimmermann & Simon Whittaker, eds, Good Faith in European Contract Law, Cambridge University Press, 2000, p. 63.

⑤ Martin Josef Schermaier, *Bona Fides in Roman Contract Law*, in Reinhard Zimmermann & Simon Whittaker, eds, Good Faith in European Contract Law, Cambridge University Press, 2000, p. 65.

然而，大陆法基于纯粹的权力分立概念，所有关于实体法的司法决定都必须作为一个权利事项作出；从司法特权任意性的未决部分而言，根本没有自由裁量的余地。因此，在程序上，诚信原则与司法自由裁量权的概念是无关的，而司法自由裁量权在英国法中是与衡平相关联。法官发现法律（finds law）的观念——即揭示当事人之间存在的权利——意味着不存在需要由司法自由裁量权填补的法律真空。这种将规范和权利的信念作为所有正义的基础、极端法律主义的观点，是对作为司法自由的衡平法理念的诅咒，罗斯科·庞德就将衡平法描述为“没有法律的正义”。①

当然，在涉及诉诸诚信原则以纠正看似不公平的结果的司法决定中，事实上，法官有很大的裁量自由。然而，重要的是要理解，作为法律事项，大陆法仍然仅要求法官发现基于诚信原则的义务或抗辩，并且当事人从这种诚信原则所发生的受益依旧被作为一个权利问题。尽管在涉及诚信原则问题上，法官的决定可能会因法官个人或政治信念而有差异。但德国民法学者坚持认为，即使在今天，理论上也只能有一个正确的决定：这是由实体法所预先规定，且由法官恰当地予以发现。②

同样的公理也适用于损害赔偿——这在斯蒂芬·史密斯的著作中特别重要。史密斯对诸如象征性赔偿（nominal damages）和惩罚性赔偿以及非金钱损失的赔偿等奇特现象尤为关注。史密斯认为，在这种情况下，是法院创造了获得赔偿的权利。规定损害赔偿的法律赋予原告权利，然而，这项权利是指向法院而非被告。③ 换言之，在引发赔偿权利的事件发生时——侵权行为发生或合同违约——获得某种损害赔偿的权利尚不能存在，因为其必须由法院事后确定，且

① Roscoe Pound, *The Decadence of Equity*, 5 Columbia Law Review 20 (1905) [emphasis added].

② Barbara Stickelbrock, Inhalt und Grenzen richterlichen Ermessens im Zivilprozess (Cologne: Otto Schmidt, 2002) at 274.

③ Stephen A Smith, *The Law of Damages: Rules for Citizens or Rules for Courts?* in Dajkhongir Saidov & Ralph Cunnington, eds, Contract Damages: Domestic and International Perspectives, Hart Press, 2008, pp. 55-60.

在事前几乎不可预测，即使是该领域的法律专家。① 对大陆法学者而言，这仅仅又是一项事实问题。法院最终判给金额的不可预测性对以下理论假设没有影响，即，最终判给的金额的权利是在（次位）补偿权诞生的同一时刻产生的——侵权发生或合同违约的那一刻。由于这种权利在此种原因事件发生时才存在，在司法决定中也不涉及真正的自由裁量因素；再一次，不同法官或不同案件的差异评价可能只是事实偏差。② 由于这一权利是债务人和债权人之间的权利，因此这一权利是针对另一公民的权利，而不是针对法院的权利。当然，即使是大陆法中程序法理论也认为，在提起诉讼时，原告针对法院具有某种主观权利。但这并不是史密斯所假定的实体损害赔偿债权，而是旨在公正听审、公平对待和正确适用法律的程序性权利。③ 自德莫隆贝（Demolombe）和萨维尼（Savigny）时代以来，大陆法学者已经放弃了“对法院提起诉讼的权利，在某种程度上反映了原告的实体主观权利”的理念。史密斯与萨维尼的立场惊人地

① Stephen A Smith, *The Law of Damages: Rules for Citizens or Rules for Courts?* in Dajkhongir Saidov & Ralph Cunnington, eds, Contract Damages: Domestic and International Perspectives, Hart Press, 2008, p. 59. 这一结论与痛苦和创伤（pain and suffering）赔偿裁决的另一特点是一致的，即除非具备相关法律的详细知识（通常甚至并不存在这样的法律），一般无法提前确定或大致估计法院会通过何种方式下令支付多少赔偿金以弥补痛苦和创伤。

② Barbara Stickelbrock, Inhalt und Grenzen richterlichen Ermessens im Zivilprozess (Cologne: Otto Schmidt, 2002) at 380.

③ Motulsky's thesis supports the idea of "l'action" as a subjective procedural right, See Henri Motulsky, Écrits: études et notes de procédure civile (Paris: Dalloz, 1973) at 100 [emphasis added]. See also Gérard Cornu & Jean Foyer, Procédure civile (Paris: Presses Universitaires de France, 1958) at 11. Contra Serge Guinchard, Frédérique Ferrand & Cécile Chainais, Procédure Civile: Droit interne et droit communautaire, 29th ed (Paris: Dalloz, 2008) at para 9; Georges Rouhette, "L'influence en France de la science allemande du procès civil et du code de procédure civile allemand" in Walther J Habscheid, ed, Das deutsche Zivilprozessrecht und seine Ausstrahlung auf andere Rechtsordnungen (Bielefeld: Gieseking, 1991) 159; Georges Wiederkehr, "La notion d'action en justice selon l'article 30 du nouveau Code de procédure civile" in Mélanges offerts à Pierre Hébraud (Toulouse: Université des Sciences Sociales de Toulouse, 1981) 949. On the German Prozessrechtsverhältnis that is purely conceptualized as a public law relationship, see Oskar Bülow, Die Lehre von den Proceßeinreden und die Proceßvoraussetzungen (Gießen: Roth, 1868); Horst Konzen, Rechtsverhältnisse zwischen Prozeßparteien (Berlin: Duncker & Humblot, 1974).

接近——这绝对是一种赞美，即使是对普通法学者也是如此。①

当然，对于法律实证主义者来说，“寻找法律”的想法——尤其是在裁决中的人为因素显而易见的情况下——也许会显得牵强，甚至可笑。在疑难案件中找到“正确答案”实际上可能是超凡的，但即使是普通法学者也普遍熟知的假设是，这项任务在理论层面上并非不可想象。② 关于本文最初的问题，可以得出如下结论，大陆法将损害赔偿的权利定义为对侵犯主位权利（primary right）的一种制裁，由法院在命令（court order）中予以最终确认。从某种意义上说，损害赔偿并非一种救济，因为法院命令本身在任何方面都是一个原因事件——重塑了原告的初始损害赔偿权，甚至原始地产生了（损害赔偿）权利；因此，原告的权利也不是针对法院的。③

（二）特定履行

合同特定履行的概念化或许是关于（两大法系对）“救济的想象”如何分歧的典型示例。鉴于就此问题已有大量研究，本文可以专注于若干比较性评论中，这再次提出提醒：习惯于将法律体系关于任何问题的“特定立场”，仅是某一时刻之某一状态的快照。

特定履行是对违反或不履行（或不完全履行）合同的诸多应对之一。在普

---

① C. f. Frederick Pollock, *Principles of Contract: Being a Treatise on General Principles Concerning the Validity of Agreements in the Law of England and America*, 4th ed, Blackstone Press, 1888.（描述了他在阅读“萨维尼不朽作品”时的经历：“毫无疑问，他是这个时代法律学领域最伟大的成果，如果把文学形式和科学天才都考虑在内的话，他是任何其他学科都无法比拟的。就像柏拉图寓言里的人一样，我走出了阴影的洞穴，进入了晴朗的日光下”at 5-6）。

② Ronald Dworkin, *Hard Cases*, 88 Harvard Law Review 1057（1975）.

③ 这再次反映了现代学术主流的观点。非常有趣的是，在19世纪末，学者们认为，在衡量损害赔偿的案件中，法官创设性的塑造了损害赔偿的权利。参见 Barbara Stickelbrock, Inhalt und Grenzen richterlichen Ermessens im Zivilprozess（Cologne: Otto Schmidt, 2002）at 379ff。

通法中，[①] 特定履行的法令被视为一种衡平法救济；这是一项司法命令，其可适用性（至少在一定程度上）属于法院自由裁量的范围，并以法律上缺乏（其他）充分救济措施为适用前提（即损害赔偿不足以恰当地补偿所遭受的损失）。[②] 然而在大陆法中，特定履行被认为是主要的、最容易获得的救济。[③] 大陆法寻求强制执行契约的承诺，因为它侧重于履行承诺的道德义务；[④] 而更具商业思维、更务实主义的普通法，正如通说所解释的一样，将合同视为当事人为了其经济利益而进行的市场化交易，也因此认为金钱赔偿是对违约最充分的补偿方式。[⑤] 事实上，基于"权利本位"（rights-based）方法解释特定履行在普通法中的次要作用并不容易，这种方法认为信守诺言的义务是合同产生的主要义务。[⑥]

关于普通法和大陆法在其优位性救济（preferred remedies）上是否存在趋同的趋势，或者大陆法中对特定履行的理论偏好是否实际上转化为可以验证的经

---

① 参见 e. g. The Honourable Mr Justice Robert J Sharpe, *Injunctions and Specific Performance*, Canada Law Book, 2008, at para 7. 10ff [Sharpe, Injunctions]; John D McCamus, *The Law of Contracts*, Irwin Law Press, 2005, p. 906; Edwin Peel, ed, *Treitel on the Law of Contract*, 12th ed, Sweet & Maxwell Press, 2007, at paras 21-016ff。

② The Honourable Mr Justice Robert J Sharpe, *Injunctions and Specific Performance*, Canada Law Book, 2008, at para 7. 50ff.

③ 对于此类声明的可能含义，参见 c. f. Louis J Romero, *Specific Performance of Contracts in Comparative Law: Some Preliminary Observations*, 27 Les Cahiers de Droit 785, p. 792 (1986)。

④ Georges Ripert, La règle morale dans les obligations civiles, 4th ed (Paris: Librairie générale de droit et de jurisprudence, 1949) at para 22.

⑤ 参见 e. g. Robert J Sharpe, *Specific Relief for Contract Breach*, in Barry J Reiter & John Swan, eds, Studies in Contract Law, Butterworths Press, 1980, p. 123 , citing E Allan Farnsworth, *Legal Remedies for Breach of Contract*, 70 Columbia Law Review 1145 (1970) : 普通法对合同违约的救济措施深受自由主义经济哲学的影响。为了促进和鼓励商业活动，普通法倾向于限制而不是扩大违约方的责任，并"对不遵守诺言的人表现出明显的关心"。经过分析，很明显，这种态度并非源于对不诚实的视而不见，而是出于在开放的市场经济中鼓励利润和商业活动最大化的愿望。也见 Peter Linzer, *On the Amorality of Contract Remedies: Efficiency, Equity, and the Second Restatement*, 81 Columbia Law Review 111 (1981)。

⑥ 参见 e. g. Stephen A Smith, *Performance, Punishment and the Nature of Contractual Obligations*, 60 Modern Law Review 360 (1997)。

验偏好，已经被大量研究。① 然而，认真研究基本的教义学结构（doctrinal construction）会更加有趣，因为它非常能说明大陆法和普通法学者对权利与救济之间关系的不同看法。在大陆法中，特定履行的法院命令不会创造新的权利或复制旧的权利。法院只是确认了被认为是由合同而生的第一性的主要权利（first and foremost right）：获得所承诺之事的权利。因此，正在实现的是主位权利（primary right）本身，而非由不法所引发的次位权利（secondary right）。对大陆法学者而言，合同的执行是指对主位履行权利的确认，这与合同本身有关。需要注意的是，该模式将实体法视角与程序法和执行法视角严格区分。在许多情况下，合同义务因其特定内容而无法履行这一事实，并没有削弱主位履行权的作为合同执行理论基点的逻辑吸引力。伊夫-玛丽·莱蒂尔（Yves-Marie Laithier）对这一主流地位的描述如下：

> 强制执行本质上不再是……目的。根据……《法国民法典》第1142条，如果认为合同义务的本质是以实物偿付，那么这是充分“实现”债权人的主观权利而非客观权利的唯一合适的制裁。通过给付损害赔偿而不是履行承诺来免除自身的责任，这等于是授权债务人单方变更债务/义务的对象。②

这提醒研究者在将大陆法中的特定履行作为“救济”时，要足够谨慎。尽管肯定可以用最广义和非字面含义（比较法学者也许会称之为功能性）的方式使用该术语，但必须牢记，该术语在大陆法和普通法中的含义是不同的。将大陆法中的特定履行称为救济时应该意识到，在大陆法中，这并不是对不法（wrong）的回应，也并非“治愈”（cure）；应该意识到，对大陆法而言，特定履行的内容是指实体性的主位权利，而非法院命令的内容。应该意识到，确认

---

① 参见 generally c. f. Louis J Romero, *Specific Performance of Contracts in Comparative Law: Some Preliminary Observations*, 27 Les Cahiers de Droit 785, p. 794 (1986); Florence Bellivier & Ruth Sefton-Green, “Force obligatoire et exécution en nature du contrat en droits français et anglais: bonnes et mauvaises surprises du comparatisme” in Gilles Goubeaux et al, eds, Études offertes à Jacques Ghestin: Le contrat au début du XXIe siècle (Paris: Librairie générale de droit et de jurisprudence, 2001) 91; Henrik Lando & Caspar Rose, *The Myth of Specific Performance in Civil Law Countries*, Social Science Research Network (Nov. 21, 2003), http://papers.ssrn.com/sol3/papers.cfm? abstract_ id=462700。

② Yves-Marie Laithier, Étude comparative des sanctions de l'inexécution du contrat (Paris: Montchrestien, 2004) at 44-45 [emphasis in original, footnotes omitted].

这一主位权利的法院命令，首先，仅仅是原告享有这一权利的宣告；它并不会自动产生强制命令（injunction）。① 鉴于上述差异，也许应当反省将大陆法上的特定履行称为救济是否弊大于利。

此外，特定履行的独特的发展史表明，实体与程序、权利与救济如何在概念上分离，又在谱系上相互联系和交织。大陆法中的履约权至上是一个相对较新的发展趋势，古典罗马程序法对于特定履行只字未提，因此，人们可以假设履行合同的主位义务并未有今时所赋予的重要性。② 中世纪的概念“无人可被完全强迫”（*nemo praecise cogi ad factum*）限制了特定执行义务的实用性；然而，它也对义务和权利的理论产生了影响，这反映在这样一种观念中：作为或不作为的义务“将其自身”（resolves itself）归结为支付损害赔偿之义务。③ 这在潘德克特顿学派的观点中也很明显，即，每项义务的内容都是以实物或劳务（in kind）履行的义务，并最终支付等价的损害赔偿。④ 在法国，只有 19 世纪早期发展起来的“*astreinte*”（惩罚）的司法创见，才将特定履行确立为主要救济措施。⑤ 特定履行权在当下的至上地位，仅是诸多因素——从自主观权利和意志理论的兴起作为私法的主导范式，到程序与实体的内部分离，以及实际程序执行手段的发展——的相互作用所造成的。在法律的生命中，实体与程序、权利与救济彼此之间相互塑造。正如扎克泽夫斯基所言，在历史意义上，问（权利与救济）哪个先于哪个，确实相当于问先有鸡还是先有蛋。⑥

大陆法系和普通法传统的立场，是由其对实体与程序、权利与救济以及权利与诉讼之间关系的历史所确定的概念化定义的。正是这种洞见的预示，在实

① c. f. Louis J Romero, *Specific Performance of Contracts in Comparative Law: Some Preliminary Observations*, 27 Les Cahiers de Droit 785, (1986) at 788ff.

② George Vlavianos, *Specific Performance in the Civil Law: Mediating Between Inconsistent Principles Inherited from a Roman-Canonical Tradition via the French Astreinteand the Québec Injunction*, 24 Revue générale de droit 515, p. 518 (1993).

③ Art 1142 C civ.

④ 参见 Duncan Kennedy, Two Globalizations of Law & Legal Thought: 1850-1968, 36 Suffolk University Law Review 631, 637 (2003) at 138ff。

⑤ 参见 George Vlavianos, *Specific Performance in the Civil Law: Mediating Between Inconsistent Principles Inherited from a Roman-Canonical Tradition via the French Astreinteand the Québec Injunction*, 24 Revue générale de droit 515, p. 529 (1993)。

⑥ 参见 Rafal Zakrzewski, *Remedies Reclassified*, Oxford University Press, 2005, p. 57。

体法为大陆法而程序法由普通法缘起的环境中（译者注：此处意指魁北克），纯粹大陆法立场难以维系；法官必须解释法典，但具有普通法法官的重要性和自我形象。① 本文研究简要概述了普通法和大陆法传统之间的术语与理论差异，这有助于理解当两种传统发生冲突时的不可避免之紧张局面，就如魁北克的示例一样。② 在最近的案例中，难以避免的紧张关系是明显的，如在 *Construction Belcourt Ltée v. Golden Griddle Pancake House Ltd.*，③ 法院纠结于大陆法上“权利优位”（primacy-of-rights）之理念以及“禁令”一词所引起的隐含意义，法院一直将其称为“衡平法救济”（equitable remedy）。④ 在这种情况下，彼埃尔·比恩韦努（Pierre Bienvenu）用一个简单的口号恰当地总结了普通法的救济与大陆法上主观权利实现的程序手段之间的认识论差异：“强制禁令：真正的救济或简单的程序（*L'injonction mandatoire*：*véritable* remedy *ou simple procédure*）。”⑤ 近年来，魁北克法官越来越愿意在更为广泛的大陆法背景下解释和发展魁北克民法，正如不断发展的关于诚信原则的判例法所示。似乎与这种发展相一致的是，在其对特定履行的观念中，魁北克法律设法将实体履行权的仆从功能赋予“禁令”——或者用比恩韦努的话来说，作为“简单的程序”（*simple procédure*）——而非普通法意义上的衡平救济。⑥

---

① Daniel Jutras, “Culture et droit processuel：Le cas du Québec”（2009）54：2 McGill LJ 273 at 286.

② Daniel Jutras, “Culture et droit processuel：Le cas du Québec”（2009）54：2 McGill LJ 273 at 273ff. 米特拉斯（Jutras）将魁北克的程序法律文化描述为一种混合体，其特征是多种不同的法律文化，而不是同质（homogenous）的混合。例如，他确定了一种流行于北美洲（而不是欧洲大陆）职业文化，以及一种以魁北克大陆法遗产复兴为特征的规范文化（Daniel Jutras, “Culture et droit processuel：Le cas du Québec”（2009）54：2 McGill LJ 273 at 288ff）。

③ [1988] RJQ 716（CS）（available on WL Can）.

④ Art 751 CCP.

⑤ Pierre Bienvenu, “Pour l'injonction mandatoire comme recours d'exécution en nature：Quelques réflections d'un practicien”（1989）20：1 RGD 65 at 72 [emphasis in original].

⑥ 参见 e. g. Aubrais c Laval（Ville de），[1996] RJQ 2239（CS）（available on QL）；Varnet UK Ltd c Varnet Software Corp，[1994] RJQ 2755，59 CPR（3d）29（CA）；Gosselin c Rock Forest（Ville de），[1991] RJQ 1000（CA）（available on QL）；Pierre Bienvenu，“Pour l'injonction mandatoire comme recours d'exécution en nature：Quelques réflections d'un practicien”（1989）20：1 RGD 65；Rosalie Jukier，*The Emergence of Specific Performance as a Major Remedy in Quebec Law*，47 Revue du Barreau 47（1987）。

五、结论

回到本文前面的问题和本文最初的试探性回答：本文之研究是否增加了更多证据支持笔者的假设，即在普通法中救济先于权利，而在大陆法中权利先于救济？这一简单问题的简单回答为“是的”，但前提是要接受“救济”和“（主观）权利”在概念传统上对普通法学者和大陆法学者具有不同的含义。换言之，本文承认，在大陆法中，权利并不以本体论或历史性的方式先于救济，而是这种优先的观念本身就是复杂历史和偶然进程的结果。

需要再次汲取的经验是，要认真对待法律语言，认真对待法律术语之间的差异。事实上，正如丹尼斯·塔伦（Denis Tallon）所言，这种差异总是表明存在更广泛、更深层的分歧。① 大陆法术语中缺乏“救济”不仅是标签不同的问题；它是对法律的不同思考方式的表达。正如本文在研究开始时所观察到的那样，将理想转化为现实是一项复杂的任务，这是每一个法律体系所共有的，它通过预先制定的规范约束其裁判机构。只有当一个法律体系能够令人满意地将抽象的法律话语转化为社会现实，正义才能得到实现；唯有如此，法律机制才能实现其目的。由于这一转化过程（字面意义的）枢纽性的重要程度，其映射法律概念的方式可以洞察西方法律传统之间尚未解决的认识论差异。在一个法律传统相遇、混合和冲突的融合型法域中，对这些差异的理解不仅仅是学术兴趣的问题；为了确定融合型法域的现实状况与应有走向，就必须彻底探索“混合中”（in the mix）的内容。

（初审：颜韵；校对：于锦秋）

---

① Denis Tallon, *Remedies: French Report*, in Donald Harris & Denis Tallon eds, Contract Law Today: Anglo-French Comparisons, Oxford University Press, 1989, p. 263.

《中财法律评论》稿件征集公告

《中财法律评论》是由中央财经大学法学院主办、当代中国出版社公开出版的法学学术连续出版物，由全日制学生自主负责文章的编辑和审校。自2008年创办以来连续出版，至今已出版15卷，其品质的连续性在国内同类著作中名列前茅。作者群体除国内外主流法学院校的研究生外，更有优秀中青年学者、法官等实务工作者。

《中财法律评论》坚持学术自由、自主、自律之原则，坚守学术初心，致力于为作者开放“有品格的平台”，为读者输送“有价值的思想”。本书旨在打造一流的学生自办学术著作，不断提升自身的学术品格和学术影响力，现面向广大法学研究者和法律从业者征集稿件。

本书长年收稿，鼓励富有真知灼见的长文，不以任何形式向作者收取费用。所有投稿在形式上应当符合国家著作权规定、公认学术规范和本书编辑体例；在内容上应当选题新颖合理、论证充分有力、逻辑清晰明了、结构严谨周密、数据真实可靠，具有一定的学术创新性和必要的学术深度。

对实务的仔细研磨和对理论的深入剖析是法学研究走向精细化不可或缺的两面，因应时代发展，对新兴领域的探索亦已成为法学研究的发展重点。为此，本书将根据收稿情况，设置“主题研讨”“学理新解”“实务纵深”“佳译专苑”等主题版块。此外，欢迎来稿以对外文文献的充分阅读和认真研习为前提展开的“介绍性”研究，亦欢迎富有比较法基础和可行性的“启示性”研究，但反对不加甄别的“拿来主义”。

为提升学术品格及贯彻学术标准，公正、严谨地对待每一篇来稿，本书实行三审终审制。对所有符合基本学术规范、具有基本探讨价值的文章，无论录用与否，本书均会提出较为具体的书面审查意见和修改建议。作者可以对初审意见进行理性回应，若修改后达到“通过初审”要求，编辑委员会将对稿件进行复审。对于重要的或有争议的稿件，编辑委员会将在与编辑部之外的专门研究人员协商讨论后，以文章质量为依据决定是否录用。本书一贯坚持唯以文章学术质量论的用稿原则，请勿以任何方式影响审稿。

来稿请投递至本书知网采编服务平台：https：//zcfp. cbpt. cnki. net/，并附有作者姓名等身份信息。编辑部原则上将在收稿后一个月内针对您的来稿回复初审意见以及修改建议。作者应当在收到“修改后用稿”意见后，按照本书要求做必要的内容和格式修订，本书编辑部保留对来稿进行文字性和技术性修改的权利。在确定用稿后，本书将通过邮箱向作者发送用稿通知书扫描件，在正式出版后向作者寄送样刊2册。

投稿人向《中财法律评论》投稿，即视为已知悉并接受此稿件征集公告。

《中财法律评论（第十四卷）》的《〈民法典〉合同编典型合同类推规则的检视与思考》一文，作者马育红单位应为甘肃政法大学民商经济法学院。